诗意函谷

推演千古义理，展现万千智慧
明通中华道统，谱写生命华章

冀金雨 著

春风文艺出版社
·沈阳·

图书在版编目（CIP）数据

诗意函谷 / 冀金雨著 . -- 沈阳 : 春风文艺出版社，2024. 12. -- ISBN 978-7-5313-6829-8

Ⅰ . B223.15

中国国家版本馆 CIP 数据核字第 202448E21H 号

春风文艺出版社出版发行

沈阳市和平区十一纬路 25 号　　　邮编：110003

保定市铭泰达印刷有限公司印刷

责任编辑：平青立	责任校对：张华伟
封面设计：墨君笙传媒	幅面尺寸：185mm × 260mm
字　　数：440 千字	印　　张：26
版　　次：2024 年 12 月第 1 版	印　　次：2024 年 12 月第 1 次
书　　号：ISBN 978-7-5313-6829-8	
定　　价：98.00 元	

版权专有　侵权必究　举报电话：024-23284292

如有质量问题，请拨打电话：024-23284384

作者简介

冀金雨 诗人、散文作家，中国散文学会会员，北京丰台作协及河北衡水作协会员。作品散见于《中国家庭报》《作家报》《衡水日报》等报刊及中国作家网、中国诗歌网、中诗网、百家号、今日头条、新浪微博等网络平台。已出版诗散文集《燕山之侧》、散文集《太行千里》《瀛海笔谭（全二册）》以及电子出版物诗集《笔墨下行走的流年》、散文集《亹亹岁月三部曲·故乡情》《亹亹岁月三部曲·时光漫记》《亹亹岁月三部曲·都市随感录》。

序

众妙扶智，人间值得

沈 阳

夫道德之经，自古以来为世所宗，其义深邃，其理玄妙，非寻常之词所能尽述。今有冀金雨君，以卓越之才、深厚之学，著《诗意函谷》一书，按君所言，乃循"德为魂，道为骨，诗意为血，文辞为肉"之旨，匠心独运，熔铸古今。以德行之光辉为灵魂导向，彰显人文之深厚；以道家哲学为骨架支撑，构筑思想之高远；以诗意盎然为血脉流淌，赋予文字以生命；以文辞华丽为肌肤丰腴，展现语言之魅力。阐发道德之奥义，融合诗意之美，独开蹊径，诚可谓卓越也。

《诗意函谷》一书，非徒解经释义，实乃以诗心慧眼，洞察道德之精髓，以文辞之美，演绎大道之奥妙。观其篇章，如行云流水，自然天成，既有道德之深沉，又有诗意之飘逸，二者相得益彰，美不胜收。读者览之，如沐春风，如饮甘露，心旷神怡，豁然开朗。

《诗意函谷》一书，作者犹以道德之心，借诗意为血脉，贯注全书，其才情无时不显，其精解无处不存。赋全书以灵动深致，辞章瑰丽妙契，非仅文饰，实乃精神所寄，美愿之向也。如言水之道，冀君以"上善若水"为引，描绘水之柔美与智慧，使读者渐得道德之七善，镜鉴之，善性可成。又如论修心养性，冀君运笔生花，描绘回归本真之理，使读者心开意解，正心修身。如此文辞，既见冀君之才情横溢，又见其对道德之经深刻理解。

道德之经，原本深奥难解，而冀君以诗意为桥，使其与读者心灵相通。其书中所述，皆以道德经韵为引，使读者于美之中领悟大道之理。如述无为而治之智，冀君以灵韵之笔，描绘万物相生相成之理，使读者循其思，悟治国之道。又如言人生哲学，冀君以诗意为媒，使读者明万物之源与人生真奥，心开意解，豁然开朗。

《诗意函谷》一书，不仅以诗意为美，更以道德为骨魂，使读者不唯领悟大道之理，亦能汲取道德之涵育。如谈至仁之道，冀君以道德之眼，洞察天地与圣人不仁之理，使读者镜鉴之，得仁之真谛。又如言内外之分，冀君以道德为尺，衡量人生之浅与真，使读者明心见性，得道德之义。夫诗意者，心灵之抒发，情感之流露。冀君以诗意之笔，写道德之经，实乃心灵与大道之交融。其书中所述，皆以心灵为引，以大道为归，使读者于诗意熏陶中，领悟大道之理，得大道濡养。如析谷神与玄牝之门，冀君以诗意之心，触人生之奥旨与价值，使读者明谷神永恒与天地根之启示。又如言天地无私之启示，冀君以心灵为镜，映照无私之道，使读者得恒常与无私之智慧。

道德之经，智之源矣。习之，则心明智开，洞达天理，握物之道，智由此生，德以之成。此书，既见其对道德经深刻理解，又见其对诗意美之追求。以其述旨，构建诗意与智慧之道德世界。读者览之，非徒悟大道之理，亦能领意境之幽美，得心性之滋养，启智慧之萌芽。

夫《诗意函谷》一书，实为冀金雨君之鸿篇巨制也。君以卓荦之才情、渊深之学识，融道德之经于诗意之美，俾古经重焕新彩。余览此书，深叹冀君之才情洋溢、学识广博，遂援笔作序，以颂其高谊。

是为序。

（时维甲辰龙年夏月，于通州大运河右岸）

【沈阳简介】

沈阳，1969年出生。本名沈劲松。诗人，诗书画印评论者。河北省河间市人，居京。河北省作协会员。河间市诗经文化研究会秘书长。《河间诗人》主编。《中华女诗人》主编。曾任《大众阅读报》北京记者站站长。2008年参加首届河北省青年诗会。20世纪80年代末开始，在《华夏诗报》《绿风》《诗神》《河北文学》《诗选刊》《上海文学》《北京文学》《中国文学》等省级以上期刊报纸发表作品。著有"情人主义三部曲"：《情人DE村庄》《情人主义》《情人词典》。

目 录

- 开篇 《道德经》之简略要义 … 1
  - 第一章 道与德之别 ……… 3
  - 第二章 道所言 …………… 4
  - 第三章 德之云 …………… 6

- 上篇 道经 ……………… 9
  - 第一章 ………………… 11
  - 第二章 ………………… 16
  - 第三章 ………………… 21
  - 第四章 ………………… 25
  - 第五章 ………………… 30
  - 第六章 ………………… 35
  - 第七章 ………………… 39
  - 第八章 ………………… 44
  - 第九章 ………………… 49
  - 第十章 ………………… 54
  - 第十一章 ……………… 59
  - 第十二章 ……………… 64
  - 第十三章 ……………… 68
  - 第十四章 ……………… 72
  - 第十五章 ……………… 77
  - 第十六章 ……………… 82
  - 第十七章 ……………… 87
  - 第十八章 ……………… 91
  - 第十九章 ……………… 95
  - 第二十章 ……………… 99
  - 第二十一章 …………… 104
  - 第二十二章 …………… 108
  - 第二十三章 …………… 113
  - 第二十四章 …………… 118
  - 第二十五章 …………… 122
  - 第二十六章 …………… 127
  - 第二十七章 …………… 132
  - 第二十八章 …………… 137
  - 第二十九章 …………… 141
  - 第三十章 ……………… 146
  - 第三十一章 …………… 150
  - 第三十二章 …………… 154
  - 第三十三章 …………… 159

第三十四章 …………………… 164
第三十五章 …………………… 169
第三十六章 …………………… 173
第三十七章 …………………… 177

下篇　德经 …………………… 183

第三十八章 …………………… 185
第三十九章 …………………… 190
第四十章 ……………………… 196
第四十一章 …………………… 201
第四十二章 …………………… 206
第四十三章 …………………… 211
第四十四章 …………………… 216
第四十五章 …………………… 220
第四十六章 …………………… 225
第四十七章 …………………… 230
第四十八章 …………………… 235
第四十九章 …………………… 240
第五十章 ……………………… 245
第五十一章 …………………… 250
第五十二章 …………………… 255
第五十三章 …………………… 260
第五十四章 …………………… 265
第五十五章 …………………… 270
第五十六章 …………………… 275
第五十七章 …………………… 281
第五十八章 …………………… 286

第五十九章 …………………… 291
第六十章 ……………………… 296
第六十一章 …………………… 300
第六十二章 …………………… 305
第六十三章 …………………… 310
第六十四章 …………………… 315
第六十五章 …………………… 320
第六十六章 …………………… 325
第六十七章 …………………… 330
第六十八章 …………………… 335
第六十九章 …………………… 340
第七十章 ……………………… 345
第七十一章 …………………… 350
第七十二章 …………………… 355
第七十三章 …………………… 360
第七十四章 …………………… 365
第七十五章 …………………… 370
第七十六章 …………………… 375
第七十七章 …………………… 380
第七十八章 …………………… 385
第七十九章 …………………… 390
第八十章 ……………………… 395
第八十一章 …………………… 400

跋 …………………………… 405

开篇 《道德经》之简略要义

第一章　道与德之别

从《道德经》之哲学体系与内涵观之，"道"之概念较"德"更为根本与深远。"道"为万物之本源与运行之法则，而"德"则为道在具体事物中之体现与运用。

1. "道"为根本

在《道德经》中，"道"乃宇宙万物之根源与运行之法则。"道"既为自然之法则，亦为人类社会所应遵循之原则。"道"超越事物与现象，为万物存在与变化之基础。

2. "德"为道之体现

相对于"道"，"德"更多指道在具体事物中之体现与运用。"德"为"道"之属性，乃人遵循"道"之行为表现。于实践之中，"德"为人与"道"相合之具体表现。

3. "道"比"德"作用广泛

"道"之作用包含宇宙万物之生成、涵养、运行与变化，而"德"之作用则更多体现在人类社会之伦理道德、个人修养与国家治理等方面。

4. "道"比"德"概念抽象

"道"为抽象之概念，超越时空，为永恒之存在。相较之下，"德"之概念虽亦抽象，但在实际应用中更为具体，涉及人之行为与道德准则。

第二章　道所言

《道德经》前三十七章均讲"道",涵盖宇宙之道、人事之道、内心之道以及道德之道等多个层面。其博大精深之内涵,为后世提供了丰富思想资源,也提供了宝贵人生智慧。

1. 道为宇宙之本原

道者,宇宙之本原也。天地万物,皆由此生。《道德经》第四十二章言:"道生一,一生二,二生三,三生万物。"此言道生万物之始,为宇宙之根源。

2. 道之无形无相

道之为物,无形无相,不可见,不可闻,不可得。《道德经》第十四章言:"视之不见名曰夷,听之不闻名曰希,抟之不得名曰微。"此言道之难以捉摸,超乎常人感官所能及。

3. 道之生生不息

道者,生生不息,如环无端。《道德经》第四十章言:"反者道之动,弱者道之用。"此乃道之循环往复、生生不息之理。

4. 道之自然无为

道法自然,无为而无不为。《道德经》第三十七章言:"道常无为,而无不为。"此言道之顺应自然,不强求,不干涉,而万物自得其序。

5. 道之柔弱胜刚强

道者,柔弱胜刚强。《道德经》第四十三章言:"天下之至柔,驰骋于天下之至坚。"此言柔弱之道,能胜刚强。人事中,以柔克刚,以退为进,亦为道之妙用。

6. 道之阴阳相济

道者,蕴含阴阳之道。《道德经》第四十二章言:"万物负阴而抱阳,冲气以为和。"阴阳相济，则万物得以生长。此乃道之平衡和谐之理。

7. 道之辩证统一

道者，蕴含辩证之思想。《道德经》第二章言："故有无相生，难易相成，长短相形，高下相倾，音声相和，前后相随。"此言事物之对立统一，相互依存，相互转化。此乃道之辩证思想之体现。

8. 道之虚静致远

道者，追求内心虚静之境。《道德经》第十六章言："致虚极，守静笃。"只有内心虚静，才能洞察事物之本质。此乃道之修身养性之理。

9. 道之道德伦理

道者，亦包含道德伦理之意。《道德经》第八章言："上善若水，水善利万物而不争。"此言道德之善，应以水为喻，柔顺、处下、不争。此乃道之道德伦理要求。

10. 道之智者不言

道者，智者不言，言者不智。《道德经》第五十六章有云："知者不言，言者不知。"盖智者了然道于心，故不轻言；而言谈浩繁者，往往未得真髓，虽言之凿凿，终难掩其浅陋。

11. 道之大音希声

道者，大音希声，大象无形。《道德经》第四十一章言："大音希声，大象无形。"此言道之微妙玄通，非寻常之音声形象所能表达。此乃道之深邃难测之理。

12. 道之无为而无不为

道者，道常无为而无不为，此乃道之治国理政之最高境界。《道德经》第三十七章言："道常无为，而无不为。"不强求，不干涉，让万物按照自身规律发展，则社会自得和谐稳定。

13. 道之反者道之动

道者，物极必反，盛极必衰。《道德经》第四十章言："反者道之动，弱者道之用。"此乃道之变化规律，也是人们应该遵循之处世原则。在事物发展到极致时，要保持警惕，预见其反向变化之趋势。

第三章　德之云

《道德经》后四十四章均讲德，包括顺应自然、无为而治、谦卑、公正、无私、和谐、明智等丰富内涵。

1. 德之本质

《道德经》第二章云："天下皆知美之为美，斯恶已；皆知善之为善，斯不善已。故有无相生，难易相成，长短相形，高下相倾，音声相和，前后相随。是以圣人处无为之事，行不言之教，万物作焉而不辞，生而不有，为而不恃，成功而弗居。夫唯弗居，是以不去。"此段话阐述了德之本质。德为顺应自然，无为而治。圣人遵循道之原则，以德治国，不言而教，使万物自然生长，而不加以干涉。《道德经》第五章云："天地不仁，以万物为刍狗；圣人不仁，以百姓为刍狗。天地之间，其犹橐籥乎？虚而不屈，动而愈出。多言数穷，不如守中。"此段话揭示了德之本质。天地和圣人对待万物和百姓，都是任其自然，不强加干涉。德在于守中，保持内心之平和。

2. 德之内涵

《道德经》第三章云："不尚贤，使民不争；不贵难得之货，使民不为盗；不见可欲，使民心不乱。是以圣人之治，虚其心，实其腹，弱其志，强其骨，常使民无知无欲，使夫知者不敢为也。为无为，则无不治。"此段话进一步阐释了德之内涵。德为消除争斗、盗窃和欲望，使民心安定。圣人通过无为而治，使民无知无欲，达到天下大治。

3. 德之层次

《道德经》第三十八章云："上德不德，是以有德；下德不失德，是以无德。上德无为而无以为，上仁为之而无以为，上义为之而有以为，上礼为之而莫之应，则攘臂而扔之。故失道而后德，失德而后仁，失仁而后义，失义而后礼。夫礼者，忠信之薄而乱之首。"此段话详细阐述了德之层次。上德之人不刻意表现德行，因此具有真正之德；下德之人刻意保持德行，反而失去了德。德分为无为和有为两个层次，无为才是真正之德。

4. 德之重要性

《道德经》第十九章云："绝圣弃智，民利百倍；绝仁弃义，民复孝慈；绝巧弃利，盗贼无有。此三者以为文不足，故令有所属；见素抱朴，少私寡欲。绝学无忧。"此段话强调了德之重要性。抛弃圣智、仁义和巧利，回归朴素，减少私欲，才能真正实现德。

5. 德之体现

《道德经》第二十七章云："善行无辙迹，善言无瑕谪，善数不用筹策，善闭无关楗而不可开，善结无绳约而不可解。是以圣人常善救人，故无弃人；常善救物，故无弃物，是谓袭明。故善人者，不善人之师；不善人者，善人之资。不贵其师，不爱其资，虽智大迷，是谓要妙。"此段话阐述了德之实践。善行、善言、善数、善闭、善结，都是德之体现。圣人善于救人救物，使万物各得其所，这就是内藏之聪明智慧。

6. 德之来源和作用

《道德经》第五十一章云："道生之，德畜之，物形之，器成之。是以万物莫不尊道而贵德。道之尊，德之贵，夫莫之爵而常自然。道生之，畜之，长之育之，亭之毒之，养之覆之。生而不有，为而不恃，长而不宰，是谓玄德。"此段话揭示了德之来源和作用。道生万物，德畜养万物。万物尊道贵德，道与德乃自然无为也。因此，道生养万物，德畜养万物，使之成长、成熟，并保护它们。道与德不占有万物，不依赖万物，也不主宰万物，此乃深奥之德。

7. 德之力量

《道德经》第五十五章云："含德之厚，比于赤子。蜂虿虺蛇不螫，攫鸟猛兽不搏。骨弱筋柔而握固。未知牝牡之合而朘作，精之至也。终日号而不嗄，和之至也。知曰常，知和曰明，益生曰祥，心使气曰强。物壮则老，谓之不道，不道早已。"此段话描述了德之力量。含德深厚之人，如同婴儿一般，不受蜂蝎毒蛇、猛兽和攫鸟之伤害。这是因为他们德性纯真，达到了精诚合一之境界。他们懂得和谐之道，明白常道，因此明智。追求过度生长会导致不祥，争强好胜就是所谓逞强。事物发展过于强盛就会逐渐走向灭亡，这是不遵循道之行为，不遵循道就会过早衰亡。

8. 德之谦卑

《道德经》第六十六章云："江海之所以能为百谷王者，以其善下之，故能为百谷王。是以欲上民，必以言下之；欲先民，必以身后之。是以圣人处上而民不重，处前而民不害。是以天下乐推而不厌。以其不争，故天下莫能与之争。"此段话说明了德之谦卑。江海之所以能成为百川之王，是因为它善于处下，因此能够容纳百川。圣人想要带领人民，必须以谦卑之态度对待他们，以身作则。因此，圣人虽然处于高位，但人民不会感到负担；虽然走在前面，但人民不会感到受伤害。因为圣人谦卑不争，所以天下没有人能与他争斗。

9. 德之公正

《道德经》第七十七章云："天之道，其犹张弓与？高者抑之，下者举之，有余者损之，不足者补之。天之道，损有余而补不足；人之道则不然，损不足以奉有余。孰能有余以奉天下？唯有道者。是以圣人为而不恃，功成而不处，其不欲见贤邪！"此段话揭示了德之公正。天道就像拉弓射箭一样，高者抑之，下者举之，有余者损之，不足者补之。天道是损有余以补不足，而人道则相反，损不足以奉有余。只有有道之人，才能有余以奉天下。因此，圣人有所作为而不自负、功成而不居功，他不愿意显露自己之贤能。

10. 德之真涵

《道德经》第八十一章云："信言不美，美言不信。善者不辩，辩者不善。知者不博，博者不知。圣人不积；既以为人，己愈有，既以与人，己愈多。故天之道，利而不害；人之道，为而弗争。"此段话总结了德之真谛。真实之话语不华丽，华丽之话语不真实。善良之人不辩解，辩解之人不善良。智者不追求博学，博学之人不智慧。圣人无私积，他给予他人越多，自己拥有也越多。天道有利而不害人，圣人之道为他人着想而不争斗。

上篇 道经

第一章

经云：道可道，非常道；名可名，非常名。无名，万物之始；有名，万物之母。故常无欲，以观其妙；常有欲，以观其徼。此两者，同出而异名，同谓之玄，玄之又玄，众妙之门。

读经浅悟　《道德经》之玄妙之门

"道可道，非常道"，此言道之本体，妙不可言。道者，宇宙之根源，万物之始基，无形无象，无声无臭，超乎名象之外，入乎造化之中。故曰："道隐无名"，乃谓之道。道之体，虽不可见，而其用则无所不在。天地万物，皆由道而生，由道而化，故道为天地之根，万物之母。道之运行，无始无终，循环往复，生生不息。道之动，则为阳；道之静，则为阴。阴阳相生，动静相成，乃成万物。故曰："无名，万物之始；有名，万物之母。"始者，道之未分；母者，道之已化。始与母，皆道之别名，实乃一物。道之无名，乃其本真；道之有名，乃其功用。故道之玄妙，在于无名与有名之间，微妙难测。

"名可名，非常名"，此言名之作用，亦非固定。名者，所以别物也。物有千差万别，名亦随之而异。然名之立，乃人心之造作，非物之自然。故曰："名者，实之宾也。"实者，物之本体；名者，物之代号。实不变，而名可变；实无象，而名有象。故名之微妙，在于能指实而不能尽实，能达意而不能尽意。名之立，虽出于人心，然亦有其必然之理。盖人心之知，必借名以显；物之存在，必借名以传。故名之作用，不可废也。然名之弊，在于执名忘实、以名为实。夫人心之病，多在于此。故老子告之曰："故常无欲，以观其妙；常有欲，以观其徼。"无欲者，去其名象之执；有欲者，存其名实之用。无欲则能见道之真，有欲则能见物之实。两者相济，则道物两得，名实双彰。

"故常无欲，以观其妙；常有欲，以观其徼。"此言人心之用，当以无欲观道，以有欲观物。无欲者，非无所欲也，乃不执于欲也。人心之欲，无穷无尽，若执于欲，则心为欲所蔽，不能见道之真。故当以无欲之心，观道之微妙，则能得其全体，而无所遗漏。有欲者，非纵欲也，乃顺物之性而欲之也。物有可欲者，人心亦随之而欲。然欲之有道，不可妄求。故当以有欲之心，观物之边际，则能得其实际，而无所迷惑。无欲与有欲，皆人心之用，不可偏废。无欲则能见道，有欲则能应物。两者相辅相成，则人心之用全矣。

"此两者，出而异名，同谓之玄，玄之又玄，众妙之门。"此言道与名之关系，微妙难测。道与名，虽出而异名，然其实则一。道者，无名之名；名者，有道之名。故曰"同谓之玄"。玄者，深妙难测之谓也。道与名之关系，玄之又玄，非言语所能尽述。然玄之又玄之中，实藏众妙之门。众妙者，万物之奥妙也。门者，入道之径也。故玄之又玄之中，实乃入道之门。夫人心之求知，必由此门而入。入此门者，则能见道之真，得物之实而无所迷惑。故曰"玄之又玄，众妙之门"。此言道之玄妙，名之微妙，皆由此门而入而能得其全体。

《道德经》之言道德，非世俗仁义礼智信所能拘也，乃超乎名象，深探宇宙之奥秘。道德者，道之内在德性，显道之本真，言道之至理与无上价值。道者，无形无象，生化万物，运行不息，乃天地之根、万物之母；德者，道之显现，寓于万有，为道之用，显现于物，而物得以生、事得以成。道之体，深邃难测，超乎视听，不可名言；道之用，则无所不在，贯穿于万有，显现于日常。道德者，实为道之全体大用之体现，融道之体与用于一，乃宇宙间至高无上之法则、万物之宗。

本章言及道与名、无欲与有欲、玄之又玄、道德之微妙。道与名，一实一虚，相互为用；无欲与有欲，一心之两面，观道观物，各有所得。玄之又玄，乃道之奥旨，非言语所能尽述；道德之微，乃德之精妙，需用心体悟。然其要旨，则在于明道之本体，显名之实质，教人以无欲之心观道之微妙，以有欲之心察物之实际。无欲则心清神明，能见道之真；有欲则物来顺应，能知物之情。由此而入于玄之又玄之境，虽文字简约而意蕴深远，包含天地万物之理，人生处世之道也。

循思渐得　　　　　　　　　宇宙与人生之玄妙

"道可道，非常道；名可名，非常名。"此言至理之玄奥，难以言表也。天地未分，混沌初开，是为无名之始；万物化生，形名已定，乃是有名之母。故常无欲，则心清如水，可观天地之奥妙；常有欲，则神驰物外，可察万物之徼微。此两者，同出而异名，同谓之玄，诚乃宇宙之真奥、万物之根源也。

夫道者，无形无象，无声无臭，而能生天生地，成物成人。道之玄妙，非言语所能尽述，非心思所能穷尽。然求道者，必虚心静气，涤除杂念，方能洞察其微、领悟其妙。是以有志于道者，当以淡泊明志、宁静致远，不为外物所扰，不为名利所累，方能得道之真奥也。

且夫名者，形也。物之称号，事之代称。有名则万物可辨，有事可陈。然名之实质，亦在于道。道生万物，万物各有其名。名之变迁，亦随道之运转。是以求名者，当以道为本，以实为基，不为虚名所惑，不为浮名所累。如此则能得名之真奥，立名之基石也。

夫无欲者，心无挂碍，故能洞察天地之奥妙；有欲者，情有所系，故能体验万物之徼微。无欲则静，有欲则动。静则能观道之体，动则能察物之用。此两者相辅相成，共同构成宇宙之奥妙、万物之根源。是当以无欲之心观其妙，以有欲之情察其徼，方能得其全貌、明其真奥也。

夫玄者，深奥幽远，难以捉摸。然玄之又玄，则众妙之门矣。玄者，道之精髓，名之灵魂。求玄者，必以深邃之心，探求其理；以敏锐之眼，洞察其微。如此则能得玄之精髓，入众妙之门，进而领略宇宙之奥妙，体验万物之精神也。

且夫宇宙之间，万物纷纭，各有其性，各成其体。然万物之性，皆源于道；万物之体，皆成于名。是以求道者，当以道为本、以名为用，探求万物之性，明了万物之体。如此则能得万物之真奥，通万物之精神，与万物共命运也。

夫道之玄妙，名之实质，曰"无名，万物之始；有名，万物之母"。乃无欲之静观，有欲之动察，玄之又玄之众妙之门，皆本章之深层内涵也。无欲之静观，需心无杂念、神游物外；有欲之动察，需情有所系、意有所指。玄之又玄之众妙之门，更需深邃之心、敏锐之眼，方能洞察其微、领悟其妙。

夫求道者如切如磋，如琢如磨。道之玄妙，需以智慧之刀剖析其理，以毅力之磨砥砺其行。名之实质，需以真诚之心求其实意，以实事之行，证其形。无欲之静观，如有源之水，汩汩而流；有欲之动察，如疾风之劲，势不可当。玄之又玄之众妙之门，如千仞之壁，需以勇攀之志，方能登其巅峰；如万顷之海，需以远航之志，方能达其彼岸。

故应以恒心毅力求道，以真诚实意求名；以无欲之静观其妙，以有欲之动察其徼；以深邃之心入玄之又玄之众妙之门。

求其镜鉴　　道之真奥与应用

《道德经》开篇即言："道可道，非常道；名可名，非常名。"此语揭示了道之神秘与超越，言"道"非言语所能完全表达，名"道"非名字所能完全命名。道，无名，是万物之始；有名，是万物之母。无欲以观其妙，有欲以观其徼。无欲与有欲，同出而异名，皆谓之玄。玄之又玄，众妙之门。

夫道者，宇宙之根源，万物之本性，无形无象，无始无终。其存在于天地之间，生育万物，而又超然于万物之上。道不可言、不可见、不可触，然万物皆从中生，无不由其造化。故言道，非言语所能尽；名道，非名字所能全。道之真奥，存于无欲与有欲之间，妙悟于玄之又玄之境界。

夫无欲，心无杂念，眼无俗尘，以观其妙。此时，人心与道相合，感知宇宙之奥秘，体验万物之生长。有欲，心生欲望，眼生分别，以观其徼。此时，人心为物所牵，追求功名利禄，沉溺于世俗之中。无欲与有欲，同出人心，而异名，皆为道之体现。

然道之玄妙，非止于无欲与有欲。玄之又玄，众妙之门。此言道之深奥，非一次领悟所能穷尽。人若能时常修身养性、去欲存道，进而体验道之妙境。道，无所不在，无所不包，无时无刻不影响我们。金雨进而论曰：

名可名，非常名。物，乃人为之设，非其恒常之态。于人生之道，此理深具借鉴。夫名者，所以指实，然名实之间，常有偏差。故于人生，当知名之可名，亦知名之非恒名，不以名为实，不以实为名，超脱名象之束缚。

无名，万物之始，万物初生，皆自无名。于人生，则喻示初心之纯，未经世染，自在天然。故当守此无名之妙，以养真心，不为外物所动，保持本真，不失自我。初心如璞，未经雕琢，然其内含至宝，有待发掘。

有名，万物之母，言万物成长，皆因有名。于人生，则意味着经历磨砺，渐入佳境。然有名之中，易生执着，故当以道为本，不妄动，不妄求，方不失本真。有名虽好，不可贪恋，当以平常心待之。

"故常无欲，以观其妙；常有欲，以观其徼"，深寓哲理，于人生实践极具借鉴。

夫无欲者，心之静也，如明镜止水，能照万物之形，察其微妙之处。于人生，当以无欲之心，观世间万物，方能洞察其本质，领悟大道之妙。无欲则心清，心清则志明，能于纷扰中取其静，于平淡中见其奇。

有欲者，心之动也，如江河奔腾，能推万物之行，观其边际所在。于人生，则当以有欲之志，应世间万事，把握其规律。有欲则心活，心活则力生，能于困境中寻出路，于挑战中见机遇。

然无欲与有欲，不可偏废。无欲以养心，有欲以应事，二者相辅相成。于人生实践，当学会平衡无欲与有欲，既保持内心之清宁，又激发应事之动力，于纷扰中取其要，于平淡中见非凡。

此两者，出而异名，同谓之玄。玄之又玄，众妙之门。无欲与有欲，名虽异而实同源，皆生于人心之动静。于人生践行中，无欲与有欲之衡，至关重要。无欲时，心静如镜，能窥事物之本，悟大道之微；有欲时，心涌如潮，能激潜能，应世事之扰。然偏于一端，则易失度，故需在践行中不断求索，寻两者之衡。

玄妙之境，非空言可致，必深践履行，诚心向道而为笃志行之。于践行之间，当不辍悟无欲有欲之深意，能于纷扰中取静谧，动荡中见安定。又须勇于尝试、敢于创新。人生之道，非恒定不变，实需于践行中不懈求索、奋然前行也！

第二章

> 经云：天下皆知美之为美，斯恶已；皆知善之为善，斯不善已。故有无相生，难易相成，长短相形，高下相倾，音声相和，前后相随。是以圣人处无为之事，行不言之教。万物作焉而不辞，生而不有，为而不恃，功成而弗居。夫唯弗居，是以不去。

读经浅悟　　　　　　　　　　　　无为之哲学

天下之事，美丑并生，善恶共存。恶者丑也；已者，通"矣"。美之为美，恶之因也；善之为善，不善之始也。夫有无之间，相生相克，难易相成，长短相形，高下相倾，音声相和，非独一音之韵，乃众音之和也；前后相随，非独一物之序，乃万物之序焉。此乃天地之道、自然之理也。

物之相生，各得其所，各尽其用，物之相克，各因其性，各制其命。事之成败，非一日之功，亦非一人之力，众人之功过系于人心。人之相处，非一日之交，亦非一事之谊，亲疏之情，疏密之隙，均源于众。天地之间，物我相成，人事相生，音声相和，前后相随，此乃天地之道、自然之理也。

圣人者，明察秋毫，洞悉天地之奥秘。处无为之事，非无所为也，乃不为私欲所动，不为浮华所惑。行不言之教，非无言也，乃其言深邃，其教无形。万物作焉而不辞，非无所作为也，乃顺其自然，不强行干预。生而不有，为而不恃，功成而弗居。此乃圣人之境界，无为而无不为也。

然则天下之事，皆有其原意。美之为美，非美之本身，乃人心之所感也；恶之为恶，非恶之本身，乃人心之所恶也。善之为善，非善之本身，乃人心之所向也；不善之为不善，非不善之本身，乃人心之所背也。美丑善恶，有无长短，高下前后，此等对立之念，实乃相生相克。道生一，一生二，万物负阴而抱阳，冲气以为和，方显世界之多彩与和谐。

夫唯弗居，是以不去。盖功成而不居者，不为功名所累，不因成功而骄。其心如镜，照见万物而不留痕迹；其行如水，润物无声而不求回报。是以其功成而不去，其德流而不息。此乃天地之大道，圣人之所行也。故君子之行，静以修身，俭以养德，非淡泊无以明志，非宁静无以致远。夫唯不争，故无尤。是以物我两忘，心无挂碍，行无瑕疵，此乃道之真义，德之极致也。

故观天下之事，皆有其原意。静心观之，则见微知著；解其原意，则知天地之道、达自然之理；明人心之理，则识人情之常。是以圣人者，顺天应人，守柔不争，知和曰常，行无为之事而天下自化。

天地之间，万物共生，皆有其原意。解之悟之，则知天地之道，明人心之理。是以圣人者，明察秋毫，洞悉天地之奥秘，不为私欲所动，不为浮华所惑，唯顺天地之道，行无为之事，行不言之教，万物作焉而不辞。生而不有，为而不恃，功成而弗居。此乃圣人之境界，亦天地之大道也。夫唯弗居，是以不去，其德流而不息，其功成而不朽。此乃天地之大道、圣人之所行也。

循思渐得　　道法自然之人生智慧

夫天地之间，有无相生，如阴阳之交，昼夜之替。有者，形之可见，无者，象之难名。然而，有生于无，无化于有，此乃天地之道也。万物之生，皆顺应自然，非由外力所强为。是以圣人知其然，处无为之事，行不言之教，使万物自然而生，不假人为之力。

圣人行无为之道，非弃世而不顾，乃顺乎自然，不违天地之性，是以能成其大。夫无为者，非无所作为，乃因势利导，不逆天时，不夺物性，故能无为而无不为。故曰：圣人之道，无为而治，不言而教，万物自得其所，此乃大道之行，天地之正理，非圣人独能，凡夫亦当体之而行，以合于道矣。

难易相成，如山川之峻平，江河之顺逆。难者，道之险阻；易者，道之平易。然则难易相成、难易相生，皆因人心之悟也。是以圣人知其然，处难不难，处易不易，使万事皆能成矣。

长短相形，如人之高矮、物之大小。长者，形之伸展；短者，形之收缩。然则长短相形，皆因观察之角度也。是以圣人知其然，不拘于形，不泥于象，使万物皆能尽其用矣。

高下相倾，如山川之起伏、楼阁之参差。高者，势之在上；下者，势之在下。然则高下相倾，皆因地势之自然也。是以圣人知其然，随高就低，因地制宜，使万物皆能安其所矣。

音声相和，如琴瑟之和鸣、管弦之协奏。音者，声之起；声者，音之应。然则音声相和，皆因和谐之韵律也。是以圣人知其然，和而不同，同而不和，使万声皆能成其美矣。

前后相随，如日月之交替、春秋之更迭。前者，行之先导；后者，随之而至。然则前后相随，皆因时间之流转也。是以圣人知其然，因时而动，顺势而为，使万事皆能得其时矣。

故圣人者，明乎天地之道，察乎人事之理。是以处无为之事，行不言之教。万物作焉而不辞，生而不有，为而不恃，功成而弗居。夫唯弗居，是以不去。此乃圣人之悟，大道之行也。

圣人体悟宇宙之奥妙、人事之繁复，故其行事合乎自然之理，行乎无言之教。顺应万物之性，使其自然发展，不强求，不占有。成就万物而不自矜，功业显赫而不自居。因其不居，故其功业永存，不受外界变故所影响。

夫大道也，至简至易，然世人难得其真谛。圣人则不然，其明悟大道，以道为指导，以道为行动准则。其行事合乎大道，故能无不为，而又无所为。其教化，以道为本，故能潜移默化，使人心归附。

圣人行事，无所为而无不为。其行混沌，如同天地之无私，不以个人意志干预世间万物。顺乎自然，行无为之道，此乃圣人之德也。其教化，如同春风化雨，潜移默化，使人心归附，行为正直。圣人之所以能如此，乃其明悟大道之理，深知"道生一，一生二，二生三，三生万物"，故以道为本，以道为行，行不言之教，万物自化，彰显大道之无为而无不为也。

求其镜鉴　　无为而治之哲学启示

"天下皆知美之为美，斯恶已"，有无相生，难易相成，美与恶、善与不善，皆因对比而显，非绝对之存在也。皆知善之为善，斯不善已。此言尽道世间万物之相依相转，揭世人常迷于表象，忘顺自然之理。须知大道之行，不执一端，方能悟其真也。

是以圣人处无为之事，行不言之教，万物作焉而不辞，生而不有，为而不恃，功成而弗居。此之为道，无为而无不为，无欲而无不欲。然则道之深远，岂是凡俗所能窥见？道之玄妙，岂是言辞所能表述？故"道可道，非常道；名可名，非常名"。

"夫唯弗居，是以不去。"功名既成，而身不居之，此之为圣人之道也。然则现实之中，一些人执着于功名、贪图于名利，不知足而求，终致身心疲惫、无所适从，可悲可叹。

然则当以此为鉴，明了世间万物之真相，识破名利之虚幻。虽身处尘世，心却应超脱于物外，不为名利所动，不为世俗所扰。方能洞察世事、明了真相，不畏浮云遮望眼，不为繁华迷心志。

"夫唯知者不惑，仁者不忧，勇者不惧。"此三者，乃人性之至高境界，亦为人处世之准则。智者，明理也，不为人事所迷惑，能洞察万物之真相，故不惑。仁者，爱人也，心怀慈悲，关怀他人，故不忧。勇者，自信也，勇往直前，无所畏惧，故不惧。

当以此为训，不为外物所动，不为名利所扰，心静如水，方能洞察世间万物之真相。是以君子务本，修身养性，培养智、仁、勇之品质。心不为物欲所迷，不为名利所动，保持内心之宁静与平和。

然世间纷扰，人心难测，犹如山水之变幻，万象之无穷。唯有秉持此道，方能行稳致远，不为世俗所困。故当以此为鉴，明了世间百态，识破名利虚幻，不为物欲所动，不为名利所扰。

君子务本，守道以修身，积德以厚德。观世间繁华，犹如过眼云烟，不为利所诱，不为名所累。静以修身，俭以养德，不为世俗所累，不为物欲所迷。

君子处世，如临深渊，如履薄冰。谨慎行事，明察秋毫，不轻易相信他人，不轻率为之。深知世间之险恶，守道以自保，不为他人所惑。

君子识人，观其行，听其言，察其色，方能知人善任、用人所长。不为人言所动，不为人事所扰，以道为本，以德为基，方能立足世间、行稳致远。

夫道之深远，岂是凡俗所能窥见？道之玄妙，岂是言辞所能表述？然则当以此为鉴，虚心向道，"天下难事，必作于易；天下大事，必作于细"，方能洞察世间万物之真相，明了大道之玄妙。

当以此为鉴，不为名利所动，不为物欲所扰，秉持大道之心，"常无为，而无不为"。此乃当行之道也，亦为当守之德也。

第三章

> 经云：不尚贤，使民不争；不贵难得之货，使民不为盗；不见可欲，使民心不乱。是以圣人之治，虚其心，实其腹；弱其志，强其骨。常使民无知无欲，使夫知者不敢为也。为无为，则无不治。

读经浅悟　　　　　　无为而治之智慧

昔者圣者治世，深谙民心之微妙，乃悟至理，倡无为而治。斯言何解？曰："不尚贤，使民不争；不贵难得之货，使民不为盗；不见可欲，使民心不乱。"其理深矣，其旨远矣。

夫尚贤者，乃世之通病。或有人以贤能为尊，竞相攀附，争夺名利。然则尚贤之弊，显而易见。贤能者众，则民争之心炽；争心炽，则民不安宁。故圣者不尚贤，以消弭民争，使民各安其位、共享太平。

贵难得之货，亦世之常态。奇珍异宝，人皆欲得。然而，贵货之害，不可胜数。货贵则民贪，民贪则盗窃蜂起。是以圣者不贵难得之货，以杜绝民盗，使社会安宁，人民安居乐业。盖难得之货，往往引人贪婪之心，导致社会风气败坏、治安状况恶化。是以圣贤之道，贵在简朴，不追求奢华，以正风气，以安民心。

见可欲者，人之常情。然可欲之物，往往诱人陷溺。人心若乱，则行为失范、社会失序。故圣者不见可欲，以安定民心，使民心志清明，不为外物所扰。是以圣人之治，简朴为本，远离浮华，以道义为准绳，以民心为镜鉴。民心向背，国之大势，圣人顺应民心，不违自然之道，故能长久也。

然则圣人之治，非止于此。更以"虚其心，实其腹；弱其志，强其骨"为治民之要。虚心者，去私欲也；实腹者，足衣食也。弱志者，去妄念也；强骨者，健身心也。民无智无欲，智者亦不敢为也。故圣人治世，固本培元，使民心得其所，身得其所。民安其居，国治其序，方能长享太平之福，共赴盛世之治。治世之要，在乎安民、乐民、育民。安民以静，乐民以和育民以德。静以安民，和以乐民，德以育民。是以圣人守静以安民心，行和以乐民心，施德以育民心。民心既安，国本固，天下太平，盛世必兴。

　　是以圣人为无为，则无不治。无为者，非无所作为，乃顺应自然，因势利导。圣者治世，不尚贤，不贵货，不见欲，虚心实腹，弱志强骨，皆无为之为也。故圣人治天下若烹小鲜，不敢有所造作，唯恐伤其本，失其自然。圣人之治，民如婴儿，无所欲求，无所疑惑，安然而居，怡然而处，治而不觉，化而无声。是以圣人言："我无为而民自化，我好静而民自正，我无事而民自富，我无欲而民自朴。"此乃圣人之治，亦即社会和谐、人民安乐、国家昌盛、天下太平。

　　然则无为而治，虽为至理，非智者所能为，非勇者所能行。唯有圣者，洞察人心，深谙世理，方能践行此道，致天下之治。故圣人之治，简而有效，人民安居乐业，国家繁荣昌盛。

　　故经言："不尚贤，使民不争；不贵难得之货，使民不为盗；不见可欲，使民心不乱。"实乃圣者治世之要旨也。

循思渐得　　　　　　　　　　万物相生相成

　　天地之间，尚贤之风炽烈，民心日逐功利，纷争不息。是以圣人悟其本真，以无为而治，使民回归淳朴。不尚贤，非弃贤也，乃使民不争。不贵难得之货，非绝货也，乃使民不为盗。不见可欲，非禁欲也，乃使民心不乱。此乃圣人之智慧，深谙治世之道。

　　夫尚贤之风，起于人类私欲之心，追求名利，贪图富贵。于是，或相互竞争，或钩心斗角，或不择手段。圣人深知其弊，故提倡不尚贤，以期民众能摒弃私欲、回归自然、各安其分、和睦共处。不尚贤，则民无争心。无争则和，和则社会兴旺发达。圣人深知此理，故倡导不尚贤，以期民众能够树立正确之价值观，追求道德修养，从而实现社会和谐、国家繁荣。故曰"不尚贤，使民不争"。此其一也。

夫难得之货，如美玉、黄金，世人皆以为珍贵。然圣人深知，贵重之物易引人贪念，进而生盗心。是以圣人教民不贵难得之货，以杜贪念之源。圣人教民以道德为本，修身齐家治国平天下。不贵难得之货，乃治国之一策。使民不贪恋珍宝，心无旁骛，专注于道德修养，则社会和谐、国家安宁。夫盗者，心之病也，去之则安。意即消除盗心，社会方能安宁。圣人倡导不贵难得之货，正为去除人之盗心，使民不为盗，从而实现社会和谐、国家繁荣。故曰"不贵难得之货，使民不为盗"。此其二也。

可欲者，目之所及，心之所向。然则欲之无度，则心乱如麻。是以圣人倡不见可欲，使民心如止水，不为外物所扰。心静则志坚，志坚则行稳。故曰"不见可欲，使民心不乱"。此其三也。

圣人之治，以虚其心、实其腹为要。虚心则志远，志远则智生。实腹则民生，民生则国安。是以圣人崇节俭、抑奢侈，使民安于淡泊、乐于朴素。夫智者，明理达道，不为物欲所迷。故曰"虚其心，实其腹，弱其志，强其骨"。此其四也。

然则民之智慧，非可尽弃。智者，国之瑰宝，用之则兴，弃之则衰。然智者多欲，多欲则乱。是以圣人倡使夫智者不敢为也，以智辅德，以慧济世。夫为无为，则民自化，民自化则无不治。故曰"使夫知者不敢为也。为无为，则无不治"。此其五也。

综观五者，皆圣人之智慧，深谙治世之道。以不尚贤、不贵难得之货、不见可欲为纲领，虚心实腹、弱志强骨为基石，使智者辅德济世为补充。如是则民安国兴、世风日上。此圣人之治，真乃万世之楷模也。

求其镜鉴 无为而治之治国理念

"不尚贤，使民不争；不贵难得之货，使民不为盗；不见可欲，使民心不乱。"此乃古圣人所行之道，深谙人心之微妙，知世俗之纷扰，皆因欲望而起。故以虚心实腹、弱志强骨为治民之本，常使民无智无欲，"使夫知者不敢为也"。此道之玄妙，非言辞所能尽述。

昔日圣者，以德化民，不尚贤能，唯才是举。非以贤能为尊，盖恐民心相争，滋生纷乱。故明君治国，贵以公平，使民各安其位、各得其所，自然不争。此非尚贤之过，乃治道之精髓。是以知，尚贤非治民之本，公平之道，方为上策。

夫贵难得之货，实乃祸乱之源。人之所欲，无非"名利"二字。若以难得之货为贵，则民必竞相争夺，盗贼蜂起，社稷不安。故圣人不尚难得之货，使民不为盗。此非禁民之欲，实乃导民向善。世人当以此为鉴，淡泊名利，方得内心之宁静。

不见可欲，使民心不乱。可欲之物，乃情欲之所生。情欲炽烈，则民心难安。故圣者治国，必去其尤，使民心有所定。非以禁欲为务，乃以正心为本。使民知所止，不为外物所惑，则心自定矣。此乃圣者之道，亦为现实之镜鉴。

然则如何方能实现此道？曰：虚心实腹，弱志强骨。虚心者，去其浮华，守其本真；实腹者，足其衣食，安其生计；弱志者，不为名利所动，守其初心；强骨者，锻炼身心，以御外侮。此四者，实乃治民之要道。故圣者以之为本，常使民无智无欲，"使夫知者不敢为也"。智者何以不敢为？盖因智者深知治道之玄妙，知欲望之危害。故以道自守，不为外物所动。此非智者之过，乃道之所在。是以知智者亦当守道。

盖人生于世，若能做到虚心实腹、弱志强骨，则世间纷扰皆不足以动其心。盖虚心者，心无挂碍，若明镜止水，能照见万物之真相；实腹者，腹有诗书，若群山之宝藏，能容世间之繁华；弱志者，志不旁骛，若清风之徐来，能拂去心中之尘埃；强骨者，骨气棱棱，若松柏之挺拔，能抵御世间之风雨。夫为无为，则无不治。此道之极致，非言语所能尽述。镜鉴现实知欲望之危害，守道而行，方得内心之平和、社会之安宁。此乃古圣人所教，亦是现实之所求。

夫人生之道，"虚其心，实其腹；弱其志，强其骨"。心无杂念，方能洞察世间真相；腹有诗书，方能立足世间；志不强求，方能自在人生；骨骼坚强，方能面对世事变迁。简而言之，即为无为而治。无为，并非无所作为，而是不违背自然规律，顺应天道。诸多事物，强求不得，唯有顺其自然，才是道之人生。

第四章

> 经云：道冲，而用之或不盈。渊兮，似万物之宗。挫其锐，解其纷；和其光，同其尘。湛兮，似或存。吾不知其谁之子，象帝之先。

读经浅悟 人生哲学

道者，宇宙之本，万物之始。冲者，虚而不满，动而愈出。道之体用，微妙难言，似空而实有，似无而实存。故道冲，而用之或不盈。冲，通"盅"，虚也。夫道，若虚舟无系，似空谷幽兰，无形而生育万物，无象而含藏千般。其境也，心灵之域，空虚相对于自我世界，非肉眼所能窥测。渊，道之深也，无边无际，如海之浩瀚，难以测其深浅。渊兮，似万物之宗。言其道深不可测，犹如深渊，为万物之根源。道生万物，而万物莫不归于道。道之深远，非世俗所能测度，故以"渊"喻之。

挫其锐，解其纷。挫其锐，锐，志气之盛，刃芒之利，言自负与浮躁也。解其纷，解，去其烦扰；纷，事之杂乱，心之缭乱，言物之破碎与意之纷扰也。

和其光，和，融其璀璨，和光也，璀璨之至，融而为一，如日月星辰之光辉，虽璀璨夺目，然能和谐共融，相得益彰。同其尘，同，混也。尘，世之表象，对应于道之本质，言现象之浮华也。同尘也，埃尘之末，混而莫分，若云霞之蔚，烟霭之合。夫道，隐而未显，潜而勿用，然其力无穷，其用不竭。道，生于无，成于有，融于万物，而又超然于万物之上。道，似存而非存，似亡而非亡，其真谛，唯悟者能识。故曰：和光同尘，道之要旨，人生之至境也。

湛，深沉而幽隐，道之特性也。似或存，幻而非幻，无而实有，道之真义也。湛兮，似或存，道之特质也。道，深沉而幽隐，不可捉摸。似或存，幻而非幻，无而实有。道，生于无形，成于有象，融于万物，超然物外，归于自然。道，隐而未显，潜而勿用，然而其力无穷，其用不竭。道，湛兮似或存，似存而非存，似亡而非亡，其真，唯悟者能识。

读经至此，颇生疑问：道，自何而来？其源何在？经文则曰：吾不知谁之子。道，在帝之先，于象之始。是故道生帝，帝生万物，而道自隐，不显其功。此句寓意深远，表明道之存在超越时间，为一切之始。道之幽深，超出常人之理解，其存在，非眼可见，非耳可闻，非手可触。道之来源无从考究，似乎早于上古帝王。此句言其道隐而不显，却又似乎无处不在。然其实乃万物之本、天地之根也。

夫道者，万物之始，万物之母。其大无外，其小无内，包山载水，孕育群生。道之体用，变化无穷。有时显，有时隐，如神龙见首不见尾。冲虚之道，其用不穷。道之虚，非无物也，乃无欲无求，虚而能容，似母之怀抱，滋养万物。盈科后进，放乎四海。万物本原皆藏于道之境。夫道，无所不在，无所不包，无始无终，无生无灭。道也者，天地之根，万物之母，以其虚空，方能容万物，以其无为，方能成万物。故得道之士，居于道，行于道，感于道，心与道相合，便可体验道之无穷、道之至乐。

循思渐得　　万物之源与人生真奥

冲者，器物虚空也。道冲，冲虚而广大，似无实质，然用之则或不盈。犹如空气，无所不在，无时不在，人皆赖以生存，而空气之存在，却又不可见、不可触。道亦虽无实质，却包罗万象，运行万物。

夫冲者，空也，虚也，无也。空故能容，虚故能纳，无故能生。道之冲，犹空谷之幽兰，无香而不凡，无形而不可测。道之广大，犹如海纳百川，无所不包，无所不容。道之运行，犹日月之行，四时之变，无声无息，无影无踪。人能悟道，则可乘道而行，无所不宜。

渊兮，似万物之宗。道为万物之宗，犹如江河之源头，万物生于道，而又终于道。道生一，一生二，二生三，三生万物。道为之根，为之源，为之始。道，生于自然，成于自然。自然者，天地之大美，万物之根源。道法自然，故道亦自然。道之存在，无声无息，无影无踪，然万物皆依道而行，皆受道之约束。道之力量，无所不能，无所不及。道，无为而治，万物自化，天下自治。人能识道，则可知万物之变化。

挫其锐，解其纷；和其光，同其尘。挫其锐，令其不再锐利，以免陷入无谓之幻想。解其纷，使其不再纠缠，免与外物纠结。不使心志流于幻想，不使其与外物构陷，故外患消解，而内在光辉生发。光辉之至，不以尘垢为碍，光尘同体而不渝其真。

湛者，沉没也。湛兮，隐约似或存也。道之存在，似有似无，若存若亡。犹如阳光，虽不可见，却照耀万物；犹如微风，虽不可触，却拂过人脸。道亦虽不可见，却无处不在。道，似水之深沉，蕴藏无尽智慧；道，似山之稳重，承载世间沧桑。道之存在，虽不可见，却操纵万物生长，调节阴阳平衡。道之力量，虽不可触，却能感受其存在，体验其神妙。道之存在，无时无刻不在，无处不在。人能感道，则可知道之存在，可与道同行。

吾不知谁之子，象帝之先。道之诞生，无人可知，无人可晓。犹宇宙之形成，无人能解其谜。然而，道存乎万物，贯乎古今，无所不在，无所不包。道，似无而有，似有而无，恍兮惚兮，难以捉摸。道，生于自然，无始无终，浑然天成；成于自然，无为而治，顺应万物。自然者，天地之大美，孕育众生，展现无尽奥秘；万物之根源，生化不息，循环往复。道法自然，故无为而无不为；道亦自然，顺应天性，归于本真。道，其深难测，若沧海之深，夜空之广，吾人虽知其为万物之宗，然莫能尽其奥妙。故言语道断，意犹未尽，仅得以"似"字言之，道似无而实有，似虚而实盈，万物生成之本源，而道之妙，言语难尽其详。

吾人若能深悟道之奥秘，则可与道同行，与道同生。吾人若能遵循道之法则，则可顺应自然，和谐共生。道，似简而实繁，似明而实幽。

求其镜鉴　"道冲，而用之或不盈"之哲学思考

盖道者，宇宙之根本，万物之源头。"道冲，而用之或不盈"，言道之无穷无尽，可用而不可尽。渊兮似万物之宗，言道之深广，为万物之所归。"挫其锐，解其纷；和其光，同其尘"，言道之作用，能消解纷扰、调和光芒、

与尘世相融。"湛兮，似或存"，言道之幽深，似有存在，又难以捉摸。"吾不知谁之子，象帝之先"，言道之超越，不知其起源，似在帝之前。

夫道，冲虚而无声，似无而有，似有而虚。其用也，不盈不满，随物而成，随形而变。渊兮深不可测，似万物之宗，似有无之极。湛兮静而无声，似或存，似或亡。吾不知其谁之子，似在帝之先。此言道之至也，无象无音，无始无终。而处之者，当以无为本，以虚为用，以静为宗。

以无为本。无者，无欲无求，无争无竞。本无者，本于自然，本于道。无欲无求，则心自静、神自清、意自正。无争无竞，则万物皆顺、皆和、皆宜。无者，心无杂念，意无执着，与道相合，与自然相融。心自宁静，神自安宁，意自坚定。顺其自然，宜人宜己。

以虚为用。虚者，虚怀若谷，虚受若愚。虚怀若谷，则能容物、能纳物、能容人、能纳人，不拒斥，不偏见。虚受若愚，则能学、能问、能思、能辨。虚者，无我之体现，是以能用万物、能容万物、能学万物、能辨万物。

以静为宗。静者，静如处子，静如止水。静如处子，则能观物，能察物，能观人，能察人。静如止水，则能明物，能明理，能明心，能明性。静者，心无杂念，意无狂躁，如明镜止水，可以映照万物之真。静者，言少而中，行稳而远。静者，内省而不自矜，外扰而不能乱。静者，于纷扰之中能守其真心，于喧嚣之际能安其本分。

此三者，道之至也。然道之践行，乃人生也，须"挫其锐，解其纷；和其光，同其尘"尔。

挫其锐者，乃自敛锋芒，使心不为外物所扰，犹剑藏锋，待机而发。智者遇困而不失志，逢顺而不骄心，深知锐气过盛易折，故能自抑其锋，以柔化刚，静待时机。此乃智者之所为。

解其纷者，世事纷扰，如麻难理。当持清静之心，洞察其机，徐徐而解，不为所困。如流水绕石，虽曲折终达海，此乃明哲保身之道。纷扰之中，易失本心，故能守静笃，以智化纷，使心不为物役，保持清明。

和其光者，乃融合众光，共照大千。如日月并明，星辰共辉，各显其能，而天下光明。处世以和为贵，和则人心聚，助力人生。盖因和能生财，和能聚力，和则无争，和则共赢。

同其尘者，乃融入世俗，不违常规，不立异端。如尘埃落定，与万物共生，

诗意函谷

而不见其异。处世当以谦卑为本，谦则能受教，卑则能上进。谦卑者能虚心纳谏，卑以自牧，故能不断进取。

道虽至广至深至神秘，却非遥不可及，非高不可攀。道在天下之人日常生活中，无处不在，无时不在。道在天下之人心中之体现，即为德。道与德紧密相连，德为道之体现，仁义礼智信为道之实践。

第五章

> 经云：天地不仁，以万物为刍狗；圣人不仁，以百姓为刍狗。天地之间，其犹橐籥乎？虚而不屈，动而愈出。多言数穷，不如守中。

读经浅悟　　　　　　　　　　　　　　　　　　　至仁之道

"天地不仁，以万物为刍狗"。此言天地之运行，无私无偏，不加仁爱于万物，亦不加以戕害。万物之于天地，犹如刍狗之于人，一时之用，用毕则弃，无有偏爱。此非言天地之无情，乃言其公正无私，任万物自生自灭，自然而然，无所偏倚。故曰："天道无亲，常与善人。"（《道德经》第七十九章）天地之道，无所偏私，常与善人，以其能顺天而行也。此亦言天地之自然无为也。天地生育万物，任其自然而生灭，无有偏爱，无有私意，犹如刍狗之用于祭祀，用后即弃，无所顾惜。此乃天地之大道，公正无私，无所偏倚。故曰"天地不仁"，非谓天地无恩，乃言其无偏爱之心，行无为之治也。万物由此得以自然生长，各遵其性，各循其理，无有干涉，无有阻碍。此即天地之仁寓于不仁之中矣。

"圣人不仁，以百姓为刍狗"。此言圣人治世，亦应如天地之无私，不以仁爱偏于一人一事，而应以公正为本，任百姓自然而生、自然而化。圣人无为而治，不妄加干预，使百姓各遵其性、各安其生，此即"无为而治"之道也。故曰："我无为，而民自化；我好静，而民自正；我无事，而民自富；我无欲，而民自朴。"（《道德经》第五十七章）圣人治世，贵在无为，使民自化，此乃道家政治哲学之精髓。此亦言圣人之治天下也。圣人效法天地，行无为之政，视百姓如刍狗，无有偏爱，无有私意，任其自然而生息。非谓圣人无情，乃言其治天下以公正为本，无所偏倚，无所私好。百姓由此得以安居乐业，各遵其序，各守其分，无有纷争，无有动乱。此即圣人之仁寓于不仁之中矣。

"天地之间，其犹橐籥乎？虚而不屈，动而愈出。"橐籥者，风箱也。此言天地之间犹如风箱之虚实，虽虚而不竭，愈动而愈出，愈出愈新。天地之道，虚静而无穷，虚则能容，实则能吐，一动一静，相辅相成。

虚而不屈，虚则能容万物，实则能生万物；动而愈出，动则生生不息，而所出者无穷。此乃天地之大道，自然之理也。此言天地之德，如橐籥之用，虚而不竭，动而不穷。天地之德亦如是也。天地虚空，故能容纳万物；天地无欲，故能生养万物。圣人治世，亦应如此，守虚静之道，不妄动，不穷尽，方能应万变而无穷。故曰"致虚极，守静笃。万物并作，吾以观其复"（《道德经》第十六章）。虚静之道，乃观万物之复，守中之要也。

"多言数穷，不如守中。"此言言辞之多，往往穷于理，未必能尽其意。古人云"言多必失"，言语过多，往往言不及义，反失其真，不如守中道而行。中者，道之中也，守中者，守道也。中空之道，乃道体之虚静无为也。

圣人言辞，不贵繁多，唯求中道，言行一致，表里如一。故曰"知者不言，言者不知"（《道德经》第五十六章）。智者深知大道无言，故不言；言者未知大道，故多言。不如守中，即守其本心，不逐外物。守中之道，在于言行一致，不妄言，不妄行。

此章之旨，深寓天地、圣人之道，蕴含公正无私、无为而治、生生不息、言行一致之哲理与道德观念。且夫天地之间，其理至简，其道至真，唯守中者能得之。

天地不仁，非不慈也，实乃大道之行也；圣人不仁，非不义也，实乃治世之要也。天地之大德，生养万物而不居功自傲；圣人之大德，治理百姓而不自以为是。此皆因天地圣人皆能守中而行也。

循思渐得　　自然与人生之奥秘

"天地不仁，以万物为刍狗。"此言天地之自然无为也。天地之运行，无偏无私，不以仁恩加于万物，亦不以怨怒施于众生。万物生于天地之间，如刍狗之草芥，自然而然，无所偏倚。天地之不仁，实乃大仁也，因其无所偏爱，故能成其大公。此乃老子"无为而治"思想之体现，天地无为，而万物生；圣人无为，而百姓安。天地之间，万物生长，各遵其序，无所偏爱，无所偏恶，故曰"不仁"。刍狗者，古代祭祀所用之草狗也，用后即弃，喻万物之生死荣辱皆由自然，非天地有意为之。天地无心，任万物之自生自灭，此其所以为大也。观于自然，见春华秋实、夏荣冬枯，皆天地之自然运行，非有意于仁爱或残忍。是以知天地之不仁，即其大仁也。

"圣人不仁，以百姓为刍狗。"此言圣人之治天下也。圣人治世，亦应如天地之不仁，无所偏爱，无所偏恶。圣人视百姓如刍狗，非轻贱之意，乃言其治世之公正无私也。圣人无为而治，不以外在之仁恩干涉百姓之自然生活，使百姓得以自化、自正、自富、自朴。其视百姓如刍狗，非薄视之也，乃任其自然，不加干预，使百姓各遵其性、各安其生。圣人无为，而百姓自治，此其所以为圣也。

"天地之间，其犹橐籥乎？"此以橐籥喻天地。橐籥者，古之冶铸所用，鼓风助火之器也。其形如囊，内有空腔，可纳气而鼓之，使火旺盛。老子以此喻天地之间，亦如橐籥之空虚，而能生万物，无穷无尽。此喻深刻，吾人当深思此喻，以明天地之道、圣人之治。

"虚而不屈"，此言天地之虚，非真空无物，乃虚而能容、虚而能生。屈者，穷尽也。天地虽虚，而能生万物，无穷无尽，故曰"不屈"。此乃天地之无为而生、无为而治之道也。老子强调"道"之特性在于其无形无象，却又能孕育万物，无所不在，不穷于物，不屈于境，无所不能。

"动而愈出"，此言天地之动，非妄动躁动，乃顺自然而动，动而能生。出者，生也。天地之动，顺乎自然，故能生生不息，愈动愈出。此乃天地之生生之道，亦圣人之治世之道也。老子主张"无为而治"，并非无所作为，而是顺应自然之规律，不妄加干预，让万物自生自灭，自化自成。此"动而愈出"之道，顺乎自然，动而有序，动而有道，生生不息。

"多言数穷"，此言实乃劝人弃言守道，由表及里，由显入隐。盖因言语乃表象之工具，难以穷尽道之玄妙，议论愈多，离道愈远；守中之道，方能直抵道之本体，领悟道之真义。盖因言语乃思维之表象，思维有限，言语亦随之而穷。故智者不言，言者不智，以言显道，道必隐矣。是以圣人处无为之事，行不言之教，使民自化，俗自正也。

然则何为守中？中者，空也，虚无也，道之本体也。《道德经》云："道可道，非常道；名可名，非常名。无名天地之始，有名万物之母。"此言道之玄妙深邃难测，非言语所能尽述，非名象所能全显。而"守中"者，即守道之本体，守虚无之境，心无挂碍，意无执着，不拘于有限之思维，不执着于言语名象。

大道之行，无形无象，无欲无求。然其力无穷，其用不竭。故求道者，应无为而为，无欲而欲。无为者，不刻意而为，顺其自然；无欲者，不贪求外物，自足其心；无欲而欲，则可守中应变。

求其镜鉴　　天地与圣人之不仁之道

"天地不仁，以万物为刍狗"，此言非谓天地无情，实乃揭示自然之法则，公正无私，不偏不倚。天地生养万物，任其生长衰亡，不加干预，此乃大道之行，自然之理。人生亦应如是，当知世间万物，各有其时，或荣或枯，皆由天命，非人力所能强改。故处世之时，宜顺应自然，不逆天而行，不以一己之私欲逆势而为。

人生在世，应如天地般公正无私，对待万物皆以平等之心，不因其外在差异而有所偏颇。如此，则能洞察世间真相，明了生命本质，不为私欲所困，成就真正之自由与智慧。

"圣人不仁，以百姓为刍狗"，此言圣人治世，非无情也，乃以公平之心，视众生如一，无有偏爱。圣人行事，不拘泥于私情，而以天下为公，行无为之治，使百姓各安其业、自得其所。人生处世，待人接物，宜以公正为本，不因其富贵贫贱而有所偏颇，不以个人好恶而妄加评判。此章句之意，乃在于揭示圣人之治世，实乃顺应自然之道，行无为之治。圣人非以强力干预世事，而是秉持公正之心。

"天地之间，其犹橐龠乎？虚而不屈，动而愈出。"此言天地之间，如橐龠之器，中空而能容，未受鼓动而静，象征虚静无为之道体。人生亦应如此，心怀若谷，方能容纳百川，虚心受教，方能不断进步。行事之时，当以柔克刚、以静制动，不逞一时之勇，不争一时之气。虚怀若谷，明辨是非，于纷繁复杂中寻得方向，于变动不居中把握机遇。天地之间，犹橐籥之器，虚静无为，公正无私，此乃自然之法则，亦人生之至理。圣人治世，以公平为本，行无为之治，使百姓自得其所，处世之道岂非同理乎？

观人生，则亦应虚静无为，顺应自然之道。如橐籥之器，中空而能容，洞察物之本质，以虚静之心应对世事变幻。

"多言数穷，不如守中。"此章句意即多言无益，不如守道而行。故王弼有言"物树其慧，事错其言。不慧不济，不言不理，必穷之数也"。乃言物因慧而生，事由言而杂错。无慧则物之生发不成，无言则事之条理不立。如若橐籥守内之虚，则无穷尽之时。舍己之意，任物自然，则事不失其理矣。

是以处世之时，言语需谨慎，行动需稳重，不可轻浮急躁，更不可妄言妄行。守中之道，在于平衡，于进退之间，寻得道中，既不冒进，亦不退缩。此人生之智慧，实乃在于守中。

人生于世，宜顺应自然，不以私欲逆天，以平等心待万物，洞察真相，不为私欲所困，方能成自由智慧。圣人治世，以公平心视众生，行无为之治，使百姓自得其所。人生处世，亦应以公正为本，不因富贵贫贱而偏颇，不以好恶而妄评。天地如橐籥，虚静无为，容百川。人生亦应虚怀若谷，明辨是非，于变动中寻方向、握机遇。多言数穷，不如守中，物因慧生，事由言杂。处世需谨言慎行，守中平衡，进退适中，此乃人生智慧。

且夫处世，亦在于善于把握时机，审时度势。动静之间需适度，不可急躁，亦不可保守。在动静之间寻找平衡，知进退之道，持内心之虚空，不为外物所扰，不为情绪所困。行动时，当顺应时势，把握时机，如橐籥之动，生化无穷。

第六章

经云：谷神不死，是谓玄牝。玄牝之门，是谓天地根。绵绵若存，用之不勤。

读经浅悟　　　　　　　　　　　　　　谷神与玄牝之门

　　谷神不死，玄牝之门。此天地之根，绵绵若存，其用不勤。何者？天地之间，犹有谷神，无形无象，不可名状。然其存在，犹如玄牝，生育万物，滋润生灵。是以天地长存，万物不绝，皆因谷神之力也。

　　谷神者，何物也？非物也，非象也，乃天地之精、万物之母。无形之中，含藏万有，生育无穷。是以谷神不死，长存于天地之间，犹如玄牝之门，开阖之间，万物皆生。此乃天地之根、万物之始，故曰"绵绵若存，用之不勤"。

　　夫谷神之所以不死，玄牝之所以不绝，皆因其无为而为、无欲而欲。不汲汲于生，不戚戚于死，故能长久。是以圣人法之，守道而行，无为而治，无欲而静。心若止水，物来则应，过去不留。则能合于谷神，同于玄牝，与天地同寿，与万物共生。

　　然而，或有人不知此道之深妙，汲汲于名利之途，戚戚于得失之境。心为物役，迷失本真，身为欲累，不得自在。是以不能合于谷神之妙，难以体悟自然之理，不能同于玄牝之奥，难以回归万物之本。悲夫！世人背离大道，实乃自困于俗尘。夫天地之大，浩瀚无垠，包容万物，皆有其道存焉。道者，无形无象，自然之理，妙化万物，而生生不息。万物之繁，各具形态，皆由道之运化，而得以成形。故道者，万物之本也，无之则不成其为万物。

　　谷神、玄牝，皆道之体现。谷神者，空虚而灵明，无欲而静谧；玄牝者，混沌而玄妙，无为而自然。若欲合于谷神、同于玄牝，必须守道而行，无为而治，无欲而静。则能致虚守静，心若止水，与天地合一，与万物共生。

守道而行，则不迷失于名利之场，不沉溺于得失之域。无为而治，则不造作于事，不强求于物。无欲而静，则不纷扰于心，不困扰于情。心若止水，则清静自生，明悟自显。与天地合一，则与万物并生，与道同行。

是以，圣人无为而治，无欲而静，守道而行。万物并育而不辞，天地之大德而能容。是以能合于谷神、同于玄牝，与道为一。故曰"道可道，非常道；名可名，非常名"，此之谓也。

谷神不死，玄牝之门。此天地之根、万物之母。绵绵若存，用之不勤。老子所盼，乃愿世人皆能知之、行之，则天下太平，万物和谐。

天地之所以能长存，万物之所以能不绝，皆因谷神之力、玄牝之门。是以圣人守道而行，无为而治，无欲而静，以合于谷神、同于玄牝。则能致虚守静，心若止水，与天地合一，与万物共生。

天下之人当深味此道，行之于身，则能行道法自然之天地大道；施之于世，则能化育万物，使天下太平。圣者老子当是愿世人皆能知之行之，以合于谷神、同于玄牝，则天下幸甚！吾道亦幸甚！

循思渐得　　人生之奥秘与价值

谷神不死，玄牝之门，天地之根，此至道之精义也。谷之虚，乃至于无形，而谷神则超越无形，至虚至妙。夫谷神者，何物也？乃天地之正气，阴阳之交感，生育万物之母也，以彰显其德性之美。又称之为玄牝，以赞其生育之功。是以谷神不死，犹如江河长流，无有穷尽。玄者，本义为深黑，引申为深远、神秘、微妙难知。牝者，生养万物之母也。以谷寓道，言其虚实兼备；以神拟道，述其变化无方。

玄牝之门何所指？以玄牝之门喻道为万物之母，老子欲明道之功用无所不包，历久弥新。自时间言，道永恒不灭，天长地久；自空间言，道无所不在，无穷无尽。道育万物，不息自强。玄牝深不可测，其生育之力，不见其始，而万物已生生不息。盖谓道生万物，如母之育子，玄妙而深远，牝牡之合，天地交泰，万物得以滋生。此乃天地之根、万物之始，非有非无，玄之又玄。

绵绵若存，道之真意也。道之存在，非如世俗之眼见，非有形象，非有声音，然其力量无穷,弥漫于天地之间,无所不在,无所不包。如绵绵细雨,润物无声;又如长风万里,吹拂不息。是以用之不勤,道之无穷也。勤则竭,道则无尽,此乃道之玄妙,亦道之真奥。

或有人以名利为务,劳心劳力,孜孜以求。然名利之追求,犹如涸辙之鱼,虽得一时之水,终难长久。何若守道而行、依道而生,绵绵若存,用之不勤,则能致虚守静,淡然处世,不为外物所扰,不为世俗所累。此乃道之真意,亦人生之大道。

夫道者,无形无象,无欲无求,然而其作用,却能深入人心,改变人之命运。是以古之圣人,皆以道为师、以道为友、以道为伴。深知道之玄妙,明了道之真奥,故能淡泊名利、守道而行。

道之玄牝,生育万物,然其门户何在?盖在人心之中。人心乃天地之中心,亦是道之门户。是以人当修心养性,使内心充满正气,则道之门户自然敞开,玄牝之力得以发挥,万物得以滋生。此乃道之妙用,亦人之大智。

谷神不死,玄牝之门,天地之根,道之真意也。人当依道而行,守道而生,绵绵若存,用之不勤。则能洞察万物之理,明了人生之道。

夫道也,空虚而灵,幽深而妙。道之存在,似有若无,犹如香气弥漫,难寻其迹,却又无处不在;其灵性赋万物以生命,幽深玄妙令人惊叹不已。故微妙难识,玄之又玄。

冲虚而自然,柔弱而坚强。道之冲虚,如同天地间之空白,无边无际,给予万物以发展空间。道之自然,任万物按照其自然规律生长发展,无须刻意干预。道之柔弱,如同微风拂面,轻柔而不留痕迹。然唯其如此柔弱,使得道空虚而灵,幽深而妙,微妙难识,玄之又玄,冲虚而自然,柔弱而坚强也。

然道也,简而繁,易而难。人能守道,即可化繁为简、转难为易。故人当以道为师,以道为友,守道而生,依道而行。

求其镜鉴　　谷神之永恒与天地根之启示

谷神不死,玄牝之门开于天地之根,乃大道之行也。世间万物,莫不由此而生,亦由此而灭。天下之人纷扰,逐物而迷,若能悟此玄理,则可超脱生死,逍遥于无尽之宇宙。

观天地之间,阴阳交泰,四时更替,万物生长,此乃大道之运化。然天下之人往往执迷于一时之得失,忘却大道之行。故当知,生死轮回,皆由心生。

心若不生，则死亦无惧；心若不灭，则生亦无欢。是以，大道之行，不在外物，而在内心。

谷神不死，言其德也。无形无影，无逆无违，处卑不动，守静不衰，谷以之成而不见其形，此至物也。

玄牝之门，言万物自是出也。象征深远、神秘之母性，乃万物之始，亦人生处世之根本。

人生处世，当明白道之所在，把握天地之根。

若论绵绵若存，用之不勤。则"绵绵若存"，不绝如缕之状态，预示处世亦需持续之力，恒久之心。微妙潜移，影响深远。"绵绵"之意，在于微妙难察，处世亦应细腻周到，以沟通和交流为本，非以强硬直接之手段达成所愿。此等潜移默化之法，更能深入人心，建立良好人际关系。

看似虚无，实则无穷。"绵绵若存"，虽若虚无缥缈，却无处不在，作用无穷。处世之道，亦讲无为而治，非强加己意，而是顺应自然，因势利导。此法虽不张扬，却能产生深远影响。

灵活适应，应对万变。"绵绵"之特质，包含灵活与适应。处世之道，亦要求人具备适应环境之能力，灵活应对各种变化与挑战。此乃"绵绵若存"与处世之道在应对复杂社会环境之要求。

简而言之：天地之大德曰生，人生之大德曰和。处世之道，贵在和谐。以和为贵，方能长久。谷神不死，即是生生不息，和谐共处之意。人生之路，漫漫亦灿灿，当秉持此道，方能行稳致远。玄牝之门，是生命之源，也是智慧之泉。开启此门，即开启对世界之深刻理解与洞察。人生在世，不可无智，亦不可无德。以智驭德，以德养智，方能立于不败之地。

吾观历史，名利之场，众人竞逐，如蚁附膻。人心浮躁，物欲横流，鲜有能安于道者。当知，道之所在，非远千里，亦非近在咫尺，而在心中。若能澄心静虑，反观内照，则道自显，玄牝之门自开。

绵绵若存，方能长久。处世之道亦当如此。不急不躁，稳扎稳打，方能步步为营，赢得人生之战；人生如戏，戏如人生，人皆为自己人生之导演，何以编排，在于自己；以谷神为引，开启玄牝之门，方能洞悉人生。

处世之道，亦在于此。保持内心之执着与热爱，以和为贵，以智驭德，方能于人生大戏赢得满堂喝彩。

第七章

> 经云：天长地久。天地所以能长且久者，以其不自生，故能长生。是以圣人后其身而身先，外其身而身存。非以其无私邪？故能成其私。

读经浅悟　　　　　　　　　　　天地无私之启示

天长地久，自古已然。夫天地之所以能长存久立者，何哉？非以其恒自生育，乃因不自生而生生不息。此诚宇宙间至理，而人世所当取法也。圣人者，体察天地之道，居后而反能领先，置外而竟能内存。此非以其无私之怀而能成其至私之业乎？

夫天长地久，非偶然也。盖天地无心于生而生物自繁，无意于久而历劫不坏。此乃天地之大道，无为而成，无欲而长。然则人生于世，亦当效法天地，以无私为心，方能成其私欲。何以言之？盖无私者，无我之念，无私之求，是以能容天下之物，纳百川之流，而成其广大。

圣人者，深明天地之道，故能后其身而身先。彼非争强好胜，亦非贪图虚名，盖知其先后之分，进退之机，是以能安身立命，而为人所尊。又外其身而身存，彼非轻身贱命，亦非自暴自弃，盖知其身处世间，犹身游太空，无我无彼，无内无外，是以能逍遥自在而身得长存。

夫圣人之所以能居后而先，非关争竞，非关名利，实在乎洞悉先后之序、进退之宜。彼知顺应自然、安于本分，故能立身于世，命由心生，自然受人尊敬。

是以圣人之道，后身先身，非争强好胜之所能为；无我无彼，非轻身贱命之所能至。盖其深明天地之道，顺应自然之理，故能安身立命，逍遥自在，身先身后，长存于世。此乃圣人之智慧，圣人之境界，非普通人所能梦见也。

夫道，无争无竞，无我无彼，无内无外，圣人深知之。故能后其身而身先，外其身而身存。彼知先后之分、进退之机，安身立命，逍遥自在，身得长存。此乃圣人之道、圣人之德，实乃天地之至理、万物之至道也。

此皆圣人以无私之心，而行有私之事也。彼之所以能为己私者，正以无私为用。盖无私则能容，能容则能大；无私则能谦，能谦则能久。此皆天地之道，而圣人之所以能效之者也。

天地无私，故能成其私。人法天地，当无私心；无私心，则无私欲；无私欲，则无私利；无私利，则能利益万物；利益万物，则能成就自己。故法无私，是法天地之大道，亦为人之大道也。

然则人法天地，当如何行？当行无私之道，无私之道即是利他之道，利他之道即是自利之道。人能行无私之道，则能合于天地之道；合于天地之道，则能成就自己；成就自己，则能成就万物。

故天下之人，当法天地之无私，以明大道之要。天地运行，无所偏倚，圣人亦应如此，行无为之治，以成其私，非谓谋一己之利，而是顺应自然，守道而行，使百姓各安其性、各遂其生。如此，则天下大治，万物和谐。是以圣人无私，故能成其大私。

夫天地之所以能长且久者，以其无私也。吾人生于世间，岂非应若此乎？

恒常与无私之智慧

天长地久，斯乃乾坤之恒常，万物之大道。夫天地之所以能长且久者，岂独因其广大无边、深邃无尽乎？盖因其不自生，故能长生。是故，天地之德，莫过于此。观乎日月之行、星辰之列，皆循此道，未有逾越。

是以圣人体察天地之道，后其身而身先。非以退为进，实以谦受益。诚如江海之纳百川，愈广愈深。故能成其大，非以其无私邪？盖无私者，方能成其私。譬如春雨润物，不求报偿，然万物因之而生机勃勃。此即天地之道，圣人之所以为圣也。夫圣人居天地之间，察阴阳之变，而后行无过之地。其身退而道进，非退也，进也；其心谦而德益，非谦也，德也。是故江海之所以能为百川之主，以其不拒细流，纳之而后广，浚之而后深。是以圣人之能成其大，非以其有私，而以其无私也。

若夫春雨之润物，无声而有信，不期报而物皆生。此非天地之大道乎？非圣人之至德乎？夫圣人之道，无他，存乎无私而已。故，无私者，道之极也；私者，道之反也。圣人以无私为私，而私反成其大私。此乃圣人之道，亦天地之大道也。

是以圣人后其身而身先，非退也，进也；谦受益，非谦也，德也。江海之所以广深，非一日之功，春雨之所以润物，非一时之力。是以圣人之所以为圣，非以其有所私藏，实乃因其无私无欲，行无为之道，顺应自然之理。

圣人之道，微妙难识，存乎一心，发乎无意。是以圣人之所以为圣，而以其无私也。其心常公，故能容天下之难。圣人之心，常怀天下，常忧民瘼。圣人之行为，看似无心，实则出于一心，此乃圣人境界。常公无私，故能容难容之事；常怀天下，故能忧民之忧；常思国家之兴衰，故能行人所不能行。圣人之所以为圣，非以其有私，而以其无私也。夫外其身而身存者，亦此之谓也。人之立身，固宜重视自我，然过于执着于己，反失其道。若将身心置于天地之间，以万物为念，则我之存在，愈显弥足珍贵。是以圣人忘己以利天下，而天下亦因其忘己而安。此乃无私之极致，亦是私欲之升华。

然则世人何以难以体悟此道？盖因私欲蒙蔽其心，致使大道隐而不现。故需涤除玄览，方能洞见天地之真意。若能虚心实腹，则道之所在不言而喻。虚心者，心无挂碍，无私欲之干扰；实腹者，充实其腹，不为物欲所迷惑。虚心实腹，心与物质两方面皆得平衡，方能领悟道之真义。道，非远在千里之外，实在于人心之中。人若能摒弃私欲、回归本源，即可领悟圣人之道。

是以世人当修身养性、去私存公，使内心清明如镜，方能洞察天地之真意，领悟圣人之道。唯有如此，方能走出迷雾，踏上真理之道，达到与圣人同等之境界。

是以君子务本，修身齐家治国平天下。去私存公，通道至简，居易以俟命，顺道而同仁。天地之大德，生而无有，育而无求，故能覆载万物，无所不容。君子法之，以道自守，以德自持，虽千变万化而不失其宗。

求其镜鉴　　　　　　　　　　　　　无私之道

　　天长地久，亘古如斯。夫天地之所以能长且久者，岂非以其不自生，而能长生乎？是以观圣人之道，亦若天地之运行，后其身而身先，外其身而身存。此乃非以其无私邪？故能成其私，而垂范百世。

　　纵观历史，纷纷扰扰，天下之人争先久矣，孰能后其身以观其变？皆欲据有，孰能外其身以存其真？然则唯有圣人之道，方能烛照人心，引导天下之人走向光明。

　　诚如天地之无私，圣人之治亦无私焉。彼非为己而治，乃为天下而治。故能后其身，以观天下之事；外其身，以存天下之真。其无私之心，犹如明镜高悬，无所不照。是以天下之人，皆仰其德，尊其道，乐其治。

　　夫圣人之无私，非为空谈，实有诸己。其行也谦，其言也信，其事也实。虽身处高位，而无骄矜之色；虽拥有天下，而无贪欲之心。此乃真正之无私，非世俗之所能及。

　　是以天下之人，当效法圣人之无私，以求自身之升华。不可贪图私利，忘却天下之大义；不可恣意妄为，背离天地之正道。当以无私之心，行天下之公事；以谦和之言，交天下之朋友。

　　后其身而身先者，乃身先士卒也。后其身，即谦退自守，不争先恐后。身先士卒，则能引领众人，得众人之信任与尊重。人生于世，若过于争先恐后，追求功利，则易失之狂妄，难以服人。而谦退自守，后其身，则能以德服人，成为众人依托。昔者，诸葛亮曰："非淡泊无以明志，非宁静无以致远。"此即后其身，身先士卒之谓也。诸葛亮淡泊名利，谦退自守，而后身先士卒，引领蜀汉王朝度过一段辉煌岁月。外其身而身存，非以其无私邪？故能成其私者，此乃道家之智慧也。其意为人当舍私利、存公心，方能长久。历览古今，无不如是。

　　外其身，存公心。外其身，即舍私利，存公心。人之处世，若过于关注个人私利，则易失公正，难以服人。而存公心，则能以公平、公正之态度待人，赢得他人尊重。昔者，孔子曰"君子坦荡荡，小人长戚戚"，此即外其身，存公心之谓也。君子舍私利，存公心，故能心胸坦荡，无畏无惧。小人则过于关注个人私利，常怀戚戚之心，难以安心处世。

非以其无私邪？唯有无私，方能成其私。人生于世，若过于追求个人私利，则易失去其他更为重要的东西。而唯舍私利、存公心，方能真正实现个人价值。昔者，孟子曰"得道多助，失道寡助"，此即"非以其无私"之谓也。人若得道，存公心，则得多助，易成其私。若失道，过于关注个人私利，则寡助，难以成其私。

能成其私，意即唯有舍私利，存公心，方能长远。舍私利，存公心，方能真正实现个人价值。故当以此为鉴，时刻警醒自己。不可为私欲所迷，忘却天地之大道；不可为虚名所累，方能成就真正之自我。

第八章

> 经云：上善若水，水善利万物而不争。处众人之所恶，故几于道。居善地，心善渊，与善仁，言善信，正善治，事善能，动善时。夫唯不争，故无尤。

读经浅悟　　《道德经》中之水之道

　　天地之间，至善至柔者，莫过于水。水之为物，涓涓细流，滔滔巨浪，皆能利生万物，而又不与万物争锋。处众人之所恶，或低洼之地，或污浊之所，水皆安之若素，无所畏惧。此乃水近乎道之真奥也。

　　水之行也，居善地。遇高山则绕之，逢深谷则注之，无所不往，无所不至。居善地，以其谦下之德，包容万物，顺应自然。天下之人亦当效法水之居善地，不骄不躁，顺应时势。

　　水之心也，深不可测。渊静而内明，虽外在平静如镜，内在却深邃无垠。心善渊，以其深沉之德涵养万物、泽被生灵。天下之人亦当修炼内心，如水般深沉，不为外物所扰，保持一颗平和之心。

　　水之为德也，与人为善，滋润万物。若人皆能以水为德，则世间将无恶疾、无纷争，万物和谐共生。与善仁，以其慈爱之德化育万物、泽被四方。天下之人亦当广结善缘，与人为善，积善之家，必有余庆。

　　水之言也，清澈透明，言出必行。言善信，以其诚信之德赢得天下。天下之人亦当言行一致，信守承诺，方能赢得他人之信任与尊重。

　　水之为政也，润物无声，治国有方。正善治，以其无为而治之道化育万民，则国家昌盛。

水之为事也，无所不能，事善能。水可载舟，亦可覆舟，皆因其能顺应时势，因势利导。天下之人亦当如水般善于应变，抓住机遇。

水之为动也，顺应天时，动善时。水之行也，或涓涓细流，或滔滔巨浪，皆因时而动、因势而行。

水之不争，非谓水无所作为，乃水之智慧、水之包容。水之利万物，而非与万物争锋。水之智慧，在于顺应万物、成就万物。水之包容，在于容纳万物、滋养万物。

夫唯不争，故无尤。水之为物，虽利万物而不与万物争锋，此乃水之道也。天下之人亦当效法水之不争，与世无争，不争名利，不争地位，不争荣辱。与人无争，与己无争。唯有如此，方能心境平和、无尤无怨。

不争之人，方能看清世事、明白人生。不争之人，方能专注于自身、修炼内心。不争之人，方能与人为善、与世和谐。不争之人，方能顺应自然、顺应人生。

一言以蔽之，水之为物，近乎道也。居善地，心善渊，与善仁，言善信，正善治，事善能，动善时。夫唯不争，故无尤。天下之人当以水为鉴，修炼内心，顺应自然。

行文至此，感慨油然而生于指下键盘：上善若水，至高之境，水之德也。虽简其质，然为生命之源，遍润万物。上善若水，其意蕴深，老子喻人如水，期以柔弱处水之德，柔而能克，弱而恒久。其胸怀宽广，无私无求，甘居人下。无论所在，静默无声，随形而安，随地而变。温柔如少女，羞涩而坚韧，随遇而安。拦之则静，断之则续，雨雪云雾，江河湖海，变化无穷。水处高而谦下，与人之好高相反。人争高处，竞以博弈，而有得失成败。水则不然，甘居下位，润物无声，功成而不居，清静而无为。是以人当效水之德，以柔克刚，以弱胜强，谦虚向下，润物无声，可达至德之境也。

循思渐得　　上善若水与道德之七善

上善若水，此乃道德之精髓，天地之至理。水者，柔而无骨，顺应自然，无争无抗；弱而无依，却能谦下包容，无所不至。然能穿山透石，以柔克刚，显其不懈之力；润物无声，行无为之道，成其广大之功。

诗意函谷

水之品质，淡泊名利，处下而不争，此乃道德之极致；水之利益，普及万物，无私无欲，此乃道德之广博；水之流动，顺应自然，此乃道德之顺应；水之存在，默默无闻，此乃道德之谦逊；水之润物，悄无声息，此乃道德之细腻；水之穿透，无坚不摧，此乃道德之坚韧；水之宁静，深沉而广阔，此乃道德之深远。

是以，上善若水，为人处世，应以水为师。学习水之淡泊名利，水之利益万物，水之顺应自然，水之谦逊低调，水之细腻温柔，水之坚韧不拔，水之深沉广阔。

学水之德，可以修身养性，可以齐家治国，可以平天下。人法地，地法天，天法道，道法自然。人应顺应自然，顺应道，顺应天地之理。水，利万物而不争，处众人之所恶，故几于道。水，善利万物，又能载舟覆舟。水，至柔而至刚，至静而至动。水，深不可测，广不可及。

居善地者，如水之随方就圆，不拘一格；心善渊者，如水之深沉静谧，不扰万物；与善仁者，如水之滋养生灵，无所偏私；言善信者，如水之真诚无伪，言行一致；正善治者，如水之润物无声，潜移默化；事善能者，如水之千变万化，无所不能；动善时者，如水之顺应时势，无往不利。此乃水之七善，亦道德之七德。

水之为物，柔弱而能胜刚，静谧而能动荡。夫唯不争，故天下莫能与之争。此即水之道，亦道德之真奥。水虽柔弱，却能穿山透石、润物无声，此乃不争之德。水虽无形，却能包容万物、容纳百川，此乃无私之德。水虽静谧，却能顺应时势、变化无穷，此乃智慧之德。水虽无常，却能恒久长存、生生不息，此乃生命之德。

故观水之道，可知道德之真义。水之行也，顺乎自然，不求高位，不慕荣华，此乃道德之无为而治。水之为物，柔弱而能胜刚，静谧而能动荡，此乃道德之柔弱胜刚强。水虽无形，却能包容万物、容纳百川，此乃道德之包容并蓄。水虽无常，却能恒久长存、生生不息。

水之不争，成就其伟大；水之无私，成就其卓越；水之柔弱，克刚强之坚；水之包容，纳百川之广；水之顺应时势，使其恒久流淌。由此观之，水之道，实乃道德之典范。

水之不争，使其成为众流之王；水之无私，使其成为万物之母；水之柔弱，使其穿山岩、凿渠道；水之包容，使其成为江河湖海；水之顺应时势，使其成为永恒之力。水之道，即道德之道，人生之道。

水之道即道德之道，水之德即道德之德。夫唯不争，故无尤；夫唯无私，故能成其私；夫唯柔弱，故能胜刚强；夫唯包容，故能容纳百川；夫唯顺应时势，故能长生久视。

求其镜鉴

上善若水

夫道德之精义，深邃而博远，洋洋乎若江海，滔滔乎如洪流。取"上善若水"章之言，以之为鉴，鉴照世间万象，探究其内在之真理。曰："上善若水，水善利万物而不争，处众人之所恶，故几于道。"斯言也，宛如明镜，映照人心，使人深省。

水，至柔之物也，然其能包容万物，滋养天下之人，而自身不居其功，不显其能，此即上善之德也。水虽柔，却能穿石破岩，润物无声，此即其力量所在。然水之行，不与人争高下，不与物争短长，但顺其自然，随遇而安，此乃水之大道也。

人生于世，亦当效法于水。居善地，不在于富贵贫贱，但求心安理得；心善渊，不在于纷扰浮华，但求清澈明净。与人为善，不在于恩怨得失，但求仁爱之心；言出必信，不在于巧言令色，但求真诚之意。领导者当善治，不在于权谋诡计，但求公正无私；为事者当善能，不在于功利成败，但求尽心尽力。动则善时，不在于急功近利，但求顺应天时。

居善地，意为选择良好的环境。人之处世，若居于不善之地，则易受不良影响，难以修身齐家治国平天下。而居于善地，则能受到良好熏陶，成为品德高尚之人。近朱者赤，近墨者黑。此即居善地之谓也。人若居于善地，则能近贤良、远邪恶，自然能够修身齐家治国平天下。

心善渊，意为心当深沉如渊。人之心性，若深沉如渊，则能容人之过，涵泳百川，成为众人所敬仰之人。昔者，孔子曰"君子不器"，此即心善渊之谓也。君子心性深沉，不轻易显露喜怒哀乐，能容人之过，故能成为众人所敬仰之人。

与善仁，意为待人以善，充满仁爱。人之处世，若待人以善，则能赢得他人之尊重，建立良好之人际关系。昔者，孟子曰"仁者爱人"，此即与善仁之谓也。仁者待人以善，充满仁爱，故能赢得他人的尊重，建立良好的人际关系。

言善信，意为言必诚信。人之处世，若言而无信，则失去他人的信任，难以立身处世。言若善信，则言行一致，不欺不诈，自能赢得他人的信任，成为有信誉之人。信誉者，立身之本，行道之基，不可须臾离也。

正善治，意为治理国家以善。人之处世，若治理国家以善，则国家繁荣昌盛，人民安居乐业。昔者，孟子曰："民为贵，社稷次之，君为轻。"此即正善治之谓也。治理国家以善，以民为重，国家方能繁荣昌盛，人民方能安居乐业。

事善能，意为行事有能。人之处世，若行事有能，则能成就一番事业，为社会做出贡献。昔者，孔子曰"学而时习之，不亦说乎"，此即事善能之谓也。人若不断学习，提升自身能力，行事有能，方能成就一番事业，为社会做出贡献。

动善时，意为行动适时。人之处世，若行动适时，则能抓住机遇，成就一番事业。昔者，孔子曰"逝者如斯夫，不舍昼夜"，此即动善时之谓也。人若珍惜时光，行动适时，方能抓住机遇，成就一番事业。

夫唯不争，方能得道多助，方能赢得人心。不争，非无所为也，乃不为小利而争，不为虚名而斗。则能包容天下，涵养万物，成就无边之善。故曰："夫唯不争，故无尤。"此乃道德之真谛，人生之大道也。

第九章

> 经云：持而盈之，不如其已；揣而锐之，不可常保。金玉满堂，莫之能守；富贵而骄，自遗其咎。功遂身退，天之道也。

读经浅悟　　　　　　　　　持盈揣锐与功成身退

夫道之第九章，言持满盈而不若适时而止，揣锐势而不可久长。金玉满堂，虽富且贵，然非人力可守；富贵而骄，自取其咎，何足为道？功成身退，此乃天道之行，人当效之。

持盈满而不已，犹水之溢器，必将溢泻，犹月之盈夜，必将蚀损。盖盈满者，物之盛极，亦衰之始也。故知者持盈如持虚，守成若守缺，满招损，谦受益。是以天地之道，犹张弓候鸟，过满则折，过盈则亏。故持而盈之，不如其已，斯为至理。

夫水之溢器，月之盈夜，皆示人以警。水溢则损器，月盈则渐蚀，此自然之理也。人法地，地法天，天法道，道法自然。故人宜思持盈之道，法天地之理，以全身远害，此君子之所以自守也。

是以君子持盈而不溢，守成而不骄，虚己以受教，谦德以自牧。其于天地之道，若合符节，于万物之变，若持衡石。故能任物之自然，不行拂乱之策；顺道之至理，不凿虚伪之巧。是知持盈满而不已者，君子所不取也。

然则君子之道，何其难也？难在于知止，止于至善，而不溢于其度。知止之道，即是不溢之道，是不损之道。故君子之道，微妙玄通，深不可识，其出口成章，其居成礼，其动合乎天地之宜，其静得乎万物之理。是以君子之道，天下之至宝也，而人皆宜守之、法之、行之。

揣锐势而求常保，犹磨刀霍霍，求其锐利无匹，然久磨则损，久用则钝。锐者，势之盛也，亦衰之因也。是以揣而锐之，不可常保，盖势之必然。故智者藏锋若拙，韬光养晦，以柔克刚，以退为进。锐而不露，保身之要也。

金玉满堂，富贵之极也，然非人力可守。夫金玉者，财之象征，富贵之标也。然财聚人散，贵极则衰，此乃天地之常道。是以金玉满堂莫之能守，人当以此为鉴，知足不辱，知止不殆。

富贵而骄，自取其咎。夫富贵者，人之所欲也；骄者，人之所忌也。富贵而骄，犹火之烈也，必焚自身。是以富贵而不骄，谦卑自牧，方能常保富贵，免蹈咎悔之境。盖骄之一字，为人生大患，能使富贵转为贫贱，能使幸福化作悲哀。故圣贤之道，贵在富贵而不骄，以谦卑为座右铭，以自牧为人生准则。

功遂身退，天之道也。夫功成者，事之毕也；身退者，心之逸也。功成身退，犹叶落归根、水流归海，此乃天地自然之道。是以人当知止而后有定，定而后能静，静而后能安，安而后能虑，虑而后能得。得而能舍，舍而能全，全而能退，退而能天。则功成而不居，身退而不悔，与天地同其德矣。

夫第九章之原意，深奥且遥远。持盈若亏，揣锐勿坚，金玉满堂，富贵而骄，功成身退，皆天地自然之道也，人当效法之。知止不殆，知足不辱，此乃养生保家之要道，亦为人生处世之智慧。盖人生如行路，有起有落，有盈有亏。持盈若亏，则能长久；揣锐勿坚，则能避折。金玉满堂，虽富可敌国，但不能长久守之；富贵而骄，虽荣极一时，然必将自遗其咎。故功成身退，天之道也。知止知足，是谓明哲之至道，持盈守成之秘要。夫止，非停滞不前，乃顺应时机，适可而止；知足，非不求进取，乃深知满足，避免贪饕。此二者，乃长久之基石，人生之智慧也。

循思渐得　　　　　　**人生智慧与道德之实践**

夫道之微妙，难以言传。然持而盈之，不如适可而止，以避盈极而亏。犹如器皿满则溢，月儿盈则亏，此乃天地之常道，人生之至理也。故古之智者，常守中道，以防过与不及。

守中之道，妙在适度，不偏不倚，无过无不及。如水之就下，自然而成，如鸟之飞天，自在而游。人生在世，若守中之道，便能应对自如、处变不惊。

盖守中者，心中之平和，行为之适度也。心中平和，则能容万物；行为适度，则能应万事。是以守中之道，关乎人生之成败、事业之兴衰。守中者，得意而不忘形，失意而不失志。

揣而锐之，虽利不可常保。犹剑之过刚易折，弓之过满易断。是以智者藏器于身，待时而动，不轻易显露锋芒。故曰："大智若愚，大巧若拙。"是以智者不炫耀己能，亦不轻易显露心机。剑之为器，过于刚硬则易折，不足持久。弓之为用，过于满弦则易断，不能久持。人生之道，亦复如是。故智者深藏不露，养晦守拙，以待时机。

智者不炫耀己能，亦不轻易显露心机。其内在之充实，胜于外在之张扬。是以智者之道，如水之就下，顺势而为，不争名利，而名利自至。如草之默默，自有其生命力，不需炫耀，自有其光辉。

金玉满堂，莫之能守。夫财富如流水，聚散无常。若贪得无厌，必将自招祸患。是以古之君子，虽富贵而不骄，虽贫贱而不忧。彼知财富乃身外之物，生不带来，死不带去。唯道德仁义方能长存于世。

富贵而骄，自遗其咎。夫骄者必败，此乃千古不易之理。骄则失和，骄则失众，骄则失德。故曰："满招损，谦受益。"是以古之贤者，虽位高权重，亦能保持谦逊之心，以和待人，以德服众。

功遂身退，天之道也。夫功成名就，宜急流勇退，以免晚节不保。如日中之阳，虽辉煌灿烂，然必将西下。是以古之英雄，功成名就之后，或隐居山林，或淡泊名利，以终天年。此乃顺应天道，得享天年之智也。

夫知止知足，实乃古圣先贤之教诲，寓言于止，寓理于足。止，非谓之不前，乃顺时而止，如月之圆缺，适可而止；足，非谓之不进，乃知满足，如水之就下，顺其自然。

持盈若亏，以免倾覆之灾；揣锐勿坚，以避易折之祸。金玉满堂，虽富可敌国，然不能长久守之；富贵而骄，虽荣极一时，然必将自遗其咎。故知止知足，实为人生之智慧，养生保家之要道也。

道之玄妙，虽千言万语，难以尽述。然持盈守中，揣锐藏锋，金玉不守，富贵不骄，功成身退，此皆道之真奥也。物极必反，满招损，谦受益。是故太满则溢，太锐则断，此乃自然之律，人心之鉴。人若能与道同行，便能达到心手相应、收放自如之境地。进退有度，如月之盈亏，如潮之起落，乃顺应天道也。

冀金雨循思而得曰：功遂身退，非独隐于山林，而是心无滞碍，居高而不自满，知名而不自矜，富财而不自扬。此乃"天之道"之真义，养物而不有其功，施恩而不望报。物承其恩，无为而化，无恩而化，故无怨无恨，一切顺其自然。

求其镜鉴　　盈满与谦逊之智慧

持而盈之，盈极必亏，盈满之患，何若其已。满则溢，溢则失，失则损，损则衰。是以明者守中，不使过盈，以全其真。夫盈满者，如日中天，虽照耀四方，然其势已衰，不久将西下也。故知盈满之非，不若适可而止，此持身保身之道也。

持而盈之，不如其已。持而盈之，意为贪得无厌，不知足。人之处世，若持而盈之，则易陷入欲望的泥沼，无法自拔，最终导致身败名裂。而知止知足，则能安享天命，成为品德高尚之人。知足者常乐，此即持而盈之，不如其已之谓也。

揣而锐之，不可常保。揣而锐之，意为锐不可持，不可长久保持。人之处世，若揣而锐之，则易陷入自我骄傲的状态，无法持续进步，最终导致才能退化。而保持谦逊，则能持续进步，成为有成就之人。谦受益，满招损，此即揣而锐之，不可常保之谓也。谦逊者，能接受他人的批评与指导，不断进步，终成一番事业。揣而锐之，锐者易折，常保之难。锐势虽强，然易伤己伤人，不若藏锋守拙，以全其用。夫锐者，如剑出鞘，虽锋利无比，然稍有不慎，便自伤其身。故知锐势之害，不若以和为贵，此处世智慧也。

金玉满堂，富贵之极也，然莫之能守。财多招妒，势重易倾，富贵而骄，自遗其咎。夫金玉满堂者，如蜂拥蜜，虽甘甜可口，然蜜多则蜂乱，不久将散。故知富贵之害，不若贫而乐道，此保身远祸之道也。

金玉满堂，意为财富无数。人之处世，若追求金玉满堂，则易陷入对财富的执着。财富固然重要，但无法守护一生，此即金玉满堂，莫之能守之谓也。财富乃身外之物，过分追求财富，则易失去道德底线，最终导致人生陷入困境。

富贵而骄，意为因富贵而骄傲自大。人之处世，若因富贵而骄傲自大，则易看不起他人，失去人心，最终自食其果。富贵者，世人皆羡慕之。然而，若得富贵而骄慢自大，则必招致祸端。昔者，明朝福王朱常洵被李自成杀而烹之，其虽富可敌国，贵为王侯。然其骄慢自大，视百姓如草芥，百姓怨声载道，家国亡于一旦。此乃富贵而骄，自遗其咎也。

功遂身退，此天之道也。功成不居，身退不伐，方能全身远害，保全其真。夫功遂身退者，如叶落归根，虽功成名就，然不居其功，不伐其能，以全其德。故知功成身退之智，不若急流勇退，此得道之道也。夫持盈揣锐，生而不有，为而不恃，功成而不居，此乃玄德之真谛。老子观宇宙万物，皆如刍狗，无一例外。刍狗之命运，祭祀后仍为草芥，此乃天命使然。人生短暂，犹白驹过隙，故人提及年龄，常怀畏惧，感叹时光易逝。于是，或有人倾生以逐金，视财富为存在之证；或望扬名立万，欲以声誉显己。由此，人间争名夺利之事屡见，或有不择手段者，亦有灵魂易售之虞。然所得未必如愿，所付常显昂贵，何苦如此哉？吾观历史，世事纷扰多变，人心时有不古之风。或有人欲壑固难填，富贵亦易骄，功利之心易熏，或至初心遗忘。故当以本章为镜鉴，时常反省己身，勿受物欲所迷，勿为富贵所惑，勿让功利所累。持盈守中之道，揣锐藏锋之智，富贵而不骄，功成而身退，居功而不自满，身退亦不失其尊。

第十章

> 经云：载营魄抱一，能无离乎？专气致柔，能如婴儿乎？涤除玄览，能无疵乎？爱民治国，能无知乎？天门开阖，能为雌乎？明白四达，能无为乎？生之畜之，生而不有，为而不恃，长而不宰，是谓玄德。

读经浅悟　　　　　　　　　　　　　　　修心养性

"载营魄抱一，能无离乎？"此言修身之要，在于守道。营魄，即魂魄，代表人之精神与形体。抱一，即守道不离。人之修身，当使精神与形体合一，守道而行，方能不离于道。吾悟此理，知修身之道在于守一，不为外物所动，方能保持内心之宁静与纯粹。修身之重要，当守道而行，不为世俗所惑。

"专气致柔，能如婴儿乎？"此言修身之法，在于致柔。专气，即聚气凝神。致柔，即使心志变得柔和。婴儿之心，纯真无邪，柔软而顺应。修身之道，当效法婴儿，使心志变得柔和，顺应自然之道。吾悟此理，知修身之法在于致柔，不刚不躁，方能顺应时势、与道合一。修身之法当以柔克刚、顺应自然。

"涤除玄览，能无疵乎？"此言揭示了修身之至高境界，其核心在于追求无疵无瑕之完美状态。涤除，意味着要彻底清除内心之杂念与纷扰，使心灵恢复其原始之纯净；玄览，则喻指内心那片明澈如镜之境地，能够真实反映万物之本质。修身之道，关键在于净化内心，心无尘埃，如明镜般清澈，既能照见万物之真相，又不让任何瑕疵滞留其上。修身之境实则在于无疵无垢，内心保持清净与明澈，方能深刻洞察世间万物之本源，使一切善恶、美丑显现无遗，无所遁形，从而达到超凡脱俗、洞察秋毫之精神境界。

"爱民治国，能无知乎？"此言治国之道，在于去智。爱民治国，乃君主之责。去智，即不用智巧而重朴实。治国之道，当以民为本，不用智巧而重朴实之行，方能得民心而治天下。吾悟此理，知治国之道在于去智，重朴实而行，方能长治久安。治国当以民为本，不用智巧而重实行，方能得民心而安天下。

"天门开阖，能为雌乎？"此言治国之法，在于顺应。天门，即天地之门户。开阖，即开合变化。为雌，即顺应自然。治国之法，当顺应天时地利人和之变化，如雌鸟之顺应雄鸟而飞翔。治国之法当顺应时势，不逆天而行，方能得天下之和而安万民。

"明白四达，能无为乎？"明白四达，洞见机微，能无为乎？心若澄镜，行无窒碍。此言治国之境，其要在于无为而治，道之自然。明白四达者，智虑周密，通明四方之理，无所不晓，无所不达。无为者，非不为也，乃顺应自然法则，不逆天行，不妄作为，因势利导，使物各尽其性，事各得其宜。

治国之境，首在明智，次在通达。明智则能辨是非、知得失，通达则能察民情、顺天意。故治国者，当明智而通达四方，洞悉天地人之变，顺应自然之道，不妄为，不强行。如此，则国家安宁、人民和乐，道行于世矣。

无为之为，乃大智也；顺应自然，乃大道也。治国者若能明此理，行此道，则无为而治，不言之教，自然功成。故曰：治国之境，非在于强力作为，而在于明智通达、顺应自然。

生之畜之，养而护之，生而不有，任其自然，为而不恃，功成弗居，长而不宰，顺物之性，是谓玄德，深矣远矣，与道同体。此言修身治国之最高境界，在于玄德。生之畜之，即生育抚养万物。生而不有，即生育万物而不据为己有。为而不恃，即有所作为而不自恃其功。长而不宰，即养育万物而不主宰其命运。玄德，即最高之德行。修身治国之最高境界，在于具备玄德，生育抚养万物而不据为己有，有所作为而不自恃其功，养育万物而不主宰其命运。

循思渐得　　　　　　　　　　　回归本真

夫"营魄抱一"，岂非言身心合一之道乎？"能无离乎"，此非警世恒言，示人以修身之要乎？"专气致柔"，如婴儿之态，此非言心之纯和，无有杂念乎？"涤除玄览，能无疵乎"，此非教人清心寡欲，以明其德乎？"爱民治国，能无知乎"，此非诫人以无为而治，顺乎自然乎？"天门开阖，能为雌乎"，此非言守柔不争，以应天下乎？"明白四达，能无为乎"，此非明照四方，而行不言之教乎？"生之畜之，生而不有，为而不恃，长而不宰，是谓玄德"，此非言大道之行，德化万物而不居功乎？

余循思此理，渐有所得。

夫身心合一，乃修身之基石。人之所以不能抱一，皆因心为形役，逐物而逝。若能收视反听，内观其心，心无其心，则形将自正。专气致柔，如婴儿者，言人心当如赤子，无所知而无所不知，无所欲而无所不欲。赤子之心，纯和无杂，故能应物而无伤。世人若能如此，则心不扰于外物，而能得其和矣。

"涤除玄览，能无疵乎"，此言清心之道。玄览者，心之明镜也。镜有尘则不明，心有欲则不清。故当涤除杂念，清心寡欲，以明其德。明德者，心之本体也。心体光明，则照见万物而不留瑕疵。此修身之要，亦治世之本。

"爱民治国，能无知乎"，此言治世之道。智者，巧诈也。以智治国，则民多巧伪，而国不乱者鲜矣。故当以无为而治，顺乎自然。自然者，天之道也。天道无为而无不为，故能长且久。治国者当法天道，行无为之事，则民自化而国自治矣。

"天门开阖，能为雌乎"，此言守柔不争之道。天门者，心之门也。心门开阖，当如雌之顺应。雌者，柔顺也。柔顺则不争，不争则天下莫能与之争。故当守柔不争，以应天下。如此则心无挂碍，而能应物自如矣。

"明白四达，能无为乎"，此言明照四方而行不言之教。明白者，心之光明也。四达者，无所不通也。心明而光照四方，则无所不知而无所不言。然言者不知，知者不言。故当行不言之教，而万物自化。此大道之行也。

生之畜之，养其万物，生而不有，任其自然，为而不恃，功成弗居，长而不宰，顺应天道，是谓玄德，深藏若虚，是谓玄德矣。此言大道之德也。生而不有、为而不恃、长而不宰者何意？生者，繁衍生息之道也；不有者，不将万物据为己有也；不恃者，不恃功高以自傲也；不宰者，虽为长者而不主宰他人命运也。此乃玄德也。夫言玄德者，皆有德而莫知其主，出乎幽深之域。既能生之畜之，又能不宰不恃，虽有大德，而物莫之知也，乃至德之极也，无德而德，无为而治，是以称为玄德。

余悟此理，深感修身之道在于抱一、致柔、清心、无为。治国之道在于顺乎自然、行不言之教。而大道之德则在于生养万物而不居功。此皆修身治国之要言也。人当以此自勉，而期于身心合一、明德清心、无为而治，以至玄德深远之境。如此则不失其所守而能应物无穷矣。

夫修身之道，当持之以恒而不懈怠，清心寡欲以明其德，顺乎自然以行其言。治国之道亦然，非一朝一夕之变革可致也。当渐化民俗而行大道之教。使民心皆归于纯和而无杂念，则国之大治矣。

求其镜鉴　　追寻至理与完人之路

夫人生于世，载营魄而抱一，乃言身心合一，不离不散。能无离乎？此问实乃警示世人，身心易分，离则生乱，故当慎之。处世之时，当守心定性，使身心合一，不为外物所扰，方能应事接物，皆得其当。日常行事，当时刻留意自身之言行举止，使心与行合，不违道义，犹如车之两轮、鸟之双翼，相辅相成，方能致远。此乃身心合一之要义也，守之则安，违之则危也。

"专气致柔，能如婴儿乎？"此言养气之道，深意存焉。当使心气柔和，如春日之阳，温暖而不燥烈；又如婴儿之纯真无邪，未染尘埃，故能应物而无碍。婴儿之心，清澈如水，无有矫饰，无有私欲，故能随物而变，无所滞碍。人若能如婴儿之心，则待人接物，皆以诚相待，无有虚伪，无有偏私，言辞和顺，举止安详，自然能得人心，和谐共处，犹如天地之和合，无不融洽。

"涤除玄览，能无疵乎？"此言洗心之道，深意存焉。当涤除心中杂念，如拂尘去埃，使心无瑕疵，犹如明镜照物，无所不现，无所不真。明镜之心，可照见万物之本真，洞悉世事之微妙。人当洗心涤虑，如清泉之涤秽，则能洞察世事真相，明辨是非善恶。

"爱民治国，能无知乎？"此言治国之道，深意在于当以爱民为本，而非仅仅依赖智巧为能。智者虽能运筹帷幄、决胜千里，但若过于迷信智谋，则易陷于机巧之中，而忘却爱民这一治国之本。故历代为政之佼佼者，皆以爱民为先，时刻关注民生疾苦，体恤民情冷暖，倾听民众之声，深得民心，进而安定天下。此非智巧所能及，乃爱民之德所致也。

"天门开阖，能为雌乎？"此言顺应自然之道也。天门之开阖，喻示天地之变化，万物之生息，皆顺应自然之法则，无有悖逆。雌者，顺也，柔也，不争而善胜。处世之时，当如天门之开阖，顺应时势之变化，不逆天而行，方能得时势之助，成事而无碍。行事之时，须细心观察时势之微妙变化，灵活调整策略与行动，以顺应自然之法则。不强行逆天，不妄动妄为也。

"明白四达，能无为乎？"此言明理之道也。夫明理者，当深究万物之本原，洞悉其内在之规律，而后能无为而治。无为者，非怠惰不为也，乃顺其自然而为之，不违事物之本性，不强加个人之意志。处世之时，若能明此理，则能顺应自然而行事，如春风之拂面、夏雨之润物，无有强暴之态，无有悖逆之行。如此则能成事而无碍，达至和谐共生之至高境界矣。

"生之畜之，生而不有，为而不恃，长而不宰，是谓玄德。"此言玄德之道，乃人生之至高境界也。生之畜之，言创造万物而不据为己有；为而不恃，言有所作为而不自恃其功；长而不宰，言滋养万物而不主宰其命运。此乃玄德之义也。处世秉玄德之心，则能超越世俗功利与名望，关注更广阔之天地与人生。行事之时，时刻以玄德为心，创造而不据为己有，有所作为而不自恃其功。当以身心合一为基，养气致柔如婴儿之心，洗心涤虑如明镜之照，以爱民为先而治天下，顺应时势而变化无碍，明白万物之理而施无为之治，秉持玄德之心而超越世俗。滋养他人而尊重其自立，不强行干预他人，此乃玄德之体现也。

第十一章

> 经云：三十辐共一毂，当其无，有车之用。埏埴以为器，当其无，有器之用。凿户牖以为室，当其无，有室之用。故有之以为利，无之以为用。

读经浅悟　　　　　　　　　　　　　　　　有无相生

大道至简，妙在有无。观乎天地之间，万物纷纭，皆因有无相生，而成其用。今读《道德经》第十一章，深感其言简意赅、意蕴深远。

三十辐聚，共成一毂，旋转之间，载驰千里。非毂之固，实因中空，方能容轴，转动自如。当其无有，乃见车之用。车轮之设，不在其实，而在其虚。虚则能容，容则能转，转则能行。此亦大道之体现，有无相济，方能显其功用。

埏土成器，陶泥为皿。当其无有，乃成器之用。器以容物，非实而虚。虚则能盛，盛则能用。故知器之利，在于其无。无则不碍，不碍则通，通则能容。此乃大道之妙用，无中生有，有归于无。

凿户开窗，以为居室。当其无有，乃见室之用。室以蔽身，非实而虚。虚则能居，居则能安。故知室之利，亦在于其无。无则不逼，不逼则舒，舒则能宁。此亦大道之显现，有无相成，方能成其大用。

故有之以为利，此乃显见之用。无之以为用，此乃隐微之功。显见者易知，隐微者难察。然大道之行，无不在有无之间。有者，形之所在；无者，神之所寓。形神兼备，方能成其全体。故知有无相济，乃大道之真奥也。

观乎天地万物，莫不如此。日月星辰，照耀寰宇，非实而虚。虚则能照，照则能明。山川草木，生长繁衍，亦因有无相生。无则能生，生则能长。长则能成，成则能盛。此乃大道之运行，周而复始，无始无终。

人生于世，亦当体察有无之妙。有者，身外之物；无者，心中之境。身外之物，虽可暂得，终非长久；心中之境，若能涵养，方为永恒。故知有无相济，方能成其大器。大器者，不在于形之大小，而在于神之明晦。神明则智通，智通则能应变无穷。

是以圣人处无为之事，行不言之教。无为者，非不为也，乃因循自然，不强行其志。不言之教者，非不语也，乃以身作则，默化潜移。故知圣人之道，亦在于有无相济。有则显其迹，无则藏其神。迹显则人易知，神藏则人难测。然圣人之心，澄明如镜，照见万物而不留痕。此亦大道之显现，有无相成，方能成其至圣。

夫大道之行也，微妙玄通，深不可识。然有志于道者，若能细心体悟，则不难窥其堂奥。有无相生，难易相成，长短相形，高下相倾。此乃大道之常理，亦人生之至理。故知有无相济者，方能得大道之真传。真传者，不在于言辞之华丽，而在于心意之相通。心意相通者，方能共游于大道之境，同登于无极之巅。

噫！大道至简，而人心多欲。欲多则迷，迷则失道。失道者何？失其本心也。故知修心养性者，方能得大道之真旨。真旨者何？无欲则刚，有容乃大。刚大者何？刚则能断，大则能容；断则能明，容则能广。此亦大道之体现。

循思渐得　　生活中之无用之用

三十辐聚，共成一毂，中心空虚，乃车之所用。观其形，辐辐相扶，犹如众星拱月，毂心空寂，恰似天地之虚怀。夫车之用，非在辐之坚，亦非在毂之厚，而在于其中之无，无则能容，容则能载，载则能行。是以知有之为利，无之为用，此乃车之真道也。

埏土成陶，以为器用。当其成形，无物在内，器之用方显。观夫器，或圆或方，或高或矮，皆因无而能容。无者，非空也，乃虚以待物，待物之来，则器之用成。是以知器之利在于形，器之用在于无。形以限物，无以化物，形无相济，器之真道也。器成于埏埴，其空虚乃功用所在。无之实体不足以立，无之空间不足以展。圣人以无观世，悟万物奥妙；以有观物，辨见万物差异。知有与无为物之两面，此乃智之极也。器之空虚，用之所在。

开凿门窗，以为室居。当其成室，无物在内，室之用乃现。室之大小，非在户牖之广狭，而在其中之无。无则能居，居则能安，安则能乐。是以知室之利在于构，室之用在于无。构以成形，无以成空，形空相应，室之真道也。

夫道之超越言象，其无形、无状、无声、无臭，玄妙难测。道之用，在于无也，无形无象，无所不在。无则能容，容则能化，化则能生，生生不息，变化无穷。是以知有之为利，乃道之显，显于万物，利益众生；无之为用，乃道之隐，隐于无形，运化万物。显隐相济，道之真也，真乃道之本，本固则道生，生则无穷，无穷则利天下。视之不见其形，听之不闻其声，搏之不得其质。然而其用无穷，其利无尽，此乃道之妙也。故善为道者，必知显隐之妙，明道之真，而后能应物无穷、利益天下也。

天下之人处世，亦当悟此真道。世事纷扰，利欲熏心，人往往只见其有，而忘其无。只见利之所在，而忘用之所系。故常陷于物欲之中，不能自拔。若能悟此真道，知有之为利，无之为用，则能心无挂碍、物我两忘，逍遥于天地之间自得其乐矣。

夫无者，非空也，乃虚以待物，待物之来，则道之用成。是以知无之为用，实乃道之精髓。道之妙用，无乎不在，无乎不显。无中生有，有归于无，此乃天地之大道，万物之真源。

天下之人当以无之心，应万有之事。无则能容，容则能化，化则能通，通则能达，达则能成。是以知无之为用实乃人生之大道，处世之真奥。

夫道之真，非言语所能尽述，非笔墨所能描绘。唯有悟者，方能得之。悟者，心无挂碍，神游物外，与天地万物共命运。是以知悟道者方能得其真、用其真、乐其真。

天下之人当以悟为舟，以真为航，乘风破浪，直抵道之彼岸。彼岸何在？即在心之深处，即在无之所在。无之所在，即道之所在，即真之所在。是以方能得其道、乐其生、成其业。

夫道之真，实乃天地之心，万物之魂。悟之者明，用之者神。然悟道须得长期修持，方可渐入佳境。当以本章为鉴，以此道为镜，常观常照，常修常悟。犹如日月之恒，不舍昼夜；犹如山川之恒，不舍盈亏。修持有道，方能洞悉真理；悟道无疆，方能驾驭万物。圣人求道，悟道明道行道传道。吾人应以道为师，以道为友，时刻秉持道心，方能立足于世间，游刃有余。

求其镜鉴　　　　　　　　　　　　有无相济之人生智慧

　　三十辐聚，共成一毂，中虚而轮转，车之用以显。观其辐辐交错，似经纬之织锦，而毂心空寂，若天地之无垠。夫车之用，非在于辐之密，亦非在于毂之坚，而在于其中之无有。无有者，非空也，乃虚以待物，载人以行。是以知，有之为利，在于支撑；无之为用，在于运转。

　　埏土为器，或圆或方，其形各异。当其成形，中亦无物，而器之用乃显。视其内，空空如也，然能容水盛物，其用无穷。是以知，器之利，在于其形；器之用，在于其无。形以定器，无以化物。形无相济，乃成器之真用。人生亦如是，有形者易损，无形者长存。故当以无形之心，应有形之世，方能得真用、享真乐。

　　开凿门窗，以为室居。当其成室，中亦无物，而室之用乃成。室之大小，非在于户牖之广狭，而在于其中之无有。无有者，乃室之空也，能容人居，能避风雨。是以知室之利，在于其构；室之用，在于其空。构以成形，无以成空。形空相济，室之真用也。人生之居，亦当如此。有形之居易朽，无形之居常恒。故当以无形之心，居有形之世，方能得真安、享真宁。

　　夫道，无形、无状、无声、无臭。视之不见，听之不闻，搏之不得。然其用无穷，其利无尽。道之用，在于无也。无则能容，容则能化，化则能生。是以知有之为利，乃道之显；无之为用，乃道之隐。显隐相济，道之真也。人生之道，亦当如此。有形之利易见，无形之用难知。

　　是以观天地万物，皆有其形，亦皆有其无。形者易见，无者难知。然无者之用，实乃大道之所在。故当以无鉴有，以有悟无，鉴人生之形，明心智之真。观车之用，知有无相济；视器之利，明形无相成；察室之居，悟空有相和。是以知人生之世，亦当有无相济、形无相成、空有相和，乃能得真利、享真用、悟真道、明真心。

　　有之，即现世之事物，使之有条不紊，营造环境，旨在便利，实为开拓途径。无之，乃是营造空间，留有余地，以便施展，令其成就。此二者互为补充，共成生活艺术之双璧。

有之，犹绘事也，须于画布绘形绘色，使之成可视之象。此需营造环境，备齐工具材料，以将心中之构想化为实物。在此过程中，技巧才华固不可少，耐心毅力亦为关键。有之，令生活多彩多姿，更富意味。无之，则为有预留空间，以发挥其用。生活中，常需留白，以便思索与反思，从而更好激发潜能。无之，犹留白也，令生活之画布空灵，得以自由挥洒。唯学会留白，方能领悟生活之真。

　　有之以为利，如手中之剑，披荆斩棘，开拓前行之路；无之以为用，似云间之风，虽无形却驱动万物生长。此乃生活之智慧，生活之艺术，深邃而微妙。生活需有之，如繁花似锦，以丰富自我、装点岁月；生活更需无之，若空谷幽兰，以激发潜能、涵养心性。唯有与无和谐平衡，方能如太极之图，阴阳相生。

　　人生之道，亦当如此。以无为本，以有为用，然有形者易损，无形者长存。是以知人生之世，当以无形之心，应有形之世。心无形则能容万物，世有形则能显真心。

第十二章

> 经云：五色令人目盲，五音令人耳聋，五味令人口爽，驰骋畋猎令人心发狂，难得之货令人行妨。是以圣人为腹不为目，故去彼取此。

读经浅悟

内外之分

五色纷呈，目为之盲；五音交响，耳为之聋。此何哉？乃外物之诱惑，纷扰人心，使真性不存也。五味杂陈，口为之爽；驰骋畋猎，心为之狂。此又何哉？乃贪欲之膨胀，扰乱神智，使清净不保也。是以难得之货，虽珍如珠玉，亦令人行妨，失其正道，迷于歧途。

夫五色者，青赤黄白黑也。其美矣，然过之则目为之盲。盖因人之目，原为观物明理，今为五色所迷，则真性不存，何以见道？是以圣人视五色如浮云，不为所动，方能保持心眼之明。

夫五音者，宫商角徵羽也。其和矣，然过之则耳为之聋。盖因人之耳，原为听声辨音，今为五音所扰，则清净不保，何以闻道？是以圣人听五音如过耳之风，不为所困，方能保持心听之聪。

夫五味者，酸苦甘辛咸也。其美矣，然过之则口为之爽。盖因人之口，原为尝食知味，今为五味所诱，则真味不存，何以品道？是以圣人食五味如饮水，不求其甘，方能保持口味之真。

夫驰骋畋猎者，乃人之逸乐也。其快矣，然过之则心为之狂。盖因人心，原平静如水，今为驰骋畋猎所动，则心神不宁，何以悟道？是以圣人虽处逸乐之境，不为所动，方能保持心静之定。

夫难得之货者，珍宝奇玩也。其贵矣，然得之则行妨。盖因人之行，原为正直无私，今为难得之货所迷，则行为不端，何以行道？是以圣人视珍宝如粪土，不以为贵，方能保持行止之正。

是以圣人之治也，为腹不为目。腹者，内也；目者，外也。内者，真性也；外者，幻象也。圣人治身治国，皆以真性为本，不为外物所扰，不为幻象所迷。故去彼取此，去其外物之诱，取其真性之存。则目不为盲，耳不为聋，口不为爽，心不为狂，行不为妨。

夫真性者，人之本也；幻象者，人之末也。本末倒置，则失其真；真假不分，则迷其性。是以圣人贵真贱假，重本轻末，方能得其道、成其德。彼五色、五音、五味、驰骋畋猎、难得之货者，皆外物也，虽美虽贵，皆非真性之所系。故圣人去之如脱履，取真性如获宝。

且夫人生于世，短暂如梦。若被外物所迷，则一生如梦中之梦；若得真性所存，则一生如梦中之觉。是以圣人处世，不求其梦之美，而求其觉之真。则虽处尘世，亦如处净土；虽历万劫，亦如历一瞬。

故天下之人当以圣人为镜，鉴其真性之本；以五色、五音、五味、驰骋畋猎、难得之货为鉴，照其外物之幻。则能明真性之贵，知外物之贱；能重本轻末，去假存真。此乃天下之人行道法自然之天地大道也。

循思渐得　　人生之悟与道德之真

五色缤纷，目乱神迷；五音交响，耳迷心驰。人生在世，繁华过眼，皆为浮云。观夫五色，令人目盲；听夫五音，令人耳聋。是以圣人之道，贵在简约，非以繁华惑心。故知五色之害，方得目明；明五音之弊，乃能耳聪。

五色者，乃世间万象之斑斓，然过多则使人迷失方向，无法自拔。目盲者，非目不能视物，而是心中无法看清真理。五音者，为万物之声籁，然过多则使人迷失自我，无法静心。耳聋者，非耳不能听闻，而是心中无法听见天籁之音。

圣人之道，如一股清流，洗净世间繁华，还人以简约。非以繁华惑心，乃因繁华易使人迷失，而简约则能助人找回真我。知五色之害，方能目明，因眼不迷恋繁华，心能洞察真理。明五音之弊，方能耳聪，不溺于噪声，心能听天籁。

夫五味之珍，口爽心迷；驰骋畋猎，心发狂疾。世人贪求口腹之欲，忘却身心之安。饕餮之徒，虽得一时之快，然久则病生。驰骋畋猎，虽能快意一时，然心之狂疾，难以自抑。是以圣人之为治，去其繁华，取其简约，不为腹之欲，而为目之明。

难得之货，令人行妨；金玉满堂，莫之能守。世人贪求难得之货，以致道德沦丧，行为不轨。金玉虽贵，非长久之物；道德虽微，乃传世之宝。故圣人视金玉如粪土，重道德如性命。是以去彼取此，不为物累，方得真道。

夫人生在世，当有定见，不为外物所扰。五色、五音、五味、驰骋畋猎、难得之货，皆为外物，非人生之本。故当去其浮华、守其本真，方能悟得大道。圣人之为治，以简约为本，以道德为魂。是以能致虚守静、自得其乐。

天下之人当效法圣人，不为外物所迷，不为繁华所惑。当知五色、五音、五味之害，方能目明耳聪；当知驰骋畋猎、难得之货之弊，方能心静神安。是以当去彼取此，不为物累，方得真道。此乃人生之大悟，亦天下之人当修之行。

且夫大道至简，非繁华所能及。五色虽美，终归于盲；五音虽妙，终归于聋。世人往往迷于五色五音之中，忘却大道之本。故知大道者，当去其浮华，守其本真。是以圣人之为治，不贵难得之货，不贵金玉满堂，而贵道德之真。

道德之真，非外物所能及。它源于内心，发于本性，非金钱所能买，非权势所能夺。故当修心养性，以得道德之真。心正则身正，身正则行正。行正则无往而不利，无求而不得。此乃大道之真奥，亦天下之人当悟之道。

夫人生短暂，如梦如幻。若迷于外物，则失其本真；若悟得大道，则得其永恒。故当以大道为鉴，以本真为镜，照见己之内心，明了人生之真奥。则能不迷不惑、不枉此生。

且夫大道之行，天下为公。非一人之私，非一国之利。关乎天地万物，关乎人类命运。故当以大道为心，以天下为任。不为私欲所惑，不为权势所动。则能行大道于天下，利万物于人间。

求其镜鉴　　现实之镜：论人生之悟道

五色之惑，乱目盲心；五音之乱，迷耳淆神。人生于世，往往为外物所累，五色五音，皆成羁绊。是以老子有言："五色令人目盲，五音令人耳聋"。

观乎历史，繁花似锦，声色犬马，人皆逐之若鹜，而忘却本真。天下之人当以此为鉴，照见现实之真伪，悟得人生之真奥。

此言色彩斑斓，使人眼花缭乱，难以辨识。五者，非实数，而是泛指众多色彩，繁杂多变，令人心神不宁。目盲非真盲，而是眼见纷扰，心失判别，犹如迷雾之中，不见真相。眼之功能，在于观物，若物真伪难辨，则心必迷惘。色彩之乱目，犹音之乱耳。谐和之音，可以愉人心神，使之舒畅，得难以言喻之美。然音之杂，则乱耳膜，走调失和，美感转瞬即逝，成为苦痛。此亦喧嚣都市之人心向往田园宁静之由也。

夫五味之珍，过度则口爽心迷；繁华之景，过度则目眩神迷；驰骋畋猎，纵情则心发狂疾；权势名利，贪求则性失纯真。此皆物欲之累，违道之行也！道法自然，无为而治，嗜欲深者天机浅，嗜欲浅者天机深，当知止足。难得之货，炫目惑心，令人行妨；权势名利，纵情逐欲，金玉满堂，莫之能守。世人皆以金银为贵，以珠宝为珍，然金玉虽贵，终归黄土，非长久之物。道德虽微，蕴含天地之理，乃传世之宝。故当知，外物之贵不如身心之贵，世俗之珍不如道德之珍，守柔不争，方为长久之计。

夫现实之境，犹如明镜，映照人心。五色五音，五味驰骋，皆为镜中之像，非真实之我。是以当以现实为镜，照见自我之真，去其浮华，守其本真。不为外物所扰，不为欲望所困。

圣人为腹不为目，寓意深远，言简意赅。夫目，可视万物，逐利诱，易使人迷失方向；腹，乃养生之基，固本之源，为人所当重视。目见之物，千变万化，繁花似锦，皆为过眼云烟，转瞬即逝。人若仅为目，追求虚幻之表，则心为形役，劳神伤身，不得安闲。故圣人为腹不为目，以养其本，以固其基。腹实者，延年益寿，身心俱健；目盲者，短视近视，神魂不安。

人生如行路，目见者，一时之景；腹实者，终身之基。故圣人为腹不为目，以实其生活，以坚其意志。目易为外物所惑，腹只为内欲所困。圣人教人，简而能远，约而能久。不为目，则神不扰；为腹，则身不疲。

目见者，不过险阻之境；腹实者，真乃力量之源。故圣人为腹不为目，以强其力，以远其航。目易为繁华所迷，腹易为平淡所厌。

知五色之害，不为目盲；明五音之乱，不为耳聋。守五味之节，不为口爽；制驰骋之欲，不为心狂。视难得之货如浮云，重道德之贵如性命，不为物累，不为欲牵。

人生，应去其浮华，守其本真；应去其私欲，守其大道。

第十三章

> 经云：宠辱若惊，贵大患若身。何谓宠辱若惊？宠为下，得之若惊，失之若惊，是谓宠辱若惊。何谓贵大患若身？吾所以有大患者，为吾有身，及吾无身，吾有何患？故贵以身为天下，若可寄天下；爱以身为天下，若可托天下。

读经浅悟　　宠辱若惊与贵大患若身

"宠辱若惊，贵大患若身。"此言何解？道之深邃，世之浮沉，皆在其中矣。今述其理，愿天下之人共鉴之。

宠辱之来，若风拂面，或温或寒，或喜或悲。宠者，上之所赐，人皆仰望；辱者，下之所诟，人皆避之。然宠辱之间，非外物之加，乃内心之动。得之若惊，失之亦惊，此乃人心之常态，亦世情之所系。是以宠辱若惊，非外物之扰，乃内心之迷。

"贵大患若身"，何解也？患，乃心之所忧，身之所累。人之所以贵大患，皆因有身之累。吾身有限，而患无穷。是以患得患失，忧生忧死，皆因贵身之所累。然贵身者，非身之贵，乃心之迷。心迷则患生，心明则患消。是以贵大患若身，实乃心之所迷，非身之所累。

夫宠辱与患，皆为人心之所动，世情之所系。然何以解之？当以道为心，以自然为法。道者，天地之根，万物之母。顺其自然，则宠辱不惊、贵患不忧。是以当去其浮华、守其本真，不为宠辱所动，不为贵患所累，则能悟其道。

且夫宠辱与患，皆为世情之态、人心之迷。天下之人，当知宠辱无常，贵患虚幻。宠辱之来，如过眼云烟；贵患之生，如梦幻泡影。是以当以平常心待之，不为所动，不为所迷。心静如水，则宠辱不惊；心明如镜，则贵患不忧。

至于"故贵以身为天下，若可寄天下；爱以身为天下，若可托天下"，谓以君子重身，以正天下。身者，天下之基也，民之望也。身正，则天下正；身危，则天下危。身之重也，如天下之重；身之轻也，如天下之轻。爱身如爱天下，护身如护天下。身之安危，即天下之安危；身之得失，即天下之得失。是以君子贵身，以安天下；爱身，以济天下。身者，民之望，国之本，天下之基也。君子爱身，以正民风；贵身，以兴国运。身之修，即国之治；身之德，即国之福。故可托天下也。

又夫天下之人，当知身外之物皆为虚幻，内心之真方为永恒。身外之物，得失无常；内心之真，恒久不变。是以当以内心之真为重，不为身外之物所累。心无挂碍，则宠辱不惊；身无拘束，则贵大患不忧。

天下之人处世，当以道为心，以自然为法。宠辱不惊，贵大患不忧，此乃道之真奥也。夫道者，无形无象，无声无息，却蕴含天地之奥秘，万物之真理。悟道者，则能洞察世情，明了人心。是以当以道为心，以自然为法，方能悟其道。

夫宠辱大患，皆为人心之所迷，世情之所系。然天下之人，当知宠辱无常，大患虚幻。以道为心，以自然为法，则能宠辱不惊，贵大患而不忧。

循思渐得　　宠辱不惊，大患有道

"得之我幸，失之我命。"然得之若惊，失之亦惊，此乃宠辱若惊之状。夫宠辱者，外物之加也；惊者，内心之动也。心随物转，则为物累；心不随物，则自得其乐。是以宠辱不惊，方为真人。

夫宠辱若惊，人之常情也。然君子处之，淡然若素，何也？盖知宠辱非外物，而内德之体现也。人之所以得宠，盖因其有德行，有才能，得人尊敬。然而，君子得宠而不骄，深知荣誉之短暂，时刻警醒，恐失之。人之所以受辱，盖因其有缺失，有不足，受人非议。然而，君子受辱而不馁，深知耻辱无常，时刻自省以求进。

贵大患若身，亦乃人之常态。贵者，重视也。大患，荣宠也。何谓贵大患？人迷于荣宠，故曰大患若身也。患得患失，忧生忧死，皆因贵身之所累。

吾身有限，而患无穷。是以去身之患，方得心智之安。夫大患者，非外物之侵也，乃内心之惑也。心清则明，心乱则迷。是以贵大患若身，当去心之惑，以求内心之真。

"故贵以身为天下，若可寄天下；爱以身为天下，若可托天下。"吾所以有大患者，为吾有身。身存则患生，身亡则患息。故无身则无患，有身则有患。是以君子贵身而天下重，爱身而天下信。身者，天下之基也，民之望也。是以君子务本，本立而道生。身正而天下归之，身危而天下离之。

若夫身寄天下，则天下安；身托天下，则天下泰。是以君子抱一为天下式。身劳而天下享其成，身逸而天下蒙其利。故贵身非贵己之身，爱身非爱己之身。贵身爱身，所以贵天下之身；忘身舍身，所以爱天下之身。

故君子必慎其独也，夫君子之行，静以修身，俭以养德，非礼勿视，非礼勿听，非礼勿言，非礼勿动。是以老子言"虚其心，实其腹，弱其志，强其骨"。君子之心，虚而不盈，故能容万物；腹实而不骄，故能养浩然之气；志弱而不争，故能守道；骨强而不屈，故能立身。是以君子虽处独，不违道义，虽闲居，不失其德。此乃君子修身在于正其心，正其心在于慎其独。

是以君子贵身，天下贵之；爱身，天下爱之。身寄天下，则天下安；身托天下，则天下泰。贵身爱身，天下归之；忘身舍身，天下蒙之。故曰：贵身者，天下之贵也；爱身者，天下之爱也。君子之身，天下之望也；君子之行，天下之范也。身正则天下正，身危则天下危。君子之所以贵身爱身，天下之所以归之信之，皆由此也。

求其镜鉴　　　　　　　　　　　　老子智慧与现实

宠辱若惊，世情百态；贵大患若身，人心莫测。老子之言，如明镜高悬，映照世间万象，天下之人当以此为镜，鉴照现实之真伪。

宠辱之来，犹风起云涌，变幻无常，或上或下，或得或失。世人多以得宠为荣，受辱为耻，视之为人生重要标志。然而，宠辱之实，如同过眼云烟，不可持久。得宠之时，人心或骄或躁，易生傲慢之心；失宠之际，人心或忧或惧，恐失所爱。此皆宠辱若惊之状，非内心之宁静所能持。

故君子当知宠辱无常，不为所动，方能守得本心，行稳致远。宠辱如浮云，来去无踪，若过于在意，则容易被其所累。唯有内心坚定，视宠辱如浮云，方能超然物外，不受外界干扰。

是以在面对宠辱之时，应保持冷静，不为表面之荣耀或耻辱所迷惑。应明白，真正之荣耀并非来自外界之赞誉，而是内心之平静与满足。只有做到内心强大，才能在面对宠辱之时保持平和，不被外界所动，从而守得本心，行稳致远。

贵大患若身，此言寓意深远，言简意赅，诚人生之镜鉴也。夫身，人之本也，大患之所在；若身，则身与大患同等重要，必须小心翼翼。人生在世，若仅为身所役，沉溺于尘世之欲，则心灵受困，不得解脱。故圣贤教诲，贵大患若身，以修心性，以达道境。

夫身体者，乃人之根本，贵重逾于天下。是以舍身忘我，方能解脱名利之束缚，远离尘世之纷扰。然而身体之贵重，非在于名利地位，而在于道义品德。身处尘世，虽身份卑微，若怀道义之心，行品德之事，此身便是贵重无比。反之，虽位高权重，若背道离德，此身亦轻薄如纸。

"贵以身为天下，若可寄天下"，不在于世俗之名利，而在于承载道义、传扬美德。身体者，乃道义之容器，品德之传承者。身体虽渺小，却能承载天地之大义，传扬千古之美德。是以身体之贵重，不在于其本身，而在于其能载道、传德，成为道德之象征。

夫身为道之载体，当以修身齐家治国平天下为志。大患之后果，犹如猛虎在侧，不得不畏。身不行道，虽居高位，犹如贱骨；身行道，虽处卑下，犹为贵器。是以天下之重，若与生命同值，然后可托天下之重任。

此即"贵以身为天下，若可寄天下"也。故有仁者之爱，及于天下，犹自珍重己身。经言"爱以身为天下，若可托天下"，此言身之重要，无过于此。

综上所述，人应以身为道之载体，修身齐家治国平天下。身不行道，虽贵亦贱；身行道，虽贱亦贵。身体之贵重，在于其能承载道义，传扬美德。故经言"爱以身为天下，若可托天下"。仁者之爱，及于天下，犹自珍重己身。是以可将天下之重责，托付于仁者。

第十四章

> 经云：视之不见名曰夷，听之不闻名曰希，搏之不得名曰微。此三者不可致诘，故混而为一。一者，其上不皦，其下不昧。绳绳不可名，复归于无物。是谓无状之状，无物之象，是谓惚恍。迎之不见其首，随之不见其后。执古之道，以御今之有。能知古始，是谓道纪。

读经浅悟　　　　　　　　　　道之真体无形无状之玄妙

"视之不见名曰夷，听之不闻名曰希，搏之不得名曰微。"三者虽隐，却非无存，故混而为一，大道之真也。夫道之所在，无形无状，无声无息，难以名状，难以捉摸。其上之光明，非皦皦然可见；其下之幽暗，亦非昧昧然可探。此乃大道之玄妙，非言语所能尽述也。

绳绳不可名，幽深邈远难言尽，乃大道之行也，超乎物象之表，如绳之连绵不绝，寓于无形之中，微妙玄通，难以名状。夫大道之行，幽深邈远，难窥其际，玄妙莫测，超乎人力之所能测，非世间言语之所能尽表其意也。其存在之真、其运行之妙皆在于此。

"迎之不见其首，随之不见其后。"大道之行，无始无终，无头无尾。其运行之妙，如流水之不息，如风云之变幻。执古之道，以御今之有，此乃悟道之要也。古之道者，天地自然之法则；今之有者，人事物情之纷纭。以古之道御今之有，则能洞察万物、明了真理。

能知古始者，方能知今；能知今者，方能晓未来。此乃道纪也。道纪者，大道之脉络，万物之根源。循道而行，则能合于天地、通于万物，与大道同体，与宇宙同流。大道之行，必须持之以恒，不断修炼，方能渐近于道。

大道至简，至易至难。简易者，其道之行也自然；至难者，人心之惑也易迷。故悟道者，必先去其私欲，净其心智，方能窥见大道之真。大道无形，而形于万物；大道无声，而声于天地。求理悟真者，必能洞察万物之性，明了天地之情，与大道合一，与宇宙同体。

　　夫道者，天地之根，万物之母，无所不包，无所不在。视之不见，非无存也；听之不闻，非无音也；搏之不得，非无实也。三者混而为一，大道之真体也。其上不皦，非不明也；其下不昧，非不暗也。此乃大道之玄妙，难以名状，难以捉摸。然大道之行非空言也，必有其迹可循，必有其理可明。

　　夫大道之行，如绳之连绵，如波之荡漾。绳绳不可名，乃大道之行也连绵不绝；波漾漾而难定，乃大道之行也变幻无穷。此无状之状，无物之象，乃大道之真体，非言语所能尽述，非心思所能尽探。然大道之行，必有其理，必有其道。执古之道，以御今之有，此乃大道之用也。

　　古之道者，何也？天地自然之法则也。今之有者，何也？人事物情之纷纭也。以古之道御今之有，则能明辨是非，洞察真伪，不为物欲所惑，不为情理所牵；则能渐进于道，与大道合一，与天地同流。

　　能知古始者，方能知今。古始者何也？大道之始也，天地之初也。知古始者，则能明了大道之源，洞察天地之本。能知今者，方能晓未来。今者何也？人事之现也，物情之状也。知今者，则能顺应时势，把握机遇，不为困境所困，不为挫折所败。此乃道纪也，道之纲纪，道之规律，道之脉络，万物之根源。循道而行，则能得大道之真，明万物之理。

　　夫大道之行，玄妙莫测，非人力可测，非言语可表。然悟道者，必能明其真义，求理悟真。视之不见，听之不闻，搏之不得，此乃大道之真体；其上不皦，其下不昧，此乃大道之玄妙。

　　故天下之人当以敬畏之心，对待大道；以谦虚之态，学习古人之智慧；以勤勉之志，追求真理之所在。则能渐进于道，明大道之真义，悟大道之真要。

循思渐得　　大道至简与人生之悟

　　夫视之不见者，名曰夷；听之不闻者，名曰希；搏之不得者，名曰微。此三者，玄妙莫测，难致诘问，混而为一，乃大道之所在也。大道无形，无声无息，无物无状，然其存在，却又无所不在、无所不包。无形者，无固定之形态，随物变化，随地转换，故能适应万物，无所不宜。无声者，不发一语，却能渗透人心，启人心智，无所不至。无象者，不露痕迹，却能涵盖一切，无所不包。因其无形无象，无声无响，故能无所不通，无所不往。然而，此三者之奥妙，非人耳目所能尽识，非人身心所能尽晓。视听触觉无法明了，故以不可致诘谓之。然最终三者混而为一，融为无法分割之一体。

其上之光明，乃超越形色之表，寓于万物之内，无为而无不为。其下之幽暗乃深藏于无形之中，蕴含宇宙之奥秘，无为而妙用无穷。绳绳兮，若细若微，难以名状，难以捉摸。惚恍者，若有若无，闪烁不定也。惚恍乎，难以捉摸，乃大道之真体也。

复归于无物，此乃言道之终极归宿也。道虽生万物，育养群生，然其本身却无形无象，不可捉摸，归于虚无之境。此非谓道之消灭，亦非道之空无，乃言道之超越物质世界，不拘于形名之束缚，归于一种更高之境界，微妙玄通，深不可识。当知道非物欲之可求，亦非耳目之可闻见，而在乎心之体悟。心之清净无染，即道之清净无碍；心之虚灵不昧，即道之虚灵不测。故曰"道不远人，人自远之"。人若能虚心静虑，返观内照，则道自在其中矣。

是以修道者当明此理，不执于物，不迷于象，以清净心而体悟大道。心清净则道清净，道清净则万物皆清净。如此，则能超脱世俗之羁绊，达到一种超然物外、与道合一之境界。此乃《道德经》所阐发之深妙义理也。

惚恍乎，难以捉摸，乃大道之真体也。大道无形，无象，无声，无味，无触，无所不在，而又难以捉摸。其真体，犹如镜中花、水中月，可见而不可触，可感而不可捉。其变化，犹如四季之轮回，昼夜之更替，自然而不强，和谐而自如。

然求道之路，曲折坎坷，非一日之功。须致力于修身养性，明心见性，方能渐入佳境。犹如攀登山岳，步步为营，持之以恒，终达巅峰。届时大道之真体，即可彰显于前，与吾等同在。

能知古始，是谓道纪。道纪者，道之纲纪，道之规律也。求道者，溯古之初，探寻道之源泉，以悟道之真谛。道，犹经典之永恒，含无尽之智慧。迎之不见其首，随之不见其后，此乃道之神秘，道之无尽。道，犹清泉之自涌，自古及今，绵绵不绝，流衍于宇内。唯深求经典之奥，方能悟生命之真谛，方能于尘世之繁华，执古之道以御今用也。

求其镜鉴　　　　　　　　　　　老子思想之智慧之用

夫视之不见者，夷也；听之不闻者，希也；搏之不得者，微也。此三者，混而为一。大道之幽微，非寻常目耳所能及也。天下之人处世，当以此为镜鉴，察言观色，明辨是非，以应无穷之变。

其上不皦者，大道之高远，难以企及；其下不昧者，世情之纷扰，难以洞察。夫人生在世，宜淡泊明志，宁静致远，不畏浮云遮望眼，不为俗事乱心神。心如止水，则能照见万物；神似虚空，则能容纳百川。

绳绳不可名者，大道之连绵，难以名状。然大道之行，虽无形无迹，却寓于万物之中。天下之人处世，当顺应自然，合乎情理，不逆天而行，不悖理而为。行事如水，顺势而为；待人如春，温暖和煦。则能合于大道，得于人心。

复归于无物者，大道之终极。无物者，非世事之绝灭，乃世事之超越，人情之浑融。天下之人处世也，当以无物为鉴，以自然为镜，省察己过，修缮己行。遇顺境而不骄矜，处逆境而不沮丧；得意之时心淡如水，失意之际泰然自若。如是，则能处世而无惊惶，应变而无纷扰矣。

无状之状者，大道之无形；无物之象者，大道之无象。大道之妙，在于无形无象，却又无所不在、无所不能。天下之人处世，当以无状之状为鉴，以无物之象为镜，不执于形，不拘于象，灵活变通，因势利导。则能超越形与象，洞察本质，把握事物之真奥。

惚恍者，大道之恍惚，亦是处世之恍惚。世事如梦，人生如戏，何必斤斤计较、耿耿于怀？天下之人处世，当以惚恍为鉴，以逍遥为镜，随遇而安，顺其自然。遇山则攀，遇水则渡，不强求，不执着。则能逍遥自在，随遇而安，享受人生之乐趣。

迎之不见其首者，大道之无穷；随之不见其后者，大道之无尽。大道之行，无穷无尽，天下之人处世，亦当如此。不以物喜，不以己悲；不念过往，不惧将来。保持一平常心，行止有度，进退自如，则能处世如道，行止随心。

执古之道者，明理达情，深知古圣先贤之智慧；以御今之有者，应变通权，善用当今之资源。古之道者，如北斗之指南，为天下之人处世之方向；今之有者，如江河之流水，为天下之人处世之动力。天下之人当以古之道为鉴，以今之有为镜，既尊重传统，又勇于创新；既保持本色，又顺应时势。

夫知古始者，明历史之脉络，悉兴衰之由；道纪者，循道而行，获大道之真奥。古始之道纪，犹明镜高悬，映照世间之人处世得失；大道之真奥，犹甘露洒心，滋养世间之人处世智慧。天下之人宜以古始为鉴，以道纪为镜，深研历史之经验教训，细悟大道之玄妙精深。于是，能辨是非、见真理，处世之路，少弯多成。

　　处世之智，非片言可尽；然天下之人若能以大道为矩矱，以古圣先贤为楷模，则必能于纷纭之世保持清净之心，于缭乱之人际保持和谐之情。心净则神明，情和则事顺。天下之人当以此为鉴，常省己过、正己行。遇顺境而不奢，逢逆境而不颓；得意时淡然，失意时坦然。如是则处世无惊、应变无扰。

第十五章

经云：古之善为士者，微妙玄通，深不可识。夫唯不可识，故强为之容：豫兮，若冬涉川；犹兮，若畏四邻；俨兮，其若客；涣兮，若冰之将释；敦兮，其若朴；旷兮，其若谷；混兮，其若浊。孰能浊以止，静之徐清？孰能安以久，动之徐生？保此道者不欲盈，夫唯不盈，故能蔽而新成。

读经浅悟　　道之真义之微妙玄通

"古之善为士者，微妙玄通，深不可识。"此言古之善为士者，皆能微妙玄通，深邃而不可测识也。微妙者，精微奥妙之谓也；玄通者，玄妙通达之谓也。善为士者，指善于行道之士也。皆能精微奥妙，玄妙通达，故能深邃而不可测识。此乃善为士者之特质，亦道家所追求之境界也。夫微妙玄通者，必能洞察天地之奥秘，明辨万物之情理，故能应事接物，皆得其当。而深不可识者，则能隐匿形迹，不露锋芒，故能避祸就福，保全其身。此乃古之善为士者之所以为士也。

"夫唯不可识，故强为之容"，以喻其高深莫测之态；"豫兮，若冬涉川"，谨慎而稳重，无轻率之行；"犹兮，若畏四邻"，心存敬畏，无放纵之举；"俨兮，其若客"，恭敬而谦和，无傲慢之态；"涣兮，若冰之将释"，温润而和煦，无冷酷之心；"敦兮，其若朴"，纯真而质朴，无华丽之饰；"旷兮，其若谷"，包容而宽广，无狭隘之念；"混兮，其若浊"，混沌而难辨，无偏执之见。

夫善为士者，必深谙道德之精义，因其深不可识，故强为之形容。豫兮者，非怠惰也，乃安详从容之谓，如冬日涉川，虽严寒而步履稳健，不慌不忙，此乃善为士者之镇定。

犹兮者，犹豫审慎之谓也，如畏惧四周之邻，而步步为营，不敢轻举妄动，此乃善为士者之谨慎也。俨兮者，庄重肃穆之谓也，如接待尊贵之客，而恭敬有礼，不敢怠慢，此乃善为士者之恭敬也。涣兮者，涣然冰释之谓也，如冰雪消融，而生机盎然，此乃善为士者之生机也。敦兮者，敦厚朴实之谓也，如未经雕琢之朴，而纯真自然，此乃善为士者之朴实也。旷兮者，空旷开阔之谓也，如山谷之深广，而容纳万物，此乃善为士者之豁达也。混兮者，混沌不清之谓也，如浊水之混杂，而包含万有，此乃善为士者之包容也。善为士者，皆能具备此等容态，故能应事接物，皆得其当。

"孰能浊以止，静之徐清？孰能安以久，动之徐生？"此言善为士者之清静与生动也。浊者，混乱不清之谓也；止者，静止不动之谓也。善为士者，孰能于混乱不清中静止不动，而徐徐使之清静乎？此乃言其能于纷扰中保持清静之心也。

安者，安宁稳定之谓也，如止水之无波，泰山之安固，言其心境平和，无有动荡。久者，长久不变之谓也，如磐石之坚贞，岁月之悠长，言其守道不渝，历久弥新。善为士者，孰能于安宁稳定之中，长久不变，而徐徐使之生动乎？此乃言其能于安定之境，保持生动之机，如春日之草木，虽植根于净土，而生机盎然，焕发无穷之活力。此乃善为士者之至高妙境也。

清静者，心无杂念，宁静致远之谓也。保此道者不欲盈。夫唯不盈，故能敝而新成。此言善为士者之不盈之道也。盈者，满溢之谓也。保此道者，不欲盈满，故能敝旧而新成。此乃言其能守道而不盈满，故能破旧立新，不断进取也。夫唯不盈，方能保持谦虚谨慎之心，不断汲取新知，而成就善为士者之所不断进取也。

循思渐得　　　　　　　　　　探寻人生之真

古之善为士者，微妙玄通，深不可识。此言善为士者，必具微妙玄通之质，其心境之深远，思虑之周密，非常人所能窥测。夫微妙者，言其洞察秋毫，明察秋毫之末而不见舆薪；玄通者，言其通达无碍，能洞察天地万物之奥秘。

故善为士者，必能洞察世事之变迁，明了人生之真谛，其心境之深远，实非常人所能及也。

"夫唯不可识，故强为之容：豫兮，若冬涉川；犹兮，若畏四邻；俨兮，其若客；涣兮，若冰之将释；敦兮，其若朴；旷兮，其若谷；混兮，其若浊。"此言善为士者之容态，虽微妙玄通，深不可识，然吾人仍可强为之形容。豫兮，若冬涉川，言其行事谨慎，如临深渊，如履薄冰；犹兮，若畏四邻，言其心存敬畏，不敢稍有懈怠；俨兮，其若客，言其庄重肃穆，如临大宾；涣兮，若冰之将释，言其和煦可亲，如春风解冻；敦兮，其若朴，言其敦厚朴实，无有矫饰；旷兮，其若谷，言其心胸开阔，能容万物；混兮，其若浊，言其混同世俗，不露锋芒。此皆善为士者之容态也。

"孰能浊以止，静之徐清？孰能安以久，动之徐生？"此言善为士者之修养也。浊以止，静之徐清，言其能在纷扰之中保持清静之心，不为外物所动，如浊流止于静水，渐次澄清；安以久，动之徐生，言其能在安定之中保持生动之机，不为安逸所困，如久安之地，一旦有动，则生机盎然。此皆非深于道者不能为之。

保此道者不欲盈，恐盈则亏，失其本真；夫唯不盈，故能敝而新成，如月之盈亏，自然之理。此言善为士者之境界，乃道德高深，心性淡泊之体现。保此道者，必不欲盈满，盈满则骄，骄则败德；夫唯不盈，故能谦下自守，如空谷幽兰，静默而芬芳。彼知盈满之害，故能节制其欲，守道而行，不为外物所惑。保道不欲盈，乃善士之修行法门。盈则必亏，谦则受益，此乃天地自然之理，亦为人道之常。善士当以此为鉴，守道不盈，方能成就其高尚之品德。

敝而新成，言其能在旧有之基础上不断革新，如敝衣之更新，旧貌之换新颜。此皆善为士者之境界也，非深于道者不能达之。

善为士者之容态，乃其心境之反映。豫兮、犹兮、俨兮、涣兮、敦兮、旷兮、混兮等容态，皆善为士者所应具备。此等容态非外在之矫饰，乃内在之修养所致。故《道德经》又言："知人者智，自知者明。"善为士者必能自知其心境之深浅，而后能表现其容态之优劣。再者，《道德经》强调修养之重要。浊以止，静之徐清；安以久，动之徐生。此皆言善为士者之修养也。纷扰中保持清静之心，安定中保持生动之机，此乃修养之要义，以使不为外物所动，不为安逸所困。

求其镜鉴　　　　　　　　　　　于现代生活中实践道

古之善为士者，微妙玄通，深不可识。此言古之善为士者，皆能悟道之精微，通玄之奥妙，故其心境深邃，如渊如海，不可轻易测识也。

微妙者，乃精微奥妙之谓也，言其能洞察秋毫，明辨是非，于细微之处见真理，于奥妙之中悟大道。此等士者，心性淡泊，无欲无求，故能静观万物，顺应自然，行无为之事，成不朽之功。其道德高深，智慧卓越，非一般人所能企及。故曰，古之善为士者，皆以微妙玄通为修身之本，而成就其高尚之品德。

玄通者，玄妙通达之谓也。善为士者，皆能洞悉道之精微，领悟奥妙之理，故能精微奥妙，玄妙通达，深谙天地之道、人心之理。

"夫唯不可识，故强为之容：豫兮，若冬涉川；犹兮，若畏四邻；俨兮，其若客；涣兮，若冰之将释；敦兮，其若朴；旷兮，其若谷；混兮，其若浊。"此言善为士者之容态也。夫善为士者，因其深不可识，故强为之形容。豫兮者，安详从容之谓也，如冬日涉川，虽严寒而步履稳健，喻其行事之谨慎；犹兮者，犹豫审慎之谓也，如畏惧四周之邻，而步步为营，喻其处世之小心；俨兮者，庄重肃穆之谓也，如接待尊贵之客，而恭敬有礼，喻其待人之诚恳；涣兮者，涣然冰释之谓也，如冰雪消融，而生机盎然，喻其心境之平和；敦兮者，敦厚朴实之谓也，如未经雕琢之朴，而纯真自然，喻其品质之纯朴；旷兮者，空旷开阔之谓也，如山谷之深广，而容纳万物，喻其胸怀之宽广；混兮者，混沌不清之谓也，如浊水之混杂，而包含万有，喻其思想之深邃。善为士者，皆能具备此等容态，故能应事接物，皆得其当。修身养性，行事接物中，人当安详从容，以应世事之纷扰；当犹豫审慎，以避行事之风险；当庄重肃穆，以待人接物之诚恳；当心境平和，以处人生之起伏；当敦厚朴实，以保持品质之纯朴；当胸怀宽广，以容纳万物之多样；当思想深邃，以洞察世事之微妙。

孰能浊以止，使心不随物转，静之徐清，如镜照物，无所不现？孰能安以久，守中不移，动之徐生，如春回大地，万物萌生？此言善为士者之清静与生动，乃道德修养之要义。浊者，混乱不清之谓也，乃人心之妄动，杂念纷飞；止者，静止不动之谓也，非外体之不动，乃心之定静，不为外物所扰。善为士者，必能于浊中取静，止心不乱，方能洞察秋毫，明辨是非。又必能于安中寓动，生机勃勃，方能应物不穷。故清静与生动，乃善士之两行，不可或缺也。

善为士者，孰能于混乱不清中静止不动，而徐徐使之清静乎？此乃言其能于纷扰中保持清静之心也。安者，安宁稳定之谓也；久者，长久不变之谓也。善为士者，孰能于安宁稳定中长久不变，而徐徐使之生动乎？此乃言其能于安定中保持生动之机也。清静与生动，乃道家所追求之两种境界。人当于混乱不清中保持清静之心，以明辨是非善恶；当于安宁稳定中保持生动之机，以应世事之变化。

保此道者不欲盈，盈则满而招损，失道之本；夫唯不盈，故能守中致虚，心无杂念，革旧立新，生生不息。此言持道者之修养，谦下自守，方能历久弥新，与道同行，不失其真。此言善为士者之不盈之道也。盈者，满溢之谓也。"保此道者，不欲盈满，故能敝旧而新成。"此乃言其能守道而不盈满，故能破旧立新，不断进取也。夫唯不盈，方能保持谦虚谨慎之心，不断汲取新知，而成就不凡。行事接物中，当保持谦虚谨慎之心，汲取新知以拓宽视野！

第十六章

> 经云：致虚极，守静笃。万物并作，吾以观其复。夫物芸芸，各复归其根。归根曰静，是谓复命。复命曰常，知常曰明。不知常，妄作，凶。知常容，容乃公，公乃全，全乃天，天乃道，道乃久，没身不殆。

读经浅悟

致虚极守静笃

"致虚极，守静笃。"此为道之要旨，人生之至理。夫虚者，无欲无求之谓；极者，至极无上之境。守静者，心静如水，不为外物所扰；笃者，坚定不移，持之以恒。言致虚物之极，笃守静物之真正也。此语寓意深远，言辞精妙。致虚，乃心无挂碍，虚怀若谷，能容万物，顺应自然之理。物之极，即极尽虚空之态，无我无执，与道相合。笃守静物，谓之心静如水，不为外物所动，天下之人若能致虚极，守静笃，将可达与道相合之境界。

"万物并作，吾以观其复。"此言道之运行，万物之生成。万物虽千变万化，归根结蒂，皆生于道。天下之人若能观其运行，将可认识万物之真相。然而，此观非一般之观，乃用心去观，以道眼去观，方可认识万物之真相。

"夫物芸芸，各复归其根。归根曰静，是谓复命。"此言万物之运行，皆有道之规律。万物虽纷繁复杂，但各有其道，各有其归宿。归根者，回归道之怀抱；静者，心静如水，不为外物所扰；复命者，回归生命之本源。天下之人若能理解此理，将可达到与道合一之境界。

"复命曰常，知常曰明。"此言道之运行，有其恒常之道。复命者，回归生命之本源；常者，恒久不变；知常者，认识道之恒常。天下之人若能知常，将可达到明智之境界。然而，此明智非一般之明智，而是道之明智，将可认识道之运行，认识万物之真相。

"不知常，妄作，凶。"此言不知道之运行，妄为恶行，必将导致凶险。夫不知常者，无法认识道之运行，无法认识万物之真相，故容易为非作歹，导致凶险。

道，宇宙之根本，万物之源头。道生一，一生二，二生三，三生万物。道之运行，无声无息，无影无踪，然万物皆遵循其道。人若欲与道合，必须知常，认识道之运行，认识万物之真相。

夫知常者，心静如水，淡泊名利，清静自守，不行险恶；知常者，内心平和，对待人事，公正无私，不偏不倚；知常者，言行一致，言出必行，行出必果；知常者，明白人生之道，顺应自然，不强求，不妄为。

然不知常者，心浮气躁，好勇斗狠，贪图名利，为非作歹；不知常者，内心贪婪，对待人事，偏私舞弊，不择手段；不知常者，言而无信，行而无果，反复无常；不知常者，悖离人生之道，逆自然而行，强求妄为，导致凶险。

故夫"不知常，妄作，凶"，人若明白此理，将可避免凶险，达到与道合一之境界。与道合一，内心平和，言行一致，公正无私，清静自守，不行险恶，不贪图名利，顺应自然，夫如是方能避免凶险，达到与道合一之境界。

知常者，认识道之运行，认识万物之真相；容者，包容万物，不以私欲干扰；公者，公正无私，以道义行事；全者，保全自身，不受外物侵害；天者，道之运行，万物之生成；道者，万物之根本；久者，恒久不变。天下之人若能知常容，将可达到与道合一之境界，终身无殆。

循思渐得　虚极静笃与人生之道

夫致虚极，守静笃，此道之始，亦人生之基。观万物并作，吾心以复，如明镜照物，无物不映。夫物芸芸，犹如繁星点点，各归其根，犹若百川归海。此根者，静也。静则生明，明则复命。复命者，常也。常者，天地之道，万物之母。

知常者，明也。明者，洞察秋毫，烛照万里。不知常者，如盲人摸象，妄作，凶。故知常者容，容则无所不包，乃公。公者，无私也，无私则不偏不倚，乃全。全者，完美也，完美则与天合一，乃天。天者，至高无上，乃道。道者，宇宙之真理，长久而不衰。故知常者，没身不殆，与道同行，永生不灭。

诗意函谷

夫道者，无形无象，却又无处不在。如空气之弥漫，如水之浸润。故观道者，当以无心之心，观无形之形，听无声之声。则万物皆备于我，天地皆为我所用。

致虚极，守静笃，心若幽谷之潭，澄明而深邃。万物并作之时，其动态纷然，而吾独坐静室，以淡泊之心，观万物之复。夫物芸芸，春生夏长，秋收冬藏，各复归其根，此乃自然之序也。

归根者，亦可谓之静，静者复命之本。复命者，天道之常，犹川流不息，日月轮回。知此常者，可谓之明；昧此常者，作为皆妄，必致凶祸。是以知常之人，胸怀博大，能容天下；容乃公，无偏无向，公正无私。公则周全，处事圆满；全则合天，与道同体。天道者，久矣，自古至今，生生不息，故能长久。是以没身不殆，终始无虞。

求其真者，必先致虚极，守静笃，方能洞察万物之变化，明辨是非。非以目视，而以心悟。故心静如水，方能映照天地万物；意笃如山，始得坚守真理之道。

或问："何以致虚极，守静笃？"答曰："去欲存诚，少私寡欲，内心自然虚静。虚则无所不容，静则无所不察。"

万物并作，纷纷扰扰，而真理唯有一。是以必以静制动，以虚求实。观复之道，在于洞察万物之本质，不为表象所迷惑。夫物芸芸，各复归其根，乃指万物皆有其本原，各依其性而发展。归根者，回归本原也；静者，心无杂念，意守一处。如此方得复命之真义，明了万物之常理。

知常者明，明者能兼容并包，胸怀博大。容则公，公则全，全则合天。天道即道，道即久。故知常者，处变不惊，应变无穷，终身无殆。此乃求真之极致也。

夫道者，宇宙之本原也；德者，得也，得道之谓也。道德相合，方为至人。是以欲求真者，必先知道德之意。道生万物，德育群生。万物负阴而抱阳，冲气以为和，此乃天地之大道也。人法地，地法天，天法道，道法自然。是以人之道，应顺应自然之理，不可逆天而行。

致虚极，守静笃者，亦应顺应自然之理。虚则实之对，静则动之反。然虚非空虚，静非静止，乃心之虚静也。心之虚静者，能洞察天地之奥秘，明了万物之真相。故致虚极，守静笃者，方能真正求得真理之道也。

万物之变化虽繁，然皆有其规律可循。是以知常者明，能洞察其奥秘，顺应其变化。此乃天地之道也，人之道也。

夫道者，无形无象，而又无处不在。道生万物，而又寓于万物之中。天地之间，其犹橐籥乎？虚而不屈，动而愈出。多言数穷，不如守中。故致虚极，守静笃者，方能洞察天地之奥秘。

求其镜鉴　　　　　　　　　致虚守静，复其本真

致虚极，守静笃，诚为人生之理，世事之真奥。观夫世间万物，并然而作，生灭相续，犹如长河之流水，昼夜不息。然天下之人当以虚怀之心，洞察其复，见万物之变迁，亦能识其始终。

夫物芸芸，各复归其根。此乃天地之道，万物之纲。世间纷扰，无非虚幻，皆因人心之不静。人心若静，则能洞察万物之根源，明了宇宙之真奥。

盖世之乱，源于心之不静。若人心能静如止水，便能洞察世间万象之本质，不被纷扰之表象所迷惑。

致虚极，守静笃时，如同明镜，万物之象皆在其上显现，而又不为之所动。宇宙之广大，万物之繁复，皆源于此。

夫虚静者，乃万物之本源，变化之枢机。是以圣人抱一，守虚静以观万物之反复。盖万物之生，起于虚无，动从静中而来。故无论万物如何纷纭变化，终皆回归于虚静之本源，此乃万物之极笃也。

虚静之道，犹如深潭止水，能映照万物之真相。人心若能保持虚静，便能洞察世间万象之变化，不被纷扰之表象所迷惑。虚静之中，万物之理尽显于前。

是以虚静为人生之指南，为万物变化之枢纽。人若能守虚静，则能明心见性，洞察真相，达超然之境界。

夫性者，万物之本源，变化之枢机。是以圣人守性，顺其自然，观万物之生灭，犹如花开花落，潮起潮落，皆有其定数。

万物之生，皆从性出发，依性而行。犹如花草，根是其本性，从根而生，亦从根而亡。波涛之起，源于水之性质，水动则波生，水静则波消。此皆说明，万物之生灭，皆受性之支配，性乃万物之根本。

故人若能守性，便能顺其自然，与万物和谐共处。守性之道，犹如保持水源，水清则万物生，水浊则万物亡。人守性，则心灵得以净化，行为得以端正。

是以性为人生之指南，为万物之根本。人守性，则能明心见性，顺应自然，与万物共存，达到一种超然的境界。守性之路上，人生得以安宁，心灵得以

净化，最终与宇宙万物融为一体。人心若能静，便能明了宇宙之真奥，洞察万物之根源。是以，人心之静，乃是世界之静，宇宙之静。归根曰静，静则心生清明，不为外物所扰，不为浮名所累。

归根曰静，是谓复命，复命者，回复本真之命也。人生于世，或为名利所惑，或为情感所困，皆因失却本真。唯有守静致虚，方能回复本真之命，明了己身之所求所愿。

复命曰常，知常者，明理也。明理则能洞察世事，不为世俗所缚，不为偏见所迷。故知常者，方能天下之事无所不容。

夫容者，心之广大，包罗万象。容乃公，公则无私，无私则能全其天，全其性。天者，道之运行，万物之本源。道者，久远不变，永恒之真理。人能容物，物亦容人，人与物皆能相安无事。此言人当以容为本，以公为行，以道为宗，方能长久不衰，身心安宁。

天下之人当以此为鉴，明理知常，守静致虚。则能在纷扰之世，保持清明之心，不为物欲所扰，不为名利所累。方能洞察世事，明辨是非，不为世俗所缚，不为偏见所迷。

是以天下之人当致虚守静，虚怀若谷，守静如水，复其本真之命。心无旁骛，则天下之事，无所不容。公而无私，无私则能全其天、全其性。道法自然，顺应自然之规律，无为而成。顺应万物之天性，不强求，不妄为，则能长久于世，没身不殆。故言：致虚守静，复其本真之命。人当以虚静为本，公而无私，以道法自然为宗，方能长久不衰，身心安宁。

夫世事如棋，一步一着，皆需深思熟虑。唯有致虚守静，方能洞察先机，把握主动。物芸芸，各复归其根。世间纷扰，皆因人心不静。唯有心静如水，方能洞察万物之根源，明了宇宙之真奥。

知常者明，明理者智。智者洞察世事，不为世俗所缚，不为偏见所迷。公而无私，全其天，全其性。天乃道，道乃久，没身不殆。故天下之人当以此为鉴，守静致虚，复其本真之命。

第十七章

经云：太上，下知有之；其次，亲而誉之；其次，畏之；其下，侮之。信不足焉，安有不信。悠兮其贵言，功成事遂，百姓皆谓我自然。

读经浅悟　　　　　　　　　自然无为之真奥

太上之治，民众仅知其存在，而天下已然大治。此等境界，实乃治道之极致，无为而无不为，万物皆顺应自然而生息。民众安然度日，无忧无虑，皆因当政者不扰民、不害民，让利于人，民众得以自由发展，此乃太上之治之真谛。仅知其有之，乃对当政者无为而治之最高赞誉。太上之治，无为而无不为，民众仅知其存在而万物自然生长。此等治法，实乃大道之行也。

其次者，当政者以仁爱之心治国，民众感其恩德，亲之誉之。仁爱之道，如春风化雨，润物无声，使民众在和谐温馨之氛围中茁壮成长。当政者视民如子，民众亦视当政者如尊长，彼此相亲相爱，国家自然安定祥和。此等治法，虽不及太上之治，却亦为难得之良政。亲而誉之者，盖以仁爱之心待民也。然仁爱之道虽美矣，已非太上之治，何也？以其有为也。有为则必有失也，失则必生乱也，乱则必亡国也。是以仁爱之道虽美，而不可久也。仁爱之道，虽能赢得民众之赞誉爱戴，然其本质仍为有为之法，非无为而治之道也。故亲而誉之者虽好，然终不及太上之治也。

再次者，当政者以严刑峻法，威权临下，民众畏之如虎。此等治法，虽能维持一时之秩序，然非长久之计。民众在威权之下，虽表面顺从，内心却充满怨言。长此以往，国家必将动荡不安。畏之，实乃下策，不得已而为之。畏之者，以威权临民也。然威权之道，虽能一时之治，非长久之计，何也？以其非心悦诚服也。民众虽畏之，而心不服也。是以威权之道，非治国之本也。威权之道，只能让民众暂时屈服，而不能让他们心悦诚服，长此以往，必将引发更大之矛盾冲突。是以威权之道，实乃下策也。

更下者，暴政肆虐，民众苦不堪言，侮辱之声四起。此等治法，实乃亡国之道。暴政之下，民众生活在水深火热之中，国家岌岌可危。侮之，是对暴政的反抗，也是对当政者的极大讽刺。

信者，治国之本也。当政者之言，贵而重之。言出必行，方能取信于民。倘若信不足，民众疑之，国家何以安立？信不足焉，乃有不信。民众对当政者失去信任，国家必将陷入混乱之中。是以言而有信，方能赢得民众之尊重与信任。

夫信者，治国之本也。人无信不立也！当政者之言，贵而重之，一言既出，驷马难追！信不足焉，民众疑之，国家何以安立？是以言而有信，方能取信于民也！夫言而有信者，方能使人信服也！信服，则民众心悦诚服，国家自然安定也！信，乃治国之本。信不足，则民众怀疑当政者之诚意与决心，从而导致国家动荡不安。是以信者，治国之本也！

顺应天道，行无为之治，不违自然之序；顺乎民意，因民之所欲而治之，则上下和同，无事不成，此乃长久之道也。诚信之事，贵乎无为而治，不言之教。如此，则民信之，化于无形之中，国治也。事功之成，皆因循道而行，不违自然之理。不强求于一时，不蛮干以伤和，顺应天道之常，合乎自然之序。顺乎民意，因民之所欲而治之，则上下和同，无事不成。功成事遂，百姓皆谓我自然，如水流之就下，水到渠成，非有意为之也。

循思渐得　　道之深邃与社会和谐

太上之治，深隐于无形，民众仅知其存，而万物得以自然生长，此诚治之上者也。细思其义，乃知无为而治，实乃大智若愚、大巧若拙之境。下知有之，而民自得其乐，此真治之本也。太上之治，无为而无不为，下知有之，而万物自然生长。乃是以不扰民为本，让利于人，不与民争利，民众得以安居乐业，国家昌盛。此等治法，实乃大道之行也。

其次者，当政者以仁爱之心临下，民众得以亲附，称颂之声遍野。仁爱之道，如春风化雨，润物无声。当政者以慈爱之心治国，则民众如鱼得水，自然欢欣鼓舞，国泰而民安，此乃良政之典范。其次者，虽仁爱之道，已落入有为之境，然其本心，仍为民众之福祉。是以虽非太上，亦不失为良政。

再次者，当政者以威权临下，民众畏之如虎。然此治之下策也。畏之，非敬之也。以力服人，非心服也。民众虽表面顺从，内心实有怨言。此等治法，虽能维持一时之秩序，然长久之道，非此之谓也。其已离大道渐远。然此等治法，仍为维持秩序之手段。倘若当政者能明理通达，以威权为辅，仁爱为主，亦可转危为安，回归大道。然若沉溺于威权之中，则国家危矣。

复次者，苛政肆虐，百姓苦不堪言，侮辱之声四起。此等治法，无异于自掘坟墓，民众怨声载道，国家岌岌可危。侮之，乃民众对苛政之反抗，亦为国家治理之道走向衰败之征兆。苛政肆虐者，已完全背离大道之行。侮辱之声四起，民众苦不堪言。此等治法，实乃国家衰败之根源。倘若当政者不能及时醒悟，改弦更张，则国家之亡，可计日而待也。

信者，治国之本，民无信不立。君王之言，贵而重之，一言既出，驷马难追。倘若信不足，民众疑之，信道不笃，国家何以安立？是以明君之言，出于自然，言而有信，不违天道，方能取信于民，使民众心悦诚服。信，国之栋梁，重如泰山，民之根基，固若金汤。信不足，则民不信，不信则心离，离则生乱，乱则国亡。故治国之道，以信为本，贵乎无言，言必行，行必果，以此昭示诚信，以此安定国家，使万民归心。

事功之成，在于顺应自然。不强求，不蛮干，顺应天道，顺乎民意。功成事遂，水到渠成。百姓乐业，安享其成，谓之"此皆为自然"。

治国之道，民为根本。以民为本，以民为天，民安则国治，民乐则国盛。君王之道，在于为民谋福，为民解忧。民之乐，即君之乐；民之安，即君之安。

故治国之道，以信为本，以言为贵，顺应自然。当政者以此为治国之道，则国家昌盛，民众安乐。

求其镜鉴   **人生指引与智慧**

太上之境，无为之治，民众仅知其存在，而万物得以自然生长。此等境界，实乃治道之极致，亦是人生之至理。人生在世，若能达此境界，则可安居乐业，无忧无虑。下知有之，乃对人生最高境界之赞誉，是谓超脱尘世，心境澄明，无所执着，无所牵绊。

人生在世，若能至太上之境，便能够超脱尘世纷扰，心境澄明如镜，不被外物所动，不被外欲所扰，无所执着，无所牵绊。

太上之境，无为而治，民不知有治，而万物自然生长。此乃治道之极，其称颂之声，皆因行道之自然。仁爱之道，顺应天理，如春风化雨，潜移默化，使民皆归于善，此皆因行无为之治、不言之教，而功成事遂也。

人生在世，应怀仁爱之心，以慈爱待人，则人心归附，众望所归。人生在世，若心怀仁爱，以慈爱待人，便能凝聚人心，获众人之尊敬与支持。在此境界中，人以善良真诚相待，彼此关爱，共同成长。此乃人生第二境界，虽不及太上之境，亦人生难得之良境。

再次者，以威权临人，使人畏惧。此等境界，虽能维持一时之秩序，然非长久之计。以力服人，人虽畏之，心却不服。是以威权之道，实乃人生之下策，不得已而为之。

再次者，以暴虐待人，则人必侮之。暴虐之行，实乃自掘坟墓，人必反之。侮之，乃对暴行之反抗，亦为对其人之极大讽刺。此等境界，实乃人生之末路，不可取也。

信者，人生之基石也。人之言行，贵在有信。信不足，则人疑之，何以立足于世？是以人生在世，必以诚信为本，方能赢得他人之尊重与信任。信为行事之本。诺必行，行必果，言若山，行若金。信者，人皆敬之，亲之，人皆乐交共事。遇困境，能转危为安；逢逆境，可逆风飞扬。不信者，虽暂时得利，终将失之。人皆远之，避之如避疠疾。故信为人生之基，处世之道，必以信为本。无论对人对事，皆应言行一致。如此，人生之路，方能走得坚定、宽广。信，为人生之护照，成功之保证。

无物可以易其言，言辞必有应验，故曰"悠兮其贵言"也。居无为之事，行不言之教，不以形立物，故功成事遂，于己而曰"本该如此尔"。功成事遂，于他人，仿若水到渠成，人皆谓"本该如此尔"。即"居无为之事，行不言之教，不以形立物，故功成事遂，而他人不知其所以然也"。

本章所阐述太上之治、亲而誉之、畏之、侮之等境界，实则揭示治国与人生之奥秘与精髓。

第十八章

> 经云：大道废，有仁义；智慧出，有大伪。六亲不和，有孝慈；国家昏乱，有忠臣。

读经浅悟　　　　　　　　　　自然与人为之平衡

大道之行，原本自然，无须人为之设。然而，大道废弛，仁义乃生。非仁义之过，乃大道之不存。智慧如炬，能照破愚暗，然智慧一出，大伪亦随之而至。非智慧之错，乃人心之不古。六亲之间，本应和乐融融，相亲相爱。然六亲不和，孝慈之道乃显。非孝慈之不足，乃人心之疏离。国家治平，百姓安居乐业，何需忠臣之力？然国家昏乱，邪佞当道，忠臣乃挺身而出，为国家之柱石。非忠臣之愿为，乃国家之不幸。

大道之行，原无仁义。非仁义之不显，乃大道之未失。人心本具智慧之火，能照破愚暗，非大伪之滋生，乃人心之不诚。六亲之间，原应和乐，非孝慈之不足，乃人心之不亲。国家治平，原无忠臣，非忠臣之不忠，乃国家之不幸。

夫大道之行，本乎自然，非假仁义之装饰。仁义，大道之体现，而非大道之根源。盖人心本具之智慧，犹如火炬，能照亮黑暗，驱散愚昧。非是大伪之作，乃人心失去真诚之过。

夫仁义，乃人行为之规范，道德之准则。然而，仁义并非大道之本，乃大道之表现。大道，宇宙之规律，自然之法则，存在于天地之间，运行于万物之中。大道无形无言，却能生育万物、养育万物。大道之存在，无须借助仁义之装饰，亦无须仁义之证明。

人心本具之智慧，犹如火炬，能照亮黑暗，驱散愚昧，此乃自然之明，非外物所能及。人之智慧，能让人明辨是非，看清真相，此皆顺应天理，不违自然。大伪之作，皆因人心失去真诚，追求虚伪，而远离大道，此乃背离本真，自取其咎。故仁义非大道之根源，实乃大道之行于世间之体现，顺应天理，自然而然，非强加于人者也。

六亲不和，非孝慈之不足，乃人心失去亲情之故。孝慈，家庭之纽带，亲人之润滑。然若人心不亲，则孝慈亦难以为继。故家庭和睦，首在人心之相亲。

至于国家治平，非无忠臣，乃国家不幸之故。忠臣，国之栋梁，民之楷模。然而，若国家不幸，则忠臣亦难以为继。故国家昌盛，首在培养忠臣之土壤。

大道之行也，若江河之自流，无须人为之设。然大道废弛，仁义乃生，如日月之经天，不可或缺。智慧如炬，能照破愚暗，然大伪亦随之而至，如阴阳之相随，相生相克。六亲之间，本应和乐融融，相亲相爱，然人心疏离，孝慈之道乃显，如四季之更迭，各有其时。

故大道之行也，仁义智慧、孝慈忠臣，皆因大道之废弛而生。即大道废，仁义兴；智巧显，伪诈作；家室乱，孝慈见；国家乱，忠臣彰也。

循思渐得　　大道与人间美德

大道废，仁义兴；智慧生，大伪出。六亲失和，方显孝慈之美；国家昏乱，乃见忠臣之诚。此诚乃天地之常理，世事之常情。是以有志者必悟得道义，方能于纷扰之世，持身以正，处世以明。

观天地之间，大道无形，无迹可寻。然则大道废，仁义生。仁者爱人，义者行道，此皆大道之化身也。仁者之心，如春风拂面，温暖人心；义者之行，如秋霜降世，涤荡邪恶。故曰，大道废，有仁义。

智慧出，大伪生。智者明察秋毫，明辨是非；伪者巧言令色，欺世盗名。智慧如炬，照破黑暗；大伪如蛇，潜藏暗处。是以智者必慎言慎行，以防为伪者所惑。

六亲不和，有孝慈。父母之恩，深如大海；兄弟之情，重如泰山。然则人心难测，世事无常。六亲失和，如烈火焚心，痛苦难当。然则孝慈之心，能化干戈为玉帛，化戾气为祥和。故曰"六亲不和，有孝慈"。

国家昏乱，有忠臣。奸臣当道，民生凋敝；战乱频仍，国无宁日。然则忠臣之心，如砥柱立传，支撑国家之大厦。忠臣之行，如烈火真金，经受考验而不渝。故曰"国家昏乱，有忠臣"。

国家昏乱，忠臣显现。非乱之时，忠臣之功不显。明君在位，太平盛世，忠臣之志，未得尽显。忠臣乃是国家之栋梁，社稷之支柱。国乱之际，忠臣之勇，可安邦定国；国治之时，忠臣之智，可绥靖民生。故曰：国乱出忠臣，非乱无忠臣。

家庭不和，方显孝慈之贵。为何言此？家庭不和，乃智慧之果，智慧生私欲，私欲不获，矛盾必生，争执随之。争执起始，小则家庭纷争，大则国事堪忧。于是智者立规：子女当孝，父母当慈。此乃行为之准，以维家庭之和。夫大道至简，其理昭然，仁义至真，其道显然。智者明辨，洞察事物之本质，伪者自露，终难逃群众之眼。六亲之和，彰显孝慈之美，家庭和睦，亲人间彼此关爱，此乃人生之本；国家之治，依赖忠臣之力，栋梁之材，为国为民，此乃社稷之基。

简而言之，道之真谛，寓于平凡之中；仁义之实质，体现于真诚之心。智者能辨真伪，明察秋毫；伪者终将暴露，难逃法眼。家与国，一脉相承，皆以和谐为贵，以忠诚为重。家和万事兴，国兴靠忠臣。大道之行也，天下为公。仁义之立也，人心向善。智慧之用也，明辨是非。孝慈之施也，家和万事兴。忠臣之出也，国泰民安。此皆大道之真义，天地之常情。有志者当深究其理，悟得道义，以应世事之变也。

求其镜鉴　　大道与仁义

大道废，仁义兴；智慧显，大伪生。六亲不和，孝慈之道始现；国家昏乱，忠臣之义始彰。此非偶然，乃天地之道，人心之理也。夫大道者，自然无为，包罗万象，休养生息。然人类贪婪愚昧，往往背道而驰，以私欲乱大道，以智巧破天真。故大道废而仁义生，智慧显而大伪兴。此乃天地之常，人心之变也。

观历朝历代，仁义之谈泛滥成灾，智慧之技日新月异。然人心不古，六亲不和，孝慈之道渐行渐远。国家昏乱，忠臣之义式微，奸佞之徒横行。此乃大道已废，人心已失，智慧已沦为大伪之工具也。

大道废，仁义虽生，然仁义之道非一日之功。需以真诚之心，行善积德，方能渐入佳境。智慧显，大伪虽生，然智慧之本非在于智巧，而在于明理。需以明理之心，洞察世事，方能洞察先机。六亲不和，孝慈之道需从自身做起，以孝为先，以慈为本，方能家庭和睦，六亲团结。国家昏乱，忠臣之义需挺身而出，以忠为先，以诚为本，方能国家昌盛，百姓安居乐业。

然《道德经》以深奥玄妙之哲理，启迪后学，阐发无尽智慧。其中"智慧出，有大伪；六亲不和，有孝慈；国家昏乱，有忠臣"一言，乃人生百态之深刻揭示。故余拟从此言起，论说人生之镜鉴，以期导引尘世中寻真我之途。

首言"智慧出，有大伪"。智慧非纯然美誉。此处智慧，乃巧智、机巧，或有人因应对世事而形成狡猾与算计。人若过分依赖智慧，以巧计图私利，易生伪善。老子曾言："绝巧弃利，盗贼无有。"真智慧，应如水之自然流动，润泽万物，而非随世俗之意，失其本真。故于生活中，当防智慧过用，致生伪善，而守真诚与本分。

次言"六亲不和，有孝慈"。家庭中，六亲指父、母、兄、弟、妻、子，泛指亲眷。家庭不和，纷争迭起，孝慈之道乃显得尤为珍贵。老子提倡无为而治，于家庭关系中，即意味尊重彼此，包容差异，求和谐共处。孝慈，即此理念之体现。面对家庭纷争，当以孝慈心关爱亲人，化解纷争，使家庭复归和谐。

又言"国家昏乱，有忠臣"。国家动荡，社会昏乱之际，忠良之臣往往能挺身而出，为国家稳定和人民福祉贡献己力。老子强调无为而治，于君臣关系中，提倡相互信任，共谋国家长远利益。故在国家昏乱之时，忠臣不仅要忠于君主，更要忠于国家和人民，以智慧和勇气为国为民谋福祉、解忧难。

本章所言，实为人生三大镜鉴。面对世事纷扰，当防智慧变为伪善；于家庭关系中，当践行孝慈，求和谐共处；于国家和社会层面，当忠诚担当，为国为民谋福祉。唯有如此，方显真诚之心、明理之智，行孝慈之道，尽忠臣之义，方能顺应天地之道。

然天地之道，博大精深；人心之理，确实又微妙难言。

第十九章

经云：绝圣弃智，民利百倍；绝仁弃义，民复孝慈；绝巧弃利，盗贼无有。此三者，以为文不足，故令有所属：见素抱朴，少私寡欲，绝学无忧。

读经浅悟　　　　　　　　　回归本真生活之智慧

　　绝圣弃智，民利百倍；绝仁弃义，民复孝慈；绝巧弃利，盗贼无有。此三者，道之纲纪，德之要领。然细观历史，何以百姓未能尽得其利，盗贼犹然横行？

　　夫绝圣弃智者，非谓废弃道德，乃去其浮华，返璞归真也。圣人之名，智者之号，皆虚名而已。或有人竞相追逐，以为名利之阶，殊不知此名此号，乃桎梏人心，束缚人性。故当绝之，使民得返于自然，复其天真。则民自得其利，百倍于前矣。绝圣弃智，非弃圣贤之教，乃谓求智慧之道勿过于执着，而忽略生活之点滴。圣贤之学，本为民众谋福祉，若过于追求智慧，反使民众陷入困境。故唯有绝圣弃智，方能使民众得百倍之利。

　　绝仁弃义者，非谓背弃仁爱，乃去其伪善，复其本真也。仁者之爱，义者之理，皆人之常情。然或有人以仁义为名，行其私欲，虚伪矫饰，以博取虚名。故当弃之，使民复其孝慈，归于真诚。则民自相亲爱，如春之阳，暖人心扉矣。绝仁弃义，言弃虚假之仁，使民众回归孝慈之天性。若过于强调仁义，以至于有时矫情，使社会关系复杂。故智者提出绝仁弃义，以期民众回归孝慈，使社会风气和谐。

夫仁义者，吾人情感之纽带，道德之准则。然而，或有人多以仁义之名，行私欲之实，矫饰虚伪，以邀世人之誉。此等行为，悖仁义之真谛，坏社会之风俗。故吾人宜绝此伪善，以复仁义之本来面目。

绝巧弃利，言弃狡猾之巧、私利之求，使社会无盗贼。若过于追求利益，以至于不择手段，使社会风气败坏。故智者提出"绝巧弃利"，以期消除盗贼，改善社会治安。

此三者若徒为文饰，不践其实，不化于心，则无以真造福于民，无以成社会之和。巧饰之文，虽能暂悦耳目，然终不久长，亦不能解其本也。

故上述三者为治世之道，然仅凭此三者，不足也。故有"见素抱朴，少私寡欲，绝学无忧"。

见素抱朴，言保持内心之纯洁、朴素，不被外物所扰。纷繁复杂之世，人往往为外物所诱，以至于迷失自我。故唯有见素抱朴，方能保持内心之宁静，以更好面对生活挑战。

少私寡欲，言减少过多个人欲望、思考，以回归生活之真。或有人过于追求物质、名利，以至于忽略生活点滴。故唯有少私寡欲，方能使人不再为名利所累，以更好享受生活。

绝学无忧，弃绝仁义圣智之学之礼法浮文，不至于为学所困。

综本章所述，使人深感治世之简约与智慧。唯有弃绝圣、智、仁、义、巧、利，方能改善社会风气，使民众回归孝慈、真诚、善良。同时，保持内心之纯洁朴素，减少过多之欲望及思考，弃过多之忧虑、学识，方能回归生活之本质。

夫如是，则民皆得其益，世皆得其治。

循思渐得　　　　　　　　　　　回归本源，绝圣弃智

夫绝圣弃智，则民利百倍；绝仁弃义，则民复孝慈；绝巧弃利，则盗贼无有。此三者，乃古圣先贤之微言，垂训后世之至理。然纵观历史，或逐利而忘本，或尚智而失道，致使仁义之教渐衰，巧利之欲日炽。当求返璞归真，复归自然之道也。

昔者圣人之治天下，不贵其智，不贵其力，而贵其德。德者，人心之根本，天地之正气。故圣人抱朴守素，不尚浮华，不贵奇巧，而能致民利百倍。

盖因绝圣弃智，则人心不役于外物，而能自得其乐；绝仁弃义，则民性本善，而能自复孝慈；绝巧弃利，则人心不贪，而能自安其分。此三者，皆所以致民利百倍者也。

然纵观历史，智巧横行，利欲熏心，以智为荣，以巧为能，以致仁义之教渐衰。夫仁义者，人心之良能也，奈何弃之如敝屣乎？故当以仁义为本，以智巧为末，方能致民利百倍。

且夫绝学无忧，此又至理也。学者，求道之术也；忧者，心之病也。夫道者，天地之根，人心之本。学者若能致知在格物，诚意在正心，则道自明、心自定，何忧之有？故当以学为本、以修为先，抛弃圣智礼法之浮文，方能绝学无忧。

吾观历史，人心不古，风俗日薄，皆因智巧太过，仁义不存。当以古圣先贤为鉴，绝圣弃智，绝仁弃义，绝巧弃利，以求返璞归真。然此须持之以恒，方能见效。故当勉力行之，以求复归自然之道也。

夫道者，无形无象，超乎言象之表，而寓于万物之中。若能悟得道义，则心游物外，不滞于形，不困于象，超脱尘世之累，与天地精神相往来。见素抱朴，少私寡欲，知和曰常，知常曰明。行无为之事，处不言之教，任万物之自然，无所容心，万物将自化。此乃得道之真奥，合乎自然，顺应天理，守柔弱之德，行无为之道，可至长生久视也。

夫人生在世，不过百年。若不能悟道求真，则虚度此生，岂不惜哉？故当勉力行之。悟则能明理，明理则能行道，行道则能致民利百倍，绝学无忧。此所当为也。

且夫天地之间，万物并作。若能以道观之，则万物皆备于我。故当以道为本，以物为末，方能致知在格物。格物则能诚意，诚意则能正心，正心则能修身，修身则能齐家，齐家则能治国，治国则能平天下。此又所当悟也。

夫道者，微妙玄通，深不可测。悟则能得道，得道则能通达人天之际，致民利百倍，绝学无忧。此所当求也。

求其镜鉴　　道法自然，去伪存真

"绝圣弃智，民利百倍；绝仁弃义，民复孝慈；绝巧弃利，盗贼无有"，此三者，乃老子之教诲，欲引导世人归真返璞，回归自然之道。然纵观历史，纷纷扰扰，人心不古，何不以此三者为镜，照见现实之弊端，寻求治理之良方？

昔者，圣智之名，遍及四海。儒墨道法，各执一词，竞相辉映。然则名利熏心，智慧反成祸根。人们竞相追逐，贪图权位，忘却本真。是以当绝圣弃智之时，民得回归自然，无为而治，方得真利百倍。智慧横溢，而人心愈迷。科技昌盛，物质丰富，而或道德欠缺，精神空虚。岂非圣智之祸，有以鉴之？

仁者爱人，义者宜也。然仁爱常成权谋之工具，义理每沦虚伪之掩饰。是以当绝仁弃义之时，民得复归孝慈之本。孝者，亲亲之道；慈者，悌悌之心。或有仁爱泛滥，而亲情疏离；或有义理虚浮，而人心冷漠。岂非仁义之弊，有以鉴之？

巧者劳心，利者害身。巧利之求，往往使人忘却道义，沦为盗贼。是以当绝巧弃利之时，盗贼自然无有。巧利之风盛，人心浮躁，或追逐物质利益，忘却精神追求。岂非巧利之祸，有以鉴之？

故老子曾言："见素抱朴，少私寡欲，绝学无忧。"此语寓意深远，实为回归自然之大道，探寻心灵平和之正途。老子所言之"素"，乃指本源之真，不加修饰之璞玉；所谓"朴"，即未经雕琢之原木，象征原始与纯真。少私则心静如水，寡欲则身轻如风。内心之宁静方能显现。

见素抱朴，即保持纯洁朴实之心性，不受外界纷扰诱惑。尘世纷繁，人常为名利、地位、财富所迷，失其本真。而真智者，当如水之清澈透明，坚守本真，不为外物所动。故生活中，当学会见素抱朴，去除杂念，回归本真，少私寡欲。人常因私欲过重，陷入纷争痛苦。经云："五色令人目盲，五音令人耳聋，五味令人口爽，驰骋畋猎令人心发狂，难得之货令人行妨。"对财色名食过度追求，使人身陷其中不能自拔。故当守心修心，减少私欲杂念。

绝学无忧，非谓摒弃学问，而是弃绝浮华与虚伪之知识，以追求内心之真知。真知乃源于自然，生于内心，无须矫揉造作，亦无须繁复琐碎。学者无定师，道在迩而求诸远，业有专攻，非一日之学。故学无尽忧，非谓不学，乃学之者，心无旁骛，专心致志，持之以恒。真知之途，在于领悟道之奥义，顺应自然，达到无为而治的境界。绝学无忧，则是一种超脱，远离尘世之纷扰，不羁绊于物欲之束缚。

心无挂碍，方能领悟至道，洞悉真理。远离俗世喧嚣，超然物外，心境宽广，悠然自得。绝学无忧，犹如仙道，可行可望，可居可游。

第二十章

经云：唯之与阿，相去几何？善之与恶，相去何若？人之所畏，不可不畏。荒兮，其未央哉！众人熙熙，如享太牢，如春登台。我独泊兮，其未兆，如婴儿之未孩；儽儽兮，若无所归！众人皆有余，而我独若遗。我愚人之心也哉，沌沌兮！俗人昭昭，我独昏昏。俗人察察，我独闷闷。澹兮，其若海；飂兮，若无止。众人皆有以，而我独顽似鄙。我独异于人，而贵食母。

读经浅悟　求道与修身之启示

夫唯之与阿，相去几何？天下之人当深思之。盖唯者，诚也；阿者，曲也。唯诚无伪，故能致知在格物；阿曲失真，遂至迷于物欲。此二者之差，岂不大哉？

善之与恶，相去何若？美善相生，故能化育万物；恶不善相长，遂至败坏纲常。善恶之辨，关乎人心之正邪，岂可忽乎？

善者，如春日之暖阳，温润万物，使卉木畅茂，人生充满希望与喜悦。恶者，犹秋霜之严酷，残酷无情，使草木凋零，人生陷入黑暗与痛苦。善与恶相去虽仅一线，然而其影响之巨，足以塑造人之品格，决定社会之命运。善之生，源于人心之正，如泉水之清澈，自然涌出，无私无伪。恶之长，起于人心之邪，如毒草之蔓延，肆虐无忌。故人心之正邪，乃善恶之根源，亦为社会之风气所系。是以君子务本，修身齐家治国平天下，必以正心为本。

善恶之辨，不可不察。人之行为，无论大小，皆有善恶之别。善行小，亦足以感人；恶行微，亦足以败德。故君子谨言慎行，防微杜渐，以免堕入恶道。人之相处，应以美善相待，以善意相交，方能建立和谐之人际关系，共创美好之社会。善恶之辨，关乎人心之正邪，岂可忽乎？吾人应以美善之心，对待自己与他人，以正心之道，行走于世间。唯有如此，方能使人人心向善，社会和谐，世界美好。

人之所畏，不可不畏。畏者，敬畏之心也。敬畏天地，则能顺应自然；敬畏神明，则能守道不渝；敬畏人心，则能推己及人。若无所畏，则肆无忌惮，何异于禽兽乎？故当常怀敬畏之心，以求自新之德。

荒兮其未央哉！此言世事纷扰，未有止境也。众人熙熙，如享太牢，如春登台，皆以物欲为乐，以名利为贵。而我独泊兮其未兆，如婴儿之未孩，不累于外物，不迷于虚名。此吾所以独异于人也。

众人皆有余，而我独若遗。此言世俗之人皆自以为才智有余、财物丰足、权势显赫，故自满自足。然我独怀不足之心，自以为若有所遗，此乃大智若愚也。盖智者自知其无知，愚者自以为知。老子以愚人之心自处，乃知天道无穷、人力有限，故不敢自满，而常怀敬畏之心。此乃道家之谦下之道，亦修身之基也。沌沌兮！言老子之心若混沌未开，不为世俗所染，保持纯真之本色。此与"我愚人之心也哉"相呼应，皆显老子之谦卑自守，不自以为有余。

俗人昭昭，我独昏昏。俗人察察，我独闷闷。此言世俗之人皆明于外而暗于内，察于微而遗于大。独我老子昏昏闷闷，内观其心，外观其物，知万物皆空，心无挂碍。此乃道家之无为而治，不言之教也。昏昏闷闷，非真昏闷也，乃心无杂念，神游物外，与道合一之境也。

澹兮，其若海；飂兮，若无止。此言道之深远广大，如海之无垠，风之不息。海之所以为海，以其能容万物；风之所以为风，以其无所不至。道亦然，包罗万象，无所不在，而又无迹可寻。老子以此喻道，示人当以虚心接纳万物，以无执应万变。此乃道家之虚心应物，无执无碍之道也。

众人皆有以，而我独顽似鄙。此言世俗之人皆有所恃、有所执，故能有所为。而我独无所恃、无所执，故显浅陋无能。然此乃真朴之道也。

我独异于人，而贵食母，言我之与众不同之所在，乃在于我重视道之根本，即道是生育天地万物之母。以守道为贵，此非我之顽鄙，实乃我之超然物外，以求真道也。

纷扰中之道与人生

夫唯之与阿，其相去几何？善之与恶，其相去何若？此诚人心之微妙，世态之纷纭也。人之所畏，固不可不畏；然畏而不迷，方为上策。吾观夫世之熙熙攘攘，皆为名利所驱。浮沉于红尘之中，而能守其本心，不迷失于纷扰者，鲜矣。故知行于世，当以道为本，守柔不争，方能游刃有余，不失其真。

夫众人也，皆营营于物质之富，汲汲于名利之场，而吾独遗世独立，抱一守素，宁心淡泊。非吾之不足也，盖吾之自足也。吾人皆知，内心之满足，非外界之物质与赞誉所能给予。吾之自足，乃源于心之富足，不假外求。

我愚人之心，混沌模糊，不求昭昭于世，但求昏昏于道。众皆驰骋于名利之场，争名逐利，而吾独守拙，不随波逐流，不以物喜，不以己悲。

俗人察察，囿于见闻之末，以细务为能，而忘大道之要；我独闷闷，守柔不争，以大体为务，而明自然之理。此乃俗人与我之异，亦是小智与大智之别也。

澹兮，其若海，飂兮，若无止。意境宏深，如大海之浩瀚，无边无际。飂兮，若无止，如同漂泊之舟，无依无靠。恍兮无所止，教人勿拘泥于现状，勿畏惧未知之域。

众人皆有以，或求名，或求利，而我独顽似鄙，不求闻达于诸侯，但求自得其乐。此非我之顽鄙，实乃我之超然物外，独异于人也。

夫天地之间，万物并作。天下之人处其间，当以道为本，以物为末，则能齐物我也，忘是非也。故吾不求同于俗，但求合于道。道者无形无象，而寓于万物之中。悟之则能通达天人之际，明理达道之真。此吾所以独异于人也。

吾独异于人，非以标新立异为能，实乃求道之真也。夫道者，天地之根，人心之本。明理达道，不为物欲所迷，不为名利所累。故我贵食母，以自然为宗，以无为为用。此非我之偏食，实乃我之归真返璞，求得长生久视之道也。

夫人生在世，不过百年。若不能悟道求真，则虚度此生，岂不惜哉？故吾当勉力行之，以悟得道义。悟则能明理，明理则能行道，行道则能格物致知，诚意正心，修身齐家，治国平天下。此吾所以求道之真也。

吾观夫历史之纷扰，皆因人心之不古。若能悟得道义，以道为本，以物为末，则能格物致知，诚意正心。心正则神自清，神清则道自明，道明则能通达天人之际，不为物欲所迷，不为名利所累。

夫道者无形无象，而寓于万物之中。天下之人若能以道观物，则物无大小，皆能通其理；事无难易，皆能达其道。

求其镜鉴　　　　　　　　　　　　返璞归真，道法自然

老子之言，唯之与阿，相去不过毫厘；美之与恶，相去亦若烟雾。人之所畏，固当畏之如虎，然荒兮，其未央哉！众人熙熙，如享太牢，如春登台，尽欢而散，何其乐也。而我独泊兮，其未兆，如静水深流，不显波澜。如婴儿之未孩，无知无欲，纯真无邪。儽儽兮，若无所归，似孤鸿缥缈，无牵无挂。

众人皆有余，而我独若遗。非我遗之，乃我视之如浮云。或有人贪婪，我则清心寡欲。非我清心，乃我知欲之害也。我愚人之心也哉，沌沌兮！非我真愚，乃我藏智于愚，以愚示人，以智自守。

俗人昭昭，我独昏昏。非我昏昏，乃我视之如梦幻。众人察察，我独闷闷。非我闷闷，乃我深谙世态炎凉，不愿与之同流。众人皆有以，而我独顽似鄙。非我真顽鄙，乃我自知之明，不愿随波逐流。

俗人昭昭，即指世俗之人追逐名利、地位、财富等显赫之物，而忽视内心之修养和本真之追求。而我独昏昏，乃真正智者所表现出之状态，不追逐世俗之眼光，保持昏昏若愚之心态，坚守本真，不被外物所动。

俗人察察，我独闷闷，人常因过度之私心和欲望陷入纷争和痛苦。其过于察察，即过于关注琐碎世俗之事，导致心困。而我独闷闷，则为真智者所表现之状态，不过于关注，保持宁静和淡泊。

澹兮，其若海，喻人心之宽广无垠，应如大海之包容万物，不拒细流。人生在世，当效法海之淡泊，以宽广之心胸，纳天下之事，处变不惊。飂兮，若无止，言行动之自由不羁，如风之无拘无束，飘然而行。众人皆有以，皆有所为，而我独顽似鄙，此非自弃也。人有所执，或为名利，或为情欲，执迷不悟，以至于困。顽似鄙也，乃守拙不为外物所累也。于人生，当不执着于一时之得失，将此理悟入生活，当以淡泊之心对待名利，不为其所动；以自由之态面对困境，不为其所困；以守拙之道处理人际关系，不为其所扰。

我独异于人，而贵食母。非我真异，乃我求道之心切，欲回归自然之母。

食母者，食天地之精华，得万物之生机。我虽处尘世，心向道源，常饮太和，不亦乐乎！

处世智慧，贵在以柔克刚、以退为进。夫唯不争，故天下莫能与之争。人之处世，如舟行水，顺水则易行，逆水则艰难。故当随方就圆，与世无争，而后可安身立命，长享太平。

夫处世智慧，亦如治国之理。国乱不治，非礼乐仁义之过，乃人心不古，失道久矣。故当以道治国，以德化民，使民复结绳而用之，回归自然之道。则国家长治久安，百姓安居乐业，岂不美哉！

然则道之难行，亦如蜀道之难。或有人迷于名利，鲜有能体悟大道者。故当以教化为先，开民智，启民心，使之道心显现，然后可望人人向道，天下大同。

故曰，处世智慧，亦是修身之道。修身者，当先修心。心正则身正，身正则事正。心之修也，当以道为基，以德为本，以仁为体，以义为用。则心无挂碍，身无病患，事无不成，处世无忧矣。

夫处世智慧，皆以道为本，以德为行，以仁为心，以义为节。能明此理者，虽处尘世，亦能逍遥自在，如游蓬莱仙境。不能明此理者，虽居山林，亦难逃名利之缚，如陷泥沼，不能自拔。故当深研大道，以道处世，以道修身，以道治心。

一言以蔽之，处世智慧，贵在明理。理明则心清，心清则身正，身正则事顺。故当以道为鉴，以道为师，以道为友，以道为伴，然后可望在尘世中寻得一方净土，安身立命，逍遥自在。

第二十一章

经云：孔德之容，惟道是从。道之为物，惟恍惟惚。惚兮恍兮，其中有象；恍兮惚兮，其中有物；窈兮冥兮，其中有精；其精甚真，其中有信。自古及今，其名不去，以阅众甫。吾何以知众甫之状哉？以此。

读经浅悟　　　　　　　　　　　　　　　　　　　　孔德之容与道

"孔德之容，惟道是从。"孔者，大也。唯有大德之人，乃无所不容。道之为物，惟恍惟惚。此句言德之体貌，皆从乎道也。道之为物，非肉眼所能见，非心思所能测，故曰恍恍惚惚。惚兮恍兮，其中有象；恍兮惚兮，其中有物。此言道虽恍惚，然其中自有形象，自有物象。此象此物，非目之所见，乃心之所悟也。

"窈兮冥兮，其中有精；其精甚真，其中有信。"此言道之深远幽暗，然其中自有精髓，自有真实。此精此真，非言语所能述，乃心领神会也。道之精髓真实，非虚妄之谈，故其中有信，信者，诚也，实也。

"自古及今，其名不去，以阅众甫。"此言道之名义，自古至今，未尝有变。道者，万物之始，众甫之母也。以道阅众甫，则众甫之状皆可见矣。道之为物，虽恍惚幽暗，然其用无穷、其效无比。以道为鉴，可明万物之性；以道为则，可定万事之宜。

"吾何以知众甫之状哉？以此。"此言吾之所以知众甫之状者，皆因悟道之故也。道者，万物之始，万物之母，故知众甫之状，必以道为本。悟道者，能明万物之性，能通天地之机，故能知众甫之状也。

- 104 -

夫道者，玄之又玄，众妙之门。深不可识，妙不可言，悟之则明心见性，行之则通达无碍。道者，无为而无不为，无求而无不求。故善为道者，能于无为中成就有为，于无求中求得所求。此乃道之真义、道之实效也。

夫道者，非一己之私，乃天下之公。道之用，在于利人利己，在于济世安民。故善为道者，必能体道之行、行道之用。以道为心，以道为行，则能明理达道。

且夫道者，贵在守静。静则生慧，动则生乱。故善为道者，必能守静以制动，守柔以克刚。守静者，心无杂念，神无纷扰，则能洞察天地之机，明了万物之理。守柔者，能屈能伸，能进能退，则能应对万变，立于不败之地。

夫道者，亦贵在自然。自然者，无为之至也。无为而治，则天下自安；无为而化，则万物自成。故善为道者，必能顺应自然，不强行其志。则能合乎天道，得乎人心，成就大道。

道之为物，虽恍惚幽暗，然其理甚明，其义甚真。悟道者，能明其理、达其义，则能通天地之机，明万物之性。故善为道者，必能深悟其道，明达其理，以道为鉴，以道为行。则能成就大道，利人利己，济世安民。

且夫道者，非言语所能尽述，非笔墨所能尽描。道之为物，玄妙莫测，深广无垠。故善为道者，必能心领神会，求理悟真。悟道者，能于恍惚幽暗中，见道之真象；于深广无垠中，得道之实物。此乃悟道之真义、悟道之实效也。

天下之人当怀悟道之心，体悟道之真义，发现道之踪迹。以道为心，以道为行，则能渐悟道之真要，明道之真奥。悟道者，心无挂碍，神无纷扰，自在逍遥于天地之间。故吾愿天下之人共悟道之真要，同享道祉。

天下之人若能悟得道之真要，以道为鉴，则能明辨是非；以道为镜，则能照见真我。

循思渐得

孔德之悟道

"孔德之容，惟道是从。"夫道者，乃天地之始，万物之母。其道深远，其理微妙，故善为道者，必能悟真，以明人生之大道。

"道之为物，惟恍惟惚。"恍兮惚兮，似有若无，似实若虚。然恍惚之中有象存焉，恍惚之间有物寓焉。此象非目之所见，此物非手之所触，乃心之所悟，神之所通。故善悟道者，能于恍惚之间，见道之真象；于恍惚之际，得道之实物。

窈兮冥兮，道之深奥，难以言传。然其中有精，窈冥，深远之叹也。其深且远，非目力所及，然万物生于其间，得以彰显其真。故窈兮冥兮，乃精华之所在。

其精甚真，其中有信，其信不欺。信，乃验证之义也。若物体返归窈冥之境，则真精达到极致，万物之天性得以确立。故言其精甚真，内含可信之征也。此精此信，乃道之核心，道之本源。善悟道者，能于窈冥之中，寻得此精；于深邃之处，觅得此信。悟得此精此信，则能明道之本、通道之源。

自古及今，道之名不去，其道长存。众甫，物之始也。以道阅众甫，则众甫皆明；以道观万物，则万物皆通。吾何以知众甫之状哉？以此道也。夫道者，无始无终，无形无象，然其用无穷，其效无比。善悟道者，能以此道知众甫之状，明万物之理。

夫道之真要，非言语可尽述，非笔墨可尽描。然吾欲以微薄之智，试述其一二。道者，贵在无为。无为而无不为，此乃道之真谛。夫无为者，非真无所为也，乃顺其自然，不强行其志。故善为道者，能于无为中成就有为，于无求中求得所求。

道者，重在守静。静则生慧，动则生乱。故善悟道者，能于静中悟道，心无挂碍；于动中行道，行止坐卧皆不离道，此之谓也。

道者，尚柔弱。柔弱者，能胜刚强；微妙者，能通大道。故善为道者，能于柔弱中显刚强，于微妙中见大道。柔弱非弱，乃强之根；微妙非小，乃大之本。

夫悟道之路，崎岖而漫长。然有志者事竟成，有心者道自通。故天下之人当怀悟道之心，于日常生活中，体悟道之真义；于平凡事物中，发现道之踪迹。则能渐悟道之真要，明道之真奥。

悟道更贵在持之以恒。道之深远，非一日之功可达；道之奥妙，非一蹴而就可得。天下之人若能悟得道之真要，则能明人生之大道、通天地之玄机。

求其镜鉴　　　　以道为鉴，修身处世

"孔德之容，惟道是从。道之为物，惟恍惟惚。"夫处世智慧，实乃人生之镜鉴，映照天下人之心性，彰显天下人之品格。故当深研其道，以之为鉴，

明理达情，行道法自然之天地大道。

"惚兮恍兮，其中有象；恍兮惚兮，其中有物。"处世智慧，亦如道之恍惚，虽难以捉摸，然其象其物，皆存乎一心。心正则象明，心邪则物暗。故当修心养性，以正念为本，使处世智慧，彰明较著。

"窈兮冥兮，其中有精；其精甚真，其中有信。"处世智慧，深藏幽眇，然其精髓真实，信而有征。天下之人当深入其窈冥，探寻其精髓，以之为处世之信条，使行为举止，皆合于道。

潜藏于尘世之间，老子之道，若隐若现，犹如幽谷之兰，清香而不张扬。其言简而意赅，其理深而奥妙，非用心体味，不足以领悟其真谛。故天下智者，皆致力于求道，以明德。

如老子所言"致虚极，守静笃"，唯心无旁骛，才能洞察万物之理，领悟人生之真。是以天下之人，当以道为指南，修身养性，治国平天下，使行为举止，皆合于道，自古及今，其名不去，以阅众甫。自古流传至今，其名未尝有变。道者，众甫之母，以之为鉴，可阅众甫之状。故当以古为镜，以今为鉴，明辨是非，洞悉世情，使处世智慧，得以发扬光大。

吾何以知众甫之状哉？以此。夫处世智慧，非外求而得，乃内省而成。以道为鉴，反观自身，则众甫之状皆可见矣。故当自省自查，以道律己，使行为合道，心性得正。

处世智慧，贵在诚信。诚信者，立人之本，处世之基。无信不立，无诚不久。故当以诚信为本，言行一致，始能得人之信，成己之名。亦在宽容。宽则得众，容则成器。世事纷纭，人心各异，当以宽容之心包容万物，使人心相向，和谐共处。更需谦逊。谦受益，满招损。人外有人，天外有天，当以谦逊之态，虚心向学，使知识日增，智慧日长。故夫处世智慧，亦在于以诚信、宽容、谦逊为本。

天下之人当以此为镜鉴，反观自身，明理达情，行道法自然之天地大道。处世智慧，须经世事之历练，方能明其真奥。故当以平常心待之，遇事不惊，处变不乱，使心性得以磨炼，处世智慧得以升华。处世智慧，亦如流水，须顺应时势，方能源远流长。故当因时而变、因势而动，使行为合于时宜，处世合于道理。

处世智慧，贵在自知。自知者明，自胜者强。当深知己之所长所短，扬长避短，发挥优势，使自身得以臻于完美。

第二十二章

> 经云：曲则全，枉则直；洼则盈，敝则新；少则得，多则惑。是以圣人抱一，为天下式。不自见，故明；不自是，故彰；不自伐，故有功；不自矜，故长。夫唯不争，故天下莫能与之争。古之所谓"曲则全"者，岂虚言哉！诚全而归之。

读经浅悟　　　　　　　　　曲全与抱一之启示

曲者，道路之蜿蜒；全者，目标之圆满。曲径方能通幽，蜿蜒之路乃达远方。故曰"曲则全"，非虚语也。犹水之绕石，虽曲折而终至海，其势不可当。是以圣人行事，不拘一格，因势利导，抱一而应变，为天下式。

枉者，木之弯曲；直者，竿之挺拔。木因风而曲，竿因力而直。此乃自然之理，非人力可为。然则人亦应顺应时势，屈己以从人，方能成其大事。故曰"枉则直"，诚哉斯言。

洼者，地之低陷；盈者，器之盛满。水注洼地而盈满，器纳百川而成大。是以圣人谦下如洼，纳百川以成其业。虚心以受教，广纳以成德。故曰"洼则盈"，其理昭然。

敝者，物之破旧；新者，代之而起。物有盛衰，时有变迁。敝而更新，乃天地之常道。是以圣人弃旧图新，革故鼎新，以成其大业。故曰"敝则新"，此道不替。

少则得，心静神清，守中抱一，则道自显，物我两忘，妙理自呈；多则惑，欲壑难填，心驰神往，逐物迷心，道隐不彰，反生迷惑。盖因道本简易，人心却好繁,少取则心与道合,多求则心与道离。是以圣人教人,必以简约为先,使人心不妄动,志不纷驰,则自然悟道,而无所迷惑矣。此乃《道德经》中"少则得,多则惑"之深旨也。

是以圣人抱一,为天下式,守其根本,不失其初。不自见,故能明察秋毫;不自是,故能容纳百川;不自伐,故能功成名就;不自矜,故能长久不衰。夫唯不争,故天下莫能与之争。此乃圣人之智慧,亦天地之大道也。

古之所谓"曲则全"者,岂虚言哉!曲者,道之变通;全者,事之圆满。曲全之道,实乃天地自然之理。故诚全而归之,方得大道之真奥。曲全之道,微妙难言,然在乎日用饮食之间,在乎动静语默之际。夫曲者,非曲直之曲,乃曲肱而枕之,顺其自然,不受外物之拘;全者,非全然无缺,乃全身而保之,守其本真,不被俗世所扰。是以君子行曲全之道,不争而善胜,不显而能明,不皎而自洁,不肆而信诚。曲全之道,行而久之,自然而成,于无声处听惊雷,于微末中见大象。若能守此道,则无往而不利,无时而不宜。

夫圣人之道,博大精深,非一言可尽。然其要义,不外乎顺应自然,抱一而为天下式。若能悟得此道,则可明理行道,成就大业。故天下之人,当以圣人之智慧为鉴,以天地之道为准则,方能得其真奥。

曲全之道,实乃天地自然之理。水因地而制流,木因风而曲直。圣人亦应顺应时势,抱一而为天下式。故曰"曲则全,枉则直,洼则盈,敝则新,少则得,多则惑。是以圣人抱一,为天下式"。此言诚哉,不可不察也。

一言蔽之,曲全之道,乃天地自然之理,圣人之智慧。若能悟得此道,则可顺应时势,成就大业。

循思渐得 　　　　　　　　　　　　　　　道之六变

夫天下之事,有曲则有全,枉则有直,洼则有盈,敝则有新,少则有多,多则有惑。此六者,皆天地自然之道,非人力可为也。然圣人则能抱一以为天下式,观天地之奥妙,察人事之微妙,皆由乎此。故曰"不自见,故明;不自是,故彰;不自伐,故有功;不自矜,故长"。此四者,皆圣人之所行也。

"夫唯不争,故天下莫能与之争。"此语何解?因圣人深明大道、洞悉天机,故能处变不惊、应变有方。曲则全,非曲而求全也,乃因曲而得其全；枉则直，非枉而求直也，乃因枉而得其直；洼则盈，非洼而求盈也，乃因洼而得其盈；敝则新，非敝而求新也，乃因敝而得其新；少则得，非少而求多也，乃因少而得其多；多则惑，非多而求惑也，乃因多而得其惑。此皆天地自然之道，非人力可为也。

曲之所以为曲，全之所以为全，皆有其道焉。曲非曲也，全非全也，皆天地自然之道也。故圣人能抱一而为天下式，皆因其深明此道也。

天地之道，奥妙无穷，非人力可尽。然圣人则能抱一而为天下式，皆因其能洞察天地之道也。天地之道，皆由一而生，一者，天地之心也。故圣人能抱一而为天下式，皆因其能合天地之心也。

天下之事，纷繁复杂，皆有其真要。道者无形，化生万物，至简至易，含藏至理。此乃天地之正，万物之宗也。大道至简，而天下之事皆由此生。故圣人能抱一而为天下式，皆因其能执简驭繁也。

曲则全，枉则直，洼则盈，敝则新，少则得，多则惑。此六者，皆天地自然之道也。而圣人则能抱一而为天下式，皆因其能顺应天地之道也。顺应天地之道，则能无为而成、不争而胜。故天下莫能与之争也。

古之所谓"曲则全"者，非虚言也，乃实言也。诚全而归之，则能得其真要。而要得其真要，非抱一以为天下式者不能为也。故圣人能抱一而为天下式，皆因其能得其真要也。

辨识其真要，非易事也。然若能抱一而为天下式，则能洞察天地之道，深明人事之微妙，皆能得其真要也，非有大道之心者不能为也。故圣人能者，皆因其有也。

大道之行，天下为公。圣人则能抱一而为天下式，皆因其能行大道。行大道者，则能得天下之心，而天下莫能与之争也。故古之所谓"曲则全"者，岂虚言哉！诚全而归之，则能得其真要。

求其镜鉴

以曲全，以枉直，以洼盈，以敝新

曲则全，非谓曲身以求全也，乃谓以曲成其全。曲身以求全，乃小人之计，非君子所为。以曲成其全，则能进退得宜，应变无穷。夫唯进退得宜，应变无穷，然后可以立于不败之地。枉则直，非谓枉道以求直也，乃谓以枉致其直。

枉道以求直，乃邪僻之行，非正道所取。以枉致其直，则能屈能伸，不失其正。

世事如棋局，曲直似线索。夫曲者，以曲成全也；枉者，曲折多变也。天下之事，往往曲直相生，难以一帆风顺。然则，曲则全，枉则直，亦为处世之道，可用以应对世间百态。有时须曲以全身，犹水之就下，顺地势而流畅；若草之随风，顺风向而摇曳。曲非屈也，非妥协也，乃智慧也，退而进之策略也。

然曲直无常，相生相成。有时，须枉以曲折，方能达目的。如山路之蜿蜒，虽曲折多变，终能登顶；若河流之曲折，虽蜿蜒流淌，终能入海。枉非曲折，非弯折也，乃路径也，曲径通幽之策略也。

曲则全，枉则直，处世之智慧也。于变幻莫测之世，须学会曲直之道，方能游刃有余。曲直相生，相辅相成，如阴阳相合，如日月相映。而曲直之道，须顺应自然、顺应社会、顺应人心。曲直之间，存乎一心，用之得当，则无往而不利。故君子处世，当曲则曲，当直则直，方能游刃有余。

洼则盈，非谓洼处以求盈也，乃谓以洼纳其盈。洼处以求盈，乃浅陋之见，非高明所取。以洼纳其盈，则能容纳百川，成其大海。夫唯能容纳百川，成其大海，然后可以广纳人才，得道多助。

敝则新，非谓敝旧以求新也，乃谓以敝启其新。敝旧以求新，乃浮华之举，非务实所取。以敝启其新，则能破旧立新，开创新局。夫唯能破旧立新、开创新局，然后可以与时俱进、成就新功。

少则得，非谓少取以求多也，乃谓以少积其多。少取以求多，乃贪婪之行，非节俭所取。以少积其多，则能勤俭持家、聚沙成塔。夫唯能勤俭持家，聚沙成塔，然后可以积累财富、修身齐家。

多则惑，非谓多才以致惑也，乃谓以多成其惑。多才以致惑，乃博学之弊，非专精所取。以多成其惑，则能虚心向学、择善而从。夫唯能虚心向学，择善而从，然后可以明辨是非、成就真知。

是以圣人抱一，为天下式，守中道以应无穷。夫唯不争，故天下莫能与之争。此皆天地之道，人事之理也。是以君子处世，当以曲成其全，以枉致其直，以洼纳其盈，以敝启其新，以少积其多，以多成其惑。当虚心向学，择善而从，明辨是非，守中道以应无穷，处世智慧得矣。

夫不自见，乃知人者，智也。人若自视过高，目中无人，必将孤芳自赏，难以融入群体。唯有谦逊待人、虚心若愚，方能广纳百川。是以君子务本，自省而不自显,居功而不自傲,方能明察秋毫、洞察人心。

夫不自是,乃知己者,明也。人若自以为是、刚愎自用,必将故步自封,难以成长。唯有虚怀若谷、博采众长,方能日新月异。是以君子自卑而若愚,谦恭而若虚,方能彰显智慧。

夫不自伐,乃敬人者,有功也。人若自伐己功、夸夸其谈,必将招致反感,功名扫地。唯有低调行事、谦虚谨慎,方能赢得尊敬。是以君子让德,自隐而不自伐,功成而不自居,方能延誉于人。

夫不自矜,乃敬天者,长也。人若自矜己能、狂妄自大,必将得天之弃,难以长久。唯有敬畏自然、顺应天道,方能基业常青。是以君子畏天,自抑而不自矜,居安思危,方能长久不衰,福泽子孙。

是以君子之道,微妙难识,若存若亡,若亡若存。人若能体悟此道,践行此道,便能游刃有余、处世若愚。夫唯不争,故天下莫能与之争。古之所谓"曲则全"者,岂虚言哉?诚全而归之,则处世智慧得矣。

第二十三章

> 经云：希言自然。故飘风不终朝，骤雨不终日。孰为此者？天地。天地尚不能久，而况于人乎？故从事于道者同于道，德者同于德，失者同于失。故同于道者，道亦得之；同于失者，道亦失之。信不足焉，有不信焉。

读经浅悟　　智慧之希言与立德

希言者，道之至也。言希则自然，自然则合道。飘风骤雨，虽猛而不终。天地之造化尚不能久，何况人间之事物乎？故从事于道者，当以道为归、以德为守、以失为鉴。

夫道者，无形无象，而万物由之以生；德者，人之所行，而行为之所本。失者，道之反也，德之离也。同于道者，则心与道合，自然之乐也；同于德者，则行与德符，人心之善也；同于失者，则知过而改，迷途知返也。

然信之不足，则有不信焉。夫信者，道之基也，德之本也。信不足，则道难行、德难守。是以君子务信、小人务诈。信则人亲，诈则人远。故从事于道者，当以信为本、以诚为心。

夫道者，至简至易，而至深至远。希言者，得道之要也。言希则心静，心静则神清。神清则能洞察万物，能明辨是非。是以从事于道者，当寡言以养气，寡事以养神。

德者，道之行也。有德者必有道，无道者必无德。故君子修德以立道，小人失德以背道。德之厚者，其福必深；德之薄者，其祸必浅。是以从事于道者，当厚德以载物、积善以成德。

失者，道之鉴也。有失则有得，有败则有成。故君子不惮于失、不馁于败。知失则能改过，知败则能图强。是以从事于道者，当以失为鉴、以败为师。

夫信者，人心之基也。信则人亲，无信则人疏。故君子重信如命，小人轻信如草。信之足者，其言必信；信之不足者，其言必疑。是以从事于道者，当言行一致、以信为本。

夫希言自然，乃道之真义。飘风骤雨，天地之常，而人亦当以此为鉴。故从事于道者同于道，则与天地合其德；德者同于德，则与人世共其善；失者同于失，则能自知而改过。故从事于道者，当以自然为法、以希言为则。

且夫道者，非言语可尽也；德者，非行为可表也。故希言者，得道之要；寡言者，养气之方。是以从事于道者，当寡言以养气、希言以得道。

天地尚不能久，况乎人事乎？是以君子知天命而不忧，因其守柔不争；达人事而不惑，因其无为而治，抱一而行也。故从事于道者，当顺天应人、和光同尘。

夫道者，至大至广，至深至微。希言者，得其要领；寡言者，养其精神。是以从事于道者，当寡言以养气、希言以明道。

德者，道之显也；失者，道之隐也。同于德者，显道之行；同于失者，隐道之微。故从事于道者，当以德为显、以失为隐，显隐之间，道之所在也。

信者，人心之基；诚者，人心之本。信不足则心不诚，心不诚则道难行。是以从事于道者，当以信为本、以诚为心，本心之间，道之所在也。

故希言自然者，得道之真；寡言养气者，得气之真；同于道德者，得行之真；信诚为本者，得心之真。此从事于道者之所求也。

夫道者，玄之又玄，希言者得其门而入；德者，明之又明，寡言者养其气而明。失者，道之鉴也，知失者能得道；信者，心之基也，信足者能得心。故从事于道者，当希言、寡言、知失、信足，以此四者为本，则道可得矣。

天地尚不能久，况乎人事乎？是以从事于道者，当知天地尚不能久，况乎人事乎，抱一守柔，无为而治，顺天应人，方能久矣。抱一守柔，无为而治，顺天应人，则道在其中矣。

本章之意，乃在于明道、立德、知失、信足。道者至简至易而至深至远，希言者得其门而入；德者人心之所本，寡言者养其气而明；失者道之鉴也，知失者能得道；信者心之基也，信足者能得心。此四者，乃从事于道者之所务也。故愿天下之人希言、寡言、知失、信足，务道立德，以求得道之真也。

循思渐得　　　　　　　在自然之启示中探寻

希言自然，道之至理。飘风骤雨，天地之常，而人事之变，孰能测之？故从事于道者，必求其深、探其微，而后可得道之真义。

夫道者，无形无象，而能生化万物。道者同于道，则心与道合，自然无碍；德者同于德，则行与德符，人皆敬之；失者同于失，则知过能改，善莫大焉。然信不足者，则心不诚，道亦难行。是以求探者，必以信为本，而后可至道之微境。

道之真义，非浅尝辄止可得。必须深入其中，探求其底蕴。飘风骤雨，天地之常，然其变化莫测，亦如道之无穷。故求探者，当以天地为师、以风雨为友，而后可得道之真。

夫道者，玄妙难测，非言语可尽述。求探者，当以心领神会，而后可得道之微义。

道者同于道，则心与道合，自然无碍。然同于道者，非一蹴而就，必须经历风雨，磨砺心性，而后可得。是以求探者，当以恒心为本，而后可至道之微境。

德者同于德，则行与德符，人皆敬之。然德之行，乃长久之计。求道者，当以积德为本，而后可得道之微义。积德者，非徒行善事，更在于心存善念，而后可得道之真。

失者同于失，则知过能改，善莫大焉。然改过迁善，非易为之事。求道者，当以自省为本，而后可得道之微义。自省者，非徒知过能改，更在于防患于未然，而后可得道之真。

信者，道之基也。信不足者，则心不诚，道亦难行。求探者，当以信为本，而后可至道之微境。信者，非徒言信，更在于行信。言行一致，而后可得道之真。

夫求道者，必知天地之常、人事之变。飘风骤雨，天地之常也；兴衰荣辱，人事之变也。天地之常，道之显现；人事之变，道之隐现。求探者，当以心领神会，而后可得道之真。

道者，玄之又玄，众妙之门。求探者，当以道为宗、以德为本、以失为鉴、以信为基。而后可入道之门，探道之微。道之微义，非言语可尽述，必须心领神会，而后可得。是以求探者，当虚心向道、诚心求探，而后可得道之真义。

人心之善，道之显现；人心之恶，道之隐现。求道者，必知人心之复杂，世事之多变。人心之复杂，如天地之难测；世事之多变，如风雨之无常。当以人心为鉴、以世事为法，而后可得道之微义。

求其镜鉴　　以道为鉴，以德为本，以失为警，以信为行

希言自然，大道之行，固不在多言。飘风骤雨，天地之常，而人事之纷扰，孰能测之？故人生在世，当以天地为鉴、以道为宗，而后可得其真义。

夫天地之间，万物并作，而道贯其中。道者，无形无象，而能生化万有。从事于道者，当以道为心、以德为行，而后可得道之真。同于道者，道亦得之，因其心与道合，自然无碍。

飘风骤雨，自然之现象，有其生成之道。飘风起于青蘋之末，骤雨生于微尘之中。初始之时，微风细雨，和煦宜人。然风力愈强，雨势愈猛，变化无常，不可预测。及其至极，飘风成暴，骤雨成灾。此时，风力虽强，终不能持久；雨势虽大，终将止息。故飘风不终朝，骤雨不终日，自然之道也。

人之行为，犹如飘风骤雨。初时，积小成大，渐显锋芒。及其至极，盛极而衰，不可持久。故君子务本，谦虚谨慎，不宜过于执着，方能长久。

飘风骤雨，虽猛烈无常，然亦有时节。春风雨润，万物生长；夏雨滋润，百谷丰茂。秋风送爽，冬雨解寒。风雨之时，各有其用。人之行为，亦应顺应时机，方能发挥所长。

夫天地尚不能久，况于人乎？是以人生在世，当知天命而不忧，达人事而不惑。知天命者，顺天而行；达人事者，和光同尘。是以人生在世，当以天地为法、以人事为鉴，而后可得处世之真。

夫道者，宇宙之根本，万物之母也。德者，道之体现、人之行为也。

失者，偏离道与德也。同于道者，与道合而为一，乐在其中；同于德者，以德行事，乐在其中；同于失者，迷失道与德，忧在其中。

人之生于世，如浮萍之漂泊，若欲立足于世间，必寻求道之指引、德之修养。道者，自然之道，宇宙之规律也。人若欲与道同行，必须顺应自然、顺应时事，不可强求，不可执着。德者，为人之道，品行之修养也。人若欲以德行事，必须修身养性、克己奉公，不可贪图私利，不可为非作歹。

同于道者，道亦得之。人若与道同行，道亦乐于助人，使人得以成长、得以进步。人若以德行事，德亦乐于助人，使人得以安宁、得以和谐。同于失者，道亦失之。合于德者得德，不幸而失，虽失于所为，然必有得于道德矣。

人生之旅，曲折坎坷，若依于道与德，顺应自然，以德行事，必能得以成长、得以进步。反之，若迷失道与德，为非作歹，必为道与德之仇敌，终致失败。故君子务本，必以道与德为指引。

道者，无形无象，无处不在，无时不在。人若欲与道同行，必须虚心若愚、勤奋学习、不断探索，方能逐渐领悟道之真谛。德者，有形有象，体现在人的言行举止之间。人欲以德行事，必须修身养性、克己奉公，方能彰显德之美。

同于道者，道亦得之；同于失者，道亦失之。此语警示世人，必须追求道与德，方能立足于世间，方能长久。反之，若迷失道与德，必致自身之失败。故君子务本，修身齐家治国平天下，必以道与德为指引。

人生在世，必知人心之难测，世事之多变。人心之难测，如天地之难穷；世事之多变，如风云之莫测。是以人生在世，当以人心为鉴、以世事为法，而后可得处世之明。人心之善，可鉴世之光明；人心之恶，可警世之险恶。

第二十四章

> 经云：企者不立，跨者不行，自见者不明，自是者不彰，自伐者无功，自矜者不长。其在道也，曰余食赘行，物或恶之，故有道者不处。

读经浅悟　　　　　　　　　　　　道贵简约与务实

　　企者不立，跨者不行。此言人之行止，须循自然之理，不可勉强。企者，踮脚而立，欲高而不能久；跨者，大步而行，欲速则不达。此皆违自然之道，故不能持久。道家主张顺应自然，无为而治，行止坐卧，皆须合乎自然之理。故曰："人法地，地法天，天法道，道法自然。"企跨之行，悖于自然，是以不立不行。世间万物，皆顺应自然而生灭，人行于世，亦当循自然之理，不可逆天而行、强求于外，否则必遭失败，不能持久。是以圣人教人，必以自然之道为先，使人心无妄动、行无悖理，方能立身于世、长久不衰。

　　自见者不明，自是者不彰。此言人之认知，须去私欲之蔽。自见者，只见己而不见人，故不能明通事理；自是者，自以为是，固执己见，故不能彰显真理。道家强调无智之智，认为最高之智乃是无智，因无智方能接纳万物、包容并蓄。故曰："知不知，上；不知知，病。"自见自是，皆因私欲蒙蔽，不能获得真正智慧，故不明不彰。人之心性，易受私欲所累，不能明见事理，自以为是，固执己见，此乃认知之大忌。道家主张去私欲、存天理，方能有真知灼见，明理通达。是以修行之道，首在清心寡欲，使心无挂碍，方能洞察秋毫、明见万里。

　　自伐者无功，自矜者不长。此言人之修为，须去自矜之心。自伐者，自我夸耀，以为有功，实则无功；自矜者，自以为是，以为长处，实则不长。道家主张谦虚谨慎、去骄去躁，方能修得真功。故曰："江海之所以能为百谷王者，以其善下之，故能为百谷王。"自伐自矜，皆因心浮气躁、不能谦虚，故无功不长。修行之道，在于内敛心性、去骄去躁，方能修得真功。自伐自矜，皆因心性未定，不能谦虚谨慎也。是以道家教人，必以谦虚为本，使人心无妄动、行无过举。

"其在道也，曰余食赘行。物或恶之，故有道者不处。"此言道之要求，须去多余之累。余食赘行，皆为多余之物，于道无益，反成累赘。道家主张简约质朴、去奢去华，方能合乎道之要求。故曰："五色令人目盲，五音令人耳聋，五味令人口爽。"余食赘行，皆为物欲之累，悖于道之简约，故有道者不处。道之要求，在于简约质朴、去奢去华。世间万物，皆因简约而长久，繁复则易衰。故道家主张简约生活，去物欲之累。是以修行之道，必以简约为先，使人心无挂碍、身无累赘，方能合乎道之理。

循思渐得　　简约与质朴之道

夫企者不立，跨者不行，斯何由哉？盖企者欲求高远，然根基不稳，岂能长久？跨者欲求迅速，然步履不坚，岂能致远？此皆躁进之弊，非道之正也。是以君子务本、不尚虚浮，方能立得长久、行得稳健。

自见者不明，何也？盖目能见物，而心不能自见；耳能闻声，而心不能自闻。自见者蔽于目，只见己之短长，而不见天地之大；自闻者塞于耳，只听己之得失，而不闻万物之和。是以君子虚心纳物、广纳百川，方能明于天地之道、通于万物之情。

自是者不彰，何也？盖自是者执一己之见，以为天下皆非；不彰者，其德不显于人也。夫道无偏私、德无高下，自是者悖于道，不彰者失于德。是以君子虚怀若谷、从善如流，方能彰其德于天下、显其道于人间。

自伐者无功，何也？盖伐者自夸其功，以为人莫能及；无功者，人不见其善也。夫功成于实、名立于行，自伐者虚有其表，无功者实无其绩。是以君子谦逊自持，不伐其功而功自显，不矜其能而能自成。

自矜者不长，何也？盖矜者自恃其能，以为无人能及；不长者，其道不长也。夫道贵谦和、才贵善用，自矜者悖于道，不长者失于才。是以君子和光同尘，不矜其能而能广纳百川，不贵其才而才自显于世。

其在道也，曰余食赘行，物或恶之。何也？盖余食者，饱食之余也；赘行者，行步之赘也。道贵简约，不贵繁芜；贵质朴，不贵浮华。余食赘行者，皆道之赘疣，非道之真也。物或恶之者，以其非道之本也。是以君子求道于简朴，务本于质朴，去其赘疣，方能得道之真。

故有道者不处，何也？盖有道者明于天地之道，通于万物之情，不居其位，不骛其荣，而能处其道、荣其德。夫道无贵无贱、无荣无辱，有道者贵其内而贱其外，荣其德而辱其形。是以不处其位而能处其道，不居其荣而能荣其德。此有道者之所以异于人也。

夫道者，万物之始，万物之母也。其大无外，其细无内，包容万有，贯通古今。有道者得之，则能明于天地、通于万物；无道者失之，则迷于纷扰、乱于情欲。是以君子务求其道，不贵其物；务修其德，不贵其形。则能立得长久、行得稳健，明于天地、通于万物矣。

探源求真者，必自修其心、自炼其性，而后能得之于心、见之于行。夫道者，非言语之所能尽也，非笔墨之所能传也。是以君子务学问道，不贵虚谈；务实行其德，不贵浮名。

夫企者不立，跨者不行，此乃躁进之弊，当以静心守道为务；自见者不明，自是者不彰，此乃蔽塞之失，当以虚心纳物为怀；自伐者无功，自矜者不长，此乃骄矜之过，当以谦逊自持为本。余食赘行，物或恶之，此乃道之赘疣，当以简约质朴为尚。有道者不处，此乃道之真义，当以修德行道为归。

求其镜鉴　　　　　　　　　明理修身，务实求真

夫企者不立，跨者不行，斯乃躁进之弊也。处世智慧，贵在稳健，而非急功近利。是以君子务本、不尚虚浮，方能立得长久、行得稳健。纵观历史，人多欲速其成，而不知循序渐进之理。天下之人当以此为戒，不可轻躁以求速成，当稳扎稳打，以稳健之步伐，迈向成功之路。

自见者不明，自是者不彰，此皆蔽塞之失也。夫明者，能察万物之情；彰者，能显其德于众。自见者蔽于目，自是者塞于耳，是以不能明察秋毫，亦不能彰显其德。处世之间，当虚心纳物、广开言路，以收众人之长补己之短。不可自以为是，更不可故步自封。唯有虚怀若谷，方能明察事理、彰

显德行。

自伐者无功，自矜者不长，此乃骄矜之过也。夫功成于实、名立于行。自伐者虚有其表，自矜者恃才傲物，皆不能有所建树。处世之间，当谦逊自持，不伐其功，不矜其能。以谦逊之态度待人接物，以务实之精神行事处世，则能积小功为大德、累微名为盛名。

其在道也，曰余食赘行，物或恶之，此道之赘疣也。夫道贵简约不贵繁芜，贵质朴不贵浮华。余食赘行者，皆道之赘疣，非道之真也。处世之间，当去其浮华，务求本真。不尚虚名，不贵浮利，而能务实求真，方为处世之正道。

故有道者不处，此有道者之所以异于人也。有道者明于天地之道，通于万物之情，故能处变不惊、应对自如。无道者则迷于纷扰、乱于情欲，不能自拔。是以君子务求其道，不贵其物；务修其德，不贵其形。则能立于不败之地、行于无碍之境。

处世之间，当以此为借鉴。企者不立，则知躁进之弊；自见不明，则知蔽塞之失；自伐无功，则知骄矜之过；余食赘行，则知道之赘疣。是以君子处世，当以道为鉴、以德为基、以行为本。务求稳健，不尚虚浮；虚心纳物，不自以为是；谦逊自持，不伐其功；去其浮华，务求本真。则能处世如游鱼得水、如履平地。

然处世智慧，日增其智，虽微必著，持之以恒，终成巨变。犹积水成渊，磨杵成针，积少成多，功在不舍。必须以道为魂、以德为骨、以行为肉，日积月累，渐入佳境。天下之人当以此为指引，时刻自勉，不断进修。

处世智慧，贵在明理。明理者，能知进退、识得失。是以处世之间，当以明理为先。知进退者，能审时度势，不逞匹夫之勇；识得失者，能权衡利弊，不贪一时之利。则能处变不惊、应变自如。

处世智慧，重在修身。修身者，能养浩然之气、成非凡之德。是以处世之间，当以修身为本。养浩然之气者，能临危不惧、处变不惊；成非凡之德者，能服众人心。则能处世有道、行走无疆。

处世智慧，非一言可尽。然天下之人若能以此为借鉴，以道为魂、以德为骨、以行为肉，则能处世如行云流水、行走如龙蛇飞舞。

天下之人处世，当以此为借鉴，明理修身，务实求真。不可轻躁以求速成，不可自以为是，更不可故步自封。

第二十五章

> 经云：有物混成，先天地生。寂兮寥兮，独立而不改，周行而不殆，可以为天地母。吾不知其名，字之曰道，强为之名曰大。大曰逝，逝曰远，远曰反。故道大，天大，地大，王亦大。域中有四大，而王居其一焉。人法地，地法天，天法道，道法自然。

读经浅悟　　　　　　　　　　　　　　　　　道法自然

　　夫有物混成，先天地生，此乃大道之始，宇宙之根也。寂兮寥兮，独立而不改，其状莫测，其性难明。周行而不殆，运转无疆，为天地万物之母。天下之人视之不见、听之不闻、搏之不得，莫测其端，不知其涯。然其存在，亘古不变，永恒如斯，天下之人当敬畏之。

　　吾不知其名，字之曰道。道者，先天地生，可为天下母，无形无象，无声无息，而能生天生地、成物成人。强为之名曰大。大者，包容万有，涵盖一切，无所不包，无所不容。大道之行，浩浩荡荡，无始无终，周而复始，循环不已。

　　大曰逝，逝者，流转不息，变化无穷。大道之行，非一成不变，而是流转不息、变化无常。逝曰远，远者，深邃幽远，莫测其深。大道之深，非肉眼所及，非心智所测，深邃幽远，难以穷尽。远曰反，反者，回归本原，循环往复。大道之行，终而复始，循环往复，回归本原，此乃大道之常。

　　道者，宇宙万物之根本，无始无终，无内无外，包罗万象。此乃道家之真谛，顺应自然，无为而治，方能体悟大道之精妙。天大，盖言天地之广大无边，孕育万物，运行不息。天地之间，万物生长，皆顺应自然之理，行止坐卧，无不合乎道。地大，则指大地之厚德载物，养育众生，承载万物。王者，治国平天下之君主，其德行广大，恩泽及于四海。王者之道，在于效法天地，顺应自然，无为而治。

老子以道、天、地、王为四大，而言其相辅相成、相互依存。道为万物之源，天地为道之体现，王者则承天地之道，以德治国。四大之中，道为根本，天地为用，王者为行。而王处一焉，意指王者虽处四大之中，然能以道为宗、以德为基、以天地为法，则统御四方。

夫道者，玄之又玄，众妙之门。人若能悟道，则能明理知命、通达天地。道者，非言语所能尽述，非心智所能穷尽。然人当虚心向道、潜心求道，以明心见性、悟道成真。道者，无始无终，无边无际，人当以道为心、以道为行、以道为命，与道同行、与道合一。

天下之人处世，当以道为鉴、以道为镜。道者，至公至正，无私无欲。人当效法道，去私欲，存公心，以正心诚意，行道法自然之天地大道。道者，至柔至刚，无坚不摧。人当效法其柔，以柔克刚，以弱胜强，此乃人法道之智也。

大道之行，微妙玄通，深不可识。天下之人当以敬畏之心，探求大道，以明理知命、通达天地。道者，非人力所能及，非心智所能测。

夫道者，至大至广，至深至远。人当以道为鉴、以道为镜、以道为心、以道为行。

循思渐得　　在敬畏与虚心中探源

夫有物混成，先天地生，此诚大道之始、万物之根也。寂兮寥兮，独立而不改，周行而不殆，实乃宇宙之真奥、造化之玄妙。吾不知其名，字之曰道，强为之名曰大。大道之行，其状莫测，其性难明，而能生天生地、成物成人，实乃天下之母也。

大矣哉，道之为物。大曰逝，逝者如斯，不舍昼夜，流转不息，变化无穷。逝曰远，远者深邃，莫测其涯。大道之深，非肉眼所及，非心智所测。远曰反，反者道之动，循环往复，周而复始，此乃大道之常也。故道大，天大，地大，王亦大。

道之大，盖因其无形无象、包罗万象，为天地万物之根本。天大，地大，言其广袤无垠、运行不息，各司其职、各尽其能。王亦大，非指王之权势广大，乃指王之德行广大，能以仁德治国，使天下归心。

域中有四大，而王居其一焉，此四大者，道、天、地、王，各有所长，各有所用。王居其一，非谓王独大，而是言王能以道为宗、以天为法、以地为基、以自然为归，从而成就王道之治。

人法地，地法天，天法道，道法自然。此五法相生相成，道为根本，自然为极。人法地，谓人当效地之厚德，承载万物，无私无欲。地法天，地之行健，人当效天之行，自强不息。天法道，道之无为而治，人当遵循道之原则，不违天时，不逆人意。道法自然，道之运行，无不顺应自然，人亦当自然，不造作，不妄为。

王者，天地之心，万物之灵，法地、法天、法道。地者，厚德载物，养育群生，王当效法其包容并蓄、顺应自然。天者，高远辽阔，日月星辰运行其中，王当效法其自强不息，勇往直前。道者，无形无象，无声无息，而能生天生地、成物成人，王当效法其无为而治、自然而成。此乃人法天地之道也。

然道法自然，此乃大道之精髓、天地之法则。自然者，无为之道，无为而无不为。大道之行，自然而然，不假人力，不违物性。人当效法自然，顺应大道，以无为之心，行有为之事。无为者，非不为也，乃不妄为、不强为。有为之事，皆顺其自然、合乎大道，此乃人法自然之道也。

人不得地，不能全安，故法地也。地不得天，不能全载，故法天也。天不得道，不能全覆，故法道也。道不得自然，不能全其性，故法自然也。自然者，无称之极也。智不及无知，形不及精，精不及无形，有仪不及无仪，故法象转也。道法自然，天资之；天法道，地则之；地法天，人象之。主一之者，主也。

夫法，无所不包，无所不载。人处天地之间，若不得地之安宁，则不能全其身心之安，故人法地也。地承天之雨露，若不得天之规律，则不能全其负载之责，故地法天也。天循道之常理，若不得道之覆盖，则不能全其覆被之功，故天法道也。道守自然之真性，若不得自然之理，则不能全其自生之性，故道法自然也。

观夫方圆之形，无不符合自然之法则，无所违也。自然者，无以称谓之极也。人之智慧，虽欲穷其极，然终不及无知之纯真；人之形态，虽欲尽其妙，然终不及精微之迹象；精微之迹象，虽欲显其神，然终不及无形之广大；有形之物体，虽欲美其观，然终不及无形之仪态。故人法地、地法天、天法道、道法自然，轮转而不穷也。

道法自然，故天资之，使之得以资生；天法道，故地则之，使之得以遵循；地法天，故人象之，使之得以模仿。主一之者，主也。主宰万物，使万物各得其所、各尽其能、各全其性，此乃主之功也。

求其镜鉴　　效法大道，明理知命，通达天地

"有物混成，先天地生。"道也，非清非浊，非高非下，非去非来，非善非恶，自然而成。其在人也，为性之本，故曰有物混成。此物之生，自古至今，未有人知其始也。盖因其湛然常存，而天地皆生于其中。道之存在，超乎一切相对之概念，为万物之根源，宇宙之母也。在人身之中，体现为天性，即吾人内在之真也。此真也，无所不在，无所不包，其起源神秘莫测，自古至今，始终如一。天地万物，皆由是道而生，道乃宇宙间最根本之力量，维持万物和谐共存之法则也。

"寂兮寥兮，独立而不改，周行而不殆，可以为天地母。"此四者，道之特质。夫寂兮寥兮，乃道之至境。道生于无，无生于有，有生于无。无中生有，有中归无，此乃道之循环、宇宙之规律。人若能领悟道之寂寥，便能洞察万物之本质，明了世事之变迁。独立而不改，周行而不殆，可以为天地母。道之独立，在于其超然物外，不受外界干扰；道之行，在于其永恒不变、周而复始。

夫道之为物，寂寥无声，独立而不改，周行而不殆。道之存在，虽寂寥无声，却蕴含无尽之力。道之运行，虽独立而不改，却周而复始、永不停歇。道之行走，虽周行而不殆，却无所不在。人若能领悟道之存在，行道之事，便能顺应自然，与道同行。道之为天地母，在于其生育万物、滋养万物。

道如深渊无声，虚空无象，超然物外，不为外物所动，恒常如一。人当效法道之独立不改，守心如一，不为世俗所扰。又道周行而不殆，循环往复，无有穷尽，可见诸日月更迭、四季轮转。人生亦当顺应时势，随道而行，无执无滞，方能通达无碍。人生规划，亦当以道为本，秉持自然无为之心，明了道之奥妙，以顺道而行、随道而动。此乃本章对人生之深刻借鉴意义也。

"故道大，天大，地大，王亦大。"此四者，道、天、地、王，相互为依，相互影响。道为宇宙之根本，天为宇宙之覆盖，地为宇宙之承载，王乃人世

间之主宰，亦管理者也。王之施政，应顺应道之原则、天之德性、地之包容，以此达至与自然和谐共生。

道大，无所不包，无所不容，其广博如海、深奥如渊，涵养万物而不竭，包容百态而不厌。道之伟大，在于其无边无际、无始无终，见诸日月之恒、江河之行，不息不竭，永无止境。君子处世，当效法乎道，以道为宗，以德为行，虚怀若谷，宽以待人，不骄不躁，不争不贪，心胸开阔，意志坚定，循道而行。

天大，无所不覆，其广袤无垠、涵盖万物，实乃宇宙之穹苍，高远莫测。天之伟大，在于其无私无欲，无偏无倚，其心胸广大，其意志坚定。夫天者，不为一物所动，不为一事所偏，公正无私，故能长久保持其伟大之姿，永为万物之宗、众生之庇。

地大，无所不载，无所不育，其广博之胸怀，如天地之德，涵养万物而不居功，承载万物而不言劳，默默无闻，却成就万物之生机。地之伟大，在于其包容万物、滋养万物。此理深析之，人则当以大地为师，胸怀宽广，容纳百川，以仁爱之心滋养他人，而共生共荣，更乃自然之道也。不以己私蔽明，不以小利惑心，不以一时之得忘形。君子之行，当效法大地，虚怀若谷，厚德载物，纳百川而不争，藏万物而不矜。不以己之短见限人，不以己之偏见害人，不以己之私欲扰人。

至于王亦大，在于其能体道而行，顺应天时，法地之道。王者当能明道之深，顺天之意，循地之理，以德化民，以仁治国。其行为举措，必合乎王道，以人为本，以民为念。是以王者之德，亦如天地之广大，能包容万物、滋养众生，使国家昌盛，百姓安居乐业。

人法地，地法天，言人之行为应顺应大地之德性，而地之德又源于天之道。天法道，乃指超越常规之束缚，不受世俗之限制，追求内心自由与宁静。道法自然，则是强调人与自然和谐共处，顺应自然之规律，达到人与道之统一。

人应效法大地之包容与稳重，以厚德载物，培育仁爱之心。地之德，亦法于天，天无私覆，地无私载，故人亦应无私，顺应天道，行善积德。至于王法道，乃指心灵之自由，超脱世俗，不受名利之累，追求精神之升华。道法自然，则是对自然之尊重，与自然和谐共生，不以人为之欲破坏自然之平衡。

第二十六章

经云：重为轻根，静为躁君。是以君子终日行，不离辎重。虽有荣观，燕处超然。奈何万乘之主，而以身轻天下？轻则失本，躁则失君。

读经浅悟　　　　　　　　　　　　　　　　　　重静轻躁论

夫重为轻根，静为躁君。是以君子终日行，不离辎重。虽有荣观，燕处超然。盖深知轻重躁静之理，而能守其本真，不为外物所动也。

重者，实也，基也，万物之所依也。轻则失本，如浮萍之无依，风一吹而散。是以君子务本，本立而道生。君子之所以为君子，非以其荣观之盛，而以其心之静、行之重也。故曰"重为轻根"，斯言不谬矣。

静者，定也，安也，人心之所归也。躁则失君，如狂澜之无制，一泻千里而难收。是以君子居易以俟命，小人行险以徼幸。君子之所以能燕处超然，非以其处所之幽，而以其心之静、气之定也。故曰"静为躁君"，此理之自然矣。

夫万乘之主，握天下之权，系万民之望，其责任之重大，非比寻常。然奈何以身轻天下乎？盖身轻则失其根本，失其根本则无以立国；心躁则失其主宰，失其主宰则无以治民。是以明君治国，必重其根本、守其主宰，而后能致太平之治也。

观夫历史之长河，兴衰更替，无不以重静为本、以轻躁为戒。秦始皇以武力并天下，然不重民本，躁急无度，终致二世而亡；汉高祖以宽仁得民心，重农桑，兴文教，故能开创四百年之基业。此皆重静轻躁之明证也。

然则天下之人处世，亦当以重静为本，以轻躁为戒。夫世事纷扰，诱惑繁多，人若不能守其本真，必为外物所动，失其根本。故当以重为轻根，守其本真；以静为躁君，制其外诱。

夫重静之道，必须修身养性、积学储才，而后能明其理、行其道。是以君子务学，以求其理；务行，以求其道。理明则心定，道行则身安。此重静之道之所以可贵也。

"重为轻根，静为躁君。"此非虚言也。盖重者能守其本真，不为外物所动；静者能制其外诱，不为欲望所牵。是以君子务本求道，不为浮名所累；小人逐末忘本，终为物欲所困。此重静轻躁之别也。

夫天下之事，纷繁复杂，千变万化。然万变不离其宗，其宗即重静之道也。是以明君治国，必重其根本、守其主宰；贤士修身，必求其理明、行其道正。重乃立国之本，安民之心；静乃修身之基，成德之业。此重静之道之所以为天下所重也。

天下之人当以此为鉴，以重静为本，以轻躁为戒。无论世事如何变迁，皆当守其本真、制其外诱。则立身处世，无愧于心；治国理民，无愧于民。

且夫重静之道，非独修身治国之所重，亦为人心之所向。盖人心皆欲安定，不欲躁扰；皆欲守本，不欲逐末。是以重静之道，实乃人心之所同然也。

重静者，心定而气和，神凝而志坚。其视生死如昼夜之更迭，祸与福同，吉与凶等，无贵无贱，无荣无辱，心如古井，我行我素，自得其乐，何处而不乐哉？

反观轻躁者，心浮而气躁，神散而志弱。其视名利如命根之所在，得则喜，失则悲；荣则骄，辱则怨。则心无宁日，神无安处，虽处华堂之上，亦如坐针毡之中，何乐之有？

循思渐得

重静之道

夫重为轻根，静为躁君，此天地自然之道也。君子深明此理，是以终日行不离辎重，虽有荣观，而心超然物外。奈何当今之世，万乘之主，每每以身轻天下，不重其根本，不守其主宰，轻躁失度，岂不悲哉？

探其源也，天下之人当明重静之本义。重者，实也，厚也，万物之所依也。静者，定也，安也，人心之所归也。重静者，能守其本真，不为外物所动；

能制其外诱，不为欲望所牵。是以能立身处世、行稳致远。

观夫历史，兴衰更替，皆由重静轻躁所致。昔秦始皇以重法强国，然不重民本，躁急无度，终致二世而亡；汉高祖以宽仁得民心，重农桑，兴文教，故能开创四百年之基业。此皆重静轻躁之明证也。

求真也，天下之人当以重静为本，以轻躁为戒。修身治国，皆当以重静为道。夫修身者，当重其品德、守其本性，不为外物所动；治国者，当重其民本、守其法度，不为私欲所牵。则能明理求真，行稳致远。

夫重静之道，静为躁君，守静方能制动，必须积学储才、博观约取，方能修身养性，去私欲之蔽，而后能明其理，顺应自然，无为而治，行其道。是以君子务学，广积博学，以求真知之理，明理通达；务行，躬行实践，以求实在之道，修身齐家。理明则心定，守柔不争，心无妄动；道行则身安，无为而治，身无累赘。此重静之道之所以可贵也，守道而行，方能体悟大道之精妙。

以重静为本，静乃万物之根，为躁动之主，故能定心安神，方能守道而行，致虚守静，以轻躁为戒。守其本真，守柔不争，心无妄动，去私欲之蔽，致虚守静，方能明理通达，洞察秋毫，制其外诱，抱朴守拙，无为而治，顺应自然之理，身无累赘，逍遥自在。立身处世，清心寡欲，顺应自然，不违天道，躬行实践，行止皆合乎道，无愧于心；治国理民，以民为本，体悟大道，无为而治，不妄为不争功，无愧于民。

厚重为轻之本，静定乃躁之宗。故君子处世，虽日涉千变，不离其宗；虽美食佳景在前，不为所动。是以大国之君，治国安民，必以厚重为本、静定为宗。轻则失本，躁则丧宗，国必乱，民必困。

治国如行车，重负之下，必求安稳之道。是以君子治国，以厚重为本、静定为宗。厚重则国基稳固，民心得安；静定则国政有序，民生乐业。若君王轻率急躁，失去根本与主导，则国政混乱，民生凋敝，国将不国矣。

是以君子之行，治国之道，皆以厚重静定为要。厚重则能负载重负，静定则能掌控全局。治国如烹小鲜，需小火慢炖，方能入味；治国如种树，需耐心培养，方能成荫。是以君子治国，不以轻率躁动，而以厚重静定为基，方能国泰民安。

求其镜鉴

重静戒躁，存敬畏心

重为轻根，静为躁君，此乃天地之道，亦为人世之理。是以君子终日行不离辎重，虽有荣观，而心超然物外。观乎此，可知处世智慧，贵在重静而戒轻躁。

夫人生在世，当以重为本、以静为心。重则根基稳固，不易动摇；静则心定神清，不为外物所扰。重静之人，行事稳健，处世从容，不为名利所诱，不为浮华所动。是以能立身处世，无往而不胜。

反观轻躁之人，行事浮浅，处世慌张，易为名利所累，易为浮华所迷。轻躁者，往往追求表面之荣耀，忽视内在之修养；贪图一时之快乐，不顾长远之利益。是以轻躁之人，虽或有短暂之辉煌，然终难长久。

故人生在世，当以重静为鉴，以轻躁为戒。重静者，能守其本真，不为外物所动；轻躁者，易失其本心，为外物所牵。是以重静者能成就大事，轻躁者多败于微末。

夫处世智慧，非轻而易举可致。必须积学储才、修身养性，而后能明其理、行其道。是以君子务学，以求其理；务行，以求其道。理明则心定，道行则身安。此处世智慧之所以可贵也。

然则又何以能明其理、行其道乎？盖因重静者能守其本真，不为外物所动；能制其外诱，不为欲望所牵。故能明理求真，行稳致远。是以重静者能处世有道，轻躁者多迷于纷扰。

夫人生在世，当以重静为本，以轻躁为戒。无论身处何境、遇何艰难，皆当守其本真、制其外诱。则能立身处世，无愧于心；处世应人，无愧于民。

处世智慧，又贵在以理为纲、以情为纬。理明则心定，情和则人和。是以重静者能明理求真，以理服人；轻躁者多迷于情感，以情误事。故人生在世当以理驭情、以情辅理，方能处世有道、应人有方。

又宜谦逊自守，不矜不伐。谦逊者能容人之长，不伐者能避己之短。是以重静者能与人和谐相处，共同进步；轻躁者多自矜自伐，难以与人共处。故当以谦逊为本，以自守为道，方能处世有度、应人有节。

再者，宜宽以待人、严以律己。宽以待人则人心向善，严以律己则己身无过。是以重静者能得人心之向背，轻躁者多失人心之和。故当宽以待人，严以律己，方能处世有信、应人有誉。

然处世智慧非独在于此也。盖人生在世，百态纷呈，世事纷繁。故宜随机应变、因时制宜。遇顺境则乘势而上，遇逆境则百折不挠。是以重静者能处变不惊，轻躁者多因变而乱。故当以应变为本，以制宜为道，方能处世有谋、应人有智。

处世智慧，其要又在于重静戒躁，以理驭情，谦逊自守，宽以待人，严以律己，随机应变。亦在乎修心养性。心正则气顺，性定则神宁。是以重静者能养浩然之气，守淡泊之志；轻躁者多失平和之心，丧宁静之性。故当以修心为本，以养性为道，方能处世有定、应人有常。

宜存敬畏之心，行谨慎之事。敬畏则知所止，谨慎则无过失。是以重静者能敬畏天地、谨慎言行；轻躁者多无所畏惧、轻率从事。故当以敬畏为心，以谨慎为行，方能处世有矩、应人有则。

宜有感恩之心、行善积德之举。感恩则知回报，行善则积福缘。是以重静者能感恩天地、行善积德；轻躁者多忘恩负义、为恶多端。故当以感恩为怀，以行善为德，方能处世有福、应人有缘。

处世智慧，千头万绪，然其要在于修心养性、存敬畏心、行善积德。此三者乃处世之根本，若能明此数端，行之不辍，则人生顺畅通达。

第二十七章

经云：善行无辙迹；善言无瑕谪；善数不用筹策。善闭，无关楗而不可开；善结，无绳约而不可解。是以圣人常善救人，故无弃人；常善救物，故无弃物。是谓袭明。故善人者，善人之师；不善人者，善人之资。不贵其师，不爱其资，虽智大迷。是谓要妙。

读经浅悟　　　　　　　　　　　　　　　　至善之道之实践

夫善行之道，无辙迹可寻；善言之理，无瑕疵可指责。善数之策，非筹策所能及；善闭之门，虽无木闩而固不可开；善结之纽，虽无绳约而紧不可解。此乃天地自然之大道，人事处世之至理。是以圣人深谙此道，常善救人于危难，故无弃人；常善救物于颓败，故无弃物。此所谓袭明也，非外铄之光，乃内蕴之智。

夫善人者，秉性纯良，言行端正，善人之师也。彼不善人者，虽有过失，然亦可为善人之资。何哉？以其过可以为戒，其失可以为鉴。或有人或不贵其师，不爱其资，虽智，实大迷也。夫师者，所以传道授业解惑也；资者，所以反观自照，明得失也。不贵师则道不明，不爱资则过不改，何异于舍本逐末，背道而行乎？故善人者，当以善人为师，以不善人为资，相辅相成，共进于道。

且夫善行之无辙迹，非谓行事无踪，实乃行事合道，自然而然，不违天地之性，不悖人心之理。故善行之人，行止有度，动静有常，不为物欲所动，不为名利所诱。其行也，如春风化雨，润物无声；其止也，如静水深流，含蓄内敛。是以善行之人，虽处尘世，而能超凡脱俗，行于中道，得于至理。

善言之无瑕谪，非谓言辞华美，实乃言辞真实，不欺不妄，合乎情理，切中肯綮。故善言之人，发言为诗，出口成章，一言既出，驷马难追。其言也，如金玉良言，入耳入心；其默也，如深渊静水，含蕴无穷。是以善言之人，虽居陋巷，而能言传身教，化育群生，使人心悦诚服，归于至善。

善数不用筹策，非谓无谋无略，实乃深谋远虑，胸有成竹，不劳心智，自得于道。故善数之人，运筹帷幄之中，决胜千里之外，不以力胜，而以智取。其数也，如天罗地网，无所不包；其略也，如神来之笔，出奇制胜。是以善数之人，虽处困境，而能化险为夷、转危为安，成就不世之功业。

善闭之无关楗而不可开，非谓门禁森严，实乃心防坚固，不为外物所动，不为邪念所侵。故善闭之人，心如止水，思如明镜，虽处纷扰之世，而能守其本真，不为所扰。其闭也，如铁壁铜墙，坚不可摧；其开也，如春风拂面，温暖人心。是以善闭之人，虽处乱世，而能保其清净、守其正道，不为世俗所染。

善结之无绳约而不可解，非谓羁绊牢固，实乃情意深厚，心心相印，牢不可破。故善结之人，结交四海，情系八荒，不以贫富为限，不以贵贱为别。其结也，如金兰之契，历久弥新；其解也，如琴瑟之和，和谐共鸣。是以善结之人，虽处异乡，而能得友如亲，共赴患难，同享欢乐。

夫善人者，能行善行，能言善言，能数善数，能闭善闭，能结善结。是以能救人于危难，救物于颓败。此所谓袭明也，实乃大道之行、至善之至。故当以善人为师，以不善人为资，相辅相成，共进于道。不贵其师，不爱其资，虽智实迷。此要妙也，当深悟之，以行于世，以传于后。

循思渐得 道之五美德

善行，无辙迹，言其行也，如风行水上，自然而成，不留任何痕迹。善言，无瑕谪，言其言也，如珠落玉盘，清脆悦耳，不带一丝瑕疵。善数，不用筹策，言其数也，如神算无遗，无须借助筹码，自然成算。善闭，无关楗而不可开，言其闭也，如金城汤池，坚固不可摧，无须钥匙，自不可开。善结，无绳约而不可解，言其结也，如丝线缠绕，紧密不可分，无须刀剪，自不可解。

于道而言，此五者，皆为至善之境界，亦为君子之所追求。善行无辙迹，君子行善，不图留名，只为行其心之所愿。善言无瑕谪，君子言善，不图虚誉，只为言其心之所思。善数不用筹策，君子数善，不图巧谋，只为数其心之所志。善闭无关楗而不可开，君子闭善，不图固守，只为闭其心之所恶。善结无绳约而不可解，君子结善，不图纠缠，只为结其心之所好。

君子行善，出于本心，不求回报，故无辙迹。君子言善，出于真诚，不求赞誉，故无瑕谪。君子数善，出于公心，不求私利，故不用筹策。君子闭善，出于正义，不求私欲，故无关楗而不可开。君子结善，出于良知，不求私利，故无绳约而不可解。

夫善行之道，无辙迹可寻，乃天地自然之法则，人心淳朴之本性。善言之理，无瑕谪可指，诚乃言辞之中道，人心之至诚。善数之策，非筹策所能及，实乃智慧之深邃，谋略之高远。善闭之门，虽无关楗而固不可开，乃心智之固守，意志之坚定。善结之纽，虽无绳约而紧不可解，诚乃情感之真挚，情谊之深厚。此五善者，皆大道之行，至德之至也。

圣人常善救人于危难，此乃顺应自然之道，行无为之德，故无弃人，皆因圣人去私欲，守柔不争，心怀慈悲，视人如己。常善救物于颓败，亦是遵循大道之理，尽天年之责，故无弃物，皆因圣人明理通达，无为而治，知物之性，顺其自然，不妄加干涉。此所谓袭明也。夫袭明者，洞悉天地之奥妙，明了人心之幽微，故能行善行，言善言，数善数，闭善闭，结善结。是以圣人能救人救物，无所不救，无弃人无弃物，皆因其袭明故也。内蕴之智，源于大道，体悟真谛，非炫耀于外，乃内敛于心，光照万物而不争。圣人以重静为本，守道而行，方能袭明。

故善行、善言、善数、善闭、善结，皆大道之行，至善之至。世人当以此为鉴，贵师爱资，明道改过，进德修业。不贵其师，不爱其资，虽智实迷。是以本章示人以行善之方，进德之要。

求其镜鉴

五善五不，处世之道

夫善行无辙迹，犹春风之过耳，不见其形，但觉其暖。善言无瑕谪，似珠玉之落盘，清音远播，不杂纤尘。善数不用筹策，心之算也，如明镜高悬，万象毕现。善闭无关楗，神之守也，如金汤之固，万夫莫开。善结无绳约，情之系也，如胶漆之坚，历久弥新。此五善者，皆处世之良策，修身之妙道也。

是以圣人观乎此，常善救人于危难，无弃人之心；常善救物于将亡，无弃物之念。何也？彼知人皆可为尧舜，物皆可为珍宝，唯在用心与否耳。故无弃人无弃物，此所谓袭明也。袭明者，非外铄之光，乃内蕴之智。智则能明，明则能见，见则能救，救则能成。是以圣人处世，无往而不利，无施而不成也。

夫善行无辙迹者，言其行也，自然而不造作。君子行善，如行云流水，自在无为，不求痕迹。其行也，顺应自然，合乎道义，故无辙迹。无辙迹之道，乃君子所追求。盖因其行善而不留痕迹，故能广结善缘，受人尊敬。吾人应以善行为座右铭，行事公正，不图回报。

善言无瑕谪者，言其言也，谦和而真诚。君子之言，如珠玉落盘，掷地有声，无瑕疵可谪。无瑕谪之言，乃君子所崇尚。盖因其言辞谦和，真诚待人，故能赢得人心、受人敬仰。吾人应以善言为楷模，言辞谨慎，和气待人，方能广结善缘、成就大事。

善数不用筹策者，言其计也，高明而无须烦琐。君子之数，如日月之行，光明磊落，无须筹策。不用筹策之数，乃君子所推崇。盖因其计谋高明，简洁明了，故能事半功倍，取得成功。吾人应以善数为指南，谋略深远，务实高效，方能游刃有余。

善闭无关楗而不可开者，言其闭也，严密而无缝可乘。君子之闭，如关门之固，严密无缝，不可开启。无关楗而不可开之闭，乃君子所尊崇。盖因其闭合严密，防守坚固，故能守护家园，安然无恙。吾人应以善闭为借鉴，严谨行事，防患未然，方能确保自身远离纷扰。

善结无绳约而不可解者，言其结也，紧密而不可分离。君子之结，如丝线之缠，紧密相连，不可解开。无绳约而不可解之结，乃君子所敬仰。盖因其结实紧密，牢不可破，故能维系友谊、天长地久。

综之，善行、善言、善数、善闭、善结，皆为君子处世之道。吾人若能体悟其道、付诸实践，必能受益无穷。然道之理，深奥难测，非言辞所能尽述。故圣贤之道，往往寓于简约之中，以示其深。

是以圣人常善救人，故无弃人；常善救物，故无弃物。是谓袭明。此语寓意深远，言简意赅。老子借此示人，应以慈悲为怀，关爱万物，方能顺应自然，成就大事。吾人若欲修身、治国、平天下，当以此为座右铭，广行善举，无私无弃。

夫圣人常善救人，故无弃人。救人者，关爱人之生命，尊重人之价值。君子行善，如春风化雨，润物无声。其救人也，不问贵贱，不论亲疏，唯仁爱之心是用。无弃人之道，乃君子所崇尚。盖因其关爱每一个人，故能凝聚人心。吾人应以救人为己任，关爱身边之人，勿以贫富、地位、亲疏论是非，方能广结善缘、赢得尊敬。

常善救物，故无弃物。救物者，关爱世间万物，尊重万物之生命。君子行善，如阳光普照，万物生长。其救物也，不问大小，不论美丑，唯慈悲之心是用。无弃物之道，乃君子所推崇。盖因其关爱每一物，故能和谐共生，成就繁荣。吾人应以救物为责任，关爱自然环境，勿以大小、美丑、价值论是非，方能和谐发展、赢得福祉。

袭明者，继承先贤之智慧，弘扬道德之风范。君子处世，当以明德为先、仁爱为本。救人救物，皆为明德之体现。吾人应以袭明为追求，学习圣贤之道、践行道德之理念，方能立足于社会，成为真正之君子。

综之，圣人常善救人，故无弃人；常善救物，故无弃物。袭明之处世借鉴，乃《道德经》之精粹，指引吾人修身、治国、平天下之道。吾人若能体悟其道、付诸实践，必能成就美好人生，共创和谐世界。

夫处世智慧，千条万绪，然其要妙，不过乎此。善行、善言、善数、善闭、善结，此五善者，皆处世之良策也。不贵师、不爱资、不知止、不诚信、不宽容，此五不者，皆处世之大忌也。是以人生在世，当以此为鉴，明道改过，进德修业。

第二十八章

经云：知其雄，守其雌，为天下谿。为天下谿，常德不离，复归于婴儿。知其白，守其黑，为天下式。为天下式，常德不忒，复归于无极。知其荣，守其辱，为天下谷。为天下谷，常德乃足，复归于朴。朴散则为器，圣人用之，则为官长。故大制不割。

读经浅悟

回归朴素之至善之道

观夫天地之间，阴阳交错，雄雌互生，乃大道之行也。知雄而守雌，若水之溪于天下，深不可测，常德于是而不离，宛如婴儿之纯真。夫雄者，阳刚之气也，雌者，阴柔之质也。知白而守黑，若式为天下之则，常德于是而不忒，归于无极之玄妙。荣者，显达之名也，辱者，谦卑之实也。知荣而守辱，若谷为天下之容，常德于是而乃足，归于朴素之本真。

夫朴者，万物之始，万物之母也。散则为器，器之用无穷，圣人用之则为官长，以治天下。故大制不割，天地之道也。是以知者守之，知其雄而守其雌，此乃顺应自然之道，守柔不争；愚者攻之，攻其雌而丧其雄，违背大道，妄动干戈。而天下之理得矣，理者，道之纪也，知守攻之道，则天下之理自得。夫雄雌、白黑、荣辱，皆相对而生，无雌无以显雄，无黑无以显白，此乃大道之常，相对相存；相反而成，无荣无以知辱，无辱无以显荣，相反相成，皆顺应自然之理。

观历史之纷扰，人心不古，皆因失道久矣。或求雄而忽雌，或趋白而弃黑，或贪荣而忘辱，皆背离天地之道，失其常德。故当知雄守雌，知白守黑，知荣守辱，以复归于朴，常德乃足。则天下治矣。

然则，复归于朴，必须积德累行，持之以恒，方能渐进于道。故当修心养性，去其浮华，守其本真，方能得天地之常德。夫朴者，道之本也，器之母也。故当用之于身，用之于家，用之于国，用之于天下致太平之世。

且夫朴之为物，至简至易，而天下莫能与之争美。以其质朴无华，故能包容万物；以其无为而为，故能成其大。故当守其朴，勿失其本，以应万变之世。则常德不离，复归于婴儿之纯真；常德不忒，复归于无极之玄妙；常德乃足，复归于朴之本质。

夫天地之道，至公至平，不偏不倚。是以知雄守雌，知白守黑，知荣守辱，皆天地之道也。夫雄雌、白黑、荣辱，皆相对而生，相反而成，犹阴阳之相生相克，昼夜之交替循环。是以当知雄而守雌，知白而守黑，知荣而守辱，以合天地之道，常德乃足。

是以知者守之，愚者攻之，而天下之理得矣。夫雄雌、白黑、荣辱，皆天地之道也。知者守之，则常德不离，复归于婴儿之纯真；愚者攻之，则失其常德，背离天地之道。故当修心养性，去其浮华，守其本真，以合天地之道。则能致太平之世，常德乃足。

是以知雄守雌，知白守黑，知荣守辱，皆天地之道，圣人之所以为圣人也。常德不离，复归于婴儿；常德不忒，复归于无极；常德乃足，复归于朴。朴散则为器，圣人用之则为官长。故大制不割，天地之道也。

知雄守雌哲学之实践

夫知其雄，守其雌，此乃天地之道，阴阳之纲。天下溪者，众流之所归，常德之所在。雄者，阳刚之气，威猛而炽烈；雌者，阴柔之质，温润而含蓄。雄雌相济，刚柔并济，乃能成其大用，常德不离，如婴儿之纯真，无知无欲，复归于自然之始。

白者，明亮之色，昭昭在目；黑者，幽暗之质，深不可测。知白守黑，乃能洞察世间之真伪，为天下式。常德不忒，如日月之经天，恒久不变，复归于无极之境。荣者，显达之名，光彩夺目；辱者，卑微之位，默默无闻。知其荣，守其辱，为天下谷。常德乃足，如江海之纳百川，包容万有，复归于朴素之真。

朴者，未分之质，浑然一体；器者，分化之用，各有其形。朴散则为器，乃天地之常理。圣人用之，则为官长，治国理民，无为而治。大制不割，乃知常容，容乃公，公乃全，全乃天，天乃道，道乃久，没身不殆。

是以圣人治天下，如匠人治木，因材施教，使木成器，民成材。器成则利，材成则用，天下治矣。圣人之道，微妙玄通，深不可识，夫唯不可识，故无不被其泽，无不被其利。是以圣人无为，而民自化；圣人无事，而民自富；圣人无欲，而民自朴。圣人守道，道在民心，民心即道，道在国政，国政即道。道法自然，自然长久，长久则国家昌盛，昌盛则民生安乐。

昔者庄周梦蝶，翩翩然舞于花间，不知周之梦为蝶，抑蝶之梦为周。此乃知其雄，守其雌，常德不离，复归于婴儿之境也。蝶之白，周之黑，两者相济，为天下式，常德不忒，复归于无极。周之荣，蝶之辱，皆天下谷，常德乃足，复归于朴素之真。

世间纷纷扰扰，皆为名利所牵。知其雄而守雌，知其白而守黑，知其荣而守辱，此乃大道之行也。大道至简，复归于朴，朴散则为器，圣人用之则为官长。治国理民，常德不离，复归于婴儿之境，国治民安，天下太平。

天地之间，万物并作，天下之人当以知其雄、守其雌，知其白、守其黑，知其荣、守其辱为行事之准则。常德不离，复归于婴儿，则心清如水，明镜高悬，洞察世间真伪。常德不忒，复归于无极，则胸怀广阔，包容万有，无为而无不为。常德乃足，复归于朴，则质朴无华，大智若愚，深不可测。

总而言之，深知雄强之质，而安于雌柔之位。自愿为天下之细流，其德永恒，若婴儿之纯真。深知光明之灿烂，而安于幽暗之地。自愿为天下之楷模，其德无偏，若真理之无穷。深知荣耀之高贵，而安于谦卑之位，自愿为天下之川谷，其德充实，若自然之素朴。原始之素朴制为器物，有道之人守其真朴，为百官之长，故以天下之心为心之大制不割也。

来其镜鉴

守雌、守黑、守辱

"知其雄，守其雌，为天下谿。为天下谿，常德不离，复归于婴儿。"斯言至矣，盖言人当知其强盛之时，亦当守其柔弱之性，如同天下之溪涧，虽波澜壮阔，终归于平静。夫常德者，恒久之道也。不离其本，则能复归婴儿之纯真，无忧无虑。

又云："知其白，守其黑，为天下式。为天下式，常德不忒，复归于无极。"此言明矣，人当知其明亮之处，亦当守其暗淡之时。如同天地之间，虽有白日之辉煌，亦有黑夜之沉寂。常德不忒，即不变之道。复归无极，则指回归于无穷无尽之玄妙。

再者："知其荣，守其辱，为天下谷。为天下谷，常德乃足，复归于朴。"此言教诲，人当知其荣耀之时，亦当守其屈辱之际。如同天下之大谷，既有丰收之喜悦，亦有歉收之困苦。常德乃足，即道德充足。复归于朴，则指回归于本真之质朴。

朴散则为器，此言示人，质朴之性散而为万物，如同泥土可塑为各种器皿。圣人用之则为官长，此言明示，圣人能善用其质朴之性，以之为官长，治理天下。夫大制不割，即大道之行，无所不包，无所不养，无所不制，而无须割裂。

夫朴散则为器，言人之本质朴素无华，散若尘埃。然圣人独具慧眼，能发现其潜在之才能，因材施教，使之成为有用之器。无割之道，乃君子所崇尚。盖因其不割舍任何一人之潜力，故能广结善缘、成就其业。吾人应以割舍为戒，关爱身边之人，勿以贫富、地位、亲疏论是非，方能广纳贤才、赢得尊敬。

圣人用之，则为官长。言圣人选用人才，不问出身，不论贵贱，唯才是用。官长之道，以德服人，以才治国。无割之道，乃君子所推崇。盖因其不割舍任何一物之价值，故能和谐共生、成就繁荣。吾人应以官长为榜样，公正用人，唯才是举，方能和谐发展、赢得福祉。

大制不割，言治国之道，不以私欲割舍公共利益。君子行善，如阳光普照，万物生长。其治国也，不问地域，不论族群，唯公正之心是用。无割之道，乃君子所崇尚。盖因其不割舍公共利益，故能凝聚人心、成就其业。吾人应以大制为借鉴，公正处事，无私割舍，方能立足于社会，成为真正之君子。

夫处世智慧，千变万化，然其本源不变。知雄守雌，知白守黑，知荣守辱，此三者，乃处世之要诀。而大道之行，无所不包，无所不养，无所不制，无须割裂。是以知，人当顺应自然，无为而为，此乃行道法自然之天地大道也。

第二十九章

> **经文**
>
> 经云：将欲取天下而为之，吾见其不得已。天下神器，不可为也。为者败之，执者失之。故物或行或随，或嘘或吹，或强或羸，或挫或隳。是以圣人去甚、去奢、去泰。

读经浅悟　　天下神器之道

天下者，神器也，非人力可为，非智谋可夺。是以古之圣人，观天地之道，察万物之理，知天下之大器，不可轻为也。将欲取天下而为之，吾见其不得已。夫天下者，百姓之所共有，非一人之私产，非一时之功名。是以明主在上，务在无为而治，以养民为本，以安民为务。

为者败之，执者失之。何者？盖以天下之大器，非人力可执，非智谋可取。是以古之圣人，不以物喜，不以己悲，不以功高我慢，不以名重自矜。唯清静无为，以养其身，以安其民。夫唯无为，故能无不为；夫唯不执，故能无不执。是以天下大治、百姓安乐。

故物或行或随，或嘘或吹，或强或羸，或挫或隳。此乃天地之道、万物之理。是以古之圣人，不以一己之欲逆天地之道、违万物之理。唯顺天应人，以养其生，以安其民。夫唯顺天，故能长久；夫唯应人，故能广大。

是以圣人去甚、去奢、去泰。甚则失和，奢则伤财，泰则招损。是以古之圣人，节俭以养德，清静以修身，无为以治国。故圣人之治，弃甚严之策，摒奢华之习，遏过度之欲。老子再言，治国者宜顺乎自然，使民按其性分而存，勿强加干预。人心既安，万民自附，天下乃定。故圣人治国，去极端，免过激，使民得自在生活、自由发展。

夫唯节俭，故能富有；夫唯清静，故能神明；夫唯无为，故能大治。故节俭者，富之基；清静者，明之根；无为者，治之宗。是以圣人之治，简而不繁，约而不苛，民风归厚，国势日昌。静者自正，无为之政，百姓自治，国家自安。夫如是，方能致天下之太平，享万世之繁荣。故圣人之道，高而不危，深而不测，广大而无私，精微而尽致。是以治国之道，在乎民心，在乎道德，在乎无为。

然则天下神器，不可轻为，不可强取。唯以无为养之，以清静守之，以节俭理之，以广大安之，则天下自服、百姓自安、功名自成、道德自高。

天下神器之道，古今如一，不可改变。故天下之人，当以古之圣人为法，清静无为，节俭养德，以养其身，以安其民，方能立于不败之地，长久于天下。

吾观历史，纷纷扰扰，求功名者多，务道德者少。是以天下不安、百姓不宁。治国者若能体察天地之道，顺应万物之理，以清静无为之心，养其德，安其民，则天下自定、百姓自安、道德自高、功名自成。此乃天下之人所望也。

夫天下者，非一人之私产，非一时之功名。是以天下之人，当以天下为己任，以百姓为心，以道德为本，以清静为务，方能真正掌握天下神器之道，实现天下大治、百姓安乐之理想。

吾知此道难行，然天下之人当勇猛精进，不断修身养性，以期达到无为而治之境。道阻且长，然天下之人信心坚定、勇往直前。

一言以蔽之，天下神器之道，非人力可为，非智谋可夺。唯以清静无为养之，以节俭养德守之，以广大安民理之，方能真正掌握此道，实现天下大治、百姓安乐之理想。

循思渐得　　　　　　　　　　　道之治理与和谐

将欲取天下而为之，吾见其不得已。何哉？天下者，神器也，非人力可为也。夫神器者，浑然天成，非人力可强取也。是以圣人观天下如观神器，知其不可为也。为者败之，执者失之，此天地之道，不可违也。

观天下如观神器，圣人深知其道。不以强取，不以力夺，而以德服。德者，天地之大本也，万物之所归也。故圣人积德，以备用物。德厚则物归，德薄则物散。是以圣人无为而治，民自化；无言而化，民自服。

为者败之，执者失之。此言圣人无为而治，民自化；无言而化，民自服。夫天地之道，顺其自然，不强求，故长久。圣人法天地、顺民意，故能长久。为者败之，执者失之，此天地之道，不可违也。

天地之大德，在于生育万物而不自有，此乃顺应自然之道，无为而无不为。生而无有，万物生于天地之间，而天地并不据为己有，此乃大道之无私。成而无毁，万物在天地滋养下成长，而天地并不求其回报，亦不毁伤其生，此乃大道之仁爱。广大无私，天地包容万物，无所不覆，无所不载，此乃大道之广博。圣人法天地，行无为之道，守柔不争，故能成其大，与天地合其德。夫唯不争，故天下莫能与之争，因其不争，故无尤、无过失、无怨咎。

物者，人或事物也。故物或行或随，如风行水上，自然成纹；或嘘或吹，如风过竹林，自然成声；或强或羸，如日月之交替，自然成节；或挫或隳，如山岳之起伏，自然成形。天地万物，皆有规律，不可强求，不可执着。是以圣人治天下，去甚，去奢，去泰，守中道而行，以合天地之德。

夫物之运行，各有其道，如四时之更替，如昼夜之轮回。圣人观物之道，而行治世之术，不偏不倚，中立而行。去甚，去奢，去泰，以防物极必反，守中道而行，以合天地之德。

治天下如烹小鲜，需精心呵护，而非强行驾驭。是以圣人不自为大，故能成其大；不自为主，故能成其久。夫唯不争，故无尤。圣人观天下如观神器，深知其道。不强行驾驭，不强行干预，而是以德服人。德者，天地之大本也，万物之所归也。

故圣人积德，以备用物。德厚则物归，德薄则物散。是以圣人无为而治，民自化；无言而化，民自服。圣人法天地、顺民意，故能长久。天地之大德，生而无有，成而无毁，广大无私。圣人法天地，故能成其大。

是以圣人观天下，如观大道之运行，知其微妙玄通，深不可测。如观神器，神器者，天地之精华，阴阳之交会，不可轻动，动则失和。知其不可为也，强行则为逆天之道，必遭天谴。为者败之，妄动者违逆自然，必致失败；执者失之，固执己见，违背大道，终将失去。

故天下之人当以天地之道为鉴，以圣人之言为训。观天下如神器，知其不可为也。去甚，去奢，去泰，守中道而行。以众人之心为心，以众人之利为利。相生相克，以成其和。

求其镜鉴　　　　　　　　　　无为而治，顺应自然

夫以将欲取天下而为之，吾见其不得已。天下，神器，不可为也。为者败之，执者失之。斯言至矣，深察世情，洞悉人心。凡欲取天下者，必怀大志，然以强力取之，未必能守。盖天下者，神器也，非人力可为，非智巧可夺。是以圣人处世，知进退，明得失，不执一端，不取一隅。

夫天下之事，有如行云流水，变化无穷。或行或随，如日月之经天；或嘘或吹，如四时之更迭。强与羸，挫与隳，皆天地自然之道，非人力可以强求。是以圣人处世，顺应天时，随遇而安，不强求，不执着。

或有人欲以强力取天下，不知此乃败事之由。盖天下之事，非一人之力可为，非一己之智可决。必须聚众力、合众智，方能成就大事。然众人之心，难以一致，必须善于调和，使之心悦诚服。

夫处世智慧，贵在去甚，去奢，去泰。甚则物极必反，奢则财竭民困，泰则骄兵必败。是以圣人治国，务在节俭，尚在谦和。不尚奢华，不务虚名，以求国泰民安、长治久安。

且夫天下神器，不可为也。为者败之，执者失之。是以圣人无为而治、不言而教。顺乎自然，应乎民心，则天下自归、事业自成。此乃真正之处世借鉴，可为后世法也。

故天下之人处世，当以圣人为鉴，去甚，去奢，去泰。顺应天时，随遇而安。聚众力，合众智，以成大事。不尚奢华，不务虚名，务在节俭，尚在谦和。则事业可成。夫何忧之有哉！

故物或行或随，或嘘或吹，或强或羸，或挫或隳。是以圣人去甚，去奢，去泰。寓意深远，言简意赅。老子借此示人，应顺应自然，去除极端，方能成就大事。吾人若欲修身、治国、平天下，当以此为座右铭，去除甚、奢、泰之弊端，广行善举，无私无割。

夫物或行或随，言万物之变化，无一定之规律。圣人处世，应顺应万物之变化，不强求，不执着。去甚之道，乃君子所崇尚。盖因其不过分追求，不过度干预，故能与自然和谐共处，成就伟业。吾人应以去甚为戒，顺应自然，

勿以人力强行干预，方能广结善缘、赢得尊敬。

或嘘或吹，言万物之呼吸，亦无一定之节奏。圣人处世，应顺应万物之呼吸，不强求，不急躁。去奢之道，乃君子所推崇。盖因其不过分追求物质享受，不过度奢华，故能保持内心的宁静，成就伟业。吾人应以去奢为榜样，简朴生活，勿以物质为所欲，方能广纳贤才。

夫去甚，乃免于过极之弊。治国者，法天地之自然，不偏不倚，无过无不及，方能长久。是以圣人之治，务在求中，中者，天下之大道也。

夫去奢，乃免于贪欲之害。奢则侈，侈则亡。治国者，若守朴素，务节俭，不尚繁华，不溺于逸乐，方能国富民强。是以圣人之治，俭以养德，德润而国自安。

夫去泰，乃免于自满之失。泰则骄，骄则败。治国者，若守谦德，常若不足，不矜不伐，方能广受贤才，聚合众志。是以圣人之治，谦以受益，益谦而国自盛。

天下难事，必作于易；天下大事，必作于细。圣人治国，自细微处着手，去甚，去奢，去泰，积小成大，终成治世之功。是以君子务本，本立而道生。

修身亦然，君子去甚，去奢，去泰，以简约为尚，以平和为宗，以谦恭为德。内修其心，外正其行，言行一致。

总之，若去甚之偏见，则能相互尊重，和平共处；若去奢之贪欲，则能公平交易，互利共赢；若去泰之自满，则能虚心共进也。

第三十章

经云：以道佐人主者，不以兵强天下，其事好还。师之所处，荆棘生焉；大军之后，必有凶年。善有果而已，不敢以取强。果而勿矜，果而勿伐，果而勿骄，果而不得已，果而勿强。物壮则老，是谓不道。不道早已。

读经浅悟

以道佐人主

夫以道佐人主者，非以武力之强凌驾天下，乃以道义化育百姓。盖道者，天地之准绳，万物之宗也。故以道佐人主者，务在修德以安民，非以兵强天下。兵者，凶器也，非不得已而用之。是以善用兵者，必心存百姓、志在和平。

夫师之所处，荆棘生焉。大军之后，必有凶年。盖征战之害，非止于士卒之伤亡，亦在于百姓之困苦。故善用兵者，必慎之又慎，非不得已不用兵也。是以古之王者，务在修文德以服远人，非恃兵力以凌人。

善有果而已，不敢以取强。盖强者易折，柔者长存。善者以道为体、以和为用，故能果而不骄、强而不暴。其行事也，必深思熟虑，而后行之。故能事半而功倍，以柔克刚，以弱胜强。

果而勿矜，果而勿伐，果而勿骄，果而不得已，果而勿强。此五者，乃善者之所以为善也。矜者易败，伐者易怨，骄者易失，不得已而用兵者，必心存百姓，非为私欲。强者易折，故勿以强凌人。善者行事，必以道为本、以和为贵，故能长保其成。

夫物壮则老，是谓不道。盖天地之间，无物不终，无盛不衰。故物之壮也，必随之以老。而人主若恃其强，不知止足，则必蹈不道之途。不道者，必速其败亡。是以善者，必知进退之道，不强求其成，不贪求其功，方能长久。

不道早已。盖不道之行，其败必速。故善者必远不道，务在行道。道者，天地之正理，人心之所向。行道者，必能得人心，必能安天下。是以善者必以道为本、以和为贵，方能致其功业。

夫以道佐人主者，其志在安民，其行在和平。善用兵者，必心存百姓、志在和平。善者行事，必深思熟虑，而后行之。故能事半而功倍，以柔克刚，以弱胜强。夫物之盛衰，天地之常道，人主若能知此，必能远不道，务在行道。故善者之行，必能致其功业，垂名于后世。

夫道者，无形无象，无始无终。然其化育万物，主宰天地，无所不在，无所不能。故以道佐人主者，必能明道、行道、守道，方能致其功业。而善者之行，必以道为本、以和为贵，方能长久。是以若能以道佐人主，必能安天下、致太平。

且夫天地之间，万物并作，百姓熙熙，皆为道所化育。故以道佐人主者，必能知天地之心，明万物之情，而后能安民、治国、平天下。是以善者之行，必能体天地之心，顺万物之情，而后能致其功业。

夫以道佐人主者，其道深矣远矣，非浅学所能窥其堂奥。故善者必勤学好问、深思熟虑，而后能明道、行道、守道。而人主若能以道佐之，必能致其功业垂名于世也。

循思渐得　　道之治国与修身

夫人主之佐，非兵强天下，其道至矣。道者，根于天地，育于万物，无形无象，而含生养育之德。是以人主之佐，非权谋之巧，非武力之威，乃道德之化，人心之归也。

道者，天地之根，万物之母。其大无外，其小无内。至隐而至显，至幽而至明。道生一，一生二，二生三，三生万物。万物负阴而抱阳，冲气以为和。道之在物，如水之在器，无器不水。道之在人，如命之在身，无身不命。

人主之佐，道也。道之行也，民之从也。民之从也，化之也。化之也，德之也。德之也，人心之归也。人心之归也，天下之和也。天下之和也，道之至也。故曰以道佐人主者，不以兵强天下，其道至矣。

是以古之人主，务道德之化，而不务武力之威。务人心之归，而不务权谋之巧。故能以道德之化，致天下之和，而人心归之。是以道之行也，无不行也。道之至也，无不至也。人主之佐，道也。道者，天地之根，万物之母，无形无象，而含生养育之德。故以道佐人主者，非以权谋之巧，亦非以武力之威，乃以道德之化，人心之归也。

盖用兵之道，应以仁义为本，以和解为宗。兵者，不得已而用之，以求和平之境。善用兵者，能以德服人、以义感人，使民心得安，兵戈得以戢。是以用兵之道，在乎安民，在乎和众，在乎兴利除害，在乎维护和平。

夫兵者，虽为凶器，但亦为维护和平之工具。善用兵者，能以兵安民、以兵兴利、以兵除害。是以兵之用，在乎安民，在乎和众，在乎维护和平。善用兵者，必心存百姓，志在和平。兵之用，在于安民，而非凌人。善有果而已，不敢以取强，此乃顺应自然之道，知止不殆。盖强者易折，因其逆理而动，难以持久；柔者长存，因其守道而行，顺应自然。善者以道为体，行无为之事，以和为用，处众人之所恶，故能果而不骄、强而不暴。其行事也，必深思熟虑，审时度势，而后行之，不妄动，不强求。故能事半功倍，以柔克刚，以弱胜强，此乃大道之用，善者之智。善者知进退、明得失，守柔不争。此善者之所以为善也。

果而勿矜，果而勿伐，果而勿骄，果而不得已，果而勿强。此五者，实为善者长久之道也。夫矜者，易败者也；伐者，易怨者也；骄者，易失者也；不得已而用兵者，必心存百姓，非为私欲者也；强者，易折者也。故善者行事，必以道为本、以和为贵、以民为重、以谦为德。

夫物壮则老，此乃自然之理，违背则生灭无常，是谓不道。盖天地之间，万物生息，皆循此理，无物不终，无盛不衰，此乃大道之常。故物之壮也，必随之以老，强盛之极，则衰败之始，不道早已。盖不道之行，逆天而行，悖理而动，其败亡必速，无可挽回。故善者必远不道，避凶趋吉，务在行道。道者，天地之正理，顺应自然，无为而治，人心之所向。行道者，秉持大道，行无为之事，必能得人心，聚众人之力，必能安天下。是以善者必以道为本，守柔不争，顺应自然。

求其镜鉴

道佐人主，以和为贵

夫以道佐人主者，不以兵强天下。道者，天地之纲，万物之纪，故以道佐人主者，必能明理知本，化育群生。道之用，微妙而深远，其处世智慧，尤宜深究。

师之所处，荆棘生焉；大军之后，必有凶年。此言征战之害，非仅在于胜负之间，亦在于百姓之苦。是以处世智慧，当以和为贵，以忍为高。和为贵者，则能化干戈为玉帛，化戾气为祥和；忍为高者，则能忍辱负重，忍一时之气，以免百日之忧。

善有果而已，不敢以取强。夫果者，事之成也。善者行事，必深思熟虑，而后行之，以求事之果成。然事成之后，不可因此而骄矜自满，更不可因此而强求其强。强求其强者，必招祸患；骄矜自满者，必失人心。故善有果而已，心无骄矜，行无强求，此乃处世之要也。

果而勿矜，果而勿伐，果而勿骄，果而不得已，果而勿强。此五者，乃处世之戒。矜者易败，伐者易怨，骄者易失，不得已而为之者，必心存谨慎；强者易折，故勿以强凌人。夫处世智慧，贵在心平气和，以和为贵。事有不成，不可强求；人有不悦，不可强求。心存谦逊，行有分寸，此乃处世之良策也。

物壮则老，是谓不道，不道早已。此言物极必反，盛极而衰，乃天地之常道。是以处世智慧，当知进退、知止足。进者，以道为本，以和为贵；退者，不骄不躁，不贪不妄。止足者，知满足常乐，不贪得无厌。知此道者，必能长久；违此道者，其败必速。

故人生在世，必能明理知本，以和为贵，忍辱负重。遇事深思熟虑，行事心无骄矜、行有分寸。知进退，知止足，不贪得无厌，不骄不躁。此乃处世之要道，亦是以道佐人主者之所以长久也。

夫处世智慧，千变万化，然其本不离道。故以道处世者，必能顺应天地、合于万物。道之用，微妙而深远，非言语所能尽述。然天下之人若能以心体之、以行践之，必能明道、行道、守道，而后能处世无忧，致其功业。

是以天下之人当以道为镜，照见处世之本。

且夫道者，至简至易，而至深至奥。天下之人欲求处世智慧，必勤学好问，深思熟虑。必去其浮华，求其实质；去其偏颇，求其中正。而后能明道、行道、守道，处世无忧。

夫以道处世者，其道深矣远矣，非浅学所能窥其堂奥。故天下之人当以道为镜，勤学好问，深思熟虑，而后能明道、行道、守道，处世泰然。

第三十一章

> 经云：夫唯兵者，不祥之器，物或恶之，故有道者不处。君子居则贵左，用兵则贵右。兵者不祥之器，非君子之器，不得已而用之，恬淡为上。胜而不美，而美之者，是乐杀人。夫乐杀人者，则不可得志于天下矣。吉事尚左，凶事尚右；偏将军居左，上将军居右。言以丧礼处之。杀人之众，以哀悲泣之；战胜，以丧礼处之。

读经浅悟　　用兵哲学与战争态度

夫唯兵者，不祥之器，物或恶之，故有道者不处。此论兵事之本质，乃天下之大忌，非君子之所宜亲。兵者，杀伤之具，流血之器，用之则生灵涂炭，不用则国家安宁。是以有道之士，视兵事如虎狼，避之唯恐不及。

君子居则贵左，用兵则贵右。左者，阳之位也，主生主和；右者，阴之位也，主杀主战。君子居处，宜以和为贵、以生为本；若用兵事，则不得不以杀为用、以战为行。然君子虽用兵，亦不可忘其本心，当以和为贵、以战为辅，不可沉溺于杀伐之中。

兵者不祥之器，非君子之器，不得已而用之，恬淡为上。此言兵事之不得已，乃天下之大变，非君子所愿见。然若逢乱世，国家危亡，君子亦不得不挺身而出，以兵卫民。然用兵之际，当以恬淡之心处之，不可贪功好杀，不可骄矜自满。胜而不美，而美之者，是乐杀人。胜败乃兵家常事，若胜而骄矜，自鸣得意，则是乐杀人矣。乐杀人者，必失人心，必招天怒，岂可得志于天下乎？

吉事尚左，凶事尚右；偏将军居左，上将军居右。此言吉凶之辨，亦兵事之宜。吉事以和为贵，故尚左；凶事以战为主，故尚右。偏将军辅佐主将，宜以和为贵，故居左；上将军统领全军，宜以战为主，故居右。此皆兵事之常规，君子当循之而行。

言以丧礼处之。杀人之众，以哀悲泣之；战胜，以丧礼处之。此言兵事之残忍，当以哀悯之心处之。杀人之众，乃国家之大不幸，当以哀悲之心泣之，不可轻忽。战胜之际，虽有喜庆，然亦当以丧礼处之，不可忘其本心，不可失其人道。此皆兵事之要义，君子当谨记于心。

夫兵事之原意，非在杀伤，而在卫民。国家有难，百姓遭殃，君子不得已而用兵，乃为保民安邦，非为嗜杀好战。故用兵之际，当以和为贵、以战为辅，不可忘其本心，不可失其人道。胜而不骄，败而不馁，恬淡处之，方为上策。

且夫兵事之成败，非在兵力之强弱，而在人心之向背。君子用兵，当以民为本、以和为贵，方能得人心，方能致胜。若贪功好杀，失人心者，虽兵力再强，亦必败无疑。故君子用兵，宜深思熟虑，以和为贵，以战为辅。

夫兵事之原意，在于保民安邦，非在杀伤。君子用兵，当以和为贵、以战为辅，方为上策。然兵事之不得已，亦当以恬淡之心处之，不可贪功好杀，不可骄矜自满。胜败乃兵家常事，当以平和之心待之。此吾所以论兵事之原意也。愿天下君子，皆能明此理，以和为贵，以战为辅，保民安邦，致天下太平。

循思渐得　　　　　　　　　　　　兵事之思

自古以来，兵灾之祸，如狼似虎，吞噬生灵，毁灭家园。是以君子贵左，居之以和；用兵则贵右，取之以战。然兵者，不祥之器也，非君子所宜亲。故不得已而用之，恬淡为上，不可贪功好杀，以逞一己之私。

胜而不美，而美之者，是乐杀人。夫乐杀人者，视生灵如草芥，其心残忍，其行悖逆。是以天道不容、人道所弃，岂可得志于天下乎？故君子用兵，必心存敬畏，以和为贵，以战为辅，不可失其本心。

吉事尚左，凶事尚右；偏将军居左，上将军居右。此言凶吉之辨，亦兵事之宜。吉事主和，故尚左；凶事主战，故尚右。偏将军辅佐主将，宜以和为贵，故居左；上将军统领全军，宜以战为主，故居右。此乃兵事之常规，君子当循之而行。

言以丧礼处之，此论兵事之哀悲。杀人之众，以哀悲泣之；战胜，以丧礼处之。夫兵事之胜，非喜而欢，实乃哀而痛。盖因兵灾之祸，生灵涂炭，家破人亡，其痛何极！故战胜之际，当以丧礼处之，以示哀悼之情，不忘战事之残酷。

然兵事之原意，非在杀伤，而在卫民。国家有难，百姓遭殃，不得已而用兵，以保民安邦。故君子用兵，当以民为本、以和为贵，不可轻启战端，不可滥杀无辜。是以兵事之真源，在于保民安邦，非在杀伤。

然天下之人当深思，兵事之不得已，实乃世道之不幸。若天下太平、百姓安乐，何须用兵？故君子当致力于治国安民，使国家富强、百姓安居，方为上策。兵事之用，不过一时之权宜，非长久之计。故君子当以和为贵、以战为辅，务在保民安邦，致天下太平。

且夫兵事之成败，非在兵力之强弱，而在人心之向背。故君子用兵，当以民为本，得民心者得天下。若失民心，虽兵力再强，亦必败无疑。是以君子用兵，宜深思熟虑，以和为贵，以战为辅，方为上策。

然兵事之原意，虽在于保民安邦，然亦不可轻忽其危害。故君子用兵，当心存敬畏，不可贪功好杀。胜而不骄，败而不馁，恬淡处之，方为上策。且夫兵事之终结，必归于和平。故君子用兵，宜致力于和平之道，使天下归于一统，百姓得以安居。

天下之人当以此为鉴，深思兵事之原意与危害。不可轻启战端，不可滥杀无辜。当以和为贵、以战为辅，致力于保民安邦，致天下太平。此乃天下之人当行之道，亦是以道佐人主者之所以长久也。

求其镜鉴　　兵戈之间，处世之道

夫唯兵者，不祥之器也，物或有恶之者，故有道之人不处其中。此语，警世之至理，处世之良鉴。君子观兵，非好战也，乃明其害，知所避也。

君子居则贵左，用兵则贵右。左者，阳之方，主生主和；右者，阴之位，主杀主战。君子处世，宜左不宜右，宜和不宜战。故当以和为贵、以战为戒。和则万事兴，战则生灵涂炭。是以君子行道法自然之天地大道，皆以和为本。

兵者，不祥之器，非君子之器。然世事难料，有时不得不以兵卫民，此诚不得已而为之。然君子用兵，恬淡为上，不可贪功好杀。胜而不骄，败而不馁，此乃用兵之道，亦处世之要。人生在世，得失荣辱，皆当以平常心待之，不可过于执着。

胜而不美，而美之者，是乐杀人。夫乐杀人者，其心必残忍，其行必悖逆。是以君子虽胜，亦不以美自居，反以悲悯之心视之。盖因战乱之祸，生灵涂炭，非君子所乐见。故君子处世，当以仁爱为心，以慈悲为念，不可好勇斗狠，不可嗜杀成性。

吉事尚左，凶事尚右。此语道出吉凶之辨，亦寓处世之智。吉事主和，故尚左；凶事主战，故尚右。君子处世，当趋吉避凶，以和为贵。遇吉事则欣然接受，遇凶事则冷静应对，此皆处世之智也。

偏将军居左，上将军居右。此言上下之分，亦明尊卑之序。君子处世，当知尊卑有序，不可僭越。尊长敬贤，谦和待人，此乃君子之风范。若不知尊卑，僭越无序，则必招祸患。

言以丧礼处之。杀人之众，以哀悲泣之；战胜，以丧礼处之。此言兵事之哀，亦处世之鉴。人生在世，难免有得失荣辱。得则欣喜，失则悲哀，此乃人之常情。然君子处世，当以平常心待之，不可过于悲喜。胜败乃兵家常事，得失亦是人生常态。故当以丧礼处之，以悲哀泣之，以示人生之无常，世事之难料。

夫处世智慧，贵在和顺。和则万事兴，顺则人心定。君子当以和为贵、以顺为美。遇人则和颜悦色，遇事则顺其自然。

处世智慧，亦贵在明理。明理则能辨是非、知善恶。君子当以理为纲、以义为本。遇事则明辨是非，待人则以义为先。则能立身处世，无愧于心。

人生在世，所处环境千变万化，然其要在于行道法自然之天地大道。修身之道，明理知义；齐家之理，和睦相处；治国之策，安定民生；平天下之策，致天下太平。此乃人生之道，亦为天下之理。

第三十二章

> 经云：道常无名，朴虽小，天下莫能臣也。侯王若能守之，万物将自宾。天地相合，以降甘露，民莫之令而自均。始制有名。名亦既有，夫亦将知止。知止可以不殆。譬道之在天下，犹川谷之于江海。

读经浅悟　　无为而治与道德实践

夫道者，常无名，朴虽细微，而天下莫能臣也。此乃大道之原意，幽深而广大，无始而无终。侯王若能守之，则万物将自宾，如百川归海，自然而成其序。天地相合，以降甘露，民莫之令而自均，此乃大道之行，无为而成。

道，无声无臭，无影无踪，故常无名。名，生于有，有，生于无。道生一，一生二，二生三，三生万物。道，朴素质真，虽细微，然天下莫能臣也。夫道之微妙，难以言表，故曰微妙玄通。道之广大，无有边际，故曰广大无边。

侯王守道，则万物自宾。道，为万物之主，万物皆依道而生、依道而存。道，无欲无求，故万物自宾。如百川归海，自然而成其序。道，使万物各安其位、各尽其职，故万物自然而成其序。

天地相合，以降甘露。道，使天地相合，使万物得所养。甘露，天降之雨，滋润万物，使万物得生。道，使万物自均，无人为之令，而万物自均。

此乃大道之行，无为而成。道，无为之法，使万物自化，使万物自成。道，无为之德，使万物自宾，使万物自均。道，无为之功，使万物自生，使万物自养。道，无为之化，使万物自化，使万物自成。此乃大道之行，无为而成。始制有名，名亦既有，夫亦将知止。知止者，知大道之边界，明万物之极限。

知止可以不殆，此乃守道之要义，避免越轨而招祸。是以大道之行，贵在有度，不可过之，亦不可不及。

夫道，恍兮惚兮，其中有象，其中有物，其中有精，其精甚真。是故，名之曰道，道不可名，名可名，非常名。名亦既有，夫亦将知止。止于至善，止于至道。知止之道，即守道之方。守道之要，在于知止。

知止者，心中有所畏惧，行有所收敛。知止可以不殆，殆者，危险也。知止，即远离危险，守道而安。不知止者，心中无惧，行为放纵，越轨而不知返，招祸而不知避。

大道之行，贵在有度。度，即分寸，即界限。有度，即不过分，亦不不足。不过分，以免越轨；不不足，以免失道。有度之道，即中庸之道，不偏不倚，恰到好处。

不可过之，亦不可不及。过之，则越轨，招祸；不及，则失道，损身。守道之要，在于知止，在于有度。知止有度，即可安身立命，即可和谐共生。

是以大道之行，知止有度，即可守道，即可远离危险，即可安享和谐。夫知止有度，乃守道之要义，亦为人生之智慧。道之在天下，犹川谷之于江海。江海浩渺，容纳百川，而川谷之水，源源不断，终归于江海。大道之行，亦如此理，广纳万物，包容一切，使天下归于一统，万物和谐共生。

江海之所以能为百川之归，以其宽广之怀抱、无私之容纳。夫川谷之水，或细或巨，皆得注入江海，而江海不拒，皆因江海之心，无私无欲，广博无边。此亦如大道，无偏无倚，无欲无求，广纳万物，无所不包。

大道之行，首在包容。包容者，万物得以共存，和谐共生。是以天下归于一统，非强行统一，而是因其内在之道，使其自然归附。江海之所以能纳百川，亦非以其力，而以其道。夫水之自然流向，皆因地球之引力，而江海之道，即此。江海能容，故能为百川之归。

大道之行，亦在乎其自然。天下之事，自有其道，非人力所能强为。夫江海之形成，非一日之功，而是亿万年来，自然之力慢慢形成。大道亦然，非一时之功，乃历史长河中，人类不断探索、不断实践，逐步认识、逐步完善。

江海之大，包容万物，使之和谐共生。大道之广，亦包容万物，使天下归于一统。此即道之所在，使万物得其所，使天下得和谐。是以江海能为百川之归，大道能为万物之宗。

循思渐得　　悟道与治国

道，无形态之极，超乎形象之外，常不可名，以无名为常，故曰道常无名也。朴，无心之至，以无为心，亦无名，故将得道，莫若守朴。智者，可以使之臣；勇者，可以使之武；巧者，可以使之役；力者，可以使之任。朴之物，愦然不偏，近于无有，故曰莫能臣也。抱朴为无，不以物累其真，不以欲害其神，则物自宾而道自得也。

夫道也，至无形而常存，超然物外，不可言传。以其无名，故称道常无名。朴也，至无心而极乎自然，以无为心，亦无名。欲求道者，宜守朴。智者，可以使之臣服；勇者，可以使之勇武；巧者，可以使之劳役；力者，可以使之负重。朴之物，至愦然而不偏私，近乎无有，故称莫能臣也。抱朴而为无，不以物累真，不以欲害神，则物自宾、道自得。

夫道者，常无名，朴虽小，天下莫能臣。是以智者、勇者、巧者、力者，皆当守朴。此道之真，隐于无形，含于无象，然其力无穷、其用无尽。侯王若能守之，则万物将自宾，犹百川之归海、万木之朝宗。故道之所在，乃天下之所向、人心之所归。

天地相合以降甘露，民莫之令而自均。此乃道之自然，无为而成，无欲而刚。天地之间，阴阳相济，五行相生，万物得以生长繁衍，皆因道之运化。人若能法天地之道，则可致中和、达至善，与天地同流，与万物共荣。

始制有名，名亦既有，夫亦将知止。名者，道之表象，物之标识。然名非实，实非名，名实之间，须有知止之明。知止者，知晓道之边界，明了物之极限，不逾矩，不悖理，此乃守道之要义。夫守道者，必能知止，知止者，方能不殆。

譬道之在天下，犹川谷之于江海。江海，汇百川之水，其深且广，犹如人之智慧，凝聚众流；川谷，分支流派之始，其细且长，犹若道之始端，衍生无穷。道，万物之宗，其包容万象，犹如江海之纳百川，无所不包；万物，道之末梢，其千变万化，犹如川谷之分支流派，无穷无尽。皆由水组成，故川谷归并于江海；皆由道生成，故万物朝拜道之宗。是以江海为水之宗，川谷为水之始；道为万物之宗，万物为道之末。江海之所以为百川之宗，以其深邃广博，能纳百川；道之所以为万物之宗，以其容万象，生万物。故江海与川谷、道与万物，相互关联、相互依存。江海浩渺，容纳百川，川谷之水，源源不断，终归于江海。道之行于天下，亦如此理。天下万物，皆由道生，皆由道养，皆归于道。道者，天下之母，万物之宗，其大无外，其小无内，无所不在，无所不包。

求其镜鉴　　　　　　　　　　　道与人生智慧

夫道常无名，朴虽小，天下莫能臣也。此道之微而宏也，其用无穷，其效无比。侯王若能守之，万物将自宾，天地相合以降甘露，民莫之令而自均。天下之人处世，当以道为鉴，以道为指引，则能致中和、达至善。

始制有名，名亦既有，夫亦将知止。知止者，知进退，明得失，不逾矩，不悖理。人之处世，常为名所累、为利所困。不知止，则易失其本、忘其初。故天下之人当知止，守道而行，不逐虚名，不贪小利。则能保其真、守其善，亦能致其远、成其大。

老子借"始制有名，名亦既有，夫亦将知止，知止可以不殆"示人，应以知止为处世之道，方能顺应自然、避免灾祸。吾人若欲修身、治国、平天下，当以此为座右铭，广行善举，无私无割。

夫始制有名，言万物之初皆有其名。名者，用以区分万物，使人得以相互交流。然而，名亦既有，则意味万物已定，不再变动。夫亦将知止，此言圣人处世之道，不可过贪，不可过欲。知止，即是要懂得适可而止，不可过分追求名利，以免陷入困境。

知止可以不殆，此为圣人处世之智慧。止，即有所节制，不过度干预。圣人知止，故能与自然和谐共处，成就伟业。吾人应以知止为榜样，顺应自然，勿以人力强行干预，方能广结善缘、赢得尊敬。

盖闻"天地之大德，生而无有，成而无毁，广大无私"。圣人知止，故能顺应天地之大德，广行善举，无私无割。修身之道，在于克己奉公、存善去恶，不为私欲所扰。知止，即是修身之基。

治国之道，君子行仁政，以民为本，爱民如子，民亦亲其君。国家富强，民生安乐，方能内外和谐、长治久安。知止，亦为治国之要。

综之，"始制有名。名亦既有，夫亦将知止。知止可以不殆"，乃是治国、修身、平天下的重要原则。君子体道而行，以知止为处世之道，方能顺应自然、成就大事。吾人若能体悟其道、付诸实践，必能成就美好人生，共创和谐世界。

夫川谷者，细流汇集，蜿蜒曲折，穿越崇山峻岭，历经千辛万苦，最终奔腾不息，融入江海。江海者，浩瀚无边，包容万物，川谷之水得以安放而成其大。此乃老子所言之"道"，即川谷之于江海也。

夫世人处世，犹川谷之经历。人生曲折坎坷，必历磨难，方能成就事业。而道，即人生之路，无所不在，贯穿终生。人若悟道之真谛、循道之规律，则人生之路必宽广平坦而成其大。

道生一，一生二，二生三，三生万物。此言道之生成万物、包容万物。人处世间，应学会包容，纳不同之声，容异样之观。正如江海之包容川谷而成其大，人亦应包容他人，成就自己之宽广。

川谷之水，源于细流。细流之处，皆为川谷。此言道之无所不在，细微之处亦存道。人处世间，应以道为指导，无处不在，无所不包。无论遇何种困境，皆应秉持道之心，以道应对。

川谷之于江海，亦如人生之处世。人应顺应道之规律，包容万物，成就自己之宽广。同时，人应领悟道之无所不在，细微之处亦存道。如此，方能于道中安放自己之人生。

第三十三章

经云： 知人者智，自知者明。胜人者有力，自胜者强。知足者富，强行者有志。不失其所者久，死而不亡者寿。

读经浅悟   人生哲学与自我修养

夫知人者，智也；自知者，明也。胜人者，有力也；自胜者，强也。知足者，富也；强行者，有志也。不失其所者，久也；死而不亡者，寿也。此数者，皆天下之人处世之原意、修心养性之至理也。今述之，冀能明其深意、启人心智。

夫知人者，能辨贤愚、明是非。观人之言行，察其心意，则能知其长短、明其得失。智者如镜，照见万物，不妄加评判，亦不轻易定论。故知人者，不在于知人之皮毛，而在于知人之肺腑。则能用人之长、避人之短，使众人各尽其才。

然自知者，更难能可贵。人贵有自知之明，明己之优劣，知己之短长。不骄不躁，不卑不亢，方能立足于世、行稳致远。明者如炬，照亮己身，不自我陶醉，亦不妄自菲薄。故自知者，不在于自知之详尽，而在于自知之深刻。则能修心养性，不断提升，终成一代英才。

胜人者有力，力在于外，可一时得逞，终非长久之计。自胜者强，强在于内，能持之以恒，方为真正强者。有力者如虎，威猛可怖，然终有力竭之时；强者如龙，潜藏深渊，一旦腾飞，则无可匹敌。故胜人者，非真胜也；自胜者，乃真强也。

知足者富，富不在于金银满屋，而在于心智之富足。知足常乐，不贪得无厌，方能享受人生之美好。富者如田，广袤无垠，然收获之多少，在于耕耘之深浅。故知足者，不在于物质之丰盈，而在于精神之充实。则能心宽体胖、神清气爽，享受人生之真奥。

强行者有志，志在于行，不在于言。有志者事竟成，破釜沉舟，百二秦关终属楚。行者如舟，乘风破浪，虽险且阻，然终能达彼岸。故强行者，不在于言辞之华丽，而在于行动之坚定。则能克服困难、实现理想。

不失其所者久，久在于守，不在于攻。守道而行，方能长久；离道则危，终难持久。所者如根，根深蒂固，方能枝繁叶茂。故不失其所者，不在于一时之得失，而在于长久之坚持。则能立足于不败之地，永葆生机与活力。

死而不亡者寿，寿在于神，不在于形。精神永存，则寿比南山；形骸虽逝，然名垂青史。亡者如烟，消散无踪；寿者如松，常青不老。故死而不亡者，不在于肉身之存续，而在于精神之传承。则能名垂千古、永载史册，为后人所敬仰与传颂。

夫此数者，皆天下之人处世之原意也。知人者智，能明辨是非；自知者明，能修心养性。胜人者有力，然非长久之计；自胜者强，方为真正强者。知足者富，心智之富足胜于物质之丰盈；强行者有志，行动之坚定胜于言辞之华丽。不失其所者久，守道而行方能长久；死而不亡者寿，精神永存，则寿比南山。

循思渐得　　　　　　　　　明理达道之人生智慧

夫知人者，智之始也；自知者，明之本也。胜人者，力之用也；自胜者，强之根也。知足者，富之基也；强行者，志之端也。不失其所者，久之道也；死而不亡者，寿之真也。吾欲探此真源，以求人生之真奥，故述此文。

知人者，如镜照物，妍媸毕现。智者察言观色、明辨是非，能知人之长短，善用其才。然知人易、知己难。自知者，如烛照心，明澈见底。明者审视自身，了解优劣，不骄不躁，不卑不亢。故知人者外求，自知者内省，内外兼修，方为真智真明。

胜人者，仅显力度之表，未能及自我克制之深；自胜者，无物能损其力，人之智用于人，未若用于己也；人之力用于人，未若用于己也。明之用于己，则无物可避；力之用于己，则无物可改。是以胜己者，胜人也；自胜者，无敌也。力之用在己，明之用在己，方能无敌于天下。

自胜之道，乃用智用力之道，非用智用力于人，乃用智用力于己。智用于己，则能明辨是非，不受外界之干扰；力用于己，则能坚定意志，不受外界之改变。自胜者，内外皆强，自然无敌于天下。

胜人者，凭力以制人，虽暂时得胜，终非长久之计。盖力有尽时，而人心难测。自胜者，以心制心，克己奉公，方为上策。自胜者非恃外物，而恃内心之强大。内心强大，则能抵御诱惑、坚守正道，此之谓自胜之强。

知足者，知止足之乐，不贪得无厌。知足者，遇事皆足，未曾不富。夫知足者，如握一掬清泉，饮之而常足。虽居世界之广、食天地之富，常挟不足之心以处之，则是终身不能富也。盖知足之富，非外界之财，乃内心之安。内心富足，则世间无可缺之物。夫怀不足之心，如抱火赴冰，愈行愈寒。若能知足，则如朝阳驱雾，晴空万里，富矣哉！

世间财物，生不带来，死不带去，何必汲汲于求？知足者，心境平和，不为外物所扰，此之谓富。非金玉满堂之富，乃心智之富足也。

强行者，有志之士，不惧艰险，勇往直前。志者，心之所向，行之所依。有志者事竟成，破釜沉舟，百二秦关终属楚。故强行者，有志气之表现，非鲁莽之行动。

不失其所者，久矣，守道而行，不忘初心，不离其本。所者，人生之根基，立身之本，道义之所在。守道者，顺应自然，行稳致远，步步为营，虽遇风雨，坚守正道，终能守得云开见月明。不失其所者，长久之道也，持之以恒，坚守本心，此之谓久。死而不亡者，寿矣，精神长存，流芳百世，名垂青史。人生虽有限，如白驹过隙，精神可无限，照耀千秋。故君子重精神而轻形骸，超脱物外，追求内在之真，求名节而忘生死，英勇无畏。死而不亡者，寿之真也，非肉身之存续，短暂易逝，而精神之传承，永恒不朽。此乃《道德经》之精髓，教导世人以道为本、守柔不争。守道而行，重精神而轻形骸，方能体悟大道之奥。

且夫知人者，非徒知人之长短也，亦知人之心智；自知者，非徒知己之优劣也，亦知己之使命。胜人者，非徒以力胜人也，亦以德行胜人；自胜者，非徒克己之私欲也，亦克己之短见。知足者，非徒知足于物质也，亦知足于精神；强行者，非徒行之以力也，亦行之以心。不失其所者，守道而行，不离其本；死而不亡者，精神永存，名垂青史。

是以知人者，能识人才，善用其能；自知者，能明己志，笃行其道。胜人者，能服人心，化敌为友；自胜者，能克己之弊，成己之美。知足者，能享人生之乐，不为物累；强行者，能行千里之路，不畏艰难。不失其所者，能守其本心，始终不渝；死而不亡者，能传其精神不朽也。

求其镜鉴　　十八字真言与人生哲学

夫知人者智，自知者明。胜人者有力，自胜者强。知足者富，强行者有志。不失其所者久，死而不亡者寿。此诚处世之良鉴，行事之准则。

知人者，能辨忠奸、识真伪。智者识人，非徒观其言行，亦察其心智。人心难测，故知人者须深思熟虑、明辨是非。用人之长，避人之短，此乃知人者之智也。是以知人者，当以诚待人，广结善缘，共谋大业。

自知者，能明己志、知己能。明者审己，非徒知其优劣，亦明其使命。人生在世，各有所长，各有所短。自知者当以谦逊为本，不断进取，以完善自我。勿以己之长攻人之短，勿以己之短自惭形秽。知己之不足，方能虚心向学，不断进步。是以自知者，当以谦虚为怀，自勉自励，以成己之美。

胜人者，以力服人，非长久之计。有力者虽能胜人一时，终非长久之策。胜人者当以德服人、以理服人。以德服人者，人心所向；以理服人者，心悦诚服。是以胜人者，当德才兼备、以德为先，方能立足于世、赢得人心。

自胜者，克己奉公，以心制心。自胜者非恃外物，而恃内心之强大。克己者能制欲，奉公者能尽职。自胜者当以坚韧不拔之志，勇往直前之勇，克服一切困难，实现自我价值。是以自胜者，当以自律为本，自强不息，以成己之业。

知足者，知止足之乐，不贪得无厌。知足者心境平和，不为外物所扰。知足者虽居陋室，亦能安贫乐道；虽食粗粝，亦能味美如饴。是以知足者，当淡泊明志、宁静致远，享受人生之真道。

强行者，有志之士，不惧艰险，勇往直前。有志者事竟成，破釜沉舟，百二秦关终属楚。强行者当以坚韧不拔之志，克服困难，实现理想。勿因艰难而退缩，勿因挫折而气馁。是以强行者，当以毅力为魂，勇往直前，以成就己之业。

不失其所者，守道而行，不离其本。所者，人生之根基，道义之所在。守道者行稳致远，虽遇风雨，终能守得云开见月明。不失其所者当以道义为重，不为名利所惑。坚守本心，方能始终不渝；秉持正义，方能立于不败之地。是以不失其所者，当以道义为魂，坚守本心，以成己之人生。

死而不亡者，精神长存，名垂青史。人生虽有限，精神可无限。故君子重精神而轻形骸，求名节而忘生死。死而不亡者，当以高尚之品德、卓越之成就留名于世。其精神永存，其事迹传颂千古。是以死而不亡者，当以品德为基、成就为峰，以留名于后世。

一言以蔽之，知人、自知、胜人、自胜、知足、强行、守道、死而不亡，此十八字真言，实为处世之良鉴。务在明理达道，以智慧之心洞察世事，以明达之眼审视人生。

第三十四章

> 经云：大道泛兮，其可左右。万物恃之而生而不辞，功成不名有，衣养万物而不为主。常无欲，可名于小；万物归焉而不为主，可名为大。是以圣人之能成大也，以其不为大也，故能成其大。

读经浅悟 大道之哲学与实践

夫大道者，杳冥无际，浩渺无边。泛兮若水，滔滔然流动不息，其可左右，贯通乎万有之间。万物恃之而生，若鱼得水，若鸟归林，生息繁衍，无不赖之。然大道无言，不辞辛劳，默默奉献，不求回报。

功成不名有，如春风化雨，润物无声，待万物欣欣向荣，生机盎然，乃知其恩泽广被。衣养万物而不为主，若母之爱子，无微不至，然不居功、不自傲。常无欲，淡泊名利，清虚自守。此乃大道名之"小"，虽细枝末节，却蕴含无穷智慧。

万物归焉而不为主，大道无形无象，无迹可寻。然万物皆向其奔赴，如百川汇海，各归其位。大道之包容，如海纳百川，有容乃大。无形无象之中成就万有，此乃大道之大名，宏大无边，深不可测。

道者，无形无象，生育天地，运行日月，长养万物。圣人者，得道之人也，与道合一，故能行无为之事，成不朽之功。是以《道德经》有云"道常无为而无不为"。圣人循道而行，不违自然，故能成其大也。

是以圣人之能成大也，以其不为大也，故能成其大。大者，有二义焉。圣人之能成大者，其"大"在于心域之浩瀚、智慧之深远、德行之崇高。万物归焉而不为主,此其"能成大"之"大"也。

其不为大之"大",则指圣人行事之谦逊、低调、无为。不自矜,不恃才傲物,不居功自傲。知"道"之玄妙,不以己之大而凌人,不以己之能而骄人。此其"不为大"而反显其"大"也。

圣人之能成大,以其心域、智慧、德行之外显之"大";其不为大,则以其谦逊、低调、无为之内含之"德"。二者虽皆言"大",然其义迥异。前者显于外,为世人所仰;后者含于内,为圣人所守。二者并蓄圣人底蕴,共铸圣人崇高,皆成其大。是故能成其大也。

夫大道也,上下求索,左右观察,竟不可得。犹如空气,无所不在,却又难以捉摸。其存在乎?其不存在乎?令人疑惑不解。然而,万物生于斯、长于斯、终于斯,莫不符合其道。大道之神秘,令人向往,令人困惑。

大道若存,似无实质,然则为万物之根本。犹如天地之母,生育万物却不占有。无边无际,犹如夜空之中,星辰璀璨,繁多而复杂。然万物皆遵循其道,各得其所。大道之宏大,犹如宇宙之浩瀚,令人叹为观止。其深不可测,犹如大海之深渊。

大道之所以能为大者,以其不自为大也。谦冲自牧,虚怀若谷,不自满,不自大,方能容天下难容之事,成天下难成之功。故曰"大道泛兮,其可左右"。大道之行,无所不在,其广大无边,深邃无尽,真可谓至大至刚、至柔至顺、至虚至实、至微至显也。

夫大道之行,犹日月之经天、星辰之历宿,周而复始,无始无终。其深邃之处,若渊海之无垠;其广大之处,若乾坤之无穷。大道无言,而万物皆听其命;大道无形,而万物皆赖其生。大道者,天地之母,万物之宗,真可谓至道至德、至善至美也。

是以有志于道者,当虚心实腹,抱朴守真,学而不厌,诲人不倦。致虚守静,淡泊明志,宁静致远,方能体悟大道之精妙,洞察万物之玄妙,为天下苍生谋福祉,为万世开太平。

故大道之行,乃需众人齐心,共襄盛举。人人皆可为尧舜,人人皆可悟大道。只要虚心向道、勤勉修行,定能领略大道之真奥,成就无量之功德。

夫大道之行,不可言状,不可名状,唯有躬行实践,方能领悟其中之奥妙。然大道至简至易至难,需得真传方能悟透。非有志者不能至也,非勤学者不能明也。

大道泛兮，周遍万物，其可左右，无所不在。大道之行，无处不在，无时不在，唯有虚心向道、勤勉修行，方能领略其中之玄妙。

循思渐得　　　　　　　　　　　　　　　　　大道之行迹

大道泛兮，其可左右。其无形无象，却又充塞乎寰宇之间，无物能逃其笼罩。道之泛溢，如江河之浩荡，无不适宜，犹如日月之恒常。其能纵横交错，犹如脉络之遍布，周游无边，犹如星辰之无穷。应用则无远弗届，犹如风力之吹拂，无所不至；犹如光影之映照，无所不及。道之广博，犹如天地之浩瀚；其运用之广，犹如四季之更替，无有止境，无有界限。

万物恃之而生而不辞，如春风之润物，如细雨之滋田，沛然而至，无有断绝。夫大道之行，功成不名有、不居功、不夸能，默默然以成其事。衣养万物而不为主，无欲无私，至公至正，如天地之覆载，如日月之照临。

万物秉道而生，既生而莫知其源，犹川之源远流长、木之根深叶茂。故天下恒无私欲之期，万物各安其分，犹蜂之酿蜜、蚕之吐丝。若道无所施于物，故称之曰小矣，犹石之无声、水之不流。道之广大，无所不包，无所不容，万物因道而生，各得其所，各尽其用。道之无所不在，犹如空气之弥漫、阳光之普照。故无欲之时，天下恒安，万物恒足。道之小，非道之真小，乃人之见小，若人能广视野、深悟道，则道之大将无所不显、无所不包。

常无欲，可名于小；然其涵养万物，广博无边，又何尝小哉？大道之微妙，深不可测，其广大矣，又何尝不大哉？万物归焉而不知主，大道之深邃，令人敬畏。万物生于大道、终于大道，循环往复，生生不息。大道之包容，无所不容，无所不涵，真乃天下之至大也。

万物归焉而不为主，可名为大。诸生之类，悉受道之赐，犹鱼之得水、鸟之乘风。不知其源，犹春之使花、夏之使虫。此非微小，实可游于广博矣，犹山之高、海之深。道之无所不在，犹如日之照、月之映。诸生受道之赐，而不知其源，犹人之饮水，而不知其源之远。此非微小，实可游于广博矣，犹如人之行走，而不知其路之遥。道之广大，无有边际，无有尽头，诸生之类，悉受其恩，而不知其源，此非微小，实可游于广博矣。

圣人之所以能为大者，非以其有意求大，乃因其无心于大，故能自然而成其大也。夫圣人者，不务虚名，不贪大功，行之于实。彼之所谓大，非世俗之所谓大也。世俗以大富大贵、大权大势为大，而圣人则以道德之高、境界之远为大。是以圣人之心，常怀谦卑，不敢自大，亦不欲人知其大。彼知大之名，实为虚妄，故不以为意。唯其不为大，故能安于小、乐于卑，而行无为之道、成不言之教。圣人之为大，非有意为之，乃自然流露。如日月之照临，如江海之容纳，皆因其本性使然，非有意造作。是以圣人虽不欲人知其大，而人自见其大。此所谓"不自为大而能成其大"者，乃圣人之所以为圣也。

求其镜鉴　道之镜鉴与人生指南

夫大道泛兮，如江河之无边，沛然莫之能御。其可左右，应变化于无穷，若春夏秋冬之更迭，不失其序。斯道也，非有偏私，万物恃之而生而不辞，若母之爱子，无有休止。然则大道之生成万物，功成而不居其名、不求回报，真乃至诚之道也。大道养育万物而不自为主，默默奉献，可谓至公之心矣。

常无欲者，道之本性。大道无形无象，无欲则刚，因其无私，故能名于小；以其无形，故能入于无间。而万物归之，各得其所，各遂其生，皆因大道之广大，虽不名为主，而万物皆知其主，此即大道之大也。

道，万物之宗，诸事之母，无始无终，无边无际。人处于尘世，若能在生活中领悟道之宏大，遵循道之法则，则人生之路必将宽广平坦，成就其伟大。

万物归焉而不为主，可名大。此言道之无所不在、包容万物。人应学习道之宏大，以道为指引，无处不在，无所不包。无论遭遇何种困境，皆应坚守道之心、以道应对。道之宏大，犹如江海之包容川谷，成就其伟大。人亦应包容他人，成就自己之宽广。

夫圣人之所以能为大者，非以其有意求大，乃因其无心于大，故能自然而成。人不可为名利所困、为权势所诱，而忘其本真。殊不知，名利权势皆为虚妄，若一味追求，必失其本心，而难以成其大。是以人生处世，当以不自为大之心，行其当行之事。勿以名利为念，勿以权势为心，但求道德之充实、境界之提升。如此安于位、乐于事，而行则无求不得之苦。又当知，人生处世，难免困境。更需坚守不自为大之心，以静制动，以柔克刚。勿因一时之挫败而失其大志，勿因一己之私利而损其公德。当以宽容之心待人，以谦卑之态处世。亦需知进退之道。进则勇往直前，退则保全自身、不陷危境。进退之间，以不自为大之心而不失其节。

  道之宏大，显于人与自然之关系。人应顺应自然，遵循自然之道，与自然和谐共处。人若能领悟道之宏大，遵循自然之道，则人与自然之关系必将和谐，成就其伟大。

  道之宏大亦显于人与人之关系。人应学会包容，容纳不同声音和观点。正如江海之包容川谷，成道之智慧。《道德经》以顺应自然、和谐共生为宗，谓人当敬畏自然之法，与万物和谐共处，不悖自然之理，以臻天人合一之境。人宜观自然、悟自然，从中取智强力，以道为导，实现与自然之和谐共生。

  道之智慧，显于人与人之交。人当习谦卑之道，不以自我为心，尊重他人，亦以谦卑待人。更显于人视成败之态度。人当以道之心，观成败之事，不以成功而自傲，不以失败而自卑。如是则人心平和、行止得宜、合乎大道，成其高尚之德矣。

第三十五章

经云：执大象，天下往。往而不害，安平太。乐与饵，过客止。道之出口，淡乎其无味，视之不足见，听之不足闻，用之不足既。

读经浅悟　　大象与道之哲学阐释

夫执大象者，何也？盖道之纲领、天地之精髓也。执此以往，天下孰能不从？人心归之，如水赴壑，众望所归，斯乃大象之威也。然往者何害乎？以其合于理、顺于道，故能安天下、平万邦。夫何平太之至也？斯乃大象之行，无所不化，无所不成。

乐与饵者，人之所欲也。过客之所以止者，以其悦人心、快人意、足人欲也。然乐岂久乎？饵岂长乎？过眼云烟，终非长久之计。道之出口，淡乎其无味，非若甘言美语，能媚人耳目。然其深远，其博大，非浅尝辄止者所能知也。淡乎无味，乃真味也。

视之不足见者，道之无形也；听之不足闻者，道之无声也。无形无声，乃道之真体。人皆以目视、以耳听，而道之所在，岂在视听之间乎？故智者不言，言者不智。道之妙用，岂可言传？用之不足既者，道之无穷也。道之行，无始无终、无穷无尽，故能用之不竭、既之无已。

又云，大象者，非有形之物也，乃道之显现、理之凝聚。执之以往，则能化育万物、调和阴阳。夫道者，何也？万物之始，万物之母，无形无象，而含万有。大象之行，即道之行也。道之所在，大象亦在焉。执大象，则道在其中矣。

往而不害者，何也？大象之行，合于天地之理，顺乎自然之道。无违无逆，故能无所害。人心从之，天下安矣。夫安者，非外物所能致也，乃心之平和，性之安定。大象之行，能致此矣。

安平太者，大道之行也。夫道者，无为而无不为，无形而无不形。大象之行，合乎道矣，故能致天下于安平太之境。此非人力之所及也，乃道之自然。故执大象者能致此也。

乐与饵者，非大道之所在。大道之行，淡乎其无味，视之不足见，听之不足闻，然其用无穷也。执大象者，不汲汲于乐饵之短暂，而致力于大道之深远。

道之出口，淡乎其无味，然其意深远矣。夫道者，非言语所能尽也，故出言淡。然其内含万有，深不可测。执大象者，能悟其道，故能知其意。淡乎无味者，乃真味也；视之不足见者，乃真形也；听之不足闻者，乃真声也。此道之真体也。

用之不足既者，道之无穷也。大象之行，合乎道矣，故能用之不竭。夫道者，无始无终，无穷无尽，故能用之无已。执大象者，能致此矣。夫道之用，非人力之所及也，乃自然之化育。故执大象者，能得此无穷之用也。

大象，道之显现也；道者，大象之本也。执大象以往，则能行于道；行于道，则能致天下于安平太之境。此大象之用也，亦道之用也。故执大象者，能得大道之行，亦能得大道之用。

夫文以载道，道以化人。明大象之道，示人以行。愿天下人能悟其深意、行其大道，致天下于安平太之境。此吾文之微旨也。

循思渐得　　　根本法则与生活智慧

夫执大象者，何也？即掌握此道，则天下归往也。大象，乃天象之母也。其性不寒、不温、不凉，故能包容万物，无所伤害。大象之象，若春之雨露，滋润万物而无私；若夏之清风，凉爽世间而无形。君主若能秉持大象之道，行包容之政，则民众归心、天下归往。如同盛放之花，因其不偏不倚之性，能吸引蜜蜂蝴蝶，繁衍生息；乃天地之枢纽，万化之根源。执此以往，则能招天下之心，致万物之归。大象之行，合乎天地之道，顺乎自然之理，故能无往而不利。

夫何往而不害，安平太乎？大象无形则无影，无识则无言，不偏则无遗，不彰则无显。此四者，皆为道之特性，使万物得以自由发展，无所阻碍。无形，故无影随身，自在游走；无识，故无言出口，内心自守；不偏，故无遗世界，遍观全局；不彰，故无显锋芒，深藏不露。是以万物得以往而无所害，得以行而无所妨。夫唯道之无所不在，方能包容万物，使万物各得其所、各尽其能。盖大象之行，非以害人为务，而以求和为本。其行也，和而不流，平而不亢，故能致天下之和平、安天下之泰定。

乐与饵者，乃过客之所求也。过客之所以止者，非以乐饵为终，而以其能悦人心、快人意也。然乐饵岂长久乎？过客岂永驻乎？过眼云烟，终非久留之计。大象之行，非以此为意，而求于道之深远。故曰"乐与饵，过客止"。此非劝人迷于短暂之乐，乃警人勿忘大道之求。

道之出口，淡乎其无味。何也？道者，玄之又玄，深不可测，故出言淡然，难以名状。然其内含天地之精义、宇宙之真理，故虽淡乎无味而能含万有、括众理。淡乎无味者，乃真味也，非浅尝辄止者所能知。

视之不足见，听之不足闻者，何也？道者，无形无象，无声无臭，故视之不见、听之不闻。然其存乎天地之间，贯乎万物之中，虽无形无象而能运万物、御万化。故视之不足见者，乃道之真形；听之不足闻者，乃道之真声。

用之不足既者，何也？道者，无穷无尽，无始无终，故能用之不竭、既之无已。大象之行，合乎道矣，故能用之无穷、既之无尽。夫用之不足既者，乃道之无穷，亦大象之用也。

道之言，不在于多，而在于精；不在于显，而在于深。夫人之耳目有限也，道之境界无限也。故闻道之言，如饮醇酒，初觉无味，久则愈醇，愈饮愈醉。道之深，如海之广、山之高，非一时之功可尽探之。人之求道，如登山之途，步步为营，层层递进，终可达巅。

求其镜鉴　　　　　　　　道之大象与生活之道

夫执大象者，其志远矣。大象者，天地之精义、宇宙之纲领也。执之以往，则能领群生、御万化，而天下莫不往焉。故曰"执大象，天下往"。此非权势之所能屈，乃道德之所致也。

往而不害者，何也？盖大象之行，合乎天地之道，顺乎自然之理，故能无所害而致远。夫害生于违逆，福生于顺应。大象之行，正而不邪，故能致天下之和平。故曰"往而不害，安平太"。此非偶然之所得，乃必然之所归也。

乐与饵者，人生之所欲也。过客之所以止者，为其悦心志、快耳目、足欲求也。故君子不汲汲于乐饵之短暂，而致力于道德之深远。大象之行，非以乐饵为务，而以求道为本。故曰"乐与饵，过客止"。此非劝人弃乐，乃告诫人勿迷也。

道之出口，微妙难言，淡乎其无味。然其深远如天之高，其博大如地之厚，非浅尝辄止者所能知也。淡乎无味，乃真味也，道之深邃，非世俗之味所能及。夫道者，无形无象，超乎物外，而含万有，生生不息。

视之不足见者，乃道之无形也。无形无声，乃道之真体，超然物外，无所不在。大象之行，悠然自得，合乎道矣，故能视之不见其形，听之不闻其声。夫形声者，外物之所显也；道者，内心之所存也。故视听不足见闻者，乃道之所在也。

用之不足既者，道之无穷也。大象之行，合乎道矣，故能用之不竭、既之无已。道如源泉，生生不息，用之不尽，取之不竭。此乃道之奥妙，无穷无尽。

夫大象之行，既如此矣，天下之人处世，宜何所借鉴乎？夫人生在世，宜执大象以往，顺应天地之道，合乎自然之理。不为权势所屈，不为乐饵所迷，而致力于道德之修养。则能致远而无所害、和平而安宁。

又宜视道之出口淡乎无味者，深求其真味；视道之无形无声者，深悟真体。不为外物所扰，不为形声所蔽，而存道于内心。则能明道而行、合道而为。

更宜知用之不足既者，乃道之无穷也。故宜持之以恒，不懈其修，以求道之深远。则能用之不竭、既之无已，而达于道之化境。

夫道者，天地之始，万物之母。大象之行，合乎道矣，故能领群生、御万化。天下之人处世，若能以大象为鉴、以道为归，则能致和平而安宁，达道之化境。此非偶然之所得，乃必然之所归也。

经云："大象无形，大音希声。"吾今亦云："大象之行，合乎道矣，其用无穷。"愿天下之人深悟此理，以之为处世之借鉴，共致和平安宁之境。此乃得其镜鉴之感焉。

第三十六章

> 经云：将欲歙之，必固张之；将欲弱之，必固强之；将欲废之，必固举之；将欲夺之，必固与之。是谓微明。柔弱胜刚强。鱼不可脱于渊，国之利器不可以示人。

读经浅悟　　道家之智慧与生存之道

夫将欲歙之，必固张之；将欲弱之，必固强之；将欲废之，必固举之；将欲夺之，必固与之。此数语者，皆道之微明，非智者不能察也。

夫歙张之道，乃天地自然之法则。日月之行，盈缩有时；草木之生，枯荣有序。故将欲歙之，必固张之。张者，扩张也，使事物达其极致；歙者，收敛也，使事物归其本原。此乃阴阳互转，循环不已之理也。故知者观天地之道，而知歙张之机。

将欲弱之，必固强之；夫强弱之辩，亦道之微明也。强者易折，弱者长存。故将欲弱之，必固强之。强者，盛极而衰；弱者，蓄势待发。此强弱之转化，乃道之自然。故知者不强而示弱，以柔克刚，以弱胜强。此乃智慧之所在也。

将欲废之，必固举之；废兴之理，亦天地之道也。举者，兴起也，使事物昌盛；废者，废弃也，使事物消亡。故将欲废之，必固兴之。举者，极盛而衰；废者，至极而复。此乃盛衰相循、循环不已之道也。智者观此，则知废兴之机，不为一时之盛衰所惑。

将欲夺之，必固与之；取予之道，亦微妙难测。此非贪得无厌，乃以退为进、以舍为得也。智者知此，则能舍小利而取大利，舍近功而得远利。此乃智慧之所在，非愚者所能及也。

夫柔弱胜刚强，非力之所能敌，乃智之所胜也。柔者，能屈能伸，随物而变，适应环境，得以长久。刚者，易折易毁，难以为继，虽一时之强，但不能持久。故智者不贵刚而贵柔，以柔克刚，以弱胜强。此乃道之微明，非智者不能知也。

夫水之柔，能包容万物，顺应地形，或缓或急，或曲或直，无不如意。故水能穿石，能绕山，能滋养万物，无所不能。此乃柔之胜刚也。而植物之柔，能随风摇曳，适应环境，得以生存。动物之柔，能隐藏自己、逃避天敌，亦得以繁衍生息。此皆柔之胜刚也。反之，刚之易折易毁，可知一斑。钢铁虽硬，但易生锈，易断。岩石虽坚，但风雨侵蚀，终将破碎。人事亦然，若一味刚强，不知变通，易遭失败。故以柔克刚，以弱胜强，为道之至理。

然此道非智者不能知也。智者知柔之胜刚，故常以柔克刚、以弱胜强。例如以和为贵、以忍为强、以退为进、以曲为直，皆为智者所用。故智者之所以为智者，因其知柔弱胜刚强之道也。

鱼不可脱于渊，以其为鱼之根本；国之利器不可以示人，是以不可向人炫耀也，以其为国之秘也。此二者，皆道之至理。鱼脱于渊，则失其生；国之利器不示人，则圣人唯处于柔弱而不厌也。故智者守其根本、秘其利器，故终能服天下，此岂与众人共之者哉！此乃智慧之所在，非愚者所能及也。

本章之意，在于明道之微明，示人以智慧。智者观天地之道，而知歙张之机；知强弱之辩，而以柔克刚；知废兴之理，而不为一时之盛衰所惑；知取予之道，则以退为进，以舍为得。此皆道之至理，非智者不能知也。故智者守其根本，秘其利器，以保其安；而愚者不知此，则易为外物所惑，失其本心。

循思渐得　　道之玄妙与实践

夫天地之道，玄妙莫测。将欲歙之，必固张之；将欲弱之，必固强之；将欲废之，必固举之；将欲夺之，必固与之。此乃道之微明，非智者莫能察也。今吾欲探此真源、究此至理，故作斯文，以明其义。

夫歙张之道，犹龙蛇之屈伸，鹰隼之敛翼。物之将歙，必先张其形；事之将弱，必先强其势。盖天地之间，万物之生，皆循此理。然则何以知歙张之机，强弱之兆？此乃道之微妙，非心细如发不能得其真也。

且夫废兴之理，亦天地之常道。物之将废，必先兴其兆；事之将成，必先见其端。故智者见微知著，睹始知终。是以圣人处无为之事，行不言之教，功成而弗居，何哉？盖知废兴之机，不在事之成败，而在心之得失也。

又夫取予之道，乃人心之权衡。将欲取之，必先予之；欲得人心，必先予人利。此非贪得无厌，乃以退为进、以舍为得也。故智者知此，则能舍小利而取大利，忘近功而图远利。此乃智慧之所在，非愚者所能及也。

至于柔弱胜刚强，此道之至理也。柔者能屈能伸，随物而变；刚者易折易毁，难以持久。故智者贵柔不贵刚，以柔克刚，以弱胜强。此乃天地之道，亦人心之理也。

夫鱼不可脱于渊，以其为鱼之根本；国之利器不可以示人，是以不可向人炫耀也。此二者，皆道之至理，非深悟者不能知也。鱼脱于渊，则失其生；国之利器示人，则失其安。故智者守其根本，秘其利器，不轻易示人。此乃智慧之所在，非愚者所能及也。

利器，固国之利器也。因其物之天性，不借形态以治理万物。器物虽不可见，然物皆各得其所。示人者，唯刑也。若以刑利国，则是失当。犹如鱼离深渊，必失其踪。利国之器，若仅以刑示人，亦是失之。

盖闻刑者，国之利器。然刑非万能。刑之施，犹如剑之出鞘，必有限度。若滥用刑，则国将不国、民将不民。故刑之用宜谨慎。应是以德服人、以礼育人。

冀金雨曰：国之利器，不止于刑，更在于德。德者，国之根本也。德行天下，方能国泰民安。是以君子务本，本立而道生。治国之道，在于德行，在于教化。

此外，国之利器，还在于法治。法治为国之基石，亦为治国之重器。法治兴则国家兴，法治废则国家废。然则法治非孤立存在，须德治与之相辅相成。德法治国，方能阴阳和谐、天下太平。是以君子尚德，德法治国，天下自治。

求其镜鉴　　以道为本之生活哲学

夫天地之间，人事纷纭。将欲歙之，必固张之；将欲弱之，必固强之；将欲废之，必固举之；将欲夺之，必固与之。此道之微明，乃处世之要诀，非智者莫能察也。

夫张者，显也，展也。人事之张，犹草木之茂，须待其时而发。然过张则易满，故智者张之有时、显之有度，不使其过盛而招祸。是以智者处世，必能把握时机，适度展露才华，而非一味炫耀，自取其辱。

夫强者，势也，力也。然强者易折，犹如钢铁易断。故智者不强而示弱，以柔克刚，以弱胜强。此乃处世之智慧，非力之所能敌也。知者示弱，非真弱也，乃藏锋于鞘，待机而动。故能屈能伸，随机应变，处世而不败。

夫举者，起也，盛也。人事之兴，如春之花发，须待其机而荣。然过兴则易衰，故智者兴之有道、起之有节，不使其过盛而自败。是以知者处世，必能审时度势，把握兴衰之机，因势利导，以求长久。

夫与者，赠也。然与者非真舍也，乃以退为进、以舍为得。故智者与之有度、取之有方，不使其过贪而招损。是以智者处世，必能知足常乐，不贪非分之财，不取不义之利，以保其安，以行其志。

夫微明者，道之精髓也。柔弱胜刚强，非力之所能胜，乃智之所胜也。智者处世，必能守柔守弱、以柔克刚、以弱胜强。此乃处世之大道，非愚者所能及也。

夫鱼不可脱于渊，以其深渊为鱼之居所，赖以生存，乃鱼之根本，故不可离也；国之利器不可以示人，以其为国之秘宝，需藏而不露，以防他夺，也可解之为国之秘也。此二者，皆处世之要义。鱼脱于渊，犹人离其本，则失其生，无以存也；国之利器示人，如示人以弱，则失其安，易招祸患。故当守其根本、藏其锋芒，以保长久之安。故智者处世，必能守其根本、秘其利器，不轻易示人。此乃处世之智慧，非愚者所能及也。

且夫处世，贵在自知。智者明己之长、知己之短，不妄自尊大，亦不妄自菲薄。识时务者为俊杰，能屈能伸者为丈夫。故智者处世，必能审时度势、因势利导，以求长久。

亦在于诚信。信者，人之本也。无信不立，无诚不行。故智者处世，必以诚信为本，言行一致，不欺不诈。此乃处世之基石，非诚信者不能立也。

亦在于宽厚。宽则能容人，厚则能载物。智者处世，必能宽厚待人，不斤斤计较，不睚眦必报。此乃处世之大道，非宽厚者不能行也。

人生在世，千变万化，然其要旨不过乎此。智者能守此道，则能处变不惊、应变无穷。愚者不知此道，则易为外物所惑，失其本心。故智者宜深悟此道，以明其志，以行其德。

人当以道为心、以理为行。心有道，则能明理；行有理，则能得道。故宜深悟此道、明此理，以行其志、以保其安。此乃天下之人当行之道，亦天地之常道也。

第三十七章

经云：道常无为，而无不为。侯王若能守之，万物将自化。化而欲作，吾将镇之以无名之朴。无名之朴，夫亦将无欲。不欲以静，天下将自定。

读经浅悟　　治国哲学与无为而治

夫无为者，非无所作为也，乃不妄为、不强为，因物之性，顺事之理，使万物得以自然生长，而无悖逆之患。故道之无为，实乃大为，其功在于无形，其利在于无穷。

侯者王者，国之主也，万民之望。若能守道之无为，则心无贪欲、政无苛扰，百姓得以安居乐业，国家得以长治久安。是以守道者，实为治国之大道、安民之良策。

然守道非易，必须涤除杂念、归于清静。夫清静者，心之本体，道之真境。心若清静，则神明自现、智慧自生。是以侯王守道，必先清心寡欲，而后能明理达道，以治天下。

然化而欲作，有时或有悖丁道。当此之时，吾将镇之以无名之朴。无名之朴，乃道之本质，朴素无华，真实无妄。以之镇欲，则欲自消；以之化民，则民自正。故无名之朴，实为守道之利器、治国之法宝。

夫镇欲以无名之朴，非强制也，乃引导也。引导百姓归于道，则欲自不生；引导万物归于理，则化自不乱。是以镇欲者，实乃化欲；化欲者，实乃守道。此乃道之玄妙，治国之深意也。

夫不欲者，心之静也。心静则神明，神明则智慧生。是以不欲以静，乃守道之要诀。侯王若能守此不欲之静，则心无杂念、政无偏私，百姓得以公平，国家得以安定。此不欲之静，实为治国之大道、安民之良策也。

天下将自定者，乃言天下之乱，皆由人心之动也。人心一动，则生种种纷扰；人心一静，则万物皆定。故当以不欲之静之法治人心之动，则天下自定也。

夫道者，玄之又玄，众妙之门。守道者，能明理达道，以治天下；悖道者，则心迷神乱，国乱民苦。是以侯王当深悟道之原义，守道而行，以化万民，以治天下。

夫道者，无形无象，无始无终。然其用无穷，其功无限。守道者，能得其用、享其功；悖道者，则失其用、受其害。当以道为纲、以理为本、以民为命、以国为重。此乃治国之大道，亦守道之真义也。

夫道者，至简至易，至深至微。守道者，能化繁为简、以易治难；悖道者，则化简为繁、以难治易。当以道为法、以简为治、以易为行。此乃人之智慧，亦守道之精髓也。

夫道者，广大无边，深邃无际。守道者，能游于其中，得其奥妙；悖道者，则困于其中，失其方向。当以道为航、以理为舵、以心为灯、以行为舟。此乃以航行喻治国，亦守道之探索也。

夫道者，恒久不变，历久弥新。守道者，能与时偕行，应变无穷；悖道者，则故步自封，终至衰败。

道者，万物之始，万物之母。道常无为而无不为，其妙在于自然，其深在于玄微。侯王若能守之，则万物将自化，而天下得以治也。

循思渐得　道法自然及无为而治之智慧

夫道者，乃万物之始、万物之母也。道常无为，而万物自生；道无不为，而万物自治。此乃道之玄妙，深不可识。侯王若能守道，则万物将自化、天下将自定。

道之理，微妙难明，需悟真之士悉心体认。道也者，无始无终，无中生有，有中归无。道也者，无所不在，无所不包，无所不应。道也者，无声无臭，无形无象，无碍无滞。道也者，变动不居，生生不息，循环无端。道也者，至柔至弱，而能载舟覆舟。道也者，至刚至强，而能摧金断玉。道也者，至明至亮，而能烛照幽暗。道也者，至玄至妙，而能变化无穷。

夫道，简而言之，即为自然之道。自然之道，无强求，无勉强，无执着，无分别。道者，无形无象，无始无终。其常无为，非无所作为，乃不妄为、不强为。顺道而行，随心所欲不逾矩，任万物自化，不加以私意。道隐于微、显于著，无处不在、无时不存。悟道者，心静如水，行止合宜。此乃道之真义，亦即其原义之所在。

盖闻侯王者，一国之主，身行节俭，民自富足；德化四海，国祚绵长。此道之要，王者所当修也。百姓得以安居乐业，国家得以长治久安。然守道非易，必须涤除杂念，归于清静。王者当修心养性，以无为为本，以清静为根，方能洞察民情、顺应天道。治国之道，在于因民之性、顺民之情，不违天时、不夺物性。如此，则百姓安居乐业，国家长治久安，王道荡荡，无为而治，此乃王者之守道也。

夫清静之心，如明镜止水，能照见万物之真相。侯王若能保持此心，则能洞察国情、明了民情。政之所为，必合乎道、合乎民。是以清静之心，乃治国之本，道之所在。清静之政，如春风化雨，润物无声。百姓得以休养生息，国家得以繁荣昌盛。

夫清静之道，简而言之，即为无为而治。无为者，非无所作为，乃不妄为，不违背道。侯王若能守此道，则能顺应民意、合乎天道。是以侯王守道，必先清心寡欲，而后能明理达道，以治天下。

总之，侯王者，一国之主，万民之望。守道之无为，心无贪欲，政无苛扰。清静之心，神明自现，智慧自生。清静之政，百姓安居乐业，国家长治久安。清静之道，无为而治，顺应民意，合乎天道。侯王若能守此道，则能以清静之心，明理达道，治理天下，使国家繁荣昌盛，百姓安居乐业。

夫万物之自化，乃道之自然之功。道之无为，使万物得以按其本性生长，而不受外力之干扰。然有时化而欲作，悖于道之原义。吾将镇之以无名之朴，使民心归于淳厚。无名之朴，乃道之本质，无饰无华，方显自然之妙；朴素无华，方显道之本真，真实无妄，乃道之要义。

镇欲以无名之朴，使民心自化于道，非强制也，乃顺其自然之性；非压制也，乃引导也，导之以无为，使之归于清静，如此则民自安、国自治矣。

而守道之要，在于守心，在于不欲，不欲则心不妄动。不欲者，心无杂念，如明镜止水，无欲无求，方能顺应自然。以静制动，如山之沉稳，不为外物所动；以柔克刚，如水之绕石，无坚不摧。不欲者，心之静也，静则能观万物之变，察世事之微。心静则神明，神明则能洞察秋毫、预见未萌。心静则神明，神明则万物得其序。是以天下将自正，非外力之所为，乃道之自然之功也。

求其镜鉴　　遵循道之生活艺术

夫道者，天地之纲，万物之宗。道常无为而无不为，侯王若能守之，则万物将自化，天下将自定。此道之玄妙，非言语所能尽述，然其处世之借鉴，实可指引天下之人。今欲明道之处世，遂作此篇述之。

道常无为，非无所作为，乃顺其自然，不妄加干预。处世智慧，亦当如此。人之行事，宜顺应天时，合乎人事，不强求，不妄为。夫强求者，必遭反噬；妄为者，终至败露。是以人生在世，当守道之无为，以自然之心应世，则世事自然通顺，人心自然和谐。

侯王若能守道之无为，则万物将自化。此理之于处世亦复如是。为人主者，宜守道之德，以无为之心驭有为之事。不恣意妄为，不贪求无厌，则百姓得以安居乐业，国家得以长治久安。而为人臣者，亦当守道之节，以忠诚之心事君，以敬慎之心待人。

然世事纷扰，人心易动。化而欲作，乃人之常情。然欲念一起，则易失道之真。是以人生在世，当镇之以无名之朴。无名之朴，乃道之本质，朴素无华，真实无妄。以之镇欲，则欲自消；以之化人，则人自正。夫镇欲者，非强制也，乃引导也。引导人心归于道，则欲念自不生；引导行为合于理，则纷扰自不乱。

镇欲以无名之朴，不欲以静。不欲者，心无杂念，无欲无求。以静制动，以柔克刚。心静则神明，神明则智慧生。是以人生在世，当修心养性，以静制动。遇事不惊，遇变不乱，则能明辨是非、洞悉真伪，不为外物所动，不为欲念所扰。

《道德经》"无为"之旨，其理深而无穷。道常无为而万物生，道本无象而化育群生。顺乎自然，使万物续续不息。故无为实为不妄为、不强为也。老子云，治国者若能恪守道之原则，行"无为而无不为"之道，即可臻于"天下自治"之境。大道无为，自行其道，乃和谐有序；治国者无为，国家乃大治，百姓乃安宁。老子复呼吁，当循"无为而无不为"之原则以理国事，是以引出"民多欲，吾以无名之朴镇之"之论。道欲治多欲，必先守虚无。故无为之目标，在于求得朴而镇之也。

不欲以静，天下将自定。此道之至理，亦处世之至要。夫天下之所以纷乱，皆因人心不静、欲念横生。若能守道之静，则人心自然安定，世事自然和谐。是以人生在世，当以静为本、以和为贵。不争不斗，不怨不恨。与人为善，则人亦善之；与人为恶，则人亦恶之。夫处世智慧，贵在守道。守道者，能明理达道，以道驭世；悖道者，则心迷神乱，为世所役。是以人生在世，当深悟道之原义，以道为鉴，以道为行，则能处世如游鱼得水，自在无碍。

当以道为鉴，以道为行。遇事则以道观之，遇人则以道处之，则能处世如道、行事如理，天下之人当以谦虚之心学道之精义，以敬畏之心行道之真，则能日新又新，不断进步。

处世智慧，又在于忍。忍者，非软弱也，乃智慧也。能忍者，则能容人之所不能容，行人之所不能行，则能化干戈为玉帛、化敌为友。

下篇 德经

第三十八章

经云：上德不德，是以有德；下德不失德，是以无德。上德无为而无以为，上仁为之而无以为，上义为之而有以为，上礼为之而莫之应，则攘臂而扔之。故失道而后德，失德而后仁，失仁而后义，失义而后礼。夫礼者，忠信之薄而乱之首。前识者，道之华而愚之始。是以大丈夫处其厚，不居其薄；处其实，不居其华。故去彼取此。

读经浅悟　　道德仁义与治国修身之道

夫上德不德，是以有德；下德不失德，是以无德。此言道德之深浅，人心之真伪也。上德者，心无挂碍，行无痕迹，自然而然，与道合真。是以其德非德，乃真德也。下德者，拘于形名，泥于规矩，虽终日言德，而实离德远矣。此道德之所以分上下，人心之所以别真伪也。

上德无为而无以为，此至道之自然也。夫道者，无形无象，无声无臭，大而化之之谓圣，神之通之之谓神。是以至人无为，大圣不作，其行事也，若出于无心、成于无意。

上仁为之而无以为，此仁者之本性也。仁者爱人。恻隐之心，人皆有之。其行事也，出乎自然，不求回报。上义为之而有以为，此义者之裁制也。义者宜也，因事制宜，因时制宜。其行事也，虽有所为，而必合于理、合于道。

上礼为之而莫之应，则攘臂而扔之。夫礼者，定亲疏、决嫌疑、别同异、明是非者也。然礼之至者，不烦而民自化；礼之薄者，虽设而民莫从。是以上礼为之，而人或莫之应，则必攘臂而扔之，以求其应。此礼之所以为薄而乱之首也。

夫道者，万物之母；德者，道之显也。道隐无名，德显有为。失道而后德，失德而后仁，失仁而后义，失义而后礼。此道德仁义之所以次第而衰、人心之所以渐失其本也。夫礼者，忠信之薄而乱之首。礼之设也，本以定亲疏、决嫌疑、别同异、明是非。然末世之礼，繁文缛节，徒饰其表，而失其本。是以忠信之质渐薄，而乱之首由是而生。

前识者，道之华而愚之始。夫前识者，预见未来，揣摩机巧，以求功利。然其道不实、其华不真。虽有所得，而实有所失。是以道之华者，愚之始也。夫大道至简，至易至行。而前识者泥于繁文，迷于巧智，离道愈远，而失其本真。

是以大丈夫处其厚，不居其薄；处其实，不居其华。夫厚者，道德之基也；实者，仁义之本也。大丈夫立志于道，务本于德，不求其华，不务其末。是以能处厚而不处薄，处实而不居华。此大丈夫之所以为真丈夫，而能立足于天地之间也。

夫道者，无始无终，无形无象。而人心之迷，或有始终，或有形象。是以失道者众，而得道者寡。然大道至公，不偏不倚。虽众人皆迷，而真道自在。有志于道者，但能去彼取此、去薄取厚、去华取实，则道不远人，而人自能得道。

故天下之人当以道德为本、仁义为魂、礼义为表。不为物欲所迷，不为巧智所惑。务在修心养性，以求与道合一。

夫道者，天下之母，万物之宗。天下之人若能得其一二，则立足于天地之间而无愧于此生也。

天下之人当知，道德非外物也，乃天下之人心中固有之物。若能去其私欲、忘其机巧，则道德自现而仁义自生。夫礼者，虽为薄物，然亦不可尽废。但当以忠信为本，以仁义为魂，则礼虽薄而能厚，虽华而能实。

循思渐得　道德仁义与天地大道

上德不德，是以有德；下德不失德，是以无德。此言道德之高下，不在于形式之固守，而在于内心之自然。上德者，无为而治，不言之教，其德自显；下德者，刻意求之，失其自然，故曰无德。道德之于人，如影随形，不可须臾离也。然道德非外物，乃人心之内在，故曰"上德不德"，以其本于自然，无所作为而自然有德也。

上德无为而无以为，此言上德者之行，顺应自然，无所作为，而事自成。无为非无所作为，乃顺应自然、因势利导，使万物各得其所。故上德者之行，如春风化雨，润物无声，而万物皆生。

上仁为之而无以为，上义为之而有以为，上礼为之而莫之应，则攘臂而扔之。此言仁义礼之次序，亦道德之层次也。仁者，爱人之心，行之而无以为，以其本于自然之情感，无所求而自然为之；义者，宜也，行之而有以为，以其有所权衡、有所取舍，然犹不失其正；礼者，则外在之规范，行之而莫之应，则强力以行之，此已失道德之本义，而流于形式矣。故曰：夫礼者，忠信之薄而乱之首。礼之失，非礼之过，乃人心之不古，道德之沦丧也。

故失道而后德，失德而后仁，失仁而后义，失义而后礼。此言道德仁义礼之递失，亦人心之逐渐沦丧也。道者，万物之本源，无形无象，而无所不在。失道则无以立，故曰失道而后德。德者，道之体现，人心之内在。失德则无以行，故曰失德而后仁。仁者，爱人之心，行善之举。失仁则无以和，故曰失仁而后义。义者，宜也，行之有度。失义则无以正，故曰失义而后礼。礼者，外在之规范，人心之末节。失礼则无以序，而乱之所由生也。

前识者，道之华而愚之始。此言智慧之真伪，亦道德之真伪也。前识者，预知未来，洞察秋毫，然此非真智，乃道之华而不实者也。以其偏离道德之本，而追求外在之知，故曰愚之始也。真智者，非预知未来，非洞察秋毫，而是明道建德，顺应自然，无为而治。

是以大丈夫处其厚，不居其薄；处其实，不居其华。大丈夫者，有志之士也。处厚不薄，以其厚德载物，能容能忍；处实不华，以其实行仁义，不务虚名。此乃道德之真义，亦人生之至境也。

综而言之，道丧而德生，德丧而仁生，仁丧而义生，义丧而礼显。道德之沦丧，犹大树之根枯，逐步导致干空叶枯，终至树倒。社会之中，道德之沦丧亦如此，逐步蔓延，终致社会动荡不安。

礼者，忠信之缺乏也，道、德、仁、义衰微之时方现，故为社会不稳之祸首。当人背道德、弃仁爱、舍正义，方追求礼节仪式，以此弥补内心空虚。然礼节仪式，不过表面装饰，非但不能解决问题，反掩盖问题真貌，加剧社会问题。

故忠信守道之人,处世宜敦厚而不轻薄,实在而不虚华。忠信为道之基本,立身之根本。

吾人当舍轻浮华丽,取厚重朴实。追求真道德,以道为根,以德为基,以仁爱为本,以正义为矩,以实践行道德之真义。若此,则人生之意显矣,亦可以微力助于世之进步也。

求其镜鉴　　　　　　生活与实践之统一

夫上德不德,是以有德;下德不失德,是以无德。夫道德之深微,岂易窥其全豹乎?然求诸古训,抑或有得。上德无为而无以为,其理至矣。夫无为者,非无所作为也,乃顺乎自然,不妄为也。是以天地长存、日月常明,皆无为而功成者也。君子处世,当效法天地,抱道守真,不为物欲所累,不为名利所诱。心无杂念,行无妄为,则自然合道,有德而不自知也。

上仁为之而无以为,仁人之所以异于众人者,以其无私也。夫仁者爱人,其为之也,出乎爱心,非有所求。是以仁人之行,虽或有劳,而心无怨怼。君子当以仁为心,行仁政,施仁德,则天下归心,万民乐业矣。

上义为之而有以为,义者所以定是非、明曲直也。然义之为用,亦当适中。过则近于刻薄,不及则失于姑息。是以君子行义,必求其平,无过无不及。则人心服、是非明,而世道得以清平矣。

上礼为之而莫之应,则攘臂而扔之。夫礼者,所以定亲疏、别贵贱、明尊卑也。然末世之礼,繁文缛节,徒有其表,而失其实。是以行之而人莫之应,反致纷扰。君子当知,礼之本在于心,非在于物。若心无诚意,虽陈设百礼,亦无益也。故当去其浮文,求其实质,则礼之用得以复其本矣。

故失道而后德,失德而后仁,失仁而后义,失义而后礼。夫道者,万物之源也;德者,道之显也。道之不显则为德,德之不存则为仁,仁之不立则为义,义之不行则为礼。是以道德仁义,皆人心之所本有,而世道之所由治也。然末世之人,离道日远,而德仁义礼亦随之而衰。君子当反求诸己,求其本心。

夫礼者,忠信之薄而乱之首。夫礼之本在于忠信,而末世之礼,徒具形式而无忠信之实。是以行之而人心不服,反致纷扰。若心无忠信,虽陈设百礼,亦不足以致人心之服也。故当去其虚文,求其实质,以忠信为本,以礼为末。

前识者,道之华而愚之始。夫前识者,见事之末而不见其本,知物之粗而不知其精。是以虽有所得,而实有所失。君子当以大道为心,不务前识,而务真知。真知者,见事之本,知物之精,不为物欲所蔽,不为名利所诱。则能洞察世事、明辨是非,而不为前识所误矣。

是以大丈夫处其厚,敦兮其若朴,不居其薄,薄则易倾矣;处其实,诚兮其若金,不居其华,华则易衰矣。夫厚者,地之德也,广载万物,道德之基也,基固则行远;实者,天之道也,诚育群生,仁义之本也,本立则道生。大丈夫当以厚德为本,若山之重,岿然不动;实行仁义,若水之流,润物无声。不求虚名,名者实之宾,实至名自归;不务浮华,华者实之表,实盛华自显。故大丈夫之行,贵在于实,厚积而薄发,敦朴而致远,此为仁义之要、立身之本、处世之道也。

故去彼取此,乃处世之要道也。去彼者,去其浮文虚饰,去其名利之心;取此者,取其道德仁义,取其忠信之本。则能明心见性,复其古道,而与世无争矣。

君子处世,当以道德为心,以仁义为行,以礼为表,以忠信为本。则能立足于天地之间,而无愧于天地之心矣。夫天地之大德曰生,君子当效法天地之大德,以生生不息之心,行生生不息之道。则世道可望其清平,人心可望其向善矣。

第三十九章

> 经云：昔之得一者：天得一以清，地得一以宁，神得一以灵，谷得一以盈，侯王得一以为天下正。其至也，谓：天毋已清将恐裂，地毋已宁将恐发，神毋已灵将恐歇，谷毋已盈将恐竭，侯王毋已贵以高将恐蹶。故必贵而以贱为本，必高矣而以下为基。夫是以侯王自谓孤、寡、不穀。此其贱之本与？非也？故致数与无与。是故不欲禄禄如玉，珞珞如石。

读经浅悟　　得一之道与治国修身之道

昔之得一者，何谓"一"？一者，道之本体也，无形无象，无声无臭，超乎万物之上，而贯乎万物之中。天地人神，皆由此一而生，皆由此一而存。《道德经》云："道生一，一生二，二生三，三生万物。"一者，道之始也，万物之母也。故得一者，即得道之全体大用，无往而不胜，无物而不包。

天得一以清，地得一以宁，神得一以灵，谷得一以盈，侯王得一以为天下正。此言天地神谷及侯王，皆须得一以成其德。天之所以清，以其得一而无私欲之扰；地之所以宁，以其得一而无动荡之忧；神之所以灵，以其得一而无昏昧之蔽；谷之所以盈，以其得一而无枯竭之患；侯王之所以能为天下正，以其得一而无偏私之弊。故曰："得一者，万物之始也；失一者，万物之终也。"

至清至宁，恐裂恐发。其至也，谓：天毋已清将恐裂，地毋已宁将恐发，神毋已灵将恐歇，谷毋已盈将恐竭，侯王毋已贵以高将恐蹶。此言天地神谷及侯王，虽得一以成其德，然亦须知其至极之害，不可过之。天若过清，则将裂而崩颓；地若过宁，则将发而震荡；神若过灵，则将歇而昏昧；谷若过盈，则将竭而干枯；侯王若过贵以高，则将蹶而颠覆。故知"一"虽好，然不可过，过则生灾，此天地之常道、人神之定理也。

贵贱高下，本末相须。故必贵而以贱为本，必高矣而以下为基。此言贵贱高下，皆相对而言，不可偏废。贵者，以贱为本，无贱则贵无所立；高者，以下为基，无下则高无所依。故侯王虽尊，然亦须知民为邦本、本固邦宁。若忘其本，而唯贵是求、唯高是务，则必将失其民，而国危矣。

是以侯王自谓孤、寡、不榖，此其贱之本与，非也？侯王自谓孤、寡、不榖，非真以贱为本，乃谦下之词，以示不敢自高自大而忘其本也。故知侯王之道，在于贵而不忘贱、高而不忘下，常以谦下为本，而后能长治久安。

致数与无与，不欲禄禄如玉。故致数与无与，是故不欲禄禄如玉，珞珞如石。此言侯王之道，在于致虚守静、无为而治。数与，即与物相数，有所作为也；无与，即不与物相数，无所作为也。侯王若能致虚守静，不与物相数，则能无为而治，天下自定。若好为禄禄如玉之美，则必失其本真；若能为珞珞如石之朴，则能保其常德。

一以贯之，道之全体。昔之得一者，其所以能成其德，皆以一贯之也。一者，道之全体也，贯乎天地神谷及侯王之中而无所不在。故得一者，即得道之全体，而能成其大德。天地之所以清宁，神之所以灵，谷之所以盈，侯王之所以正，皆由此一而贯之也。故知"一"之重要，莫过于此。

道德之经，以道为本，以法为用。道者，无为而无不为也；法者，有为而有所不为也。侯王若能体道而行、无为而治，则天下自定、百姓自安。若违道而行，有为而乱治，则天下自乱、百姓自危。故知侯王之道，在于体道而行，无为而治，不言之教，无为之益，此其大要也。

道为体，德为用；道为本，德为末。故言道必及德、言德必及道，二者不可偏废。侯王若能体道而行德，则能成其大德，而天下归心；若体道而不行德，或行德而不体道，则必失其本，而天下离心。故知道德与仁义，相须而成，不可偏废。

循思渐得　　　　　　　　　　　　　　　　道之真与心之归

　　昔之得一者，此言何意？一者，道之本体，无形无象，而又能生有形有象之万物。天得一以清，明净无垢，照彻万物；地得一以宁，安稳不动，承载众生；神得一以灵，智慧通明，洞悉幽微；谷得一以盈，源泉不竭，滋养四方；侯王得一以为天下正，秉持大道，治理有方。此言天地神谷及侯王，皆因得一而成就其至高之德，以显其道。一者，虽无形而实有，虽无声而能响，贯乎万物之中，而无所不在。

　　天之所以清，乃因其得一而无私欲之扰，心无杂念，故能明澈如洗；地之所以宁，乃因其得一而无动荡之忧，安稳如山，故能承载万物。神之所以灵，乃因其得一而无昏昧之蔽，智慧通明；谷之所以盈，乃因其得一而无枯竭之患，源泉不竭；侯王之所以能为天下正，乃因其得一而心无偏私之弊，行事公正无私，顺应自然，合乎大道。故能得民心、安天下，使万物各遵秩序、共谋发展。此皆得一之妙用，而能显其大德也。故知"一"之重要，莫过于此。

　　至清至宁，恐裂恐发，道之极致，须知节制。然得一者，虽得大道之要，亦须知其至极之害，不可妄为，不可过之。天毋已清将恐裂，地毋已宁将恐发，神毋已灵将恐歇，谷毋已盈将恐竭，侯王毋已贵以高将恐蹶。此言天地人神及侯王之道，虽得一以成其德，光耀万世，然亦须谨慎行事，知其至极而不过。过之则生灾，败德伤身，此天地之常道、人神之定理，不可不察也。

　　故知得一者，须知节制之道。节制者，非压抑也，非剥夺也，乃顺应自然、合乎道理之谓也。天清而不裂，地宁而不发，神灵而不歇，谷盈而不竭，侯王贵而不蹶，皆节制之功也。故知得一者，须知节制之道，而后能长久。

　　贵贱高下，本末相须，侯王之道，在于谦下。故必贵而以贱为本，必高而以下为基。此言贵贱高下，皆相对而言，不可偏废。贵者以贱为本，无贱则贵无所立；高者以下为基，无下则高无所依。故侯王之道，在于贵而不忘贱、高而不忘下。

　　侯王自谓孤、寡、不穀，非真自贬以贱为本也，乃谦下之词，以示其不忘本、不骄盈之心。盖侯王之位尊高无上，而能自谓孤寡，是知贵贱之本、明高下之基，此乃大智大慧也。侯王若能以谦下为本，不妄自尊大，不肆意妄为，则能得民心之向背，而天下归之如流水之就下。盖民心向背，乃国家之根本，得民心者得天下，失民心者失天下。若侯王忘其本，而唯贵是求，唯高是务，肆意妄为，不顾民心，则必将失其民，而国危矣。故知侯王之道，不在于尊高之上，而在于谦下为本。唯能谦下，方能得民心，方能长治久安。是以侯王当以谦下为本，不忘其初，不悖其道，方能保其位、安其国，而传世无穷。此乃《道德经》之教义，亦侯王治国之大道也。故曰侯王之道，谦下为本，而后能长治久安，此之谓也。

致数与无与，不欲禄禄如玉、珞珞如石。故致数与无与，皆应顺乎自然，是故不欲禄禄如玉之华而不实，而愿珞珞如石之朴而坚贞。此言侯王之道，当以无为为本，不言为教，化民成俗，使天下归于自然之治也。数与，乃与物相纠缠，心随物动，有所作为也，然多生纷扰；无与，则不与物相牵绊，心静如水，无所作为也，而能得清静。侯王若能致虚守静，不以外物乱心，不与世相纷扰，则能行无为之治、不言之教。如此则百姓自化，天下自定，无须强力干预，而万物皆得其序。

禄禄如玉者，华丽之词也；珞珞如石者，质朴之词也。侯王若好为华丽之词，以教民矣，则民必厌之；若能为质朴之词，以身作则，则民自化。故知侯王之道，不在于外饰之美，而在于内德之实。不欲禄禄如玉，而欲珞珞如石，此乃侯王之道也。

求其镜鉴　　道与生活智慧之融合

昔之得一者，其于天下万物，皆能洞察其本，而顺应其自然。天得一以清，地得一以宁，神得一以灵，谷得一以盈，侯王得一以为天下正。此皆得一之妙用，而人生处世，亦当得一以自镜鉴，而后能明理达道，不为世俗所迷。昔之得一者，非独天地神谷侯王也，凡人生于世，皆当得一以自处。何谓得一？一者，道之本体，无形无象，而又能生有形有象之万物。

天得一以清，地得一以宁，此言天地之道，皆以清宁为本。人生处世，亦当以清宁为心，不为物欲所扰，不为名利所迷。清心寡欲，则能明理见性，而洞察万物之本；宁神定志，则能守道而行，而不为世俗所动。故清宁者，人生处世之根本也。

神得一以灵，此言神之妙用，皆在于一。人生于世，亦有神之存在，即人心之灵明。故灵明者，人生智慧之源泉也。人当以灵明为本，而修养心性，以明理达道。若失其灵明，则必为物欲所迷，为世俗所困，不得自在。

谷得一以盈，此言谷之生长，皆在于一。人生于世，亦有如谷之生长者，即人之生命。充盈者，人生幸福之根本也。人当以充盈为本，而保养身心，以享天年。若失其充盈，则必为疾病所困，为忧愁所扰，不得安宁。

侯王得一为天下正，此言侯王之道皆在于一。人生于世，亦有如侯王者，即人之社会地位。故正道者，人生处世之准则也。人当以正道为本，而修身齐家治国平天下。若失其正道，则必为邪恶所侵，为乱世所困。

然得一者，亦有其至极之害。天毋已清将恐裂，地毋已宁将恐发，自然之理，不可违逆。神毋已灵将恐歇，谷毋已盈将恐竭，亦皆物极必反之象。侯王毋已贵以高将恐蹶，此乃人道之常，不可不慎。此言天地神谷及侯王，虽得一以成其德，光耀四方，然亦须知物极必反、至极生害之理，而不可过之。过之则失道，失道则败亡，此乃天地之常道、人道之定理也。过之则生灾，此天地之常道、人神之定理也。故人生处世，亦当知节制之道，而不可过之。节制者，非压抑本性使之不得舒展，非剥夺所需令其陷入困顿。实则顺应自然之理，合乎大道之行也。故节制之道，乃在调和内外、平衡阴阳，使万物各得其所，而皆能生生不息。人若能节制其欲望，则能保其身心之健康；若能节制其言行，则能避开灾祸。故节制者，人生处世之智慧也。

故必贵而以贱为本，必高而以下为基。此言贵贱高下，皆相对而言，不可偏废。人生于世，亦有贵贱高下之分。然贵者不可忘其贱，高者不可忘其下。忘其贱则失其本，忘其下则失其基。初心者，人之本性也，即道之本体。人若能守其初心，则能明理达道，而不为世俗所迷。

是以侯王自谓孤、寡、不穀，此非真以贱为本也，乃谦下之词也。侯王若能以谦下为本，则能得民心，而天下归之。人生处世，亦当以谦下为本。谦下者，非自卑也，非自贱也，乃尊重他人、尊重自己之谓也。人若能以谦下为本，则能得人之敬爱，诸事顺遂。故谦下者，人生处世之法宝也。

故致数与无与，是故不欲禄禄如玉，珞珞如石。此言人生处世，当以无为而治。不言之教为准则。数与，即与物相数，有所作为也；无与，即不与物相数，无所作为也。人生于世，亦有数与无与之分。然数与者不可过之，无与者不可不及。过之则生灾，不及则无功。故人生处世，当以无为而治为本，而以有所作为为用。无为而治者，非无所作为也，乃顺应自然、合乎道理之谓也。人若能以无为而治为本，则能身心自在，事业有成。

不欲禄禄如玉者，言人之处世，不可过于华丽也。华丽者，虽美而不实，易为人所厌。质朴者，真诚也，自然也。

珞珞如石者，言人之处世，当如石之坚硬也。石虽无华，然坚硬不屈，能为人所重。故人生处世，当以坚强为本，而不可如浮萍之无根。坚强者，勇敢也，坚韧也。珞珞如石者，朴实无华也。

第四十章

> 经云：反者道之动，弱者道之用。天下万物生于有，有生于无。

读经浅悟

反弱与弱用之道

夫反者道之动兮，弱者道之用也。盖天地之大德兮，万物之攸归。天下万物兮，生于有也；有生于无兮，道之奥微。是以观乎反弱，则知大道之行矣。

夫反者，非反乎物也，乃反于心也。心之反兮，犹水之源，静则清，动则浊。故能反其心者，则能明其性、达其道。道之动兮，如日月之行，昼夜不息，而万物生焉。反者道之动，此之谓也。

弱者，非弱者之力也，乃弱者之德也。力之弱兮，犹木之嫩，不可当风；德之弱兮，犹水之柔，能穿坚石。故能弱者道之用，则能柔克刚、弱胜强。道之用兮，如春风之化，润物无声，而生机发焉。弱者道之用，此之谓也。

天下万物兮，生于有也。有者，形之所见、名之所著也。然有生于无，无者，道之体也，万物之母也。无形无象，无声无息，而能生万有。故知有生于无者，则知天地之始、万物之根。此大道之原，天地之心也。

夫道之行也，不在乎强力，而在乎反弱。强力者，虽暂胜而必败；反弱者，虽暂屈而必胜。是以知反知弱，则知道矣。知道者，知万物之始、万物之母，知生死之源、祸福之基。此大道之要、修身之本也。亦不在乎外求，而在乎内省。外求者，虽得而必失；内省者，虽无而实有。是以知反知弱者，则能内省矣。内省者，反诸己也，弱其志也。反诸己则明，弱其志则强。此内省之道、修身之要也。

夫道之用也，不在乎刚强，而在乎柔弱。刚强者，易折而难全；柔弱者，能屈而能伸。是以知弱者道之用，则能用道矣。用道者，用其无，成其有；用其静，成其动。此大道之妙，治国之权也。亦不在乎繁文，而在乎简质。繁文者，虽华而不实；简质者，虽朴而全。是以知弱者道之用，则能简质矣。简质者，去其伪、存其真也。去其伪则清，存其真则明。

　　反者道之动，犹日月之更迭、四时之代谢。弱者道之用，犹草木之生长、江海之汇聚。故知反知弱，则知天地万物之运行，知大道之流行。此智者之所以为智、贤者之所以为贤也。反者道之动，弱者道之用。此大道之原，修身治国之本也。故君子体道而行，反于心、弱于德、动以时、用以宜，则能近道矣，亦能知道之原义矣。

　　且夫道之微妙兮，非言语之所及；道之广大兮，非心思之所量。反弱之用兮，道之至简至易者也。是以知反知弱者，则能近道矣。近道者，心清神宁，气和志定，自然能致人生之大成，成天下之大治。

　　夫道者，乃天地之根、万物之宗，至虚至灵，妙用无方，至无至有，潜藏显现。道体虚无，而能生万有；道性灵动，而能应万变。故道之为物，不可得而见，不可得而闻，唯以心悟神也。

　　反者道之动，此言道之运行，常反于常道、逆于世俗。道不循规蹈矩，不随波逐流，而能逆天而行、反俗而动，故能生生不息，变化无穷。弱者道之用，此言道之用力，不在于强而在于弱。道以柔弱为用，而能胜刚强；以无为为事，而能成大有。故道之用，如绵绵细雨，润物无声，而能滋养万物，成就其生。故知反知弱，则知道矣；知道则能体道矣；体道则能行道矣。行道者，近道也；近道者，知原也。

循思渐得　　　　　　　　　　道之微妙与万有之源

　　夫反者道之动，弱者道之用。此言天地之间，万物之化，皆出乎反与弱，而后能显其动、用之妙也。夫天下万物生于有，有生于无，此又示人以大道之本、万有之源。

　　夫道者，至虚至灵，至无至有。其动也微妙，其用也广大。反者，道之动也。动非徒形之动，亦神之动；非徒物之动，亦心之动。故曰反者道之动，乃言心物之相反相成，神形之相交相济也。夫物极必反、盛极必衰，此乃天道之常。而人心之动，亦莫不如此。是以知反者，能知天地之心，能达人道之极。

弱者，道之用也。用非徒力之用，亦智之用；非徒形之用，亦神之用。故曰弱者道之用，乃言以柔克刚、以弱胜强、以智驭力、以神御形也。夫弱者，非真弱也，乃强之至也。弱者能守、能忍、能屈、能伸。是以知弱者，能知大道之微，能用大道之妙。

天下万物，生于有，有生于无。此乃大道之始、万有之源。有者，形质之所见；无者，精神之所寓。有生于无，犹形生于神、质生于气。无者，非真空也，乃含藏万有、孕育生机。故知有生于无者，能知万有之本，能达大道之源。

反者，必自反与弱始，必自有与无入。反则能见天地之心，弱则能用大道之妙；有则能知万有之本，无则能达大道之源。是以求道者，必能反于心、弱于志、有于形、无于神，则能近道矣。

夫道者，微妙难测，广大难容。然其动也必反，其用也必弱。反弱之间，大道存焉。是以求道者，必能体道而行，反于心，弱于志。心反则神明，志弱则气强。神明气强，则能悟道，达道之极。道至简至易，至深至奥。反者道之动，弱者道之用，天下万物生于有，有生于无。此四者，乃大道之纲领、万有之根源。求道者，必自此四者入手，必能得大道之真、万有之源。

且夫天下万物，虽生于有，而实本于无。有者可见，无者难知。然无者实有，有者实无。无中生有，有复归无。此乃大道之循环、万有之变化。求道者，必能知此，必能体此。知此体此，则能近道矣。

道之孕，起于无，应老子所云"无，名天地之始"。道之德，即无之态。人处于宇宙，若沧海一粟，渺小甚矣。然人喜夸己，此虚妄也。人起妄心，违自然之律，恣意妄为，逆道而行，皆道之大敌，现实中比比皆是。人自视为强、自视为智，易生妄自尊大之心，此亦不知己之表现，终将自毁。避此结局，须人自省，顺道而行，知生死皆自然。如是可免妄想之灾。人生如旅行，始于起点，终归起点，循环往复，不可逆转，非人意志所能左右。生必有死，道之自然规律，无人能改。

求道，非一人一己之力。必须心志坚定、循序渐进，方能得之。是以求道者，必能勤学不辍，心志如一。

且夫求道者，必能知其难而为之，知其险而赴之。难者，道之难明也；险者，道之难行也。然难者不难，险者不险，唯在人心。人心若定，则道自明；人心若强，则道自行也。

求其镜鉴　　　　　　　　　　　道家智慧，镜鉴人生

夫反者道之动，弱者道之用，此乃天地之常，亦人生之鉴。天下万物生于有，有生于无，此又示人以万物之始、大道之源。

夫反者道之动，非徒物之反，亦心之反。物极必反，事穷必变，此乃天道之常。而人心之动，亦当顺此理也。盖人心之反，在于知止，知止而后能定，定而后能静，静而后能安，安而后能虑，虑而后能得。是以处世之际，当知所止，勿使贪心炽盛而失其本心。知止则不殆，此反者道之动也。

弱者道之用，非徒力之弱，亦心之弱。弱者能守、能忍、能屈、能伸。是以处世之际，当以弱胜强、以柔克刚。夫强者易折，弱者易存。心弱则能容，能容则能大；力弱则能谦，能谦则能久。故人生在世，当以弱为本、以和为贵。勿以力强而自矜，勿以势大而凌人。此弱者道之用也。

天下万物生于有，有生于无。此乃大道之始，亦人生之本。且夫天下之物，虽生于有，形质可拘，而实本于无，妙用难测。有者可见，形而下之器；无者难知，形而上之道。然无者实有，蕴藏于内；有者实无，幻化于外。是以处世之际，当从无入有、从有归无。无中生有，有复归无，此乃大道之循环，亦人生之变幻。故人生在世，当知有无相生、难易相成、长短相形、高下相倾、音声相和、前后相随。是以圣人处无为之事、行不言之教，万物作焉而不辞，生而不有，为而不恃，功成而弗居。夫唯弗居，是以不去。此天下之物生于有、有生于无之鉴也。

夫处世智慧，贵在和而不同。和者，谐也；不同者，异也。然同而不和，则生纷争；异而能和，则成和谐。故人生在世，当求同存异，以和为贵。勿以己见而强求于人，勿以人非而自谓独是。当以宽容之心待人，以平和之气处事，则能和而不同、处世无忧。亦贵在诚信。诚信者，立人之本也。无信不立，无诚不行。故人生在世，当以诚信为本，言行一致，表里如一。勿以

虚言欺人，勿以伪行害己。当以真诚之心待人、以信实之行处世，则能立足于世、行稳致远。处世智慧，千条万绪，然其要在于明理、知止、守弱、求和、知进退、讲诚信、存敬畏。此七者，乃处世之根本，亦人生之指南。

且夫人生在世，当知进退之机、明得失之理。进者有时，退者有时；得者有时，失者有时。故人生在世，当审时度势，知进知退，知得知失。勿以进为喜，勿以退为忧；勿以得为骄，勿以失为耻。当以平常心待之，则能进退自如，得失不惊。当知敬畏之心。敬畏者，对天地之敬畏，对人之敬畏也。夫天地之大、人之众多，岂可恣意妄为、无所顾忌？故人生在世，当敬畏天地、敬畏人心。勿以己力而凌天地，勿以己欲而伤人心。

第四十一章

经云：上士闻道，仅能行之；中士闻道，若存若亡；下士闻道，大笑之——不笑不足以为道。故建言有之：明道若昧，进道若退，夷道若纇。上德若谷，大白若辱，广德若不足，建德若偷，质真若渝，大方无隅，大器免成，大音希声，大象无形。道隐无名。夫唯道，善始且善成。

读经浅悟　　　　　　　　　　　　　　　　　道与人心之关系

夫闻道者，乃能明理。上士者，智慧超群，心性明澈，故能闻道而悟其真谛。然悟道非易，行道更难。上士虽能悟道，但亦仅能行之，盖因道之深奥，非言语所能尽述，非思维所能全解，必待实践方能证悟。此乃上士之行道也。中士者，智慧平平，心性未定，故闻道之时，或有所悟，或无所感，若存若亡，难以把握。此乃中士之疑惑也。盖因中士之心性尚未纯净，故难以完全领悟道之奥妙。下士者，智慧浅薄，心性顽固，故闻道之时，非但无所悟，反而大笑之。然若道不令人笑，则不足以称其为道。盖因道之深奥，非浅薄之人所能理解。此乃下士之无知也。道之深浅，在乎人心，非道之隐显也。

明道若昧，非道之不明，乃人心之未悟也。进道若退，非道之不进，乃人心之未坚也。夷道若纇，非道之不平，乃人心之未直也。上德若谷，非德之不高，乃人心之未广也。大白若辱，非白之不纯，乃人心之未净也。广德若不足，非德之不广，乃人心之未满也。建德若偷，非德之怠惰，乃人心之未勤也。质真若渝，非质之不真，乃人心之未诚也。

大方无隅，大器免成，大音希声，大象无形。道隐无名。夫唯道，善始且善成。此言实乃揭示道之本质，及道与万物之关系也。

　　大方无隅者，言其广大无边，无有界限，故无隅可寻。此乃道之无限性也。大器免成者，言其宏大之器，非由人为造作而成，乃自然而成。此乃道之自然性也。大音希声者，言其宏大之音，非由耳目所能听闻，乃心领神会。此乃道之超越性也。大象无形者，言其宏大之象，无有形状，故无形可象。此乃道之无形性也。

　　道隐无名者，言道之深奥难测，隐而不显，无名可名。然虽无名，实乃万物之本源，故曰"夫唯道"。道之善始且善成者，言道之普惠万物，使万物得以生长成就。此乃道之慈悲性也。

　　夫道者，无贵无贱，无荣无辱。人心若能平等视之，则能明道；若能虚心受之，则能得道。道非高下可分，人心自高下；道非荣辱可论，人心自荣辱。故求道者，宜去其偏见、守其中正，以平等心待道，以敬畏心行道。

　　是以夫求道者，宜深思其道，明其原义。道不在外，而在内；道不在远，而在近。人心若能悟道，则能得道；若能行道，则能成道。道之原义，非他物也，乃人心之所感、所悟、所行也。

　　夫道者，人心若能悟之，则能明理；若能行之，则能得道。道之原义，在乎人心，非在外物。故求道者，宜自求诸心，以心求道，以道养心，则道之原义可得矣。

道之理解与实践

　　夫上士闻道，仅能行之，此乃求源之始也。中士闻道，若存若亡，或迷或悟，未能定心。下士闻道，大笑之——不笑不足以为道，此其固陋，岂知真源之所在乎？故悟道，必以仅能行之为上，心无旁骛，方得真道。

　　明道若昧，此乃真源之隐也。夫道之为物，无形无象，非目之所及，非耳之所闻。故明者视之若昧，非真昧也，乃道之深邃，难以窥见。进道若退，此乃真源之曲也。夫道之行，非直非捷，常需曲折迂回，方能渐进。故进者似退，非真退也，乃道之幽微，难以直取。

　　夷道若颣，此乃真源之朴也。夫道之质，平淡无奇，不尚华饰。故夷者似颣，非真颖也，乃道之朴素，难以华饰。上德若谷，此乃真源之虚也。夫德之高，非以盈满为贵，而以虚怀为美。故上者似谷，非真谷也，乃德之虚怀，难以盈满。

大白若辱，此乃真源之晦也。夫白之至，非以显耀为荣，而以含光为贵。故大者似辱，非真辱也，乃白之含光，难以显耀。广德若不足，此乃真源之谦也。夫德之广，非以自足为美，而以谦和为贵。故广者似不足，非真不足也，乃德之谦和，难以自足。

建德若偷，此乃真源之慎也。夫建之立，非以速成为功，而以稳健为要。偷，意为惰，建者似怠惰，非真怠惰也，乃德之稳健，难以速成。质真若渝，此乃真源之变也。夫质之真，非以固守为常，而以变通为妙。故质者似渝，非真渝也，乃真之变通，难以固守。

大方无隅，此乃真源之广也。夫方之大，非以有界为限，而以无垠为极。故大者无隅，非真无隅也，乃方之广漠，难以界限。大器免成，此言非谓大器不需成，乃谓大器之成，非由人力强为，乃自然而成。盖因大道至简，至简则无为，无为则无不为。大器者，乃天地自然之造化，非人力所能及。故曰"免成"，实乃顺应自然，不违天道之意。循思此言，更觉《道德经》之深奥。道者，无形无象，无声无臭，然却为万物之本源。人若欲成大器，必当循道而行，顺应自然，不可强求。强求则违道，违道则败。故曰"大器免成"，实乃教人循道而行、无为而治也。

大音希声，此乃真源之静也。夫音之大，非以喧哗为胜，而以静默为贵。故大音希声，非真希声也，乃音之静谧，难以喧哗。大象无形，此乃真源之虚也。夫象之大，非以形貌为显，而以神意为重。故大象无形，非真无形也，乃象之虚灵，难以形貌。

道隐无名，隐，乃道之性，不显于外而藏于内也；无名，乃道之质，超乎名象而归于自然也。大道者，无形无象，无始无终，而万物皆由之生，皆由之成。其隐于万物之中，不言之教，无为之为，而万物皆得以育、皆得以成。故知，道之隐，非真隐也，乃以其大无外、小无内之故，无所不在，无所不包，而人不易察觉也。道不张扬、不炫耀，而默默运行于天地之间，化育万物而不言。人生处世，以此为鉴，则当以谦逊谨慎之心待人接物，不妄自尊大，不轻易显露己之才绩。

夫唯道，善始且善成。此言道之运行，无始无终，而人生处世，亦如此理。凡事之始，当审时度势、明确目标；及至事成，亦当总结经验、完善自我。观世间成败，皆因始终之道而异。故知始终之道，乃关键所在。

综其所述，道之微妙深奥，匿于庸常，非细心体悟不能得其妙谛。上士聆道，仅能践行，以明镜之心，无所不察，亦无所不行。而中士下士，或疑或半信，或昧于无知。

道之特性，诸如明道若昧、进道若退，皆教吾人处世须持谦卑坚韧之心。真知灼见常寓庸常之中，需细心求索；修道之路，虽艰且阻，然实则步步为进，以磨砺铸就人之坚韧品格。

于道德修养，如建德若偷，勤勉不辍，勿以善小而不为。真诚之质，虽易受外界所扰，然坚守初心，必能赢得世人之敬。同时，亦须秉持大方无隅之道，以和为贵，和谐共处。

道虽无形无象，却无所不在、无所不包。它化育万物而不自居其功，包容万物而不自以为大，正乃处世所应效法。故本章文之智慧，非但揭示道之本原，更为众生处世提供宝贵指引。行文至此，仍觉本章文末句"夫唯道，善始且善成"余音袅袅，不绝于耳。此乃道德之经，所以明道之要，示人以处世之方，俾众生皆能悟道而行，以臻至善之境也。

大方无隅，大器免成，此乃道之广深，吾当以广深心悟之。大音希声，大象无形，此乃道之静虚，吾当以静虚心感之。道隐无名，此乃道之深秘，吾当以深秘心探之。夫唯道，善始且善成，此乃道之功用，吾当以功用心得之。

嗟乎！道之为物，玄之又玄，众妙之门。天下人当共同行之，以求渐进于道。

求其镜鉴　　道之实践与体悟

夫上士闻道，仅能行之，何也？盖因道者，天地之大理，万物之至赜，人心之微旨也。中士闻道，若存若亡，犹疑而未决，未能笃信而行之。下士闻道，大笑之，以其异乎常情、超乎俗见，固不能识其真奥也。然不笑，不足以为道，道之深奥，非笑不能显其异，非异不能明其道。故善为道者，须明道若昧、进道若退、夷道若纇，方能洞察其微、领悟其妙。

夫上德若谷，何也？谷者，深广难测，能容万物。上德之人，心量广大，不囿于一隅，能纳百川，故曰若谷。大白若辱，非真辱也，乃洁身自好，不为世俗所染，故显其白。广德若不足，非真不足也，乃虚怀若谷，不自满也。建德若偷，非真偷也，乃潜心修炼，不露声色也。质真若渝，非真渝也，乃真道而行，不拘小节也。

　　大方无隅，此言广大无边、无有界限，故无隅可寻。人生处世，亦当如此。胸怀宽广，不拘小节，方能容纳万物、成就大业。若心胸狭隘、斤斤计较，则易陷于琐碎之事难以自拔。故当以大方之心待人接物，方能和谐共处，赢得人心。大器免成，此言宏大之器，非由人为造作而成，乃自然而成。人生亦如此，真正之大才，非一朝一夕所能造就，必经千锤百炼方能成器。故当以坚韧不拔之志，勤奋努力，不断学习，方能成就一番事业。又当顺应自然，不强求，不妄为，方能避免因急功近利而招致失败。

　　大音希声，大象无形，此二者皆言道之无形无象、无声无息，却能渗透万物、影响人心。道隐无名，非真无名也，乃名之至极，无可名状也。

　　夫唯道，善始且善成，此言道之作用，能贷人以智、成人以德，故为万物之母、天地之根。其意为道使万物善始善终，道育万物而弗为主，任其自化，功成弗居，而万物自始至终倚道以生，须臾不离，皆因道之无为而无不为也。此语寓意深远，为世人所推崇。余以为，此语不仅可以用来论述宇宙万物之生成与消亡，更可以用来处世借鉴。故述吾观。

　　道，惚兮恍兮，其中有象；恍兮惚兮，其中有物。道法自然，故天地之大德，生而无有，成而无毁，广大无私。是以圣人后己而人先，外其身而身存。道生之，德畜之，物形之，势成之。圣人以此观其天下，故能成其大、合其事、包其细。

　　夫唯道，善始且善成。世人若欲遵循此道，当先明道之真谛。道不易识，唯圣人能见之。圣人无常师，取法乎上，仁义为宜。故圣人虚其心、实其腹、弱其志、强其骨。不尚贤，使民不争；不贵难得之货，使民不为盗；不见可欲，使民心不乱。是以圣人之治，虚其心、实其腹、弱其志、强其骨，常使民无知、无欲，使夫智者不敢为也。

第四十二章

> 经云：道生一，一生二，二生三，三生万物。万物负阴而抱阳，冲气以为和。人之所恶，唯孤、寡、不穀，而王公以为称。故物或损之而益，或益之而损。人之所教，亦我而教人：强梁者不得其死，吾将以为教父。

读经浅悟　　　　　　　　　　　　　　道与万物之关系

道者，万物之始，万物之母。夫道生一，一生二，二生三，三生万物。此言何解？乃谓道生万物，由一而始，由二而分，由三而成。一者，道之本体，无形无象，无欲无求；二者，阴阳之分，动静之始，相互对立，相互依存；三者，天地人三才，上下之中，相互协调，相互成就。如是而生万物，生生不息，无穷无尽。

万物负阴而抱阳，冲气以为和。此言何解？乃谓万物皆有阴阳两面，相互对立，相互依存。阴者，静也，虚也，寒也；阳者，动也，实也，热也。两者相辅相成，如天地之匹配，如男女之合和，万物方得生长，生生不息。而冲气以为和，则指阴阳二气相互激荡、相互融合，达到一种和谐平衡的状态，此乃万物生长之根本。

人之所恶，唯孤、寡、不穀，而王公以为称。此言何解？乃谓人皆恶孤独，恶寡少，恶不得其所。然王公大人，反以为美称，何也？盖因王公大人居高位、掌大权，虽处孤寡不穀之境，而能化恶为美，以孤独为清静，以寡少为尊贵，以不得其所为逍遥自在。此乃大道之行，反者道之动也。

故物或损之而益，或益之而损。此言何解？乃谓世事无常，物极必反。

有时损之反而得益，有时益之反而受损。如同草木之生长，春生夏长，秋收冬藏，此乃自然之道。人亦有时舍弃小利，反而得大利；有时贪图小利，反而失大利。故智者明察秋毫，审时度势，以道驭物，不为物所役。

人之所教，亦我而教人。此言何解？乃谓人之所教，皆为道之教也。道无形无象，而无所不在；道无欲无求，而无不为。故人之所教，皆道之显现也。天下之人当虚心向学、虚心向道，以道为师、以道为友，方能悟道之妙、得道之真。

强梁者不得其死，吾将以为教父。此言何解？乃谓强横霸道者，终不得善终。此乃天地之大道、自然之法则。强梁者，虽能一时得志，然终不能长久。盖因强梁者违背天道，逆天而行，故必遭失败。天下之人当以此为鉴，不可强横霸道，当顺应天道，以和为贵，方能长久。

一言蔽之，道生一，一生二，二生三，三生万物。此乃道家之至理，阐述万物生成之奥秘。万物负阴而抱阳，冲气以为和，此言万物皆蕴含阴阳二气，相互作用，和谐共生。

人之所恶，唯孤、寡、不榖，此皆孤独、贫乏、不育之谓也，而王公以为称，盖以谦下为本，示不敢专也。此言人们所厌恶者，乃世之常态，以为孤寡不榖乃不祥之兆，然王公贵族反以此为尊称，意在自谦，示人以和顺之道。人之所教，吾亦教之：强梁者不得其死，吾将以为教父。此言人们所教导之道理，皆欲人向善而避恶，吾亦秉持此道，教人以和顺谦逊。

故知，道德之教，不在于外在之形式，而在于内心之修养。王公以孤寡不榖自称，示人以谦下；吾教人以和顺谦逊，示人以柔弱之道。皆因道德之教，重在内在之修炼，非外在之虚饰也。

循思渐得　　　　　　　　　　　道之路径与智慧

夫道生一，一生二，二生三，三生万物。此乃万物之始、万物之母。道者，无形无象，无欲无求，而能生万物，化育群生。一生二者，阴阳之分也。阳者，明也，刚也；阴者，暗也，柔也。二者交合，而生三者，乃天地人三才也。三者既立，万物由此而兴。

万物负阴而抱阳，冲气以为和。夫阴阳者，天地之道也。阴中有阳，阳中有阴，阴极生阳，阳极生阴，此乃天地自然之理。冲气以为和者，阴阳交合，和合之气也。万物由是而生、由是而长、由是而衰、由是而亡。天地之间，一切生物，皆遵循阴阳之道。阴阳相辅相成、相生相克，构成万物之根本。日月交替，四季更迭，皆显阴阳之变化。植物的生长，动物的繁衍，亦受阴阳之影响。阴阳之道，既是万物生成之理，亦是万物消亡之因。故曰：天地万物，皆不出此阴阳之道也。

人之所恶，唯孤、寡、不穀，而王公以为称。孤者，独也；寡者，少也；不穀者，不善也。人之所恶，皆因有所欠缺、有所不足。然王公以为称者，盖以王公之尊，能包容万物，无所不容，无所不有。故能化恶为善、化孤为众、化寡为多、化不穀为丰富。此乃王公之道也。

故物或损之而益，或益之而损。夫物之损益，非定也，乃因时而异、因地而异、因人而异。有时损之而益，有时益之而损。如春耕夏耘、秋收冬藏，乃天地自然之道也。人亦有时舍小利而取大利，有时舍大利而取小利。皆因心之所向、志之所趋也。

人之所教，亦我而教人。吾之所言，非强制他人服从，而顺乎自然之理，极尽其道，顺从自然者必获吉祥，违逆自然者定遭不幸。是以人与人相教，若违逆自然法则，必将自食其果，犹如我教导他人，勿违自然之理。

强梁者不得其死，吾将以为教父。盖闻强梁者，必不得其死。人若相教为强梁，则必如吾之教人不当为强梁也。吾将举其强梁不得其死之事以教之耶。吾欲以此为例，使人警醒，勿蹈其覆辙。

夫求道者，必先知天地之道、阴阳之理，然后能明万物之情、通人之所惑。故当修心养性，致虚守静，以观其复。致虚者，无欲也；守静者，无动也。心无欲则静，身无动则宁，故能洞察秋毫、明辨是非，不为物欲所迷，不为邪说所惑。

夫真者，道之本也；源者，流之始也。求道者，必求其本、溯其始。本立而道生，源开而流长。则能通达天地万物，无所不知，无所不晓。夫真源者，非外求也，乃内求也。内求于心则心明，内求于性则性定。心明性定，则真源自现、万象皆明。

求其镜鉴　　道之处世哲学与现代社会之关系

夫道生一，一生二，二生三，三生万物。此天地之至理、万物之始基。

道之无穷，犹如长川之不息。万物之纷纭，皆自此一而化。夫阴阳之气，负阴而抱阳，冲气以为和。此乃天地之大德，亦为人之所宜效法。

人之所恶，唯孤、寡、不穀，而王公以为称。此何也？盖孤、寡、不穀，皆人所不欲，然王公以此为称，非以自贬，实以自警。孤则思众，寡则思多，不穀则思盈。此亦处世之良策，人当以此为鉴。

故物或损之而益，或益之而损。此乃天地之道，亦人生之常。夫物极必反、盛极必衰，此理之必然。人之处世，当知盈虚消长之理，不可贪得无厌，亦不可自满自足。损之而益，益之而损，此亦人生之大道，当深思之。

夫物之损益，犹如阴阳之交替，日月之轮回。阴阳相交，生成万物；日月轮回，照亮大地。同理，事物之损益，亦为自然之道，不可强求，不可执着。俗语云："命里有时终须有，命里无时莫强求。"故应顺其自然。

损之而益，益之而损，亦适用于人际关系。待人接物，应以真诚为本，不可虚伪，不可算计。算计他人，虽有时得利，但最终必遭损失；真诚待人，虽有时受损，但最终必获益处。如《道德经》所言："以其不争，故无尤。"不争名夺利，方能人际和谐，获得他人之尊重。

治国有道，亦应遵循损益之道。治国者，应以民为本，爱民如子，不可贪婪，不可奢侈。贪婪奢侈，必损国力，最终导致国家之衰败。如《道德经》所言："民之饥，以其上食税之多，是以饥。"治国者应减轻民众负担，使其安居乐业，国家方能繁荣昌盛。

人生在世，亦应悟损益之道。修身者，应以道德为本，勤修反省，不可懈怠，不可贪欲。懈怠贪欲，会导致心灵荒芜、道德沦丧。如《道德经》所言："罪莫大于可欲，祸莫大于不知足。"修身者应知足常乐，淡泊名利，方能道德圆满。

应以损益之道，看待人生之得失，把握事物之变化，洞察阴阳之转化。顺其自然，任损益之道，寻得内心之宁静，获得人生之幸福。如《道德经》所言："道可道，非常道；名可名，非常名。"损益之道，亦为常道，悟之，行之，人生方能圆满。

人之所教，亦我而教人。强梁者不得其死，吾将以为教父。夫强梁者，恃其力而傲物，凌人而不知止。然天地之道，贵柔不贵刚，贵弱不贵强。强梁者终不得其死，此非天地之残忍，实乃天地之公正。人知强暴横行者，终不免于死，则知妄为乃胡作非为也；知妄为之不可，然后可与之言道矣，此乃与之授之的准则。

诗意函谷

苏轼《赤壁赋》有云："且夫天地之间，物各有主。苟非吾之所有，虽一毫而莫取。"此亦处世之良言。人当知足常乐，不可贪得无厌。知足者富，知足者乐，此乃人生之大道。

第四十三章

> 经云：天下之至柔，驰骋于天下之至坚，无有入于无间，吾是以知无为之有益。不言之教，无为之益，天下希及之。

读经浅悟　　　　　　　　　　　　无为与大道之理

夫天下之至柔，何物也？盖谓水也、气也、道之本体也。水者，柔弱无骨，随方就圆，然能穿石破岩，无所不至。气者，缥缈无形，弥漫宇宙，然能鼓荡万物，生生不息。道者，虚无缥缈，不可捉摸，然能化生万物，主宰天地。此三者，皆以柔而胜刚，以弱而制强，故曰"天下之至柔，驰骋于天下之至坚"。

驰骋者，纵横无碍，自由自在之谓也。至柔之物，何以能驰骋至坚？盖因其顺应自然，不逆天理，故能无往不胜。水之行也，避高就下，顺流而逝，故能穿石破岩；气之动也，随风而行，无所不至，故能鼓荡万物；道之化也，无为而治，不言之教，故能化生万物。此皆顺应自然之理，故能驰骋天下，无所阻碍。

无有入于无间者，言至柔之物能入至坚之隙也。无间者，密不透风，坚不可摧之谓也。然至柔之物，以其无形无象，故能穿透无间，无所不入。如水之渗入石隙，气之穿透壁障，道之弥漫宇宙，皆以其无形故能入无间也。此理深微，非智者不能悟也。

吾是以知无为之有益者，言老子因观至柔驰骋至坚、无有入无间之理，而悟无为之道也。无为者,非无所作为,乃顺应自然,不逆天理之谓也。夫天下之物,皆有其性,皆有其理。若以人力强为之,则必逆天理、违物性,故不能长久。若以无为治之,则能顺应天理、合乎物性,故能长久而有益。此无为之道也。

不言之教者,言老子之教不立文字、不传口耳,唯以心传心、以神会神也。夫道者,微妙玄通,深不可识。若以言传之,则必失其真;若以心传之,则能得其妙。故老子之教,不立文字,唯以心传。学者若能静心体悟,则能得老子之心传,而悟道之妙也。

无为之益,天下希及之者,言无为之道之益处极大,而天下之人能悟之者甚少也。夫无为之道,能顺应天理、合乎物性,故能长久而有益。然天下之人多被物欲所迷,不能悟无为之道。即或有能悟者,又多不能行之。故无为之道之益处虽大,而能得之者甚少也。此老子所以叹"天下希及之"也。

夫道德之教,贵在无为。无为者,非无所作为也,乃顺应自然、合乎天理之谓也。夫天下之物皆有其性、皆有其理。若以人力强为之,则逆天理、违物性;若以无为治之,则能顺应天理、合乎物性。故无为之道能长久而有益也。然天下之人多被物欲所迷,不能悟无为之道;即或有能悟者,又多不能行之。故此道之益处虽大而能得之者甚少也。

观"天下之至柔,驰骋于天下之至坚"之言,悟老子之无为之道也。

夫无为之道非易行也。然学者若能静心体悟、顺应自然、合乎天理,则能得无为之道之益处也。夫无为者非无所作为也,乃顺应自然、合乎天理之谓也。

又观无有入于无间一章,深悟老子微妙之道也。

夫微妙之道非易知也。然学者若能静心体悟、观察万物、顺应自然,则能悟微妙之道之真奥也。

循思渐得　　无为而有为之智慧

夫天下至柔者,驰骋乎至坚;无有者,入乎无间。吾是以知无为之有益,不言之教,无为之益,天下希及之。

夫柔之为物，非弱也，乃顺物之性，以柔克刚者也。驰骋于至坚，非力胜也，乃智慧所致，以智取胜者也。是以观天地之间，水至柔也，然能穿石；风至柔也，然能拔树。此皆柔之胜刚、弱之胜强之明证也。

无有者，无形无迹，然能入乎无间。此亦如人心之空灵，无所执着，故能洞察世间万物。夫世间纷扰，皆因人心有所执着。若人心无所执着，则能超越物欲，洞察真理。故天下之人当修心养性，使心之无有，能入于世间之无间，此乃真要之二也。

吾是以知无为之有益者，非谓无所作为，乃顺应自然、无为而为也。虚无柔弱，无所不通。无有不可穷，至柔不可折。夫虚者，无有所藏；柔者，无有所抗。故能适应变化、通达无碍。夫无为之治，如同水之润物，无声无息，然则万物皆受其益。水之柔弱，乃至柔也，然而克刚胜强，无物可挡。以此推之，故知无为之有益也。无为之治，不强迫，不张扬，顺应自然，使民自由发展，自可繁荣昌盛。且天地之道贵自然，不贵人为。人为者，逆道而行，终必败；自然者，顺道而为，终必胜。故天下之人处世，当知无为之有益，不强求，不妄为，此乃真要之三也。

不言之教者，非不言也，乃以行为教、以身示范也。夫言行一致，则人信之；身行一致，则人服之。故教化之道，非徒言也，必行其言，使言行相符，方能感化他人。若言而不行，人将疑之；行而不言，人将惑之。言行不协，身行不一，难以服人。是以君子之行，必以言传道、以身作则，使人瞻仰而自化。如此，方能广布教化，使众人归心。故曰：不言之教，胜于千言万语也。故天下之人当重行不重言，以身作则，以心感人。此乃真要之四也。

无为之益者，非无所得也，乃得之于自然，不劳而获也。夫世间之利，皆有所劳；唯无为之利，得之于自然，无所劳也。故天下之人处世，当知无为之益，不以得失为念，心无挂碍，则能逍遥自在。此乃真要之五也。

天下希及之者，言此道之难行也。然天下之人当勉力行之，虽难必至。夫道虽远，行则将至；事虽难，做则必成。故天下之人当持之以恒，不懈努力，以悟得道意，此乃真要之六也。

故此，余总结此文为"道之六大真要"也。

柔克刚，言人之性格当如水般柔弱，顺应事物之性，以柔克刚。

无有入乎无间，人心当如虚空般无有，方能洞察世间万物。

顺应自然，以柔克刚，使民自由发展，国家繁荣昌盛。

无为之治，乃道家治国理政之理念，顺其自然，无为而治。

不言之教，为道家教育理念，以身作则，使人自化。

无为之益，言无为之利，得之于自然，不劳而获。

道之真要，非外物也，乃内心之所得也。得之者，心明如镜，行正如绳；未得之者，心迷如雾，行乱如麻。故天下之人当以悟得道意为务，以明心见性为本，此乃真要之终也。

求其镜鉴　　无为处世之柔胜之道

天下之至柔者，莫过于水；至坚者，金石为之开。水以柔弱之躯，能穿石、侵壤、润物，乃至汇成江海，浩渺无际。是以驰骋于天下之至坚，非以刚克刚，而以柔化刚，此天地之大道也。

人生于世，亦当取法于此。世事纷扰，人心坚硬，有如金石。然以柔克刚、以静制动，则无往而不胜。无有入于无间，言水之无孔不入，亦喻人之处世应无所不至、无微不至。世事繁芜，人情复杂，以至柔之心，方能洞察秋毫，游刃有余。

吾是以知无为之有益。无为，非无所作为，乃是不强求、不刻意，顺其自然。水之行，不疾不徐，随势而流，终至汇入大海。人生亦如是，遇事不强求，顺其自然，则心境平和，诸事顺遂。无为而治，实为至理。

不言之教，胜于言教。水无言，却能润物无声；风无言，却能拂动万物。人生在世，亦应效法自然，以行动示范，而非空谈理论。教之以行，而非教之以言，此乃真教也。

无为之益，天下希及之。世人皆以有为为贵，殊不知无为之妙。有为者，虽能显赫一时，却难以长久；无为者，虽不张扬，却能细水长流。无为之道，实乃长生久视之道也。

人生如逆旅，我亦是行人。漫漫人生路，吾辈当取法于水，以柔弱胜刚强，以无为胜有为。不言之教，润物无声；无为之益，天下希及。

　　水之柔弱，却能穿透坚硬之石；风之轻盈，却能吹动万物。此即自然之力，柔中带刚，弱中蕴强。人生亦应如此，以柔弱之心应对世事之坚硬与冷漠，以温暖与善良化解冲突与矛盾。

　　夫水者，至柔至弱，然能胜刚强者，何也？盖因其顺应自然，不与之抗。人生之道，亦应如此。水之流淌，轻柔婉转，宛若丝带飘逸；然其力能透石，克刚之劲不可小觑。观水之姿，似弱实强，穿岩之力昭示柔中带刚之理。世间诸事，多如坚石，然以柔弱之心，持之以恒，终能滴水穿石、功成名就。

　　风之吹拂，若有若无，轻舞飞扬；然其动能撼树，威力惊人，可驱云散雾。风之轻盈，弱中蕴强，可见一斑。人生之路，亦需借风之力，以温暖与善良为风，化解世间冷漠与冲突，使心灵相通、和谐共处。

　　自然之力，神奇莫测，柔中带刚，弱可胜强。水与风，皆为自然之象征，昭示人生之道。世事繁华，人心浮躁，当以柔弱应对坚硬，以善良化解冲突。

　　人生亦是修行场。面对世事纷繁、人心莫测，当如水和风，以柔克刚，以弱胜强。持柔弱之心，能应对世事之坚硬与冷漠；秉善良之性，可化解世间冲突与矛盾。

第四十四章

> 经云：名与身孰亲？身与货孰多？得与亡孰病？甚爱必大费，厚藏必多亡。故知足不辱，知止不殆，可以长久。

读经浅悟　　　　　　　　名与身、得与亡之理

夫名与身孰亲？身者，生命之本；名者，名誉之表。孰亲孰疏，自古论辩。或有人往往汲汲于名，忘却身之宝贵。然而名过其实，必招祸患；身若不安，何谈名誉？故身与名相较，身亲也。

身与货孰多？货者，财利之物；身者，生命之体。货财虽丰，终为身外之物；生命若失，何有货财之享？故身与货相较，身多也。

得与亡孰病？得者，心之所欲；亡者，失之所在。或有人往往以得为喜、以亡为忧。然得而不骄、失而不馁，方为上策。因此甚爱必大费，贪得无厌，终致大损；厚藏必多亡，积货如山，亦难免覆灭之祸。故得与亡相较，过爱过藏之病也。

大道至简，知足不辱。知足者，心常乐；不知足者，欲壑难填。人生有限，财货无穷，若贪得无厌，必招辱身之祸。故知足者方能保身全名，远离羞辱。

知止不殆，可以长久。知止者，行有节；不知止者，祸患无穷。人生如逆旅，行止须有度。若不知止，纵有千般智慧，亦难免危殆之虞。故知止者方能长久于世，安享天年。

甚爱必大费，此理至明。爱之过甚，则失之愈多。世间万物，皆有规律，强求不得。若贪爱无度，必致身心俱疲，终成大费。故当以平常心待之，顺

其自然，方能得其所欲。

厚藏必多亡，此言不虚。藏之过厚，则亡之愈速。财货虽好，终为身外之物，若过于珍视，必招祸患。故当以淡泊之心待之，不积不藏，方能保身全家。

夫人生在世，当明理修身。名与身、身与货、得与亡，皆须深思熟虑。知足知止，方为上策。甚爱大费，厚藏多亡，此言警世。故当以此为鉴，守本真心，不为外物所动。

大道之行，贵在持久。持久者，须有定力；无定力者，难以长久。故当修心养性，以定力御世。不为名利所诱，不为得失所动，方能行稳致远，长久于世。

且夫人生百态，世事纷纭。有时名利双收，有时得失无常。然无论境遇如何，皆当守本全真，不为外物所扰。知足知止者，方能明理修身，长久于世。

故本章之原意，在于阐发大道至简之理。名与身、身与货、得与亡，皆须以平常心待之。知足知止者，方能远离羞辱危殆；甚爱大费、厚藏多亡者，终将自食其果。

夫大道至简，非深奥难解也。知足知止，甚爱大费，厚藏多亡，皆大道之行也。人生在世，当以此为鉴，明理修身，不为外物所扰。则能长久于世，安享长久平安。

盖大道之施行，亦在继往开来也。前人种树，后人得凉，宜以大道为镜，继述先达之慧思，续传先达之睿智。遗泽子孙，斯可弘扬中华之精粹也。

循思渐得　　名身货得亡之哲学思考

夫名与身孰亲？身与货孰多？得与亡孰病？此三者，皆人生之大事，不可不察也。甚爱必大费，厚藏必多亡，此古人之至言，当深思而领悟。故知足不辱，知止不殆，可以长久，此乃本章之真要也。

夫名者，虚也；身者，实也。名之得失，不过一时之荣辱；身之存亡，乃终身之大事。是以身亲于名、实重于虚。然或有人往往重名轻身，为虚名所累，忘却身之宝贵。殊不知，名高则谤多，誉满则毁随。故当淡泊名利，以保身之安全。

身与货孰多？货者，财利之物也；身者，生命之体也。财货虽丰，若不知足，贪欲无厌，终为身外之物，难解内心之渴；生命若失，纵有万贯家财，不能复生享用，皆成空幻泡影。故知道德为本，知足常乐，身命为重，货财乃末，不可倒置也。是以知身多于货，实贵于虚。然或有人往往贪货忘身，为财利所迷，不惜以身犯险。殊不知，货多则心劳，财丰则身危。故当知足知止，以保身之安宁。首当爱身，次及名誉；重生命，而轻货财。此犹未及忘我也。真忘我者，身且不有，何况名与财乎？然欲天下人均如持世之重身，非忘我不能也。故必使天下人知名誉不足亲、货财不足多，然后知爱身，知爱身，然后能忘我。此乃老子之旨也。

得与亡孰病？未得者每以失为病，盖因其心之所欲，求而未得，遂以为苦。及其既得之，又有忘息之患，盖得之易、守之难，心恒恐失之，于是病生于心，较未得时为甚。故养生之道，在乎有无之间，得失之平衡。唯有心无挂碍、无欲无求，方能至于此境。是以圣人之道，教人忘私忘欲，以达无病之境，此亦人生一大智慧也。得者，心之所欲；亡者，失之所在。得固可喜，亡亦何悲？然世人往往以得为喜、以亡为忧，甚至因得失而病。此实不明得失之理，不知病之所在也。甚爱必大费，得而不知足，则必有大费之患；厚藏必多亡，积而不知止，则必有厚亡之忧。故当明得失之理，知病之所在，以去病而保身。

若夫溺情名利，则神志耗伤，志节亏损；过于聚敛，则必遭惨淡之祸，财宝消散。盖名利之诱，如狂风之起，使人心动神摇；财富之积，犹毒蛇之藏，暗中咬人。夫沉溺于名利，如人沉醉于酒色，虽暂时快乐，终将付出惨痛代价；敛财过多，犹鸟巢于密林，虽一时安全，终将引来猛兽之噬。故君子爱财，取之有道，不溺于名利之场，不贪于财富之积。唯有此，方能免于神志之耗、财富之失、安全之虞。

若夫知止足，则辱不敢近；善自守，则险不能干。夫止足者，乃内心之宁静，外物之不扰；自守者，乃本分之坚守，非分之不贪。止足与自守，犹如金钟罩，护己于无形，避祸于未然。盖人之所以受辱，多因贪得无厌，不知节制；之所以遇险，多因急功近利，不知退避。故知止足，非但免受屈辱，亦能避险全身；善自守，非但保身安全，亦能赢得尊重。如是方能无虞。

求其镜鉴

甚爱必大费，多藏必厚亡

夫名与身孰亲？身亲而名疏，名乃虚声，身乃实本。身与货孰多？身多而货寡，货可失得，身不可替。得与亡孰病？亡病而得愈，亡者失本，得者守道，守道者久，失本者殆。此三者，皆处世之要，天下之人当深思而熟虑。甚爱必大费，厚藏必多亡，此警世之言，不可不察。故知足不辱，知止不殆，可以长久，此乃处世之真奥也。

夫名者，荣辱之表，得失之鉴。人皆欲扬名立万，然名过于实，则必招祸。盖因名高则谤多，誉满则毁随。故天下之人处世，当重实轻名，以行立名，而非以名求行。名之亲疏，在于心之淡泊，非外物之可易也。

身者，生命之本，万物之基。身若不安，何谈其他？货者，利欲之诱，祸福之源。然身与货孰多？身若失，货何存？故天下之人当知身之贵、货之轻。勿为货累身，勿以身逐货。得与亡之间，身之安危为要，货之得失为轻。

得与亡，乃世事之常。有得必有失，有荣必有辱。然得与亡孰病？得而不骄，失而不馁，此乃处世之要。甚爱必大费，厚藏必多亡，寓意深远，言人之过分贪爱，必将耗费巨大；过分聚敛，必将损失惨重。是故世人应以是为鉴，淡泊名利，修身养性，方能长久。

夫甚爱者，过分贪爱也。人为名利所诱，往往沉迷其中，不能自拔。然过分贪爱，必致耗费巨大。如《道德经》所言："名与身孰亲？身与货孰多？"名与身、身与货，皆为人生所必需，然过分追求，反致损失。故应知止，淡泊名利，以修身养性为本，方能长久。

厚藏者，过分聚敛也。或有人追求财富，以为多多益善。过分聚敛，必致损失。盖财富乃身外之物，过分执着，反致心灵迷失。

世人应以"甚爱必大费，厚藏必多亡"为戒，淡泊名利，修身养性。如《道德经》所言："知足不辱，知止不殆。"知足者，方能内心宁静，不受外界干扰；知止者，方能避免陷入困境。淡泊名利，方能专注于道德修养。

知足者，心常乐；知止者，行无忧。知足不辱，知止不殆，此言真矣。天下之人处世，当知足知止。知足则不贪，知止则不躁。不贪则心清，不躁则行稳，则能长久于世、无辱无忧。

且夫世事纷扰，人心易惑。名之诱惑，货之引诱，皆能乱人心志。然天下之人当定心志、守本真。不为名所累，不为货所迷。得则不喜，失则不忧，则能处变不惊、应对自如。

夫处世智慧，贵在明理。名与身、身与货、得与亡，皆须深思熟虑。甚爱大费，厚藏多亡，此为警世明言也。

亦在于修心。心若清净，则世事皆明；心若纷乱，则世事皆迷。故天下之人当修心养性，以静心观世。不为外物所动，不为名利所诱，则能明辨是非、知所行止。

第四十五章

经云：大成若缺，其用不弊。大盈若冲，其用不穷。大直若屈，大巧若拙，大辩若讷。躁胜寒，静胜热。清静为天下正。

读经浅悟　　大道之无常与清静

大成若缺，此语初闻，似与常理相悖。然而，细思之，世间万物，莫不如此。观天地之浩渺，日月之辉煌，皆有其缺，然其用未尝弊也。犹若金玉之器，虽有微瑕，不掩其光华。故知大成之道，不在完美无缺，而在善用其缺，以达无穷之用。

大盈若冲，此言乃谓盈满之际，似有空虚之感。然而大盈之状，非真空也，乃内藏深厚，含蓄待发。犹若江河之水，虽满溢而不见其底，其用未尝穷也。故知大盈之道，不在外显其满，而在内含其深，以应无穷之变。

大直若屈，此言谓直道而行，反似曲折。然而直道之行，非真屈也，乃因时而变、随势而转。犹若松柏之姿，虽直立而不屈，其形未尝不美也。故知大直之道，不在固守其直，而在顺应其势，以成无穷之功。

大巧若拙，此言虽似矛盾，然实则深邃。大巧之技，非真拙也，乃藏巧于拙，以拙示人。犹若智者之言，虽朴实无华，而内含深意。故知大巧之道，不在炫技于人，而在用技于身，以成无穷之业。

大辩若讷，此言初闻，似觉不可思议。然而深思之，大辩之士，非真讷也，乃内敛其词，以讷示人。犹若沉默之金，虽不言而人知其价。故知大辩之道，不在言辞犀利，而在意蕴深远，以成无穷之说。

躁胜寒，躁动之心，能驱散寒意。然而躁动非真胜也，乃以动制静、以阳消阴。犹若烈火之炎，虽炽热而能驱寒。故知躁动之心，不在一味求动，而在适时而动，以成无穷之力。

静胜热，静谧之心，能消解暑热。然而静谧非真胜也，乃以静制动、以阴抑阳。犹若清泉之水，虽宁静而能消暑。故知静谧之心，不在一味求静，而在适时而静，以成无穷之智。

清静为天下正，此言为本章之旨，亦为人生之要。清静之心，乃世间之正道，能洞察万物、明了真理。清静非真静也，乃在动与静之间寻得平衡。犹若明镜之台，虽静置而能映万物。故知清静之道，不在一味求静，而在动静相宜。

大成、大盈、大直、大巧、大辩、躁动、静谧，皆有其道。世间万物，无论表现为何种形态，皆有其内在之道，有其存在之合理性。而成大、盈、直、巧、辩、躁动、静谧之极致，皆为世间所追求之境界。

然清静之道，乃为世间之正。清静，即内心之宁静，是对世间万物深刻理解后之超然态度。人生在世，当以清静之心洞察万物、明了真理。在纷繁复杂之世界中，保持内心清静，才能真正认识自我、认识世界。

循思渐得　　大成、大盈与清静之哲学阐释

夫大成若缺，其用不弊。大盈若冲，其用不穷。此乃道之真奥，天地之常情。大直若屈，大巧若拙，大辩若讷，此三者，皆显道之深藏不露，智之深邃难测。躁胜寒，静胜热，此谓阴阳之调和、动静之相宜。清静为天下正，此乃修身治国平天下之大道也。

夫大成若缺，何也？盖因天地万物，皆非完美无缺。日月有蚀，星辰有隐，山川有崩，江河有竭。然成其大者，非因其无缺，而因其能容其缺，化缺为美。是以大成者，不避其缺，反以缺为美，其用自不弊也。故天下之人当学其大成，不避缺陷，以成其大。

大盈若冲，又何解？夫盈者，满也；冲者，虚也。大盈若冲，非真冲也，乃盈而不溢、满而不骄。是以大盈者，不以其盈为盈，反以冲为盈，其用自无穷也。故天下之人当悟其大盈，不以盈为满，反以虚为盈，方能长久。

大直若屈，曲中见直，直而不肆；大巧若拙，拙中藏巧，巧而不炫；大辩若讷，讷中显辩，辩而不躁。此三者，皆以反显正，皆道之深藏不露也，示人以谦逊，寓道于平凡之中。直者，正也；屈者，曲也。大直若屈，非真屈也，乃直而不露、正而不僵。是以大直者，不以其直为直，反以屈为直，其行自正也。巧者，智也；拙者，愚也。大巧若拙，非真拙也，乃巧而不露、智而不炫。是以大巧者，不以其巧为巧，反以拙为巧，其智自深也。辩者，言也；讷者，默也。大辩若讷，非真讷也，乃辩而不露、言而不浮。是以大辩者，不以其辩为辩，反以讷为辩，其言自信也。故天下之人当效其大直、大巧、大辩，以深藏不露为美，以智深言信为贵。

　　躁胜寒，静胜热，此阴阳之调和也。躁者，动也；寒者，冷也。躁胜寒者，非以躁驱寒，乃以动生阳，阳胜则寒退。静者，安也；热者，暖也。静胜热者，非以静制冷，乃以安养阴，阴胜则热消。是以阴阳调和，动静相宜，乃天地之常情也。故天下之人当明其躁静之理，以动养阳，以静养阴，调和阴阳，以保身心之健康。

　　清静为天下正，乃道家修身之根本。清者，涤除玄览，心无垢尘，明澈如水，照见万物之本真；静者，守中抱一，神不外驰，定力如磐，安固身心之根本。清则明智生，静则慧根固，二者并行，方能体道悟真、致虚守静。清静者，心明神定，不为外物所扰，不为名利所动。是以清静者，能明辨是非、知所行止，为天下之正也。修身者，当以清静为本，心明神定，方能修得正果。治国者，亦当以清静为要，明辨是非，方能治国安邦。求道者，更当以清静为基，知所行止，方能无为而为。故清静之道，实为修身之根本也。

　　至此，冀金雨不禁感叹曰：

　　"成而未尝盈，盈而未尝缺，直而未尝屈，巧而未尝拙，辩而未尝讷，此乃躁静之极致，犹如寒热之两极。夫躁者，不能宁静其心；静者，不能活跃其思。二者各有所偏，非至道之全。唯清静淡然，不受成缺之累，不受盈冲之扰，不受直屈之困，不受巧拙之限，不受辩讷之束，方能无所不胜，可为天下之准则。

　　"若夫成而不盈，乃谓持中守一，不偏不倚；盈而未尝缺，犹如满而不溢，海纳百川。直而未尝屈，刚毅正直，不屈不挠；巧而未尝拙，技艺精湛，游刃有余。辩而未尝讷，口若悬河，滔滔不绝；静而未尝躁，心若止水，宁静致远。成缺盈冲，直屈巧拙，辩讷之累，皆为躁静之偏颇。

"是以君子之道，静以修身，俭以养德。非成非缺，非盈非冲，非直非屈，非巧非拙，非辩非讷，而后可以治天下。盖清静之道，无所不宜，无所不胜，故能为天下之准则。"

求其镜鉴　　　　　　　　　　　　　　　　　　　　柔中蕴智

夫大成若缺，其用不弊者，何也？乃言世事之圆融，非完美无缺，乃在于包容不足，方显其用之长久。人之处世，当以此为鉴，勿求全责备，宜容人之短、纳己之长，则和谐共生、事业可成。

大盈若冲，其用不穷者，何也？乃言财富之积累，非以多为贵，乃在于适可而止，方能用之不竭。人之处世，当以此为鉴，勿贪得无厌，宜知足常乐、节俭持家，则财富长久、福泽绵长。

大直若屈，屈中寓直，不显其刚；大巧若拙，拙中藏巧，不露其智；大辩若讷，讷中见辩，不示其才。何也？此乃言为人之智慧，不在于外之张扬炫耀令人侧目；乃在于内之内敛含蓄、深藏不露。唯如此，方能显现其真才实学令人敬佩。

人之处世，当以此为鉴，勿锋芒毕露、咄咄逼人，令人难以亲近；宜谦虚谨慎，和光同尘，使人乐于相交。慎言慎行，不轻易发露己见，免遭无谓之纷争；亦不轻易讥评他人，以免伤人感情。故知大直、大巧、大辩之境界，非易达也。必须修养心性、锤炼才智，方能逐渐接近。而谦虚谨慎、内敛含蓄，则为达成此境界之必由之路。

躁胜寒，静胜热者，何也？乃言性情之调和，非以激烈为胜，乃在于平和自持，方能应对世事之变化。人之处世，当以此为鉴，勿急躁冒进，宜心静气和、深思熟虑，则行事稳健、无往不胜。

清静为天下正者，何也？乃言修身之要义，非在于繁华喧嚣，乃在于清心寡欲，方能立身正直，为天下所敬仰。人之处世，当以此为鉴，勿被名利所惑，宜清心寡欲、修身养性，则品德高尚、为世所重。

夫处世，贵在借鉴古人之智慧，以之为指引，方能行稳致远。今以大成若缺、大盈若冲、大直若屈、大巧若拙、大辩若讷、躁胜寒、静胜热、清静为天下正，得十字为纲，述处世之智慧思悟如下：

一曰包容。世事纷繁复杂，人各有长短。人之处世，宜有包容之心，勿以己之长攻人之短，当以己之短学人之长。包容则和谐，和谐则共生，共生则事业可成。故曰："大成若缺，其用不弊。"

二曰知足。财富乃身外之物，过多则易招祸。人之处世，宜有知足之心，勿贪得无厌，当知适可而止。知足则常乐，常乐则心安，心安则财富长久。故曰："大盈若冲，其用不穷。"

三曰内敛。才华出众者，易遭人妒。人之处世，宜有内敛之心，勿炫耀才华，当韬光养晦。内敛则深藏不露，深藏不露则真才实学得以显现。故曰："大直若屈，大巧若拙，大辩若讷。"

四曰平和。性情急躁者，易失方寸。人之处世，宜有平和之心，勿急躁冒进，当冷静应对。平和则心静，心静则思深，思深则行事稳健。故曰："躁胜寒，静胜热。"

五曰修身。品德高尚者，为世所重。人之处世，宜有修身之志，勿为名利所惑，当清心寡欲。修身则品德高尚，品德高尚则为天下所敬仰。故曰："清静为天下正。"

此十字之指引，缘于本章，虽简约却深刻，余视为座右铭。

第四十六章

> 经云：天下有道，却走马以粪；天下无道，戎马生于郊。罪莫厚于甚欲，咎莫憯于欲得，祸莫大于不知足。故知足之足，常足矣。

读经浅悟　　　　　　　　　知足与人生之道

夫天下之道，或明或暗，或治或乱，皆因人心之善恶、世道之炎凉而变。有道之时，天下太平，百姓安居乐业，马匹得以休息，用于耕田播种，此乃盛世之景也。而无道之际，天下纷乱，百姓流离失所，马匹被迫征战沙场，马驹生于郊野，此乃乱世之兆也。

观此二者，有道与无道，一治一乱，实乃人心之向背、世道之盛衰所致。有道之时，人心向善，世道昌盛，故能致太平；无道之际，人心向恶，世道凋敝，故致纷乱。由此可见，天下之道，非外物所能左右，实乃人心之所向也。

罪莫厚于甚欲。此言甚欲之害，实乃人之大病。甚欲者，人心之无厌也。人心若不知足，则贪念丛生，欲壑难填。人若被贪欲所困，则行为失据，道德沦丧，终至祸患无穷。观古今之败亡者，多因贪欲过度，不知节制，而招致败亡之祸。故知甚欲之罪，实乃厚重无匹，不可不慎。

不知足者，人心之大病也。夫人生于世，所求何穷？然则物欲无穷，而人心有限。若不知足，则贪念横生，心为物役，终致祸患无穷。故《道德经》云："祸莫大于不知足"。此言不知足之祸，实乃人心之大敌。人若能知足常乐，则心自清净、祸患自消。

欲得者，人心之执着也。人若执着于物欲，则心为物役，不得自在。

故《道德经》又云："咎莫憯于欲得"。此言欲得之咎，实乃人心之桎梏。人若被物欲所迷，则心志昏乱，不能自拔。且物欲无穷，人心有限，以有限之心追无穷之物，必致疲惫不堪、痛苦无尽。故知欲得之咎，实乃痛苦无比，不可不戒。

知足者，非无所求也，乃求而有度，不妄取也。人若能知足，则心自安定，不为外物所动。

噫！知足之足，实乃人生之大智慧也。夫知足者，不贪得无厌，不追求虚妄之名利，但求心安理得，自得其乐。其心境平和，无欲无求，故能远离纷扰，享受生命之美好。此等境界，岂是凡夫俗子所能及？

故曰："知足之足，常足矣。"此言诚哉！夫知足者，虽居陋室，亦能自得其乐；虽食粗粝，亦能甘之如饴。其生活虽简朴，但内心富足，故能享受生命之真奥。此等境界，实乃人生之最高境界也。

然而，人心之贪欲，往往难以遏制。或有人求名利之满足，而不知足者恒不足。故知足之道，虽简单易行，但实行者鲜矣。夫知足者，须有淡泊名利之心，有自知之明，方能行此道也。

嗟夫！天下之道，莫过于此。有道则治，无道则乱；知足则乐，不知足则祸。故世人当以此为鉴，修身养性，以善心处世，知足常乐。则天下有道、百姓安宁、世道昌盛矣。

知足之道，深邃微妙，并非消极避世、远离红尘之态，乃积极面对生活，顺应自然之理。知足者并非无所求、无所欲，而是知其所求、明其所欲，于纷繁中取其要，于复杂中见其简，适可而止，不贪不嗔。其追求不在于外在之虚荣与名利，不陷于世俗之纷争与诱惑。于平淡中见真诠，于简单中悟大道。故知足之道，实为积极生活态度也，非颓废、懒惰、无为也。知足者能于困境中见希望，于挫折中得教训，以平和之心应对世间万物，以豁达之态笑看人生百态。

循思渐得

善心与知足

夫天下有道，却走马以粪，此何也？乃言治世之时，百姓安居乐业，马匹无须征战，故得以休息，而用于耕田播种，此乃天下太平之象征也。然天下无道，戎马生于郊，又何解？乃言乱世之际，百姓流离失所，马匹亦被迫征战沙场、生于郊野，此则天下纷乱之写照也。观此二句，一治一乱，一安一危，其对比之鲜明，可谓淋漓尽致。

罪莫厚于甚欲，人嗜名利若渴，逐地位如狂，贪财富无穷。人欲无穷，若放任不羁，必生罪恶。贪得无厌之欲，实为大恶，使人丧道义之范，行伤社会、害人身之事。夫人之于名利之途，若迷途之羊，易于迷失；地位之尊，若浮云之幻，易于消散；财富之丰，若梦幻之泡，易于破裂。人若过于追求，则易忽视内心之平和、现有之幸福，沉溺于无尽之欲望，导致社会之不公、个人之痛苦。故苏辙有言："以其可欲者示人，固有罪矣"。

罪莫厚于甚欲。此言贪婪之罪，厚重无匹，乃人之大忌。甚欲者，人心之贪婪也。贪婪无度，必招祸患。人若能节制欲望，知足常乐，则心自清净，罪孽自消。熟思此言，更觉人生在世，所求何穷？然物欲无穷，而人心有限。故当以清净心对待万物，不妄取，不妄求，方能免于祸患。

咎莫憯于欲得。此言执着之咎，憯痛无比，乃人心之桎梏。欲得者，人心之执着也。执着于物，必为物所累。人若能超脱物欲，以无为之心应对世事，则心自自在、咎愆自除。熟思此言，更悟人生之妙，不在于得而在于舍。舍去执着，方能得自在；舍去物欲，方能得清净。故当以无为之心，行无为之事，方能成就大道。

祸莫大于不知足。此言不知足之祸，实乃人心之大敌。不知足者，人心之大病也。人生于世，所求何止一端？然若不知足，则所求皆不得，反招祸患。人若能知足常乐，则心自安定，不为外物所动。熟思此言，更知人生之幸福，不在于所得之多，而在于知足之深。

故知足之足，常足矣。此言人生在世，贵在知足常乐，若能领悟此道，则心中常足，无欲无求，自然远离祸患。

吾观此数句，深感其深层内涵之丰富。夫天下有道无道，皆由人心所造。人心向善，则天下太平；人心向恶，则天下纷乱。故治国者，当以教化人心为本，使百姓向善，则天下自然有道。然人心之贪欲，乃祸患之根。若能知足常乐，则心中自然平和，无欲无求，何患之有？

故知足之足，常足矣。知足之人，遇事而心满意足，故无不足之患。盖知足之真义，在于人心自足，非财富之厚也。人若能知足，则心静如水，不为外物所扰，自享其现有之福。然世之众人，多贪得无厌，逐无尽之欲，而忘内心之满足。欲望无止境，逐之不懈，使人劳神伤身，终归虚妄。故知足者乃真富真贵也。

夫知足之益，在于人心之平和，处顺境而不骄，处逆境而不馁。人生若知足，则内心充实，不为物欲所惑。欲望无厌，追逐不止，使人疲惫不堪，最终仍是一场空。

故知足者，不被外物所动，不被欲望所困扰，以善心处世，能远离祸患，享受常足之乐。此乃人生之要义也。

求其镜鉴　　　　　　　　　　天地间之处世箴言

夫天下有道，却走马以粪；天下无道，戎马生于郊。此非马之过也，乃时世之所使也。是以观马之境遇，可知世之兴衰，亦可知人心之向背。今以斯言为鉴，欲述处世之借鉴指引，以飨同好。

天下有道，百姓安乐，社会和谐。此时，人心向善，道德为纲。走马得以休息，用于农耕，此盛世之景也。人生当以此为鉴，行道法自然之天地大道。修身者，须明理达情、崇德向善；齐家者，宜和睦共处、孝悌为先；治国者，应法德兼施、以民为本；平天下者，当协和万邦、共谋发展，则能顺应时势、共享太平。

甚欲者，人心之贪婪也，皆源于道心之未明。贪婪无度，必招罪孽，此违天道之常也。人生在世，当知节制，不可放纵欲望，以免沉沦苦海，难以自拔。

吾观历史，多少人因贪婪而身败名裂、家破人亡，皆因不知足、不知止之故。夫贪婪者，心之贼也，盗取人之德行，毁伤人之性命。故当以此为鉴，修身养性，以清净心对待万物。不妄取者，无贪念之扰；不妄求者，无执念之累。如此则能免于罪孽之扰，而享清静之乐矣。

欲得者，人心之执着也，皆因贪念未除。执着于物，必为物所累，招致咎愆，此乃不道之行也。人生处世，当知放下，不可过于执着，顺应自然之理。执着于名利者，必为名利所困，失其本心；执着于情感者，必为情感所伤，乱其神志。故当超脱物欲，以无为之心应对世事，清静无为，行不言之教，方能无咎无怨，逍遥于天地之间。不知足者，人心之大病也。人生在世，所求何穷？然若不知足，则所求皆不得，反招祸患。故当知足常乐，珍惜当下，感恩所有。知足之人，心自安定，不为外物所动；不知足之人，则终日奔波于名利之间，心神不宁，或可有祸患临身。

处世之道，当以清净心、无为心、知足心为处世之准则，于个人而言，当节制欲望，知足常乐。

夫人生在世，若过于追求物质之满足，则心灵易于迷失，道德易于沦丧。如《道德经》所言："五色令人目盲，五音令人耳聋，五味令人口爽。"过于沉迷于物质享受，会导致心灵迷失。

治国者，亦应以此为戒。若治国者贪婪奢侈，则国力必衰、民生必困。

处世修身，修身者应以道德为本，勤修反省，不可懈怠，不可贪欲。懈怠贪欲，会导致心灵荒芜、道德沦丧。如《道德经》所言："道可道，非常道；名可名，非常名。"修身者应遵循道德之道，方能道德圆满。治世之道，亦应遵循"罪莫厚于甚欲，咎莫憯于欲得，祸莫大于不知足"之理。治国者应以民为本，爱民如子，不可贪婪，不可奢侈。

夫处世智慧，深微奥妙，贵在知足，此乃道德之根基。知足者，心无贪念，不贪得无厌，不妄取分外之物，亦不追求虚妄之名利，以免身心受累，陷入无尽烦恼与纷争之中。但求心安理得，自得其乐，于简朴中见真趣，于平凡中悟大道。其心境平和，无欲无求，不为外物所动，亦不为他人所扰。故能远离纷扰，超脱尘世之羁绊，享受生命之美好，体验大道之玄妙。知足之人，深知万物皆有规律，强求不得，故能随遇而安，顺其自然。其内心富足，无须外求，故能自在逍遥、任运而行。此乃真智慧也，非世俗之聪明才智所能及。

第四十七章

> 经云：不出于户，以知天下；不窥于牖，以知天道。其出弥远者，其知弥鲜。是以圣人不行而知，不见而名，弗为而成。

读经浅悟

圣人之道与知之境界

道者，无形无象，无声无臭，而充塞于宇宙之间，流行于万物之内。人若欲知天下之道，何必远求于外？但于方寸之间，默而识之，自可洞见天地之奥，彻悟万物之理。是以圣人不出户庭，而能知天下之事；不窥牖户，而能见天道之微。此非以其目之能见、耳之能听，乃以其心之能悟也。

不出于户，以知天下，此言非谓闭目塞听、不问世事，乃谓心之所能，无远弗届。夫人心之灵，妙不可言。于一念之间，可包罗万象，可洞察秋毫。故圣人以心观物，不以目视；以神会道，不以耳听。是以能知天下之事，而无所不知也。

不窥于牖，以知天道，此言非谓闭户自守，不窥外界，乃谓道之所在，不在于外物之形声，而在于人心之虚灵。夫人心之虚灵，本与道合。故圣人以心体道，不以目寻；以神悟道，不以耳求。是以能见天道之微，而无所不见也。

夫其出弥远者，其知弥鲜，此言外求之弊也。世人往往以目视物、以耳听声，而不知心之所能。故虽历山川、观风土，而所知者不过皮相之谈，未能得事物之真谛。何也？以其心为物役、神为境牵，不能自主故也。是以圣人知之，故不妄出、不妄求，而能知天下之道、见天道之微。

夫圣人之行，无为也，然其知也明，其见也远。其不行而知者，非无所作为，而能知也。盖圣人之心，与天地同频，与造化共鸣，故能超越世俗之纷扰，洞悉万物之本真。其不见而明者，非目不能见而能明也，实乃心之明澈，能照见万物之真实，领悟世事之真奥。故虽不见而能明于心中，此乃圣人之所以不见而明也。

夫圣人之成，非有为也，然其功也大、其业也广。其不为而成者，非无所作为而能成也，盖圣人之心，顺应天道，合乎人心，故能无为而治、无欲而成。其行事也，自然而成，无须强求，无须矫饰。故虽不为，而能成于无形之中，此乃圣人之所以不为而成也。

夫本章之意，深矣远矣。非浅尝辄止者所能领悟也。必须深入其中，细细品味，方能得其真奥。夫知天下者，必先知己；知己者，方能知人；知人者，方能知天下。是以圣人能不出户而知天下也。夫见天道者，必先修心；修心者，方能明理；明理者，方能见天道。是以圣人能不窥牖而见天道也。

夫圣人之所以为圣，非以其能行远而知多也。实乃以其心之明澈、智之深邃，能超越时空、洞彻万物。故其行也无为，而知也明；其见也无为，而明也远。此圣人之所以能不行而知、不见而名、弗为而成也。

夫本章之意，亦在于此。欲求知识之广博，非必行万里路、读万卷书也。实乃在于修心养性、明理达情。心之明澈，则能知天下；智之深邃，则能见天道。是以不必远行，而能知天下；不必窥牖，而能见天道。夫人生在世，当以圣人为榜样，修心养性，明理达情。虽不能至圣人之境，然亦当勉力为之。则能心明如镜、智深如海，虽未行远，而智已广博；虽未窥牖，而道已显现。

夫知者，贵在自知；行者，重在自行。不必远求他物，只需反观内心。心之明澈，则天下无不知之事；智之深邃，则天道无不见之理。是以欲求知识之广博者，当先修养心性；思明天道之奥妙者，当先明理达情。

细细品味，深入领悟。修心养性，明理达情，以求心之明澈、智之深邃。则能知天下之事、明世事之理，见天道之微、悟造化之机。

循思渐得　　心智通明与智慧深邃

不出于户，以知天下，非谓闭目塞听，乃言心之广大，能包容万有。盖

诗意函谷

天下之事，皆由心生，心若明净，则天下无不洞然。故知天下者，不必远行千里，但于方寸之间，默而观之，则天下之事，无不了然于胸。此即内观之道，以心观物，物无遁形。

不窥于牖，以知天道，非谓绝物离群，乃言心之高明，能洞察幽微。天道无形，而寓于万物之中，故知天道者，非必穷究高远，不必仰观星辰，以测其象；但于日常行事之间细心观察，顺应自然。体而悟之，心与道合，则天道之微妙，虽无形而实存，无不昭然于目、了然于心。盖天道无亲，常与善人。人若能修身养性、行善积德，则天道自然显现于前。故当反求诸己，勿为外物所迷，勿为名利所动。但守心之清静、修性之纯和，则能体悟天道、与道同行。

其出弥远者，其知弥鲜，此言外求之无益，而内省之重要。人生若一味逐外，贪恋权势名利，则必为物所累，而知见愈狭。故当反求诸己，省察己身之过失，修身养性，以道德为根基。循思至此，似悟此章之深意。夫人生处世，当以内观体悟之道为指引，勿为外物所迷，勿为名利所动。当守心之清静、修性之纯和也。

是以圣人不行而知，非谓其不行走于世间、不经历世事也，实乃因其心行天下、意游四方。其虽身处一室，然其心已遍游天下，故其知也广、其见也明。不见而名者，非谓其目不能见也，盖因其心明如镜，能照见万物之本真，能领悟世事之真奥。故其虽不见，然已明于心中。

弗为而成者，非谓其无所作为、坐享其成也，实乃因其心有所主、意有所定。其行事也，顺应天道，合乎人心。故其虽不为，然已成于无形之中。此圣人之所以为圣也，其行也无为，而天下莫能与之争。

夫深层内涵者，非浅尝辄止、一知半解者所能领悟也。必须深入其中细细品味，方能得其真奥。是以读圣人之言，须用心体会，方能领悟其深层内涵。

夫知天下者，必先知己；知己者，方能知人；知人者，方能知天下。是以圣人虽足不出户，然其自知之明，已足以知天下矣。不窥牖而知天道者，亦须先修内心之境界。心境若明，则天道自见；心境若暗，则天道难寻。

不行而知者，非谓其无所作为也。实乃因其心有所主、意有所定。其虽不行，然其心已遍游天下；其虽不知，然其意已领悟万物。此圣人之所以为圣也，其心之行也，已超越常人之想象。

此圣人之所以能见人所不能见、知人所不能知也。

键盘敲至此刻，冀金雨慨然叹曰："圣人之所以为圣，非闭目塞听，非无视天象，非无所作为。其心通万理，神游八极，与天地同频，与造化共鸣。心明如镜，能照见万物之本真，能领悟世事之真奥。其行也无为，而天下莫能与之争。圣人修心养性，以求心境之明，方能窥见天道之微。不行而知，不见而明，不为而成，此乃深层内涵也。"

求其镜鉴　　　　　　　　　修心明理，处世之智

人生处世，纷扰繁多，若逐物于外，心随境转，则必为物所累，而知见愈狭。故《道德经》此章，示人以静制动、以内观外之法。夫不出于户以知天下，非谓闭目塞听，乃言心之广大，能包藏万有，无所不知。不窥于牖以知天道，非谓绝物离群，乃言心之高明，能洞察幽微。勿以外物之纷扰，乱我心之清静；勿以名利之诱惑，迷我性之本真。但于方寸之间，默而观之，则天下之事，无不洞然于胸；天道之微，无不昭然于目。如此则能应物而不迷、处世而不乱。

又观其出弥远者，其知弥鲜之语，可知外求之无益，徒增烦恼与困扰，而内省之重要，实为明智之举。人生若一味逐外，贪恋权势与名利，必致精神耗散，如烛尽油干；心智迷乱，知识浅薄，无以应世。故当反求诸己，省察己身之过失，修身养性，以道德为根基。以清静之心，观世间之纷扰；以无为之为，应万变之境，方能自在逍遥。

勿为浮名虚利所动，免陷世俗之泥潭；勿为外物纷扰所迷，保持心之澄明。但守心之清静，不随物转；修性之纯和，与道合真。如此则能应对自如，无论遭遇何种困境，皆能从容以对；无往不胜，成就一番事业。

盖因道德之内充，方能应物之外显。故当务学而非务外、求内而非求外。内省不疚，则无惧于外物之侵扰；道德高尚，则自然得人之敬仰。

是以圣人不行而知、不见而名、弗为而成者，非谓圣人有异能也。盖圣人之心，澄明如镜，智慧如海，故能超越世俗之见，洞察天地之机。心若澄明，则虽不行，亦能知；神若智慧，则虽不见，亦能明。是以圣人之处世，无为而无不为，无欲而无不欲，顺其自然，合乎天道。故人生在世，当以圣人为鉴，

以澄明为心，以智慧为神，勿为私欲所累，勿为执着所困。

夫处世智慧，贵在自知。知己者，方能知人；知人者，方能处世。是以君子务在有自知之明，明辨是非，审时度势。有自知之明，则能知进退、明得失；审时度势，则能顺时而动、因势而为。故人生在世，当以自知为基、以审时为要，勿为盲从所误，勿为固执所害。

处世智慧，又贵在自律。自律者，方能守道；守道者，方能致远。是以君子务在自律之严、守道之笃。自律之严，则能正身立命、修身齐家；守道之笃，则能行稳致远、得道多助。故人生在世，当以自律为纲，以守道为本，勿为放纵所败，勿为浮华所迷。

处世智慧，更贵在包容。包容者，方能广纳百川；广纳百川者，方能成其大。是以君子务在包容之广，纳百川之细。包容之广，则能容人之短、纳人之长；纳百川之细，则能汇其涓涓细流，成其汪洋大海。故人生在世，当以包容为怀，以纳百川为志，勿为狭隘所限，勿为偏见所蔽。

一言以蔽之，处世智慧，千变万化，然其根本在于修心养性、明理达情。心若澄明，则能知天下；智若深邃，则能见天道；行若审慎，则能保其真知；识若清晰，则能守其本心。

第四十八章

> 经云:为学日益,为道日损。损之又损,以至于无为。无为而无不为。取天下常以无事,及其有事,不足以取天下。

读经浅悟　　　　　学问与道义之人生之道

夫为学者日益,为道者日损,此二者,乃人生之大道,亦修心之要术。为学者日益,乃以博识为基,以广学为路,以增益智慧为终;为道者日损,则以去伪存真为本,以淡泊名利为心,以归真返璞为极。损益之间,道学相济,方能致虚守静,得见天地之真机。

夫为学者日益,非徒增知识之量,亦增智慧之质。学者当博览群书,广纳百川,以充其识见,拓其心胸。然学问之道,贵在精不在多,故学者又当择善而从,去其糟粕,取其精华。则日益之学问,方能化为智慧之泉,滋养心智之田。

夫为道者日损,非徒去物欲之累,亦去心智之缚。道者当摒弃浮华,淡泊名利,以清净之心,观天地之变化,悟大道之玄微。损之又损,以至于无为,此即道之极致。无为者,非无所作为,乃顺应自然,不妄为,不强求。无为而无不为,此乃道之真奥,亦处世之良策。

夫取天下者,常以无事为本。无事者,心无挂碍,行无羁绊,故能洞察天下大势,把握时机,以成大事。然取天下者,非徒以武力胜,亦以德行服。若以私欲为重,以权势为念,则不足以取天下。故取天下者,当以民为本、以德为先,顺民心、合天道,方能长治久安。

夫为学日益，为道日损，二者相辅相成，共同构成人生之大道。学者日益，则能明理达情，洞察世事；道者日损，则能心无挂碍，顺应自然。取天下者，以无事为本，则能得民心、成大事。此三者，皆为人生之要义，亦修身治国之良策。

然人生在世，诱惑繁多，能坚守学问之道、笃行道义之德者，实为难能可贵。夫学者当以明理为要，道者当以修身为本。明理者能辨是非、知荣辱；修身者能去浮华、守本真。则能致虚守静，得见天地之真机，亦能行道法自然之天地大道。

夫学问之道，贵在持之以恒；道义之德，贵在身体力行。学者不可一日无学，道者不可一日无修。学无止境，道无边际，唯有不断努力，方能不断进步。故为学者日益，为道者日损，此二者皆不可偏废也。

且夫天下之事，纷繁复杂，非一己之力所能尽知尽为。故为学者当谦虚谨慎、不耻下问，为道者当淡泊名利、宁静致远，则能博学多识、明理达情，亦能修身养性、致虚守静。

又言，为学者日益，为道者日损，此二者皆人生之大道。学者日益则智慧增长，道者日损则心智纯净。取天下者以无事为本，则能顺应民心、成就大业。然学问之道与道义之德皆需持之以恒、身体力行。唯有致虚守静，得见天地之真机，方能行道法自然之天地大道。

夫人生在世，不过百年。有生之年，学问可日益，为道可日损。然学问之道无尽头，道义之德无止境。学者当以明理为要，道者当以修身为本。取天下者当以民为本、以德为先，则能致虚守静、得见真机。

学问之道与道义之德，固为人生之本。学者日增，可以明理通情；道者日减，可以心无障碍。取天下者，以无为为本，则能顺民心、成伟业。人若深解此章之义，致虚守静，行道法自然之天地大道，则人生无遗憾矣。

循思渐得　　　　　　　　　　　　**修身治国之道**

夫为学者日益，为道者日损，此古之至理，诚为修身治国之要道也。学者日益，乃博采众长、广纳百川，以充实其知识、增益其智慧。为学日益，乃修身之始。学者当勤学好问、博览群书，以增益其见识、开阔其眼界。然学者亦当有所选择，非一切知识皆需汲取。当以道为本、以德为魂，择其善者而从之，其不善者而改之。学者日益，非徒增知识之量，亦增智慧之质矣。

道者日损，乃摒弃浮华、去伪存真，以达至真至简之境界。损之又损，以至于无为，此即道之极致，亦人生之最高境界也。为道者日损，乃修身之终。道者当摒弃私欲、去除执着，以达至心智之纯净、境界之高远。

损之又损，以至于无为，此即道之极致。去虚妄以求复性，可谓损矣。然去虚妄之心犹存，及其兼忘此心，纯性而无余。然去妄之心，虽存于心，然不可使其溺于此心也。必须兼忘此心，使心与性相合，无所用功，而纯性自然显露。此乃损之而益、去之而存、忘之而得也。纯性显露，无纤毫之杂质，无丝毫之矫揉，自然与天地同流，与万物合一，至于无为。此乃去妄以求复性之真谛，亦为修身之本也。

夫无为者，心无挂碍，行无羁绊，故能顺应自然，与天地万物共命运。无为而无不为，此乃道之真奥，亦人生之最高境界。非无所作为，乃顺应自然，不妄为，不强求。无为而无不为，乃道之真奥，亦处世之良策。夫取天下者，常以无事为本。无事者，心无挂碍，行无羁绊，故能洞察天下大势，把握时机，以成大事。及其有事，则心有所系、行有所拘，不足以取天下矣。

心无挂碍，则能洞察天下大势、明辨是非，故凡取天下者，常以无事为本，无事则心无挂碍、行无羁绊，则能把握时机、进退得宜。夫天下者，非一人之天下，乃众人之天下，故取天下者当知以民为本、以德为先。

民者，国之基也；德者，行之本也。取天下者若以私欲为重，以权势为念，则民心离散，不足以取天下。故当以无事为本，不妄动、不强求，顺应民心、合乎天道。民心顺则天下安，天道合则万事成。

取天下者又当知，无事非无所作为，乃不妄为、不强求，因势利导、顺其自然。如此则能长治久安、天下太平。故取天下者当修身养性、以德服人，不尚武力、不事权谋，唯以民心为依归、以天道为准绳。

然天下之事，往往纷繁复杂，难以预料。故为学者日益，为道者日损，取天下者无事，此三者缺一不可。学者日益，则能明辨是非、洞察真理；道者日损，则能摒弃浮华，回归本真；取天下者无事，则能顺应民心，合乎天道。天下可定，万事可为矣。

总而言之，本章所言，学者日益，广纳百川；道者日损，摒弃浮华。去妄以求复性，损之而益，忘之而得。无为者，心无挂碍，行无羁绊，顺应自然。取天下者，以无事为本，顺应民心，合乎天道，方能长治久安。学、道、治国三者相辅相成，无为而无不为，则天下可定也。

求其镜鉴　　　　　　　　　　　处世之智慧与境界

　　夫为学日益，为道日损，此古人之格言，亦处世之良鉴。学者日益，明理达情，知天下之事；道者日损，淡泊名利，见世间之真。损之又损，以至于无为，此道之极致，亦处世之要诀。无为而无不为，非无所作为，乃顺应自然，不妄为也。取天下常以无事，非无所求，乃心无挂碍、行无羁绊，故能洞察天下、把握时机。

　　夫为学者日益，犹积沙成塔，集腋成裘。学者当勤学好问，博采众长，如蜜蜂采花，酿成甘蜜，以充实其识见，增益其智慧。然学问之道，贵在精不在多，如淘金于沙，取其精华，去其糟粕。故学者又当择善而从，去伪存真，方能化为处世之良策，指引人生之方向，犹如明灯照路，不致迷失。

　　夫为道者日损，非徒去物欲之累，亦去心智之缚，如剥茧抽丝，渐见本真。道者当淡泊名利，宁静致远，以清净之心，观天地之变化，悟大道之玄微。损之又损，以至于无为，此乃道之极致，亦处世之最高境界。无为者，非无所作为，乃顺应自然，不妄为，不强求，如流水不腐，因其顺流而下，不逆水性。无为而无不为，此乃道之真奥，亦处世之良策，如庖丁解牛，游刃有余，因其顺应牛体之结构，不强行切割。

　　夫取天下者，常以无事为本。无事者，心无挂碍，行无羁绊，如明镜照物，不留痕迹。故能洞察天下大势，把握时机，以成大事。然取天下者，非徒以武力胜，亦以德行服。武力虽能暂胜，德行方能久安。若以私欲为重，以权势为念，则民心离散，不足以取天下。故取天下者，当以民为本、以德为先，顺民心、合天道，如春风化雨，润物无声。

　　学者之道与道者之道，异曲同工，然皆需用心。学者需用心于学，道者需用心于道。学者用心于学，则知识日增、智慧日开；道者用心于道，则物欲日减、心智日明。二者皆需持之以恒，不可半途而废。

　　夫处世智慧，贵在明理达情，知进退之机。学者日益，则能明辨是非，知荣辱；道者日损，则能淡泊名利，守本真。取天下者无事，则能洞察天下，把握时机。此三者，皆为处世之要诀，亦行道法自然之天地大道之良策。

何为明理达情？明理也，悟道之奥妙，识自然之法则，知万物相生相克之理，从而顺应自然，无争无竞。达情也，关乎人情欲望，以及社会交往。意在悟道之基础上，洞察人情欲望之深浅，恰如其分地处理人与人之间、个人与社会之间的情感互动。明理达情，乃在透彻理解宇宙自然之道的基础上，恰当地调适人之情感与欲望，使个人行为与社会交往皆合乎道之原则，进而达到内外和谐、人与自然与社会共融共处的理想境界。

夫明理达情者，能知人善任，洞察世事。学者日益，则能增益智慧，明辨是非。在处世之中，当以理服人、以情感人，方能得人心、成大事。

夫淡泊名利者，能守本真，不为外物所动。道者日损，则能去除浮华，回归本真。在处世之中，当以平常心对待名利，不为其所累，方能保持清醒之头脑，做出明智之决策。

夫心无挂碍者，能洞察天下，把握时机。取天下者无事，则能顺应自然，不妄为。在处世之中，当以无事为本，心无挂碍，方能洞察世事之变化，把握时机之来临。

学者日益，道者日损，取天下者无事，此三者皆为处世之要诀，需时时铭记于心、付之于行。

第四十九章

> 经云：圣人恒无心，以百姓之心为心。善者善之，不善者亦善之，德善也。信者信之，不信者亦信之，德信也。圣人之在天下也，歙歙焉，为天下浑心。百姓皆注其耳目焉，圣人皆咳之。

读经浅悟

圣人与百姓之心

圣人恒无心，以百姓之心为心。此言圣人之心，非如常人之有定执，乃是无心之心，虚灵不昧，随感而应，与百姓之心相通。圣人无自我之私念，无偏执之情欲，故其心如明镜，照物而不留痕，应物而不伤性。百姓之心，纷繁复杂，圣人则以无心应之，无有不爱，无有不恤，是以能得民心，而天下归之。

夫圣人之所以无心，非真无其心也，乃是其心廓然大公，物来顺应，无所不容。如天地之无私覆载，日月之无私照临，圣人之心亦然。故曰"圣人恒无心，以百姓之心为心"。此言圣人之心，随百姓之心而转，百姓之所欲，即圣人之所欲；百姓之所恶，即圣人之所恶。是以圣人能与百姓同其忧乐、共其安危，而天下莫不归心焉。

善者善之，不善者亦善之，德善也。此言圣人对待善恶，皆以善应之。善者自不必言，不善者亦以善化之，此乃圣人德性之至善也。夫不善者，或因愚昧无知，或因私欲蒙蔽，圣人则以大德包涵之，不以恶报恶，而以善化恶。如春风之解冻，圣人之心，温暖和煦，足以感化顽冥，使不善者亦归于善。

善者善之，易也；不善者亦善之，难矣。然圣人之所以为圣人，正在于此。

圣人之心，如大海之纳百川，如虚空之含万象，无所不容，无所不化。故曰"德善也"。此言圣人以德化人，不论善恶，皆以善应之，而天下之人，无不受其感化而归于善道。

信者信之，不信者亦信之，德信也。此言圣人对待信与不信，皆以信应之。信者自当信之，不信者亦以信感之，此乃圣人德性之至信也。夫不信者，或因疑虑重重，或因见识浅陋，圣人则以大信示之，不以不信报不信，而以信感不信。如秋霜之降，万物皆肃；如冬雪之覆，万物皆藏。圣人之心，坚定而纯粹，足以感动疑忌，使不信者亦归于信。

圣人之在天下也，歙歙焉，为天下浑心。此言圣人在位治理天下，其心歙歙然，无有偏私，无有执着，浑然与天下为一心。歙歙者，和合之义，言圣人与天下之心和合无间，如一体之相亲，无有隔阂。圣人之心，如天地之心，无私无我，故能与天下之心相通，而天下之人皆感其德而归其治。

浑心者，非混同是非、不分善恶，乃是以大公之心包容万物，无所不容，无所不化。圣人之心，如太和之气，弥漫于天地之间，无所不在，无所不充。故曰"为天下浑心"。此言圣人治理天下，以浑心应之，使天下之人皆得其和、皆得其安。

百姓皆注其耳目焉，圣人皆孩之。此言百姓皆以耳目注视圣人，期待其教化，期待其治理。而圣人之心，则视百姓如纯朴无知之婴儿，和缓而温暖。以和缓之声感化百姓，使百姓之心皆归于道。圣人非以强力压人，非以威势逼人，而是以和缓之教，如慈母之待婴儿，感化人心，使百姓自然归顺、自然向道。

循思渐得　　　　　　　　　　圣人之德信之道

圣人恒无心，以百姓之心为心。此言圣人之心，无执无着，无私无我，乃无心之心，虚灵澄澈。夫无心者，非谓无心于物，乃其心廓然大公，无所不包，无所不容。圣人之心，如明镜之照物，无物不照，无照不明；如虚空之含象，无象不含，无含不广。百姓之心，千差万别，圣人则以无心应之，无偏无私，无爱无憎，是以能得民心而使天下归附。

圣人无心，实乃道德之至境。道德者，天地之根，万物之本。圣人以道德为本，修身齐家治国平天下。其无心之心，正是道德之体现。夫道德之心，无私无我，普利万物，是以圣人能与百姓同呼吸、共命运，而天下之人，皆仰其德而归其治。

善者善之，不善者亦善之，德善也。此言圣人视善恶如一，皆以善应之。

善者善之，固为易事；不善者亦善之，则为难事。然圣人之所以为圣人，正在此包容之心。圣人之心，如大海纳百川，广纳万物，无所不容，乃成其大；如虚空之含万象，无所不化。是以圣人能以善化恶，使不善者亦能向善。

又信者信之，不信者亦信之，德信也。此言圣人视信与不信如一，皆以信应之，无分彼此，无有偏私。信者自当信之，以其诚信相感，如磁石之吸铁，自然相亲相近。不信者亦以信感之，非以强力迫之，乃以诚信之德慢慢渗透，如春雨之润田，使之渐生信心。

夫不信者，或因疑虑重重，如云雾蔽日，不见真相；或因见识浅陋，如井底之蛙，不知天高地厚。圣人则以大信示之，如明灯照夜，破其疑虑，扩其见识。不以不信报不信，恐伤人心之诚；而以信感不信，欲使人心向善，归于信道。

圣人之道，以信为本，无信不立。故圣人治理天下，皆以信为先，而后天下之人皆能信之、皆能行之。此乃圣人之德，亦天地之道。故曰：信者，人心之基，无信则人心乱；圣人以信治天下，则天下太平。

信者信之，固为易事；不信者亦信之，则为难事。然圣人之所以为圣人，又在于此。圣人之心，如磐石之坚，如松柏之茂，信而无欺，诚而无伪。是以圣人能以信感人，使不信者亦能信道。

圣人之在天下，歙歙焉，为天下浑心。此言圣人在位治理天下，其心歙歙然和合无间，与天下为一心。浑心者，非混同是非、不分善恶之谓也，乃是以大公之心包容万物，无所不容、无所不化之谓也。圣人之心如太和之气弥漫于天地之间，无所不在、无所不充，是以圣人能以浑心治天下，使天下之人皆得其和、皆得其安。

圣人之治天下也，以浑心为要。浑心者，乃是大公无私之心，亦是和合万物之心。圣人以浑心治天下，则天下和平、百姓安乐。于今之世，治理国家亦需以浑心为要。当政者当以大公之心对待人民，无偏无私，无歧视，无偏见，使人民皆能得其和、皆能得其安。

百姓皆注其耳目焉，翘首企盼，如渴饮泉，皆欲闻圣人之道、睹圣人之行。圣人皆将百姓当作婴孩，无知无识，需教化以引导，需抚育以成长。此言百姓皆以耳目注视圣人，如影随形，期待其教化之恩泽。

圣人知百姓之心，如慈母知婴孩之需。故圣人以和缓之声，如春风化雨教化百姓，使之渐入善道。又以无私之心，如阳光普照，治理天下，使之和谐有望。百姓受圣人教化，如婴孩受慈母抚育，日渐茁壮，心向大道。

圣人之道，非高远难及，乃平易近人。如婴孩之学语，步步引导，渐入佳境。百姓闻圣人之道，如沐春风，心旷神怡，自愿归附。故圣人治天下，如治家一般，和合无间，亲密无间。

是以百姓皆以耳目注视圣人，期待其教化与治理。圣人亦以百姓为心，教化抚育，无所不至。此乃圣人之德，亦百姓之福。故当尊圣人之道，行之于天下，则天下太平有望，百姓安居乐业可期。此乃《道德经》之教义，亦天下之大道也。百姓之注耳目于圣人，乃是其心向善、向道之表现。圣人则以和缓之教，如春风化雨般感化人心，使百姓自然归顺、自然向道。

求其镜鉴　　以百姓之心为心

圣人恒无心，非谓其心无存，乃言其心无偏执、无执念。世人之心，多为物欲所蔽，故常有所执，执于名、执于利、执于情，由是而生烦恼。圣人则不然，其心如明镜，照物而不留痕，应物而不伤性。故能洞察世事，顺应自然，不为外物所累。人当效法圣人，去执存真，使心无挂碍，则能自在洒脱，不为俗世所牵绊。此乃人生第一要义，亦道德之根基矣。

以百姓之心为心，此言圣人之心与百姓同体，感同身受。圣人非高居九天之上，不问世事，而是身入世间、心系百姓。百姓之喜怒哀乐，皆圣人之心所系。故圣人行事，皆以百姓之利益为先，不为一己之私而损人利己。人亦当以此为鉴，常怀悲悯之心，以他人之乐为乐，以他人之忧为忧。则能得人心，而事业亦易成。此乃道德之要义，亦人生之大道矣。

善者善之，不善者亦善之，德善也。此言圣人待人之道，无论对方善恶，皆以善待之。善者自不必说，恶者亦当以善感之，使之向善。此非易事，需有广大之胸怀、深厚之涵养。唯其如此，方能化恶为善，使天下归心。人当以此为法，遇善则学其善，遇恶则不以其恶而恶之，反以善化之。此乃道德之精髓，亦人生之智慧矣。

　　信者信之，不信者亦信之，德信也。此言圣人立信之道，无论对方信不信，皆以信待之。信者自当信之，不信者亦当以信感之，使之信。此亦非易事，需有坚定之信念、不屈之意志。人当以此为则，无论遇何境遇，皆坚守信念，不失信于人。此乃道德之根本，亦人生之基石矣。

　　圣人之在天下也，歙歙焉，为天下浑心。此言圣人之治世之道，歙歙者，和合之义。圣人治世，不以强力压人，而以和合之心感人，使天下之人皆能和合相处，无有纷争。人当以此为范，无论遇何困难，皆以和合之心处之，则能化解矛盾。此乃道德之境界，亦人生之追求矣。

　　百姓皆注其耳目焉，圣人皆孩之。此言圣人之应世之道，百姓皆以耳目注圣人，观其行为，听其言语。圣人则皆孩之，即皆以婴孩般待之，不欺不瞒，使百姓皆能知其心、信其道。此非虚伪之作，乃真诚之流露。人当以此为训，皆以真诚待之。此乃道德之力量，亦人生之魅力矣。

　　圣人之道，其心无偏执、无执念，真乃明镜照物，不留痕而应物不伤，故能洞察世事、顺应自然，何其明也！人当效法圣人，去执存真，使心无挂碍，方能自在洒脱，不为俗世所绊，岂不快哉！

　　圣人以百姓心为己心，身入尘寰，心系苍生，故能得人心，事业遂成，何其仁也！人当常怀悲悯，以他人之乐为己乐，以他人之忧为己忧，岂不美哉！

　　圣人待人，无分善恶，皆以善待之，化恶向善，使天下归心，何其德也！人遇善则学善，遇恶则以善化之，岂不智乎！

　　圣人立信，不因对方信不信而异行，人当坚守信念，不失信于众人，何其信也！圣人治世，以和合心感人，使天下无纷争，人遇困难，以和合心处之，化解矛盾，何其和也！

　　圣人应世，真诚流露，不欺不瞒，人当以此为训，皆以真诚待人，何其诚也！此乃人生行路之指南、道德之根基，人生之大道也！循此道而行，光明坦荡，无有阻碍，何其幸也！

第五十章

> 经云：出生入死。生之徒，十有三；死之徒，十有三；而民生生，动皆之于死地，亦十有三。夫何故也？以其生生也。盖闻善摄生者，陆行不辟兕虎，入军不被甲兵；兕无所投其角，虎无所用其爪，兵无所容其刃。夫何故？以其无死地焉。

读经浅悟　　　　　　　　　　　修身养性与善摄生

　　本章章首揭出生入死之奥秘，生死乃人生之重大事务，亦哲学探究之根本问题。道家视生死为自然之大道，生者必归于死，死者必转而生，循环往复，无穷无尽，此乃宇宙之常理也。然观世间芸芸众生，或贪生而恶死，汲汲于生之欢愉；或惧死而恋生，耿耿于死之哀伤。世人多未能洞察生死之真谛，徒然于生死之间徘徊迷茫，未能超脱其束缚。

　　老子故而言道：生之徒，十有三；死之徒，十有三。其意深矣！谓顺生而死者，顺死而生者，皆不过占人间之十分之三。而芸芸众生，多在生死之间徘徊不定，既未能全然顺应生之大道，以养生尽年；又未能全然顺应死之大道，以安时处顺。实乃生死之间之迷茫者也，不知所从，不知所去，可悲可叹！是以当明生死之道、识顺逆之理，而后可以立命安身、成事治国、平天下也。

　　而民生生，动皆之于死地，亦十有三，此言深揭世人之内心。世人多欲求生，此乃人之常情。然往往因求生之念过切，反而步入死地。何也？以其生生之念过厚，不知生死之道，只知贪生恶死。于是汲汲于名利之场，营营于得失之地，心为物役，身被形驱。世人终日奔波于世俗之事，终至死地而不自知，实乃可悲可叹者也。

老子又言生生之厚，即求生之念过厚，反致速死。此语深揭世人之弊病，警示人们应顺应自然之道，不可过分贪生。然则如何超脱生死，达到无死地之境呢？此乃世人所共同追求之大道也。

老子提出善摄生者之概念。摄生，即养生之道也。善摄生者，能顺应自然之道，不违生死之理。世人知生死乃自然之大道，不可抗拒亦不可逃避。故能于生死之间保持一颗平常心，既不过分贪生，亦不过分恶死。如此则能"陆行不辟兕虎，入军不被甲兵"。兕虎甲兵，皆世间之凶器也，而善摄生者却能安然无恙。何也？以其无死地焉。

无死地者，非谓其能逃避死亡之命运，而谓其能超越生死之念，达到超然物外、与道合一之境界，世间之凶器无所施其技，生死之念无所容其心。超脱生死之束缚，达到至高无上之境界。此境界者，心无挂碍，意无执着，身无拘束，自在逍遥。视生死如昼夜之更替，如四季之轮回，皆自然之大道也。故能于生死之间泰然处之，无惧无忧。

此章之深意，在于揭示生死之道与养生之法的内在联系。生死乃自然之道，不可违背；而养生之法，则在于顺应自然、超脱生死。世人往往贪生恶死，却不知生死之道，反因求生之念过切而步入死地。故善摄生者，必先知生死之道，而后能超脱生死，达到无死地之境。

循思渐得　　　　　　　　　　　生命之真奥与心修

出生入死。生之徒，十有三；死之徒，十有三。此言揭示人生之常态，生死相依，如影随形。众生之中，无论贵贱贤愚，皆难逃此宿命。然则何故有生之徒与死之徒之别？盖因生者顺乎自然，死者逆乎道也。此非天数使然，实乃人为之所致。意在警醒世人，当深悟生死之道，以明摄生之方。

而民生生，动皆之于死地，亦十有三。此言揭示民生之艰、世事之险。众生虽欲求生，然往往因愚昧无知，妄动而行，反陷死地。此乃因众生不明道之真要，不悟生死之玄机，故动辄得咎，陷入困境。

夫何故也？以其生生也。此言揭示生死之根源皆在于生生。众生因欲求生，故动而生事，生事则易陷死地。此乃因众生不明生生，误将生生视为妄动之行，故致此困境。

盖闻善摄生者，行走于陆地之上，不避兕虎之凶猛，犹如闲庭信步；深入军旅之中，不披甲兵之重负，宛若清风拂过。兕欲投角而无处施展其力，虎欲挥爪而无从用其锋，兵欲出刃而无隙容其锋。此乃揭示善摄生者之至高境界，其超脱尘世之想象，令人叹为观止。彼等顺乎自然之道，行无为而治之事，故能化险为夷、避凶趋吉，犹如游龙戏水，自如不羁。即遇兕虎之狂奔猛扑，甲兵之森严威武，亦能泰然处之，心无畏惧，气定神闲。彼等之行止，皆顺应天地之法则，合乎阴阳之变化，故能无往而不胜、无险而不克。

夫何故也？以其无死地焉。此言非虚，实乃深邃之理。善摄生者，之所以能避凶趋吉，皆因悟透无死地之真谛。彼等已深悟道之奥妙，洞悉生死轮回之关，故能随和自然、无为而治，不以物喜、不以己悲。即使遭逢险恶之境，亦能泰然处之、化险为夷。盖因彼等已无死地之困扰，心境澄明，无所畏惧也。

众生皆欲求生避死，然往往因愚昧无知而陷入困境，故当知生生乃顺乎自然、无为而治也。众生因欲求生，故动而生事，然往往因妄动而行，反蹈死地，此乃因不明生生所致也。

人当效法善摄生者，顺应自然之道，不违天时，不逆天命，以柔弱为用，守中而行，方能修身养性，达至长生久视之境，与道合一。

若被利诱或情牵，则心无定主，如浮萍之于水面，随风摇曳，不知所终。意无定向，犹孤舟之失舵，随波逐流，难抵彼岸，是以易入死地。若行者迷途于荒野，不知所归，终将困顿于险境。生命危矣，犹烛火之于狂风，岌岌可危，瞬息可灭。天下之人当以此为戒，深悟大道之常，知止而有定，心有所主，意有所向，方能行稳致远。勿蹈其覆辙，需明理而修行，守柔而不争，顺应自然之法则，以无为而治其心，则能安身立命、长乐未央。如此则生命之树常青，道德之光普照，天下大同，岂不美哉？

夫生命之奥秘，深不可测。天下之人当以敬畏之心待之、以珍爱之情护之。善摄生者，能洞察生命之真奥，掌握生命之奥秘。天下之人当效法之，以保生命之安宁与光辉。

再者，人生于世，亦当有所为有所不为。有所为者，乃行善积德，利益天下之人；有所不为者，乃避恶远罪，不损人利。夫行善积德者，心存仁爱，行慈悲之道；避恶远罪者，心守正道，不为邪念所动。则能积善成德，远离恶业。

求其镜鉴　　　　　　　　　　摄生之道，处世之鉴

出生入死，人生常态也。自诞生之日起，步入生死之途，无人能免。而生之徒，十有三；死之徒，十有三。则言生死之数，大致相当，非人力所能左右。此乃天道之常、自然之理，吾人当顺之而受，不可强求。然则于人生之旅，何以众人常蹈死地乎？盖因众生不明生生之理，妄动以求生，反如盲人骑瞎马，夜半临深池，陷身于危境而不自知。

深虑之，"出生入死。生之徒，十有三；死之徒，十有三"，非唯陈明生死之常理，亦寓含深邃之人生哲理。盖云人临生活之诸般挑战与困境，宜守冷静与理智，如临不测之渊，如履薄冰之上，不可因一时之激情而轻举妄动，以免自陷难救也。

"夫何故也？以其生生也。"此言揭示妄动之死因，皆在于生生。然则生生非过也，过在于妄动。若明生生之意，顺乎自然，则无死地可言。故善摄生者，能悟此道，避凶趋吉，保全己身。

"盖闻善摄生者，陆行不辟兕虎，入军不被甲兵。"兕无所投其角，虎无所用其爪，兵无所容其刃。此言善摄生者之境界，超乎常人想象。即使遇兕虎之猛、甲兵之威，亦能泰然处之、无所畏惧。此乃因彼等已明生死之关，故能如此。

本章经文，诚为世人之指南，于纷扰尘世中指引迷津，使之不迷失于妄动纷扰之间。世事繁杂，人心易摇，众生常因浮华之诱与外压而失其本心，陷入焦虑挣扎之渊。然此经文，告诫世人当固守初心，不轻举妄动，须审时度势，顺应天道。深悟此经之要义，践履其道，则于生活中可游刃有余。临生死之际，亦能泰然处之，出本真而无憾矣。

夫处世智慧，贵在自知之明。人非圣贤，孰能无过？过而能改，善莫大焉。善摄生者，有自知之明，知过能改。不以己之长而攻人之短，不以己之短而自暴自弃，则处世智慧自然明了。

夫人生在世，亦宜顺应时势、随遇而安。时势者，天地之变化也；人心者，时势之主宰也。善摄生者，洞察时势，顺应人心。遇顺境不喜，遇逆境不忧。心若虚空，则顺应自然；意若定石，则处变不惊。则处世智慧，自然圆融。

天下之人处世，当以此为鉴。勿为名利所诱，勿为情欲所困。心存敬畏，行止有度。广结善缘，与人为善。修身养性，以保身心之和。自知之明，顺应时势。则处世智慧，自然得矣。时刻反省自身，不断修正错误。勿以善小而不为，勿以恶小而为之，积小善而成大德。是以心若平和，则处世自然从容。遇顺境则不骄，遇逆境则不馁，则处世智慧自然得矣。

第五十一章

> 经云：道生之，德畜之，物形之，器成之。是以万物莫不尊道而贵德。道之尊，德之贵，夫莫之爵而常自然。道生之畜之，长之育之，亭之毒之，养之覆之。生而不有，为而不恃，长而不宰，是谓玄德。

读经浅悟　　　　　　　　　　　　　　　　道德之玄德

"道生之，德畜之"，此言道为万物之根源，德为万物之滋养。道者，无形无象，先天地而生。恍兮惚兮，其中有象；惚兮恍兮，其中有物。其为宇宙之本体、万物之始基，深邃莫测，奥妙无穷。德者，道之显现，内蕴于万物之中，为万物生长、发育之内在动力。如阳光之普照，雨露之滋润，使万物得以欣欣向荣、生机勃勃。道生万物，而德畜养之，二者相辅相成，共同构成宇宙万物。

"物形之，器成之"，此言万物之形态各异，皆由道之所生、德之所畜而得以显现。物者，万物之总称，各具形态，各有特性。或巍峨如山，或浩渺如水，或翱翔如鹰，或潜游如鱼。器者，物之用也，乃万物功能、作用之体现。如舟楫之渡人、斧锯之伐木，皆器之用也。道生万物，赋予其生命；德畜万物，赋予其成长之力量。而万物之形态、功能，则在此基础上得以形成、完善。故曰"物形之，器成之"。

"是以万物莫不尊道而贵德"，此言万物皆以道为尊、以德为贵。道者，万物之根源也，无道则无万物之生成如无源之水、无本之木，岂能长久乎？德者，万物之内在动力也，无德则万物无以生长、发育。如人之无魂、树之无根，岂能繁茂乎？故万物皆尊道而贵德，此乃宇宙之法则、自然之理也。

"道之尊，德之贵，夫莫之爵而常自然"，此言道之尊、德之贵，并非由外物所赋予，而乃其自然之属性也。道者，无为而无不为，自然而然，无须外物之封赏而自显其尊。如日月之经天，江河之行地，皆自然而然也。德者，内蕴于万物之中，滋养万物而无所求，自然而然，无须外物之赞誉而自显其贵。如春风之拂面、秋雨之润田，皆德之自然流露也。故曰"夫莫之爵而常自然"。

"道生之畜之，长之育之，亭之毒之，养之覆之"，此言道生万物之后，又畜养之、培育。长之者，使其生长也；育之者，使其发育也。如农夫之播种，园丁之浇灌，皆使之生长、发育也。亭之者，使其停留、驻足也；毒之者，非毒害之，乃使其经历风雨、磨难而更加坚韧也。如锤炼之于金铁，磨砺之于刀剑，皆使之更加坚韧也。养之者，持续滋养也；覆之者，如覆巢之保护也。如母爱之于子女，师恩之于门生，皆持续滋养、保护之也。道生万物而不占有之，畜万物而不恃功之，此乃大道之无为而治也。

"生而不有，为而不恃，长而不宰"，此言道生万物而不占有之，为万物而不为之恃功，长养万物而不主宰之。道者，无为而无不为，生万物而任其自然生长，不加以干预、控制。如天地之生育万物，任其自由生长而不加干预也。德者，内蕴于万物之中，滋养万物而无所求，不恃功而傲视之。如阳光之普照万物、雨露之滋润万物，皆无所求而自然也。故道生万物而不宰之，任其自由发展、演化。

"是谓玄德"，此言上述之道生之、德畜之等种种玄妙之德性，乃为玄德也。玄德者，深奥莫测之德性也，非世俗之德所能及。其蕴含宇宙之真理、自然之法则，为万物生成、发展之内在动力。如深渊之不可测、高天之不可攀，皆玄德之体现也。故曰"是谓玄德"。

循思渐得　　　　　　　　　　道与德之玄德

夫道者，天地之始，万物之母。道生之，犹天地之化育，阴阳之交合，而后万物得以萌生。德者，道之体，道之用。德畜之，乃如雨露之滋润、日月之照耀，使万物得以生长繁衍。

道为生之端，德资以长，质以为形，器以成之。造化之链，无不由道，德之光泽，无所不照。物之始生，自细至巨，皆循道以成其变。

是以道与德，乃万物之根本，尊道贵德，乃万物之常理。

夫道之尊，非外物所加，乃其本然之性。德之贵，非人为所设，乃其固有之值。道与德，无始无终，无形无象，然其功用，却无处不在、无时不有。夫莫之爵而常自然，此乃道与德之真奥也。道生之，非有所为，乃自然而然；德畜之，非有所求，亦自然而然。故道之尊、德之贵，皆在于其自然而然之性。

故道之尊，德之贵，莫之爵而常自然。道之宏大，无所不包，无所不载。道不行私、不行偏，故万物得以自化自成。犹日月之运行、四时之递变，万物各得其所、各尽其性。是以道之至高，无物不包容；道之至广，无物不包含。道之至深，无物不蕴含；道之至远，无物不达到；道之至公，无物不均等；道之至平，无物不齐一。故论道者，必以无为为本，以无偏为宗，以无违为极致。

道生之，犹父母之生子，赋予生命，使其得以存在。德畜之，如慈母之哺乳，养育万物，使其得以成长。"长之育之，亭之毒之"，此道与德之功用也。道与德，无所不在，无所不能，然其行事却谦逊至极。

故道能涵育万物，使其壮盛，以至于成果，而道无机心，不以物为己有。德能养育万物，使其得养，然德不居功，不自以为主。"生而不有，为而不恃，长而不宰"。道与德之行，无机心，无自满，无操控，此其幽深难测也。道与德之用，在于引而非强，在于养而非独，在于保而非制。故道与德之真，超乎常人，其深奥神秘，难以捉摸，而又无所不在、无时不在，为万物生存发展之根本所系。此乃道与德之玄德也。

玄德，亦称上德，生育万物，无私所有；培养万物，不居其功。德之所在，人莫知其主，盖源于深微之道也。

玄德之行为，无声无臭，不着一物；其作用也，无欲无求，不以形显。故玄德之真实，超然物外，难以言传；其神秘也，深不可测。然而玄德之存在，无所不在，无时不在，为万物之根本，为天地之至理。

玄德之理，难以言宣，其行也，微妙难知。生于无而育于有，玄德之功，不可思议。其德之广，涵盖天地；其德之深，贯彻万物。玄德之幽，若存若亡；其德之明，若晦若显。故玄德之至，不可得而见，不可得而闻，不可得而识。

然而玄德之实，万物之所本，天地之所依，无声无臭而运化无穷。

夫玄德者，深邃而奥妙，其内涵深远而广大，涵盖天地万物，贯通古今未来。

求其镜鉴　　　　　　　　　　道德为心，处世有道

夫道者，天地之始，万物之母。道生之，德畜之，物形之，器成之。是以万物莫不尊道而贵德，盖道德之旨，乃处世之指引也。

道之尊，非权势所迫；德之贵，非名利所诱。夫莫之命而常自然，道德之性，自然而然。故天下之人处世，当以道德为心、以道德为行。则能明理达道、顺应自然。

"道生之，德畜之"。天下之人当以道为本、以德为魂。道者，天地之大道，人生之大道。德者，人心之至善，行为之至善。道生万物，德畜人心。天下之人当以道修身、以德养性，则能明道达德、立身处世。

"长之育之，亭之毒之"。亭，成也。毒，熟也。天下之人当以道德为指南，育养身心，成长成熟。长之者，非徒长其形骸，更要长其智慧；育之者，非徒育其体魄，更要育其德行。成之者，非徒成其事功，更要成其人格；熟之者，非徒熟其技艺，更要熟其道理。则能身心兼修、德艺双馨。

"养之覆之。生而不有，为而不恃，长而不宰"。天下之人当以道德为滋养，覆盖万物。养之者，涵养其性；覆之者，庇护其身。生而不有者，不居功自傲；为而不恃者，不倚势凌人；长而不宰者，不专制独裁。则能顺应自然，无为而为。

夫道德之意，深广而博大。天下之人当以敬畏之心，探寻道德之旨趣；以虔诚之志，体悟道德之玄妙。则能明道达德，行道法自然之天地大道。

首在明理。明理方能知是非、辨善恶、识真伪。是以天下之人当以道德为心、以道德为行。心正则行端，行端则事成。则能明理达道、顺应自然。

处世之要，贵在修身。修身方能养性、立德、成道。是以天下之人当以道德为修身之本，涵养其性，锤炼其德。亦在于诚信。诚信者，方能赢得信任、建立友谊、成就事业。是以天下之人当以道德为诚信之本，言行一致、信守

承诺、坦诚相待。则能赢得他人之信任，成就人生之事业。

处世之法，妙在顺应。顺应者，方能应时而变、随遇而安、无为而为。是以天下之人当以道德为行为之准则，顺应自然，无为而为。

"生而不有，为而不恃，长而不宰，是谓玄德"，为道家哲学之核心。吾人生于世间，应秉持此道，以指导行为举止。

夫生而不有，意为生命之发生，非由吾人所拥有。人生于世，乃自然之造化，非人力所能干预。故吾人当顺应自然，接受生命之赋予，而不贪恋世间之一切。生命之价值，不在于拥有，而在于如何运用。吾人应以宽厚之心，包容世间之万物，不以自我为中心，而能关爱他人、尊重生命。

为而不恃，意为行为之道，不可依赖己之力，而应顺应自然。人之所以能够成就事业，皆因顺应自然之道，而非强行逆天而行。故人在行事之时，应以谦卑之心虚心求教，汲取众人智慧，以达成目标。成功之后，不可骄傲自满，而应保持谦逊，继续努力。

长而不宰，意为领导之道，不可滥用权力，而应尊重他人。领导者在治理国家或团体之时，应以德服人，而非依赖强制手段。领导者应明白，权力之所在，乃众人所赋予，不可滥用。故领导者应以仁爱之心，关爱下属，尊重他人之意愿，以共同达成目标。

是谓玄德，此语概括了以上三者。玄德者，道之最高境界也。人若能遵循此道，即可达到与自然和谐共处、与社会和谐相处之境界。此乃道家哲学之精髓也。

第五十二章

> 经云：天下有始，以为天下母。既得其母，以知其子；既知其子，复守其母，没身不殆。塞其兑，闭其门，终身不勤；开其兑，济其事，终身不救。见小曰明，守柔曰强。用其光，复归其明，无遗身殃，是为袭常。

读经浅悟　　　　　　　　　　道之始母及修身

夫天下有始，以为天下母，道之始也。始者，道之初，万物之源，故曰"以为天下母"。道之深奥，非言语可尽，然以始为母，则可见道之端倪。

"既得其母，以知其子"。子者，万物也。既知天下之母，则万物之生灭、兴衰，皆可洞察。此乃道之用，亦天地之法则。守其母，知其子，则天下之道尽在掌握。

"既知其子，复守其母，没身不殆。"此非但知子守母之道，亦是修身养性之术。知子者，明理也；守母者，守道也。道者，万物之宗，守之则身安，失之则身危。故守母知子，乃长生久视之道，没身不殆之术。

"塞其兑，闭其门，终身不勤"。兑者，口也；门者，心也。塞兑闭门，非禁其言语视听，乃闭其外诱、守其内真。外物纷扰，内心清静，则不为物累，不为事扰，故终身不勤。此道之至理，亦修身之要诀。

"开其兑，济其事，终身不救。"开兑者，逐外物也；济事者，溺于俗务也。逐外物则失其内真，溺俗务则忘其道本。则终身劳碌而无所得，虽有事成而身已殆，何益之有？故开兑济事，乃道之所弃、人之所忌。

"见小曰明，守柔曰强。"夫明者，非徒能见大物也，能见其小；强者，非徒能胜刚强也，能守其柔。以小观大，以柔克刚，此乃道之玄妙，亦处世之智慧。故见小者能明道之本，守柔者能强道之用。

"用其光，复归其明，无遗身殃，是为袭常。"光者，道之用也；明者，道之体也。用光而复明，乃是以道为用，复归于道之本体。则身与道合、心与道一，何殃之有？此乃道之常道，亦人之常行。

故本章之深意，在于明道之本、知物之源，守母知子，用光复明。道者，无形无象，无声无臭，而能生天地育万物。故天下有始，以为天下母。守其母，知其子，则道之用无穷；用其光，复归其明，则道之体常存。此乃道之深意，亦人之所当行。

夫道者，"玄之又玄，众妙之门"。天下有始，以为天下母，此乃道之始，亦万物之宗。始者，道之初，万物之始，故曰以为天下母。母者，生养万物，孕育天下之人，故道为天下之母。守其母，则道不失；知其子，则物可明。此乃道之深意，亦人之所当守。

"塞其兑，闭其门，终身不勤"。此非但修身之道，亦处世之要。兑者，口也，言语之出；门者，心也，意念之发。塞兑闭门，则心不为外物所动，意不为俗事所扰。则身心清静，神定气闲，终身不勤而道自存。

"开其兑，济其事，终身不救。"此则逐外物而忘内真，溺俗务而失道本。外物虽美，终非己有；俗事虽忙，终非己责。开兑济事者，终身为物所累，为事所困，虽有所得而道已失，身已殆。故当塞兑闭门，守内真而忘外物，此道之深意也。

"见小曰明，守柔曰强。"以小观大，则道在其中；以柔克刚，则无物不摧。故当见小守柔，以明道之本，以强道之用。

"用其光，复归其明，无遗身殃，是谓袭常。"用光而复明，则道之用无穷、道之体常存。故当用其光而复归其明，以保身全形，长生久视。

循思渐得　　道之常，道与德的实践

夫天下有始，以为天下母。此始者，道之源也，万物之母也。始者既得，

则可以知其子。子者，万物也，皆由始而生、由母而育。既知其子，则当复守其母，使母子相守、道物不离。则身虽没而道不亡，此乃长生久视之道也。

塞其兑，即闭塞贪欲之口，不使外物入内扰心，此乃修身养性之初步。闭其门，即关闭纷扰之门，使心不被外境所动，保持内心宁静与平和，此乃守道之关键。如此行之，则能终身不勤，意指心不劳苦、神不疲惫，因顺应自然无为而治，无过度之欲求，无无谓之纷争，故能安享清静之乐，得逍遥自在之境。

开其兑，即开启智慧与感知之门，然若不知节制，放纵欲望流入，则心灵易被外界诱惑所扰。济其事，意指行事之时，若过于贪求，强为妄作，违背自然之道，必招致纷扰与困境。如此则终身不救，一旦陷入由过度欲望和不当行为编织之罗网，将难以自拔。

见小曰明，意指洞察细微之处，方能显现智慧之光。在《道德经》之教义中，真正之明智不在于宏大之言辞或外在之炫耀，而在于对细微之处之深刻理解和把握。此句之后，接上"守柔曰强"，意味着保持柔顺、不争之态，实则是强大之表现。守柔并非软弱，而是一种顺应自然、不强行抗争之智慧。

用其光，而不耀其辉，含藏内敛，不彰不显，此之谓和光同尘。复归其明，而不迷其真，守柔不争，清静为天下正，此乃复归于婴儿之本真。无遗身殃，则需行无为之事，不妄作，不强为，顺应自然之法则，方能避凶趋吉，安身立命。是谓袭常，常者，道之常也，袭而行之，则能长治久安，与天地同寿，与日月同光。故善为道者，必知和光同尘之理、守柔不争之道，行无为之事，方能复归于朴，复归于无极，复归于婴儿。

故天下有始，而道生焉；有母，而子育焉。母子相守，则道物不离；身心相合，则神形相保。塞兑闭门，则心不外驰；开兑济事，则道已亡身已殆。见小守柔，则明道之本、用道之至；用光复明，则身与道合、心与道一。

冀金雨感曰：

"夫道者，无形无象，无声无臭，而能生天地育万物。故天下有始，以为天下母。此始者，道之始也，天地之始也，万物之始也。始于无，生于有，此乃道之玄妙、天地之造化、万物之根源。

"道生一，一生二，二生三，三生万物。此即道之演化、天地之开辟、万物之生成。道者，一也；一者，太极也，阴阳之未分也。自一而二，阴阳始分；自二而三，天地人三才立；自三而万物，宇宙之繁华矣。然则道虽玄妙，而可得而知也；物虽繁多，而可得而守也。何哉？以道为母，以物为子，母子相守，则道物不离。守母知子，守子知母，此乃得道之要也。

"故塞其兑，闭其门，非禁其视听言动也，乃防其外诱，守其内真。外诱不侵，内真不失，则心定神清，可以入道矣。开其兑，济其事，则心为物役、神为事扰，虽有所成，而道已远矣。

"见小曰明，非谓仅能见微知著也，乃能见道之小、知物之本。道之小者，无形无象，而能生天地育万物；物之本者，阴阳之气，而能成形体具功能。守柔曰强，非谓仅以柔克刚也，乃能守道之柔、用物之刚。道之柔者，顺应自然，无为而无不为；物之刚者，坚韧不屈，有力而能行。

"用其光者，发挥道之用也；复归其明者，归于道之体也。光而不明，则用之有余而体之不足；明而不用，则体之有余而用之不足。必光而明、明而用，乃可以体用兼备、道物合一。光与物接，光接物而不失，物去而明存，是复归其明也。"

故本章之深层内涵，在于明道之本，知物之原，守母知子，用光复明。道之本者，无形无象；物之原者，阴阳之气。守母知子者，守道知物也；用光复明者，用道复体也。能明此道，则身与道合、心与道一，可以长生久视、无遗身殃，道之常矣。

求其镜鉴　　明道守本，顺其自然

夫天下有始，以为天下母。道之始，乃万物之源，犹如母仪天下，孕育群生。既得其母，以知其子。知子者，明理也；明理者，处世之基。故以道为母、以物为子，则可明辨是非、洞察世事。

"既知其子，复守其母"。此乃守道之本，持理之要。守母者，不忘本也；知子者，达变通也。守本达变，乃处世之大道。没身不殆，终身守道，则可保身全形，安度一世。

"塞其兑，闭其门"。兑者，言语之出口；门者，意念之发端。塞兑者，慎言也；闭门者，敛心也。慎言则不招祸，敛心则不妄动。故塞兑闭门，可以保身全性，不为外物所扰。塞兑闭门者，非闭目塞听也，乃心之内敛、神之安定。兑为口舌之端，门乃意念之户。塞兑者，寡言也，以防祸从口出；闭门者，以免神为物役。则心境澄明，不为外物所扰，处世自然从容不迫。

终身不勤，非怠惰也，乃因循自然，无为而为。勤者，劳心劳力也；不勤者，顺其自然也。顺其自然，则心不累；无为而为，则事易成。故终身不勤，实乃处世之智慧。终身不勤者，非懈怠也，乃顺应自然之道。勤者，劳心劳力以求成；不勤者，循理而行，无为而成。世事纷扰，强求则乱，顺应则安。故终身不勤者，深得自然之道，处此应付自如。

"开其兑，济其事"。此乃逐物忘道、劳心伤神之举。开兑者，逐外物也；济事者，溺俗务也。逐物溺事，则失其本心、忘其大道。终身不救，悔之何及？故当塞兑闭门，守道保真，以避此患。

见小曰明，非徒能见微知著也，更能明辨是非、洞察秋毫。小者，细微之事也；明者，智慧之眼也。见小则明，明则能辨。故当以明眼观世，以智心处事，则无往而不利。见小曰明者，非拘泥于细微也，乃能见微知著，洞察世事之本质。见小则能知大，知大则能明理。故见小曰明者，处世自有高瞻远瞩之明。

守柔曰强，此乃以柔克刚、以弱胜强之道。柔者，不刚也；强者，胜物也。守柔则能克刚，克刚则能胜物。故当守柔以自强、用弱以胜强，此乃处世之良策。守柔曰强者，非以柔弱自居也，乃能以柔克刚、以弱胜强。

"用其光，复归其明"。光者，智慧之光也；明者，道之明也。用光者，发挥智慧也；复明者，回归大道也。发挥智慧以处世，回归大道以修身，则可保身全形、明心见性。用其光者，发挥智慧之光也；复归其明者，回归大道之明也。光者，智慧之显现；明者，大道之本体。用光则能照物，照物则能明理；复明则能归道，归道则能保真。故用其光复归其明者，处世自有明理保真之德。

"无遗身殃，是为袭常。"身殃者，身之灾也；袭常者，循常道也。循常道以修身，则可避身殃；避身殃以处世，则可保平安。故当循常道以修身处世，则可终身无虞。无遗身殃者，非侥幸也，乃循常道以修身之果。故无遗身殃者，处世自有循常保身之智。

第五十三章

> 经云：使我介然有知，行于大道，唯施是畏。大道甚夷，而民好径。朝甚除，田甚芜，仓甚虚；服文采，带利剑，厌饮食，财货有余。是谓盗夸，非道也哉！

读经浅悟　　大道之行与修身之道

吾读此篇，深有感悟，遂作文以述其意。夫介然有知者，明理之人也；行于大道者，循理而行者也；唯施是畏者，敬畏所行，不敢轻忽而恐入于邪路也。大道者，天地自然之法则，万物生长之规律也。甚夷而民好径，非不欲行大道，乃心之迷误、志之不坚也。

使我介然有知，行于大道，遵道而行，以无为为本，唯施是畏，惧其违逆自然之理、破道之常。此言意在阐述，若吾辈稍有觉悟，必当行走于大道之上，以道为指引，以无为为行事之根本。对于任何施加之为，皆应怀有敬畏之心，生怕其违背自然之法则、破坏大道之常态。

大道甚夷，平易而行，顺应自然，无为而治；而人好径，弃本逐末，违道而行。此言揭示大道之本质，平坦而易行，顺应自然法则，无为而治，方为至理。然而，世人往往偏好捷径，追求速成，弃大道之本，而逐末节之利，违背自然之道，行之愈远，离道愈甚。

"朝甚除，田甚芜，仓甚虚"，此三者，皆社会之弊象也。朝廷之除，非谓清洁，乃谓繁文缛节，致使政令不通、民不聊生。田野之芜，非谓荒芜，乃谓农事荒废、民生凋敝。仓库之虚，非谓空虚，乃谓财源枯竭、百姓饥寒。

此三者，皆由人心之不古，道德之沦丧所致也。

"服文采，带利剑，厌饮食，财货有余"，此皆凡人所追求者。文采之剑，炫耀于外，以显其尊贵；利剑之锋，恃强凌弱，以逞其私欲。厌饮食者，奢侈无度，不知节俭；财货有余者，贪得无厌，不知满足。此皆背离大道、陷入迷途之象也。

盗夸者，心怀贪欲，窃取他人之财物，夸耀己之所得，背道而行，乃是大盗、盗魁之行也，实乃道德之贼。大道之行，顺应自然，公平正直，无所偏私，无私无欲，无为而治，万物各得其宜，和谐共生，岂有盗夸之事哉！

非道也哉，悖德之行，违逆自然之法则，弃大道之本，逐末节之利，实乃背道而驰、远离真理之道，非道德经所倡之无为、质朴之道也！

纵观历史，可见世道人心时有变迁，道德观念亦有所波动。朝堂之上与田野之间，贪腐之风偶有滋生；市井之中，欺诈之行亦时有所见。此等现象，或可视为偏离正道，误入歧途之兆。据《道德经》之教义，大千世界，芸芸众生，当以大道为纲领，秉持自律为精神内核，怀抱包容之心，践行实际行动。虽世事有变，然此道不渝。

夫大道之行，利在千秋。今吾作文以述其意，非徒为空言也。愿天下之人深思之、体察之、实践之，则大道之行可期矣！

循思渐得　　大道至简之智慧

"使我介然有知，行于大道，唯施是畏。"此语至简至深，内蕴大道之真义。知者，明理也；行者，实践也；大道者，天地之公理、万物之正途也；施者，余以为乃作为也，举止也，书有"邪"之解也；畏者，敬畏也，谨慎也。故行于大道，唯施是畏，实乃处世之要义、修身之根本。

"大道甚夷，而民好径。"夷者，平坦也；径者，小道也。大道平坦而通达，人却往往偏好走小道，求名逐利，以求速达。此乃欲望无穷，人心之偏，智慧之蔽。大道虽夷，却需耐心与毅力；小道虽捷，却易陷迷途。故行大道者，虽缓必至；走小径者，或得或失。

"朝甚除，田甚芜，仓甚虚"。除者，清洁也；芜者，荒芜也；虚者，空虚也。朝廷过于清洁，则失之繁文缛节；田野过于荒芜，则失之农事荒废；

仓库过于空虚,则失之民生凋敝。此三者,皆社会之弊、人心之病。然人往往只见其表,不见其里,以致社会之弊日深、人心之病日重。

"服文采,带利剑,厌饮食,财货有余。"文采者,华服也;利剑者,武备也;厌饮食者,奢侈也;财货有余者,贪婪也。人往往追求华服利剑,以满足虚荣;追求厌饮食财货,以满足私欲。然此皆非大道之行,实乃偏离正道、陷入迷途。大道之行,简约朴素,清心寡欲。故服文采带利剑者,非真君子也;厌饮食财货有余者,非真贤人也。

"是谓盗夸,非道也哉!"窃取他人之物以为己有,炫耀己之所得以显己能,此乃盗夸之行,非大道之所为。大道之行,公平正直,无私无欲。故盗夸之行,实乃背离大道、远离真理。非道也哉!此语深叹人之迷误,警示人回归大道。

大道之行,贵在自知。知己之所长,知己之所短,方能行于大道而不迷。自知者明,自胜者强。明者能辨是非,强者能克己私。故行大道者,必先自知,而后能自强。

大道之行,亦在自律。律己者严,律人者宽。严于律己,宽以待人,则能和睦相处、共创和谐。自律者方能行于大道而不偏。

老子教人立身行事,当遵循平坦之道,以清静无为,自制私欲,贵柔守雌,处下不争,顺应物性,不行强为。又言宜守国法,遵世俗道德,简朴生活,诚信孝爱。如此方行大道。反之,放纵欲望,贪婪财名,逞强凌弱,机巧逐利,背德违法,舍本逐末,必入邪径。

今人少有真行大道者,多偏离其道。盖因大道平坦,虽易行,然人好刺激,觉平淡无奇,缺乏激发,故求巧冒险,自诩速至目的地。世界之人多玩小聪明,求巧避直走捷径。其结果,轻则自绊,重则招祸。

大道之行,更在包容。包容者大,狭隘者小。大道包容万物,无所不容;狭隘之心,则易生偏见与纷争。故行大道者,必有包容之心,以容人容事,以达和谐之境。知之非艰,行之维艰。知大道易,行大道难。贵在自知、自律、包容与践行。

求其镜鉴　　以自知、自律、包容践行大道

夫使我介然有知,行于大道,唯施是畏。大道之行,非仅于自然万物,亦在于人心处世。大道甚夷,而民好径,皆因心之迷误、志之不坚。

大道之行，贵在自知。人贵有自知之明，方能立身处世而不迷。自知者，明己之所长，知己之所短，不妄自尊大，亦不妄自菲薄。知长则善用，知短则补之，则能明辨是非、识破迷途。处世之中，当以自知为基，方能立定脚跟，不为外物所动。

　　夫大道，宇宙之根本，自然之规律也。大道夷犹，平坦畅通，犹如天地之无私，润泽万物而不争。人若行于大道，遵循自然规律，便能与自然和谐共处，获得安宁与吉祥。然而世间之人，往往好行捷径，追求眼前之利益，忽视大道之重要性。

　　行于大道，需遵循自然之道。人若顺乎自然，便能与万物共生共荣。反之，若背离自然，强行干预，必将招致自然之报复。吾人应以谦卑之心，敬畏自然，尊重生命，关爱万物。如此方能符合大道之要求，获得自然之庇佑。

　　唯施是畏，意谓需谨慎行事，避免偏离正道。人之处世，诱惑繁多，若缺乏自律，极易步入歧途。故吾人在面对诱惑时，应以坚定之心拒绝偏离正道。行事之时不可急功近利，而应考虑长远，以正义之心行光明之事。

　　"大道甚夷，而民好径"，揭示了人类性格中的弱点。一些人往往追求便捷，忽视长远利益，导致偏离大道、陷入困境。吾人处世，当警惕此弊端，以大道为指引，秉持正义，勇往直前。

　　处世之道，犹如行路。大道虽平坦，然人好径，往往导致人生之路崎岖曲折。吾人应以大道为准则，时刻警醒，以免陷入困境。

　　总之，行于大道，唯施是畏。大道甚夷，而民好径之语，为吾人处世之借鉴。吾人当以此为指引，遵循大道，谨慎行事，以正义之心，行光明之事。同时具备仁爱之心，关爱他人，尊重生命。

　　大道之行，终在践行。知之非艰，行之维艰。知大道易，行大道难。处世之中，当以践行为要，方能真正领悟大道之真奥。践行大道者，不畏艰难困苦，不惧风霜雨雪，始终坚守初心、砥砺前行。

　　然大道之行，人处于世，当以谦虚谨慎之心，不断学习进步。谦虚者，能纳百川之水，成其深广；谨慎者，能避万仞之险，保其安全。处世之中，当以谦虚谨慎为行，方能不断进步、臻于至善。

　　夫处世智慧，实乃大道之行于人心。大道甚夷，而民好径；大道甚明，而人好惑。皆因心之迷误、志之不坚。故吾欲以大道为鉴，以处世为行，指引迷津，共赴大道。时移世易，人心亦变。故人生在世当随遇而安、因时而变。然万变不离其宗，大道之行始终如一。故人生在世当以大道为魂，以变应变，不变其宗。

第五十四章

> 经云：善建者不拔，善抱者不脱，子孙以其祭祀不辍。修之身，其德乃真；修之家，其德有余；修之乡，其德乃长；修之邦，其德乃丰；修之天下，其德乃普。以身观身，以家观家，以乡观乡，以邦观邦，以天下观天下。吾何以知天下之然哉？以此。

读经浅悟　　　　　行道法自然之天地大道

善建者不拔，深固其根，顺应自然之道，无为而治，其建基也牢，如山岳之稳重，历风雨而不衰，此乃因其遵循大道之行，知止而有定，故能历久弥坚，无有能动摇者。善抱者不脱，守柔不争，秉持大道之德，无私无欲，其抱持也紧，如赤子之握母手，纯真而无隙，此乃因其深悟大道之常，守中而行，故能持守不失，无有能离间者。子孙以其祭祀不辍，承先人之遗训，遵循大道之教，行无为之事，以祭祀之礼，敬天法祖，绵延不绝，此乃因其明了大道之传，无为而无不为，故能代代相传，无有能断绝者。故善建者、善抱者、子孙祭祀不辍者，皆因顺应大道、无为而治，方能建基牢固、持守不失、传承不绝。

修之身，谨守大道之行，无为而治，去私欲之累，守柔不争，内心清净，方能显其真德。其德乃真，纯真无伪，如赤子之心，不染尘埃。

修之家，秉持大道之德，行无为之事，和顺相亲，无私无欲，恩泽及于家人，方能显其余德。其德乃余，恩泽绵长，如春日之阳，温暖家邦，此乃齐家之要，家族兴旺之本也。

修之乡，顺应自然之道，无为而治，守望相助，不争不夺，风化及于乡党，方能显其长德。其德乃长，流芳百世，如山川之固，历久不衰，此乃修乡之要、地方安宁之基也。

修之邦，遵循大道之教，行无为之政，公平正直，无私无偏，德政惠及万民，方能显其丰德。其德乃丰，国泰民安，如丰收之岁，物阜民丰，此乃修邦之要、国家昌盛之本也。

修之天下，秉持大道之志，无为而无不为，协和万邦，包容并蓄，德泽广被四海，方能显其普德。其德乃普，普照万物，如天地之广，无所不覆。

以身观身，体悟大道之行，谨守无为，去私欲之累，方能真知身之本质。以家观家，明察大道之德，行无为之事，和顺相亲，无私无欲，方能真知家之和谐。以乡观乡，顺应自然之道，无为而治，守望相助，不争不夺，方能真知乡之安宁。以邦观邦，遵循大道之教，行无为之政，公平正直，无私无偏，方能真知邦之昌盛。以天下观天下，秉持大道之志，无为而无不为，协和万邦，包容并蓄。

吾何以知天下之然哉？以此观之，皆因大道之行，无为而治，方能显其真境。修身、齐家、治乡、安邦、平天下，皆需顺应自然、守柔不争。

本章所体现之思想，乃《道德经》之无为而治、顺应自然之道也。文中所述修身、齐家、治乡、安邦、平天下，皆需秉持大道之行，行无为之事，去私欲之累，守柔不争。此乃因大道之行，乃自然之理、万物之性，顺之则昌、逆之则亡。故善建者、善抱者、子孙祭祀不辍者，皆因顺应大道，无为而治，方能建基牢固，持守不失，传承不绝。修身者，需谨守大道，内心清净，方能显其真德；齐家者，需秉持大道之德，和顺相亲，方能显其余德；治乡者，需顺应自然之道，守望相助，方能显其长德；安邦者，需遵循大道之教，公平正直，方能显其丰德；平天下者，需秉持大道之志，协和万邦，方能显其普德。总之，大道之行，乃人心之本源，修身、齐家、治乡、安邦、平天下之道也。

循思渐得　　　　　　　　道德修养与天下治理

夫善建者不拔，善抱者不脱。建者，立也；抱者，守也。善建者，立其志而不摇；善抱者，守其德而不弃。是以子孙得以祭祀不辍，传承其志，弘扬其德。

建而不拔，固其根而后营其末；抱而不脱，不贪于多，齐其所能。故至其子孙，犹以祭祀不辍，传此道无穷匮也。观世间，实无所立而其建有不可拔者，实无所执而其抱有不可脱者。盖建树之事，必扎根于大地，方能立足于世间。根深蒂固，末枝繁茂，非一日之功，亦非一旦之力。善抱者不脱，量力而行，循序渐进。子孙秉承此道，自可长久流传，不绝如缕。

是以圣人建树德行，如植木于沃土，深耕细耘，以求其根之固。是其建也，非一日之功，亦非一旦之力，乃久而久之，潜移默化，遂使其德之建，如有根之木，不可拔也。圣人抱持道义，如执尺寸之绳，不贪多务得，量力而行，循序渐进。是其抱也，乃日积月累，渐渍而入，遂使其道之抱，如有绳之不可脱也。此乃因其深悟大道之常，守中而行，于日常生活中，点滴积累，成自然之功。故能持守不失，潜移默化，无有能离间者。

故圣人之建树，既固其根，又营其末，使其道之建，如有本之木，不可拔也。圣人之抱持，既不贪多，又循序渐进，使其道之抱，如有绳之不可脱也。子孙承此道，不辍不懈，使其道之传，绵绵不绝也。如此，则圣人之道，得以久远流传，永垂不朽。

"修之身，其德乃真"。夫身者，人之本也。修身者，修心也。心正则身正，身正则德真。是以君子务本，本立而道生。故修身者，必先修心，心正则德真矣。

"修之家，其德有余"。家者，人之所依也。修家者，齐家也。家道正则家兴，家兴则德有余。是以君子齐家治国，必先修其家道。家道正则子孙和睦，德有余矣。

"修之乡，其德乃长"。乡者，人之所聚也。修乡者，化民成俗也。乡风正则民俗淳，民俗淳则德长矣。是以君子教化百姓，必先修其乡风。乡风正则民风淳朴，德长矣。

"修之邦，其德乃丰"。邦者，国之本也。修邦者，治国也。国治则民安，民安则德丰矣。是以君子治国理政，必先修其邦本。邦本正则国治民安，德丰矣。

"修之天下，其德乃普"。天下者，万民之所共也。修天下者，平治天下也。天下平则万民安，万民安则德普矣。是以君子平治天下，必先修其天下之心。天下心正则万民安乐，德普矣。

"以身观身，以家观家，以乡观乡，以邦观邦，以天下观天下。"此乃观物之法则，亦修身之要道。观身者，明己之得失；观家者，知家之兴衰；观乡者，察乡之风气；观邦者，辨邦之治乱；观天下者，识天下之大势。是以君子观物，必以道为眼，以德为心。则能明辨是非、洞察真伪，行道法自然之天地大道矣。

"吾何以知天下之然哉？以此。"夫此者，上之所云也。道者，天地之大道，人生之大道；德者，人心之至善，行为之至善。道生万物，德养人心。是以君子务道、务德。道正则心正，心正则行正；德正则身正，身正则家正。则能行道法自然之天地大道矣。

言吾何以得知天下乎，察己以知之，不求于外也。人能察己，即可知天下。如《大学》所说："人之视己，如见其肺肝然。"人能察己，自能知人，自能知天下。故圣人于第四十七章曰："不出户，知天下；不窥牖，见天道。"

然则道之深奥，德之广大，君子务道，不贵其速，而贵其久；务德，不贵其大，而贵其真。久则道成，真则德立。

求其镜鉴　　道心德行，明理达道

夫"善建者不拔，善抱者不脱"，此理至明，乃处世之要。子孙以其祭祀不辍，乃承先启后，承其志，续其德，以传百世。故行道法自然之天地大道，皆由此道出焉。天下之人处世，当以此为鉴，以之为引，以成君子之德，以立君子之行。

"修之身，其德乃真"。夫身者，人之根本，亦德之基也。修之以诚，养之以正，则身修而德真。处世智慧，首在修身。身正则心正，心正则行正。是以君子务本，本立而道生。处世之际，必以修身为先，而后可以齐家治国平天下。

"修之家，其德有余"。家者，社会之基，亦德之余也。修家之道，在于和睦相处，互敬互爱。夫家和万事兴，家兴则德有余。是以君子齐家治国，必先修其家道。家道正则家风淳，家风淳则德有余矣。处世之际，必以修家为基，而后可以致知在格物，诚意在正心。

"修之乡，其德乃长"。乡者，民众之聚，亦德之长也。修乡之道，在于化民成俗、移风易尚。夫乡风正则民俗淳，民俗淳则德长矣。是以君子化民成俗，必先修其乡风。乡风正则民风淳朴，民风淳朴则德长矣。处世之际，必以修乡为本，而后可以治国理政、安民富民。

"修之邦，其德乃丰"。邦者，国家之体，亦德之丰也。修邦之道，在于治国理政，安民富民。夫国治则民安，民安则德丰矣。是以君子治国理政，必先修其邦本。邦本正则国治民安，国治民安则德丰矣。处世之际，必以修邦为纲，而后可以平治天下，协和万邦。

"修之天下，其德乃普"。天下者，万民之所共，亦德之普也。修天下之道，在于平治天下，协和万邦。夫天下平则万民安，万民安则德普矣。是以君子平治天下，必先修其天下之心。天下心正则万民安乐，万民安乐则德普矣。处世之际，必以修天下为极，而后可以致知在格物，诚意在正心，行道法自然之天地大道。

故"以身观身，以家观家，以乡观乡，以邦观邦，以天下观天下"。此观物之道也，亦处世之鉴也。观身者，知身之得失；观家者，明家之兴衰；观乡者，察乡之风气；观邦者，辨邦之治乱；观天下者，识天下之大势。是以君子观物，必以道为眼，以德为心。则能洞察秋毫，明辨是非，处世智慧尽矣。

"吾何以知天下之然哉？以此。"夫此者，大道之行也，人心之所向也。大道之行，如日月之行天，恒久而不息；人心之所向，如江河之归海，浩渺而无涯。是以君子务道、务德，务行道法自然之天地大道。道正则心正，心正则行正；德正则身正，身正则家正。则能致知在格物，诚意在正心，行道法自然之天地大道尽矣。处世之际，务在行善积德，以道为心，以德为行。行善则心善，心善则德厚。积德则身修，身修则家兴。致知在格物，诚意在正心。然则处世智慧，非易也。是以君子务道，不贵其速，而贵其久；务德，不贵其大，而贵其真。久则道成，真则德立。则能"积善成德，而神明自得，圣心备焉"。

第五十五章

> 经云：含德之厚，比于赤子。蜂虿虺蛇不螫，攫鸟猛兽不搏。骨弱筋柔而握固，未知牝牡之合而朘作，精之至也。终日号而不嗄，和之至也。和曰常，知和曰明，益生曰祥，心使气曰强。物壮则老，谓之不道，不道早已。

读经浅悟　　　含德之厚与大道之行

"含德之厚，比于赤子。"此言德之厚者，其状若赤子。赤子者，初生之婴也，未经世事，心无染着，纯然天真，故以德厚比之。夫德者，道之体现也。道者，天地之正理，人心之本源也。含德之厚，犹渊海之深，静定而清澈，无有波澜，此乃大道之行，无为而治也。比于赤子，纯真无垢，未染尘埃，内心清净，无有私欲，此乃因其深悟大道之常，守柔不争，故能如赤子之纯真也。

"蜂虿虺蛇不螫，攫鸟猛兽不搏。"此言赤子之无害也。蜂虿虺蛇，毒虫之类也；攫鸟猛兽，猛厉之兽也。然赤子之旁，毒虫不螫，何也？因赤子其德厚而无害之心，行无为之道，与物无竞，故毒虫蜂虿虺蛇不加害也。彼含德之厚者，心如深渊，静定而清，无有波澜，此乃大道之行，无为而治之至境。攫鸟猛兽不搏，何也？以赤子无贪欲之念，不招祸患，清静无为，守中而行，故猛兽不搏，攫鸟不击也。此乃因其深悟大道之常，行无为之政，与世无争，故能安然于世，无有恐惧。

赤子之心，纯和无害，故物亦不以害应之。此即道家"无为而无不为"之理也。无为者，无心而为也；无不为者，因其无心，故能顺应万物，无不为也。

"骨弱筋柔而握固，未知牝牡之合而朘作，精之至也。"此言赤子之精纯也。赤子之骨弱筋柔，然其握拳则固，此其精之至也。未知牝牡之合，而能朘作，亦其精之至也。牝牡者，阴阳之代称也。赤子未知阴阳之交合，而能自然生长，此其精纯无杂，与道合一也。道家言"精"，非仅指形质之精，更指精神之精。赤子之心，纯一无杂，即精神之精也。

"终日号而不嗄，和之至也。"此言赤子之和也。号者，哭也；嗄者，声嘶也。赤子终日号哭，而声不嘶，此其和之至也。和者，和谐也，平和也。赤子之心，纯和无争，故能终日号哭而不失其和。此即道家"和光同尘"之理也。和光者，混同于光也；同尘者，混同于尘也。道家言和，非仅指外在之和，更指内在之和。赤子之心，纯和无争，即内在之和也。

"和曰常，知和曰明，益生曰祥，心使气曰强。"此言和之重要也。和者，常道也。知和者，明智也。益生者，吉祥也。心使气者，强健也。常者，不变也。道家言常，即言不变之道也。明者，智慧也。知和者，即知不变之道者，故曰明智。益生者，顺生也。顺应自然而生，故曰吉祥。心使气者，以心驭气也。心者，神之主也；气者，形之充也。以心驭气，即神形合一，故曰强健。

"物壮则老，谓之不道，不道早已。"此言物之变化规律也。壮者，盛也；老者，衰也。物之盛极则衰，此自然之理也。然道家言"不道"，何也？盖以物之壮老，皆因有所作为而然也。有所作为，则违于自然之道，故曰"不道"。不道者，不能长久也，故曰"早已"。此即道家无为而治之理也。无为者，顺自然而无为也；治者，理也。顺自然而无为，则物自能理，故曰无为而治。

冀金雨曰：本章所言皆赤子之德也。赤子之心，纯一无杂，与道合真，故曰"含德之厚"。以其无害，故物亦不以害应之；以其精纯，故能顺应万物；以其和顺，故能终日号哭而不失其和；以其知和，故能明智吉祥；以其心使气，故能强健长久。然物之壮老，皆因有所作为而违于自然之道，故曰"不道早已"。此即道家哲学之精要也。

循思渐得　　赤子之心与天地大道

德之厚者，犹若赤子之心，洁白无瑕，未尝受尘世之污。彼之肌肤，犹如嫩芽，未经风雨之炼，故毒虫不螫、猛兽不噬、凶鸟不捕。非因其柔弱而免于害，乃因其德之深厚感召万物，使其皆怀慈爱。彼之筋骨，虽柔软而坚韧，此乃精神之极也。键盘敲至此刻，正有外孙女芄麦清脆啼声传来，于是顿有所悟，德之厚者，亦如婴儿外孙女，日夜哭泣而声音不哑，虽声震屋宇，然其中和之韵令人心悦。皆因赤子之德，天然之性也。此等纯真，乃是大德之征，亦为人生之始，提示我们回归本源，以纯朴之心面对世界，以柔和之力包容万物，以天然之性领悟生命之真也。

和曰常，常者，道之常也，顺之者昌，逆之者亡。和而能常，乃得道之真矣。夫道者，天地之正理，人心之本源，和顺于道，则能立命。故知和则能守常，守常则能安身。

知和曰明，明者，智之照也。知和则明于道，明于道则能应变无穷，不为物役。夫明道者，能见未萌之祸，识未显之机，逍遥于天地之间而无所困矣。故曰知和曰明，明则能久，久则道成。是以有道者明于理而能顺应自然，此之谓也。

夫和，无所不包，无所不融。如日月之光普照大地，如春风之暖生育万物。人能知和，即可明道，即可顺应自然之理。而常无所不在、无所不存，如四季之更替，如日夜之交替。人能知和，即可明法，即可遵循万物之规则。

故知和知常者，乃明也。明，无所不见，无所不知，无所不能。如洞察人心，如预知未来，如创新前行。此乃大道之行之境界，亦是德厚之体现。人若能知和知常，即可达此境界，即可显此德行。

益生曰祥。益者，增益也；生者，生命也。益生者，增益生命，使之旺盛。祥者，实乃不祥也。此言寓意深远，旨在告诫世人，贵在适度，过犹不及。夫益生，即过度追求生命之增益，试图超越自然规律，强行延长生命，反致生命之衰败。祥，本义为吉祥，此处却表不祥，谓过度益生反而会带来不良后果。

道，在乎心和，在乎气和。心和则精神专一，气和则生命力充沛。精神专一，则内修于心、外显于行；生命力充沛，则身强体健、延年益寿。然而心和气和，在乎言行一致，在乎心行相符。心行相符，则内外一致、身心和谐。

用心御气，号为坚强。气者，生气也。用心御气，即以心操纵生气，使之强大。然强大易生霸道，若生气被邪恶所驱，而又以心操纵之，则凶猛更甚。此言以心控生气，求强大之潜在危害。心御生气，本以心导之，提升其生气，使之强。然若求强大过甚，生霸权之心，则生怒气而恶意膨胀，横行无度。此时，以心驱此力，则更为凶险。故道非单纯求强大，乃心与生气之统一也。

过于壮盛则易衰，亦为物极必反、盛极而衰，此乃不合乎道也。万物生长至极盛，随即走向衰败，此乃自然之势，势所必然。人世亦遵循此道，个体过于强盛，若不知节制，不遵道德，必致困境，走向速亡。壮盛虽美，然过度追求，则失去本真，终致衰败。

道法自然，顺其自然，无为而治，此乃老子所说之理。亦为处理事物、发展社会之正道也。人应顺应自然，遵循道德，不强求，不极端。

是以圣人后己而先人，外其身而身存。不争之德，万物并育而不辞，道生一，一生二，二生三，三生万物。万物负阴而抱阳，中气以为和。天地之间，其犹橐籥乎！虚而不屈，动而愈出。多言数穷，不如守中。夫唯不争，故无尤。

求其镜鉴　　德厚明理，行善和谐

夫含德之厚者，其质类比于赤子，纯真无邪，未染世俗之尘。蜂虿虺蛇不螫，攫鸟猛兽不搏，非以其弱也，实以德之厚，使万物皆亲之。骨弱筋柔而握固，未知牝牡之合而朘作，此乃精之至也。终日号而不嗄，其声虽大，而和之至也。故观赤子之德，可知处世智慧矣。

和曰常，知和曰明。和者，天地自然之大道，万物生长之根本。知和者，能明大道，能顺自然。常者，恒久不变之理，万物之法则。知常者，能明法则，能行大道。故知和知常者，明也。处世智慧，亦当如此。以和为贵，以常为则，方能明辨是非、识破迷途。

益生曰祥。益者，增益也；生者，生命也。益生者，增益生命，使之旺盛。祥者，吉祥也，福祉也。益生则祥，生命增益则福祉来矣。然益生之道，非唯增益生命，更在于调和身心，使之和谐。故处世之时，当以益生为念，调和身心，使之和谐。身心和谐，则福祉自来矣。

心使气曰强。心者，精神也；气者，生命力也。心使气者，以精神驾驭生命力，使之强大。然强非霸道，强在和谐，强在调和。处世之时，当以心使气，调和生命力，使之强大。然强大之道，非以力压人，非以势欺人，而在于以德服人、以理服人，则能立足于世而不为人所欺。

物壮则老，此天地自然之法则，万物生长之规律。物之生长，始于微末，终于壮大，然后衰老。此乃自然之道，不可违逆。然人常欲物之不衰，欲己之不老，此乃违逆自然，不道也。不道者，逆自然之道而行，必遭其害。早已者，早亡也，早衰也。违逆自然，不道而行，则早已矣。故处世之时，当顺自然之道，行德之厚，不可违逆。

夫人生在世，贵在自知。人贵有自知之明，方能立身处世而不迷。自知者，明己之所长，知己之所短，不妄自尊大，亦不妄自菲薄。知长则善用，知短则补之，则能明辨是非、识破迷途。处世之时，当以自知为要，明辨是非，不为他人所惑。

亦在自律。自律者，律己以严，待人以宽。律己以严，则能修身养性，不为私欲所惑；待人以宽，则能和睦相处，共创和谐。故处世之时，当以自律为念，律己以严，待人以宽，则能立足于世而不为人所恶。

更在包容。包容者，心怀宽广，能容人容事。大道包容万物，无所不容；人心若能包容，则能化干戈为玉帛，化戾气为祥和。故处世之时，当以包容为怀，容人容事，不为小事所困，则能与人和睦相处，共创和谐之世。

终在践行。知之非艰，行之维艰。知处世智慧易，行处世智慧难。践行处世智慧者，不畏艰难困苦，不惧风霜雨雪，始终坚守初心、砥砺前行，则能立足于世而不为人所欺。

贵在德厚。德厚者，能明大道，能顺自然，能益生祥，能心使气强。故当以德厚为念，修身养性，增益生命，调和身心，则能立足于世而不为人所欺。然德厚须持之以恒，方可成就。故当以恒心为伴，始终不渝追求德厚之境。

亦在明理。明理者，能辨是非，能识真伪。故当以明理为念，不断学习，不断提升认知水平，则能明辨是非、识破迷途，不为他人所惑。

处世之智，德厚为本，明理为宗，行善为念，和谐为志。德厚以修身，明理以齐家，行善以利他，和谐以共荣。是以君子务此，立己达人，共构良序。

第五十六章

> 经云：知者不言，言者不知。塞其兑，闭其门，挫其锐，解其纷，和其光，同其尘，是谓玄同。故不可得而亲，亦不可得而疏；不可得而利，亦不可得而害；不可得而贵，亦不可得而贱。故为天下贵。

读经浅悟　　玄同之境与修身养性

"知者不言，言者不智。"此言智者之行事，不在于言辞之华丽，而在于心知之深沉。智者，心有所悟，洞悉大道，故不言而喻，以心传心。言者，或泥于表象，或限于知见，未能深达本质，故言之滔滔，而实无所知。此语揭示智慧与言语之辩证，知者之静默，非无知也，乃大智若愚，守道而不言。

"塞其兑，闭其门，挫其锐，解其纷"。塞其兑，敛气凝神；闭其门，守心不躁；挫其锐，内敛锋芒，以柔克刚；解其纷，以智慧化解纷扰。"和其光，同其尘"。光者，明也；尘者，微末之物。乃教人谦卑自处，不以己之能而自矜，不以己之光而炫人。此言深含道家修身处世之奥义。塞兑闭门，即敛气凝神，守心不躁，以养内德。挫锐解纷，以消外障。言者不智，因其锐气外露，纷扰缠身，未能守柔不争。而智者不言，敛气守心，和光同尘，方能洞悉万物，游刃有余。故修身之道，在于内敛而不外扬，守柔而不争强，行胜于言，进而内心平和，此乃道之所至，亦为天下所尊也。此言修身养性之道。

兑为口，门为心，塞兑闭门，即是要人寡言少语，守心不妄动。锐者，锋芒毕露，易于伤人害己；纷者，纷扰杂乱，易使人迷失。挫锐解纷，则是要人收敛锋芒，心平气和，不为外物所扰，保持内心之清明。此乃修身之要、养性之功。

"和其光，同其尘"。此言处世之道，守柔不争，方能游刃有余。和光者，不显山露水，与众人同光而不争辉，敛气凝神，以和为贵；同尘者，不脱离世俗，与万物同尘而不特立，顺应自然，随和大道，行无为之治。此非消极避世，而是洞悉世情。智者于世，不彰己能，不显己智，与人和光同尘，方能和谐共处、无碍无争，此乃大智若愚、大象无形。故处世之要，在于守柔不争，和光同尘。如此则能游刃有余于世间。亦天下贵也。夫唯不争，故天下莫能与之争，此乃和光同尘之妙用，亦智者之所行也。

"是谓玄同。"玄同者，深奥而同于大道也，非浅显之同，乃心境高远、智慧深沉之体现。此言上述修身养性，守柔不争、和光同尘之要义，处世之道，行无为之治、知和曰常之理，皆归于玄同之境，非世俗之所能及。玄同者，非一般之同，非形式之同，乃是与大道同体，心灵宁静、行为合道之境界，与万物同一，无亲疏、利害、贵贱之分别，顺应自然，随和大道。故修身养性，旨在达至玄同之境，以显大道之光辉，为天下所尊贵。

故不可得而亲，守柔不争；亦不可得而疏，守中不倚；不可得而利，行无为之治；亦不可得而害，守道不悖；不可得而贵，知和曰常；亦不可得而贱，知和曰明。此言玄同之境，超脱亲疏、利害、贵贱之分别。守柔不争者，不争亲疏，故无疏亲之碍；守中不倚者，不倚利害，故无利害之扰；行无为之治者，不治而治，故无得失之忧；守道不悖者，不悖于道，故无安危之虑。知和曰常者，常守和谐，故无贵贱之分；知和曰明者，明察常理，故无明暗之惑。故玄同之境，非言语所能形容，非形迹所能显现，唯有内心之宁静与外在之和谐方能达至。此乃道家之真谛，亦天下贵也。夫唯守道，故能超脱世间万象，达至玄同之妙境。

"故为天下贵。"此言玄同之境之人，为天下所尊贵，非因其地位之高、财富之多，而因其心境之高远、智慧之深沉，超脱世俗，守柔不争。玄同之人，与大道同体，与万物同一，故其言行举止，皆合于道，皆利于众，无为而治，行无言之教。此人于世，如明灯照暗，如清泉润心，彰显大道之光辉，润泽众生之心灵，故为天下所敬仰、所尊贵。夫唯玄同，故能超脱亲疏、利害、贵贱之分别，达至心灵之宁静与外在之和谐。此乃道家之真谛，亦玄同之妙境。故世人当修心养性，守柔不争，以臻玄同之境，方能显大道之光辉，为天下所尊贵。

综本章而言，言简意赅，阐深奥之哲理，兼文学之美与哲学之深。道家主张，大道无形，生育天地；无情运行，日月更迭；无名长养，万物共生。智者宜顺应大道，守心不言，修身养性，与人和光同尘，共追玄同之境。智者行事、修身之道，处世之方及玄同之追求，尽显道家顺应自然、无为而治之核心理念。

循思渐得　　超越言辞之智慧和修养

"知者不言，言者不知。"智者之所以不言，盖因深知言多必失，言出必漏，故以沉默为金，以不言为智。而言者之所以不智，皆因言辞浮浅，未能深入事物之本质，徒以口舌之争为能，实则离真相甚远。

"塞其兑，闭其门"，非为闭塞视听，实为心之内敛、神之内守。兑者，口舌之窍；门者，视听之途。塞兑闭门，即不以外物之纷扰忧心，不以口舌之争乱神。则能守心如一，凝神于内，不为外物所动，不为浮言所惑。

"挫其锐，解其纷"，此修身养性之要也。夫锐，心之锋芒；纷，事之纠葛。挫锐解纷，乃化刚为柔、化繁为简之道。心无锋芒，则包容万物；事无纠葛，则通达无碍。心静如水，行稳致远，此乃修身之极致。

人之性格，或有刚强锐利者，如有锋芒之剑，锐不可当。然此锐利亦可导致冲突，伤人伤己。故挫其锐，使心柔软，能容纳不同意见，和谐相处。事之纷扰，或有千丝万缕，如绳结难解。然解其纷，使事简化，能洞察事物本质，顺利解决。

修身养性，需学会挫锐解纷。心无锋芒，则能容纳万物，如同宽广之海，无边无际。事无纠葛，则能通达无碍，如同畅通之河流，顺流而下。心静如水，则能处变不惊，如同古井，不起波澜。

夫和光同尘，实乃立身处世之至理也。光者，荣耀显赫之表象；尘者，卑微尘土之姿态。和其光，使其不至过于彰显，则物我之间无有偏颇之争夺；同其尘，使其不至过于卑微，则物我之间无有偏颇之羞耻。

处高位而不自满，居低位而不自弃。光耀之时，人皆仰之，然而和光则能免于过显，不至招人嫉妒；尘土之时，人皆鄙之，然而同尘则能免于过贱，不至招人轻视。和光同尘，便是处高位而不自满，居低位而不自弃。无论世之所尚为荣耀抑或尘土，皆能保持恬淡自如之心，不以物喜，不以己悲。如此，方能从容不迫，游刃有余，自在人生。如《道德经》所言："宠辱若惊，贱贵以为体，静躁以为用。"能和光同尘，方能超然物外、处变不惊。

"是谓玄同"。玄者，深远难测；同者，无所不包。玄同之境，即心境深远，包容万物，玄妙齐同也。既能洞察世事之真相，又能包容人心之差异，则能通达天地，与万物为一。

夫玄同之境，非仅于洞察世事，更在于理解人心之复杂，包容众口难调之差异。如此，方能真正通达天地之奥秘，与万物和谐共生。如《道德经》所言："天地不仁，以万物为刍狗；圣人不仁，以百姓为刍狗。"意指天地与圣人，皆能包容万物，无所不包，无所不容。

身处玄同之境，人心得以深远，视野得以拓宽。世间纷繁复杂之事，皆能洞察其本质；人心之差异，亦能包容理解。

"故不可得而亲，亦不可得而疏；不可得而利，亦不可得而害；不可得而贵，亦不可得而贱。"此乃玄同之极致。玄同之人，无亲无疏，无利无害，无贵无贱，心如止水，行如流云。既不因亲近而偏私，亦不因疏远而冷漠；既不因利益而动摇，亦不因害处而退缩；既不因尊贵而自傲，亦不因卑贱而自卑。则能超越世俗之偏见，洞悉人生之真奥。苏辙深谙之，故于《道德经解》析之曰："可得而亲，则可得而疏。可得而利，则可得而害。可得而贵，则可得而贱。体道者均覆万物，而孰为亲疏？等观逆顺，而孰为利害？不知荣辱，而孰为贵贱？情计之所不及，此所以天下贵也。"

求其镜鉴　　和信谦勇之智慧

"知者不言，言者不知。"智者之所以不言，盖因智识之深，言辞难表；而言者之所以不智，皆因浮浅之谈，未能洞察事物之根本。是以智者沉默，言者妄语，此皆处世之鉴也。

"塞其兑，闭其门"。兑者，口舌之窍；门者，视听之途。塞兑闭门者，非闭塞视听，乃心之内敛，神之内守。夫处世智慧，贵在守心。心若不守，则易为外物所动，为浮言所惑。是以塞兑闭门，守心如一，方能不为世俗所扰，不为名利所累。

"挫其锐，解其纷"。锐者，心之锋芒；纷者，事之纠葛。挫锐解纷者，非消磨志气，乃化刚为柔、化繁为简。夫处世之难，难于解纷。纷若不解，则心乱神迷，无以应对。是以挫锐解纷，方能心静如水、行稳致远。

"和其光，同其尘"。光者，显耀之相；尘者，卑微之态。和光同尘者，非混同黑白，乃身处高位而不骄，位居卑下而不馁。夫处世之要，在于平衡。平衡若失，则易生偏颇，无以立足。是以和光同尘，方能从容处世、自在人生。

"是谓玄同"。玄者，深远难测；同者，无所不包。玄同之境，乃心境深远、包容万物。夫处世智慧，贵在同异之间求得平衡。既能洞察世事之真相，又能包容人心之差异，方能达到玄同之境。

"故不可得而亲，亦不可得而疏；不可得而利，亦不可得而害；不可得而贵，亦不可得而贱。"此乃玄同之真奥，亦是处世之要义。夫人生在世，贵在持平。平则无偏，无偏则公；公则无私，无私则明。是以亲疏、利害、贵贱皆不可得而偏，方能公正无私、明察秋毫。

"故为天下贵。"非以其位高权重，实以其德厚行深。夫人生在世，德行为先。德厚则人敬之，行深则人服之。是以天下贵之，非徒贵其位，实贵其德也。

夫人生在世，当以和为贵。和则人心定，人心定则万事兴。当以和为先、以和为本。遇事则求其和，遇人则求其和。和则无争，无争则安宁。

然和非无原则之和，当以正义为准绳。遇不义之事，当挺身而出，维护正义；遇不义之人，当直言不讳，揭露其恶。是以和而不流，正义自存。

人生在世，当以信为本。信则人信之，人信之则事易成。当以信为先，言必信，行必果。信则无欺，无欺则人亲。

然信非盲信，当以明理为前提。遇不明之事，当深思熟虑、明辨是非；遇不明之人，当察言观色、辨其真伪。是以信而不迷，明理自显。

人生在世，当以谦为德。谦则人敬之，人敬之则德自高。当以谦为先、以谦为本。遇强则示弱，遇弱则扶之。谦则无骄，无骄则心宁。

然谦非自贬，当以自信为基石。遇挑战则迎难而上，遇机遇则果断把握。是以谦而不弱、自信自强。

人生在世，当以勇为气。勇则人畏之，人畏之则事易成。当以勇为先、以勇为本。遇险则不惧，遇难则不退。勇则无惧，无惧则心安。

然则勇非莽撞，当以智为先导。遇险则思其策，遇难则求其解。勇而不乱、智勇双全。

夫处世智慧，微妙精深，须经长久之修炼与磨砺。然若能以智者不言、塞兑闭门、挫锐解纷、和光同尘为鉴，以玄同为境，以公正无私为行，则处世智慧可得矣。然大千世界，千变万化，非一言可尽。若能以和为贵、信为本、谦为德、勇为气，则处世驾轻就熟矣。

第五十七章

> 经云：以正治国，以奇用兵，以无事取天下。吾何以知其然哉？天下多忌讳，而民弥叛；民多利器，国家滋昏；人多知而奇物滋起；法令滋章，盗贼多有。是以圣人之言曰："我无为，而民自化；我好静，而民自正；我无事，而民自富；我无欲，而民自朴。"

读经浅悟　治国之道与修身养性

"以正治国，以奇用兵，以无事取天下。"此三者，治国之要道，立世之根基。治国者必先修身养性，而后得以正治国。天下之人欲明其深意，非详读深思不足以得也。是以今日，吾欲以此文论其旨趣，以飨诸君。

夫以正治国者，乃以正道立国，以正心化民。正则百行立，正则万民服。夫正者，道德之准绳，行为之规范。按经所言，治国者必以正为本，方能立国于不败之地。然正非徒形式之正，实乃内心之正。内心正则言行正，言行正则风俗正，风俗正则国家正。是以治国者必先修心养性，而后方能以正治国。

"以奇用兵"，乃因兵事无常，需奇策应变。奇者，出奇制胜，变幻莫测。兵法云："兵者，诡道也。"故用兵之道，贵在出奇，以奇制胜。然奇非无根之奇，乃因时制宜、因地制宜之奇。用兵者，需精通兵法，善于应变，方能以奇用兵。

"以无事取天下"，乃指以德服人，不言而信。无事者，不扰民，不烦民，使民自服。孟子曰："得道多助，失道寡助。"故取天下者，非凭强力，乃以德服人。德者，民心所向，天下所归。以德取天下，方能使天下归心、国家长久。

"天下多忌讳，而民弥叛"。忌讳繁多，如密林之网，使人动辄得咎，民不堪命，故心怀不满，叛意日生。"民多利器，国家滋昏"。利器如双刃剑，既可为善，亦可为恶，多则争心起，国无宁日，安得不昏？"人多知而奇物滋起"，此乃物欲横流、人心不古之象。智巧若无德行之引导，易物欲膨胀，人心日下，古风不存。"法令滋章，盗贼多有"，何也？盖因法令繁则民无所适从，反生奸邪之心。故治天下者，不在于法令之严，而在于民心之平，在于教化之兴，使民向善，此之谓也。

"是以圣人之言曰：'我无为，而民自化；我好静，而民自正；我无事，而民自富；我无欲，而民自朴。'"此四者，皆圣人治国之道，亦天下之人当学之道。无为者，非无所作为，乃不扰民、不劳民。好静者，非无所关心，乃心静如水，不为外物所动。无事者，亦无为也。无欲者，非无所求，乃心无贪欲，不为物欲所累。按经所言，治国者若能秉持此四者，则国家自能安定、人民自能安乐。

按经所言，夫治国者，务在修心养性，以正治国；审时度势，以奇用兵；无为而治，以无事取天下。此三者，皆治国之要道，亦天下之人当学之道。

夫治国者，必以民为本。民者，国家之根本，社会之基础。治国者若能以民为本，则国家自能安定、社会自能和谐。是以治国者，必须深入了解民情、关心民生、解决民困，则民自归心、天下自定。

夫天下之事，纷繁复杂，变化无常。治国者必须明察秋毫、洞悉时势，方能应对自如。然世事如棋，局局乃新。治国者亦当知世事无常、人心难测。治国之道，非一成不变，必须因时制宜、因势而变。是以治国者，必须不断学习、不断提高，方能应对世事之变，保持国家之安定。

治国之要道，在于守柔不争，务在修心养性，以清静之正道治国，使民心安定，国家昌盛；审时度势，顺应自然之变，以奇策用兵，不战而屈人之兵，此乃兵法之上策；无为而治，行无为之化，不妄事干扰，使民自化、自正、自富、自朴，以无事取天下，此乃治国之最高境界。

正奇无为与民本思想

治国之关键，立世之基石，在于正、奇、无事三者之运用。世人欲领悟其深理，探寻其源流，非经细致阅读与深思熟虑，难以把握其真谛。故今日我愿借此文，探讨其深层含义，与诸君共赏。

治国以正，内涵何也？正乃立国之本，正则民心得安。正，道德之标杆，行为之规范。若治国者坚守正道，则国家自然稳定、人民自然乐业。然而何为正？非但外表之正，更是内心之正。内心正，则言行正；言行正，则风俗正；风俗正，则国家正。故治国者，必先修养心性，而后可以正治国。

以奇用兵，内涵又何？奇以制胜，奇则敌疲。奇乃策略之巧妙、用兵之变化。用兵者善用奇策，则敌自能疲弱，战事自能取得胜利。然而何为奇？非徒表面之奇，实乃策略之奇。策略奇则兵法奇，兵法奇则战事奇，战事奇则敌疲。是以用兵者，必先精通兵法，而后可以奇用兵。

至于以无事取天下，内涵何也？无事以静，无事以和。无事者，国家之安宁，人民之安居。治国者若能保持无事之态，则国家自能繁荣、人民自能安居。然而何为无事？非徒形式之无事，实乃治理之无事。治理无事则国家无事，国家无事则人民无事，人民无事则天下无事。是以治国者，必先治理国家，而后可以无事取天下。

按经所言，治国者以正治国；用兵者必先精通兵法，以奇用兵；治国者必先治理国家，以无事取天下。此三者相辅相成，共同构成治国之要道、立世之根本。愿诸君深悟其理，以应用于生活，寻求内心之平和、社会之和谐。然治国非徒正已足，亦须以奇用兵。夫兵者，国家之大事，死生之地，存亡之道，不可不察也。用兵之道，贵在出奇制胜。奇者，非诡谲之术，乃变化无穷之法。兵无常势，水无常形，能因敌变化而取胜者谓之神。是以用兵者，必须审时度势、灵活应变，方能以奇制胜。

至于以无事取天下，无事者，非无所作为，乃不扰民、不劳民。取天下者，非以力取，乃以德取。德者，人心之所向，天下之所归。治国者若能以德化民，则民自归心、天下自定。是以取天下者，必先修德养性，而后方能以无事取天下。

夫天下多忌讳，而民心愈乱，故民弥叛，此皆因悖道而行也；民多利器，而争心愈起，国家滋昏，此皆因违和而治也；人多和而奇物滋起，此皆因弃朴而从奢也；法令滋彰，而诈伪愈多，盗贼多有，此皆因有为而乱天下也。故知天下之乱，非外物之扰，乃人心之失也。当行无为之治，守道而行，方能安民心、富民生、清国家、宁天下。智者宜洞察此理，守柔不争，和光同尘，以道化民，使民心归朴，弃巧而从和，如此则天下治矣。

我无为，而民自化，守道而行，不扰民之生活，民自归于自然之化；我好静，而民自正，守柔不争，清静为天下正，民自归于正道之行；我无事，而民自富，行无为之治，不妄事干扰，民自安于耕织，富足可期；我无欲，而民自朴，心无贪欲，守朴去奢，民自归于淳朴之风。故知治国之道，非在于繁法苛政，而在于守道无为、清静自化。智者宜洞察此理，以道化民，使民心归朴，弃巧而从和，如此则天下治矣。故曰"治大国若烹小鲜"，不可扰民，不可违道，宜守柔不争，行无为之化。

总而言之，治国以正，内涵为立国之本、民心得安。以奇用兵，内涵为策略之巧妙、战事之变化。以无事取天下，内涵为国家之安宁、人民之安居。三者相辅相成，构成治国之要道。治国者必先修养心性、精通兵法、治理国家，而后可以正治国、以奇用兵、以无事取天下。圣人云：无为、好静、无事、无欲，乃治国之道理，亦为人之当学之道。治国徒以正直公正，未足也，亦须以奇用兵、以德化民，民自归心、天下自定。治国者必须审时度势，适度调整，避免利器、法令之弊。

求其镜鉴　　　　　　　　　以正为本处世

"以正治国，以奇用兵，以无事取天下。"此三者，乃治国之要领，亦处世之借鉴。

夫以正治国者，治国以正道，明理而施政，使百姓心悦诚服，国家得以安宁。处世智慧，亦须以正为本。正则言行一致，心无邪念，自然能得人信任，树立良好形象。是以人生在世，务在修身养性、秉持正道，方能立足于世，赢得他人尊重。

以奇用兵者，用兵以奇谋，出奇制胜，使敌人措手不及，从而取得胜利。然处世之中，亦需运用智慧，出奇制胜。世事纷繁复杂，变化无常，若一味循规蹈矩，则难免陷入困境。是以人生在世，当善于观察分析，灵活运用智慧，方能应对各种复杂局面，化险为夷。

以无事取天下者，非以武力征服天下，而是无为而治，使百姓安居乐业，天下自然归附。此亦处世之借鉴。处世智慧，贵在清静无为，不扰民、不劳民。心静则神明，神明则能洞察世事、明辨是非。是以人生在世，当保持内心平静，不为外物所动，方能明辨是非，避免误入歧途。

天下多忌讳，而民弥叛，忌讳繁多，乃政令苛细之征，亦如人生之束缚。诸多忌讳，往往使人无所适从。若一味顺从忌讳，则迷失自我。民多利器，国家滋昏，利器本为助人之物，然若人心贪婪、过度追求，则利器反成祸根。人若贪欲横生、追求无度，则心灵昏昧、失去清明。人多知而奇物滋起，多知多识本为助人之工具，然若滥用其以满足私欲，则人心堕落、道德沦丧。法令滋章，盗贼多有，法令本为治世之工具，然若过于烦琐，则民无所适从，反生奸邪之心。人生亦然，若规条繁多，则会被弃之不用。

是以圣人之言曰："我无为，而民自化；我好静，而民自正；我无事，而民自富；我无欲，而民自朴。"此四者，乃处世之要旨。无为者，非无所作为，乃不扰民、不劳民，使百姓得以自由发展；好静者，非无所关心，乃心静如水，不为外物所动，保持内心之平和；无事者，亦无为也，使百姓得以安居乐业；无欲者，非无所求，乃心无贪欲，不为物欲所累，保持本真之性。是以人生在世，若能秉持此四者，则自然能得人尊重、赢得人心。

夫处世智慧，亦须注重修身养性。修身者，修心也，提高品德修养；养性者，陶冶情操，培养良好性格。品德高尚者，自然能得人敬仰；性格温和者，自然能得人亲近。是以人生在世，当注重修身养性，不断提高自身素质，方能立足于世，赢得他人尊重。亦须注重人际交往。人际交往者，人与人之间、相互沟通之过程。人生在世当善于与人沟通，善于理解他人、尊重他人。以诚待人者，人亦以诚待之；以善待人者，人亦以善报之。是以人生在世，当以诚待人、以善待人，方能建立良好人际关系，赢得他人信任和支持。

学者所以自新也，进德之途，无在不学。盖世事之变，无恒常之态，不进则退，必然之势也。是以君子力学不辍，日新其德，以自强不息。学而时习之，不亦说乎？友朋之道，亦资以共进。学人之长，补己之短，相观而善，共成其美。是以学者相勉，日进月盛，德业昭著，成就斐然。夫处世智慧，千变万化，难以尽述。然以正治国、以奇用兵、以无事取天下之要旨，可为处世之借鉴。

第五十八章

> 经云：其政闷闷，其民淳淳；其政察察，其民缺缺。祸兮，福之所倚；福兮，祸之所伏。孰知其极？其无正也？正复为奇，善复为妖。人之迷也，其日固久矣。是以圣人方而不割，廉而不刿，直而不肆，光而不耀。

读经浅悟　　政道得失与民心祸福

闷闷者，昏昏昧昧之意，乃政之宽厚也；淳淳者，淳朴厚道之意，乃民无所争竞也；察察者，严厉苛刻之意，乃严刑峻法也；缺缺者，不满足之意，乃狡黠抱怨也。政之闷闷，民则淳淳；政之察察，民则缺缺。此乃为政得失之关键，百姓祸福之所系。闷闷如春之温风，民则欣欣向荣；察察如秋之肃风，民则凋零。故政之得失必须谨慎。

祸福相倚，福祸相伏，此乃天地之常理、人生之常情。谁能深知其极？天地广阔，人生无常，祸福之变，无有定数。

故人应顺应自然，不以物喜，不以己悲，深谙祸福相倚之道。

"正复为奇，善复为妖。"此人心之莫测，亦世道之多变。人之迷也，其日固久矣，或迷于名利，或迷于情感，或迷于智巧。是以人当明心见性，不为物欲所动，不为情感所牵，不为智巧所惑。

"是以圣人方而不割，廉而不刿，直而不肆，光而不耀。"此乃圣人之行也，亦人之所当效法。方者，有棱角而不伤人；廉者，有节操而不刺人；直者，有正气而不放肆；光者，有智慧而不炫耀。此四者，皆圣人之德也。

夫政者，所以治民也；民者，所以奉政也。政之得失，在乎民心之向背；

民之祸福，在乎政之善恶。是以政当以民为本，民当以政为命。政闷闷者，民心淳淳；政察察者，民心缺缺。此政民之关系也。

夫祸福者，天地之常；正奇者，人心之变。天地之常，不可违也；人心之变，不可测也。然人可顺天地之常，可明人心之变。顺天地之常者，得福而避祸；明人心之变者，识正而辨奇。

夫迷者，心之蔽也；明者，心之照也。心之蔽者，不见真理；心之照者，洞察秋毫。是以人当去其蔽而求其照，去其迷而得其明。明则能识正奇、辨祸福，顺天地之常，应人心之变。

"是以圣人方而不割，廉而不刿，直而不肆，光而不耀。"此圣人之所以为圣也。当效法圣人，以方廉直光为行，以去迷求明为志。则能致政之闷闷，民之淳淳；致政之察察，民之缺缺。亦能识正奇、辨祸福，顺天地之常，应人心之变。

论及此时，意犹未尽，复论之。

夫政者，治民之具；民者，为政之本。政之得失，关乎民之生死；民之祸福，系于政之善恶。是以政当以民为本，以民之所欲为欲，以民之所恶为恶。则政自闷闷而民自淳淳，政自察察而民自缺缺。此政民相得之理也。

夫正者，顺天地之常道，行无为之常理，天地之道，以正为本；奇者，察人心之微变，应时机之莫测，人心之变，以奇为用。道之常者，守柔不争，正也，乃天地之正理，无为而治；变之常者，因势利导，奇也，乃人心之机智，顺势而为。是以正者当守，守其常道，不为外物所扰；奇者当辨，辨其微妙，不失时机之利。守正则能致福而避祸，守道之常，福祸无门，唯人自召；辨奇则能识正而防妖，察变之微，妖由心生，防之于未萌。此正奇相济之道也，正者守道，奇者应变，相辅相成，共臻至治。故善治者，必明此道，以正为本，以奇为用，无为而无不为，应变而无不克，此乃天地人心相通，道德之经纶也。

夫迷者，人之常；明者，人之所求。人之所以迷者，蔽于物欲，牵于情感，惑于智巧。是以去迷求明者，当去物欲之蔽、断情感之牵、破智巧之惑。则心自明而眼自亮，能识天地之常、应人心之变。此去迷求明之术也。

本章之意，在于求道明德、去迷求明。道者，政之本；理者，民之权。求道明德则政自闷闷而民自淳淳，辨理则政自察察而民自缺缺；去迷则心自明而眼自亮，求明则能识正奇而辨祸福。

循思渐得　　　　　　闷闷察察与祸福相依

"政闷闷者，其民淳淳；政察察者，其民缺缺。"此非政之异也，乃民之应也。

政之闷闷，善治国者，无迹无象，无政无典可举，闷闷然终致治平。故云其政闷闷也。其民无争，宽容敦厚，故云其民淳淳也。治国者宜深谙民心，施良策以利国。百姓在宽政之下，能激发创造力，助国进步。古之明君贤臣，皆重视闷闷政治，以民为根，施宽政而利民，国家因而昌盛。政绩传之后世，民之声闻于巷议。

民之淳淳，其民无所争竞，宽大淳淳，故曰其民淳淳也。盖因彼等心胸宽广，不以小事挂怀，故能和平共处、相互尊重。是以彼之民风淳朴、善良敦厚，无有欺诈之行，亦无争斗之心。彼等知礼仪、懂廉耻，尊敬师长、爱护幼小。其民风之淳朴由此可见一斑。

政之察察，其政治过于严厉、苛刻，其必然民之缺缺，乃狡黠、抱怨、不满足也。

夫祸与福，相倚相生，如阴阳之互转、昼夜之更替。祸兮，福之所倚；福兮，祸之所伏。此乃天地之道，亦人生之常。孰能知其极乎？盖天地无穷、人生无常，祸福之转化亦无有定数。

世间之事，往往正反相依、善恶相生，如老稚之生死，连续不断，未曾有始有终，然或有人迷惑而不自知，仅以耳目所及为极致。彼等自以为福，而不悟祸患潜伏于后；自以为善，而不知妖孽生于其中；自以察觉为明，乃至察之太过，以至于伤害事物而不自知其非，此非可哀之事哉！

夫福与祸，如影随形，不可强分。正与奇，善与妖，相互为用，相互为存。老稚之生死，如春夏秋冬，循环无端。

盖因圣人大方无隅，其德广厚无边，其方正而弗硬化，守柔不争，顺乎自然之理，其心充满仁爱，慈悲为怀，包容万物，其行充满智慧也，明察秋毫，知常达变。其棱角弗伤人，反以柔和化世，反成助人成长之工具，磨砺人心，使之完善。其直率非放肆，乃率性而为，乃真诚之表现，无伪无饰，自然流露；其光亮非刺眼，乃和煦之光，乃温暖之力量，照耀人心，使之向善。乃能超脱世间，不为俗务所累，耳目之所及，皆能洞察其真，览观全局，无微不至。明白福与祸、正与奇、善与妖，皆相对而生，互为因果。故对待世事，能持平等心，无偏无私，不以福为喜，福兮祸所伏；不以祸为悲，祸兮福所倚；不以善为荣，善行无辙迹；不以妖为辱，妖由心生，防之于未萌。能洞察道之全体，知常容，容乃公，能任运自然，无为而治，与道同行，同于大道，唯施是畏。此乃圣人之境，合于道德之经，为天下之所共仰，亦吾人修行之楷模也。

总而言之，治国之道，在乎闷闷与察察之间。闷闷政治，无迹无象，无政无典可举，而百姓安居。此乃圣人之治，深谙民心，施良策以利国。民风淳朴，善良敦厚，无有欺诈之行，亦无争斗之心。而察察政治，则政治过于严厉、苛刻，百姓必然狡黠、抱怨、不满足。祸与福，相倚相生，如阴阳之互转、昼夜之更替。世间之事，正反相依，善恶相生，而圣人能超脱世间，耳目之所及，览观全局。明白福与祸、正与奇、善与妖，能持平等心，不以福为喜，不以祸为悲，不以善为荣，不以妖为辱。能任运自然，与道同行。

求其镜鉴　　　　　　　　　　　　　中和守正

夫"其政闷闷，其民淳淳；其政察察，其民缺缺"，此天地之常道，亦人生之常理。政之闷闷，非昏聩也，乃包容之政，以和为贵，故民得其所安，淳朴而乐生；政之察察，非明察也，乃苛刻之政，以严为纲，故民失其所宁，缺陷而怨生。是以政之得失，在乎人心之向背，亦关乎世道之升降。

祸兮，福之所倚，福兮，祸之所伏。此非偶然，乃天地之循环，亦人心之变迁。孰知其极乎？盖天地无穷，人心难测，祸福之转化，亦无有定数。是以人当顺其自然，不以物喜，不以己悲，深知祸福相依之理，则能处变不惊、应变无穷。

正复为奇，善复为妖。此人心之莫测，亦世道之多变。正者，道德之标准；奇者，异端之邪说。善者，人心之本性；妖者，邪恶之诱惑。是以人当明辨是非、坚守正道，不为奇邪所惑，不为妖邪所动。

人之迷也，其日固久矣。盖人心易惑，世道多艰。是以人当求明于内，致知在格物，去其迷而得其明，方能洞察世事、明辨是非。

是以圣人方而不割，守柔不争，顺乎自然，棱角内敛而不伤人；廉而不刿，清正廉洁，有节操而心无锋芒，不刺人也；直而不肆，坦诚直率，守道而行，正气凛然而不放肆；光而不耀，智慧如光，照亮人心，而不炫耀已能。此乃圣人之处世智慧也，含光混世，和光同尘，世人当以此为法，修身养性，效法天地。方者，有棱角而不伤人，以和为贵，守中之道；廉者，有节操而不刺人，清心寡欲，守柔不争；直者，有正气而不放肆，直心而行，不违自然；光者，有智慧而不炫耀，内敛光华，照亮他人。此四者，皆圣人之德，体现大道之行，世人当以此为楷模，修身齐家治国平天下。圣人之道，无为而治，顺应自然，不争而胜，此乃《道德经》之深意也。

道者，无为之本宗，天地之恒常，自然之理致，化生万物之源也。理者，人心之本源，人心之正则，公正无私，秩序之要义也。于天地之间，万物萌生，道无处不在，化育群生；于人心之内，理之所寓，当公正无私，明理则心安，心安则理自得也。

行无为之事，不悖自然之理，与天地同其德；明理则能顺乎人心，行公正之道，不违人心之本然，与人心共其理。处世之道，无为而无不为，行止合于道，则事事和顺，由此而达恬淡自然。此乃《道德经》之教义，亦人生之微观指南也。

处世智慧，虽难而易。难者，人心之易惑，世道之多艰；易者，明理则心清，持道则行稳。人心虽纷扰，明理以定之，则惑乱自消；世道虽多艰，持道以应之，则艰难自解。故知难行易，唯在明理持道，则处世无难矣。

第五十九章

> 经云：治人事天，莫若啬。夫唯啬，是以早服。早服谓之重积德；重积德则无不克；无不克则莫知其极；莫知其极，可以有国；有国之母，可以长久。是谓深根固柢，长生久视之道。

读经浅悟　　治国修身之啬道

夫治人者，事天者，皆莫若啬。啬者，非吝啬之谓也，乃节俭之道、蓄养之德。夫唯啬，方能早服，早服者，谓其早行节俭、早积德行。是以早服谓之重积德，德积则厚重，厚重则能致远。

重积德者，其行无不克。无不克者，非力能胜人，乃德能服众。德之所至，人心所向，故能克己克人、克难克险。是以"无不克则莫知其极"，极者，至极也，莫测其深广。德之至极，则能化育万物、泽被苍生。

莫知其极者，可以有国。有国者，非一己之私，乃万民之公。公者，大公无私，以天下为己任。是以有国之母，可以长久。母者，本也，源也，有国之本，有国之源，则国家昌盛，历久弥新。

"是谓深根固柢，长生久视之道。"深根者，其根深厚，不可动摇；固柢者，其柢坚固，不可摧折。长生者，非寿命之长，乃精神之永存；久视者，非目力之久，乃智慧之深远。故曰"深根固柢，长生久视之道"乃治国安民、修身齐家之要道也。

夫啬者，节俭之道也。节俭者，非吝啬也，乃知止足、明得失。知止足者，不贪得无厌，不追求虚荣；明得失者，不患得患失，不沉溺于物欲。是以啬者能积德于内，而后施之于外；能蓄力于身，而后发之于事。故曰：治人者，事天者，皆莫若啬。

早服者，重积德也。节俭者，能蓄财于家，能养德于身；积德者，能化恶为善，能转危为安。是以早服者，能积厚德于内，而后发之于外；能蓄大力于身，而后施之于事。故曰"早服谓之重积德"。

重积德者，无不克也。德者，人心之所向，道义之所归。故积德者，能得人心，能成大事。是以重积德者，能克己克人，能克难克险。故曰"重积德则无不克"。

无不克者，莫知其极也。无不克者，其行深远，其志高远。故能化育万物，泽被苍生。是以无不克则莫知其极。有国之母者，可以长久也。有国之母者，乃道德之根，政治之本。故能立国之本，定国之基，使国家昌盛，历久弥新。故曰"有国之母，可以长久"。

深根固柢，长生久视之道者，治国安民、修身齐家之要道也。深根固柢者，其根深厚，其柢坚固，不可动摇，不可摧折。是以能立国之本、定国之基，使国家昌盛，历久弥新。长生久视者，其精神永存，其智慧深远，能见微知著，能洞察世事。是以能修身齐家，治国安民，使社会和谐，人民幸福。

夫本章之意，在于阐述治人、事天之要道，即节俭、积德、深根固柢、长生久视之道。此道者，乃日积月累，久久为功。

故曰：治人者，事天者，皆莫若啬。啬者能积德于内，而后施之于外；能蓄力于身，而后发之于事。是以重积德者无不克，无不克者莫知其极，莫知其极者可以有国，有国之母者可以长久。此深根固柢、长生久视之道也，愿天下之人深思之、笃行之。

循思渐得　　　　治人、事天、治国莫若啬

夫治人者，莫若啬；事天者，亦莫若啬。啬者，爱惜、保养也。夫唯啬，方能早服；早服者，预为之计，先事而备。故曰"早服谓之重积德"。

夫治人之道，莫先于啬；事天之理，宜以啬为本。啬者，非独节俭之谓，更含珍藏、积蓄之意。盖人之生命有限，若挥霍无度，必致早衰。是以啬之道，实为养生之本，亦为治国之要。夫治国者，若能行啬道，则民安物阜，

国运昌隆。故曰"治人事天，莫若啬"。

夫唯啬者，方能早服于道。早服者，早为准备，及时而行之谓也。盖道者，天地之正理，万物之根源。人若能及早领悟并践行此道，方能称之为早服。

夫唯早服，方能预见未来、把握先机。早服者，能洞察天机、顺应时势。如农业者，应时而种，应时而收，方能获得丰收。如商贾者，应时而市，应时而退，方能盈利。如治国者，应时而变，应时而革，方能国泰民安。

早服之道，在于重积德。德者，得也，得之于心而形之于外。

重积德，乃不断积德也。重积德者，其内心坚韧不拔，无论遭遇何种困难与挑战，皆能勇往直前，故无不克。无不克者，攻无不克、战无不胜之谓也。此等心境，已臻莫知其极之境界。极者，尽头也，然对于重积德之人而言，其潜力与可能性无穷无尽，故曰"莫知其极"。

"莫知其极，可以有国。"备兹莫测之力，即可担纲治国之重任。夫治国者，必以宏图远略，怀揣经天纬地之才；力量者，不仅为身体之力，更为心之力、精神之力。心坚定，则能抵御诱惑，不受奸邪所扰，则精神饱满而能奋发向前。是以治国者必先修身，修身之道，在乎养心，在乎励志。心正则政明，政明则国治。

"有国之母，可以长久"。盖因母者，国之根本也。其深厚德行与卓越智慧，足以引领国家走向繁荣昌盛之路。是以有国之母者，方能称之为深根固柢、长生久视之道。深根者，指立足之本要深厚稳固；固柢者，谓基础要坚实可靠也；长生久视者，国运长久，即根深柢固，符合长久维持之道。则指事业之长久发展、家族之世代绵延以及国家之长治久安也。

总而言之，治人者宜啬，事天者亦宜啬。啬者，爱惜、保养也，非独节俭之谓，更含珍藏、积蓄之意。夫唯啬，方能早服于道；早服者，预为之计，先事而备。心正则政明，政明则国治。有国之根本，深根固柢，长生久视，方能引领国家走向繁荣昌盛之路。是以治人、事天、治国莫若啬。

求其镜鉴　　节俭蓄德，深根固柢

夫治人事天者，莫若啬，此乃千古之良训、处世之要道也。啬者，节俭之道、蓄养之德，非吝啬之谓也。唯啬者，能早服，能重积德，而后无不克，莫知其极，乃至可以有国，有国之母，可以长久。此道也，实乃深根固柢、长生久视之道，天下之人当以此为鉴，以之为处世之指引也。

夫啬者，节俭为本，蓄养为德，此乃顺应自然，守道之行也。节俭者，非贪图小利，乃知止足、明得失，深谙物壮则老、知足不辱之道。知止足者，不贪得无厌，不追求虚荣，心无妄念，行无过举，守柔不争，方能长久；明得失者，不患得患失，不沉溺于物欲，心清如水，意定如石，不为外物所动，方能安身立命。此乃《道德经》之教义，节俭蓄养，知足知止，方能守道而行，不失其所。故当深悟此道，以节俭为本、蓄养为德，知止足、明得失，方能心安理得、乐在其中。

早服者，重积德也。重积德者，乃日积月累、久久为功。积德于内，则神明自现；积德于外，则民心自附。是以早服者，能修身齐家治国平天下。故曰"早服谓之重积德"。

重积德者，厚德以载物，行道以立身，无不克也。以其德厚而能服众，非以力胜，乃以德化。无不克者，非力能胜人，乃德能服众，以德感人，人心向善，众望所归。德者，人心之所向，道义之所归，积德之人，如日中天，光照四方，人心向背，皆因德之厚薄。故积德者，能得人心，能成大事，以德为本，行事无碍，众志成城，何事不成？是以重积德者，能克己克人，能克难克险，以德克难，无往不胜，德高望重，众难自退。故曰"重积德则无不克"，德厚流光，照耀万物，德行天下，何难不克？

夫德者，为人处世之基石，修身齐家治国平天下之关键。重积德，即注重日常行为修养，行善积德，利益他人。人若重积德，则能具备高尚品质，赢得他人尊重，进而克服一切困难。人若存善心、行善事，关爱他人、尊重生命，即能积累德行。吾人应以谦卑之心，敬畏自然，遵循道德规范，方可不断积累德行，达到无人能克之境地。

无不克，谓无论面对何种困境，皆能凭借德行之力克敌制胜。人之处世，诱惑繁多，若缺乏自律，极易步入歧途。然而，若人能重积德，具备高尚品质，便能抵御诱惑，保持坚定之心，勇往直前。

无不克，需具备坚韧之心。人之处世，困境重重，唯有具备坚韧之心，方能克服一切困难。吾人应以坚定信念，勇往直前，迎难而上，方能不断成长，达到无人能知之境界。

莫知其极，形容德行之深厚无人能测。人若重积德，不断提升自身修养，最终将达到无人能知之至高境界。此种境界，既为个人修养之极致，亦为处世之智慧。莫知其极，需不断追求。人若满足于现状，不再追求进步，必无法达到无人能知之境界。吾人应时刻保持谦逊，不断学习，努力提升自身修养，方能不断接近无人能知之境界。

有国之母者，乃道德之根，政治之本。有国之母者，能立国之本，能定国之基。国之本立，则国家昌盛；国之基定，则社会和谐。故曰"有国之母，可以长久"。长久者，非一时之繁华，乃百世之基业。百世之基业者，非一己之力所能成，乃众人之心所共守。众人之心所共守者，乃道德之准则、政治之理念。

是谓深根固柢、长生久视之道也。深根者，如树之扎根深土，其根深厚，得地之滋养，不可动摇，此乃守道之行，顺应自然之常也。固柢者，如屋之基固，其柢坚固，承天之重，不可摧折，此乃积德之基、修身之本也。长生者，非寿命之长、肉体之不衰，乃精神之永存、道德之常青，守柔不争，方能长久。久视者，非目力之久，视线之不疲，乃智慧之深远，明理得道，心清如水，意定如石，智慧深远。

第六十章

> 经云：治大国，若烹小鲜。以道莅天下，其鬼不神；非其鬼不神，其神不伤人；非其神不伤人，圣人亦不伤人。夫两不相伤，故德交归焉。

读经浅悟　　　　　　　　治国之道与道德根本

夫治大国者，犹烹小鲜也。道之微妙，深邃莫测，按经所言，治国者当以道为本，方能致其和平。故曰"治大国，若烹小鲜"。小鲜者，小鱼也，物之微也；大国者，事之巨也。烹小鲜者，须火候得当、调料适宜，方能得其鲜美；治大国者，亦须法度严明、道德高尚，方能致其昌盛。是以治国者，当以道为本、以法治国、以德御民，方能致其太平。

夫以道莅天下，其鬼不神。鬼者，幽冥之物；神者，灵异之能。然则天地之间，道为至尊。道者，自然之理，万物之宗。以道御世，则幽冥灵异之物皆不能逞其能。非其鬼之无神，实乃道之威灵，足以制之。是以圣人治世，以道为本，以法治国，以德御民，使天下之人皆归于道德之正，则幽冥灵异之物自然无所作为。

然鬼之神虽不足以伤人，非无伤人之时也。何以故？盖人心之不古，道德之沦丧，则鬼之神得以乘间而入。故圣人以道御世，非徒防鬼之神伤人，亦在化人心，使归于道德之正。是以圣人垂拱而治、无为而成，非其无所作为，乃因循自然之道，以法治国，以德御民，使天下之人皆得其所，故能致其太平。

夫两不相伤，故德交归焉。两不相伤者，道与鬼之和谐共处也；德交归焉者，人心之向善、道德之昌盛也。按经所言，治国者务在明道立德，使天下之人皆归于道德之正，则鬼之神自然无所作为。是以圣人无为而治，不言之教流布四海，百姓日用而不知，皆行于道德之中。道之所在，鬼魅亦遵；德之所被，人心向善。

夫道德者，人心之根本、社会之基石也。按经所言，治国者务在培养道德，使天下之人皆能明理知义、守道崇德。故曰"君子务本，本立而道生"。是以治国者当以道德为本、以法治为用，使天下之人皆能遵道而行、守法而治。则国家昌盛、人民安乐，实乃国家人民之幸。

按经所言，治国者当以道为本、以法治国、以德御民。道者，自然之理，万物之宗；法者，定分止争，保民权益；德者，人心之根本，社会之基石。三者相辅相成，方能致国家之太平、人民之安乐。

然治国须积小善而成大德，积微功而成大业。故治国者当持之以恒，不懈怠于道德之修养，不满足于一时之成就。当以道为本、以法治国、以德御民，使天下之人皆得其所，方能致国家之昌盛、人民之幸福。

"治大国，若烹小鲜。"治大国者，当以无为而治、不言之教为先，若烹小鲜，需谨慎细微，不可妄动。守道而行，不扰民安，使万民皆遵自然之理，国泰民安，此乃治大国之要道。

循思渐得　　治大国若烹小鲜

夫治大国者，若烹小鲜也。何哉？小鲜者，需火候之恰到好处，不可过之，亦不可不及；大国者，需治理之精细入微，不可草率，亦不可偏颇。

治大国，若烹小鲜。夫治国者，首宜安民，次宜养静。盖安静之道，在乎不扰，不扰则民安，民安则国治。躁动则多害，静默则全真。故国弥大，主弥静，然后乃能广得众心。

烹小鲜者，不可多搅；治大国者，不可多扰。

治国之道，贵在宁静，宁静以致远。主静之道，在乎养心，养心之道，在乎少私寡欲。少私寡欲，则心自静；心自静，则政自明。政明则国治，国治则民安。民安国治，天下太平。是以治国者，当如履如临，小心翼翼，不敢稍有扰动。治国如烹小鲜，轻拢慢捻，火候适中，方能成美味佳肴。治国亦然，政策宜适度，国家自能繁荣昌盛。

诗意函谷

治国之道，贵在使民自化之。夫治国者，当如烹饪，火候适中，不偏不倚，则国家昌盛，人民安乐，此皆因顺应自然，合于道德之大理，乃长治久安、国富民强之根本也。

是以治大国者，必以道莅之，而后可也。

道者，何也？乃天地之根本、万物之源泉。以道莅天下者，非以强力，非以权谋，乃以自然之法则，顺应天地之大道。故曰"以道莅天下，其鬼不神"。

是以圣人御世，恬淡为政，百姓自化，万物自宾。外不逐物，内不附俗，处乎其中，而超乎其外。无欲无求，故能使民各得其所、各安其分。内无所畏，则心自定；心自定，则神自清。神清志定，虽鬼神亦无可乘之机。是以圣人清静自守，无为而成，使民自化，天下自治。圣人之所以能如此行事，盖因其无欲无求、无畏无惧，故能使人各安其自然也。

外无所求，内无所畏，则物莫能侵，虽鬼无所用神矣。非其鬼本无神，乃因道之莅临，其神无所施其伎也。

然则鬼之不神，岂止于此乎？其神不伤人者，亦道之所为也。非其神本不欲伤人，乃因道之庇护，其神无所施其害也。是以圣人治天下亦不伤人，非圣人无心伤人，乃因循道而行，不伤物也。

非其神不伤人，圣人亦不伤人。乃道行无碍，神灵不侵；神灵不侵，人莫知其神。道行无碍，圣人亦不伤人；圣人不伤人，人亦莫知其圣。言人之不知神之为何神，亦不知圣之为何圣也。依赖威严法网以御物者，国政之衰也。使人不知圣神之为何圣神，道之至也。

夫两不相伤者，何也？乃道之所致、德之所归也。是以治大国者，必明道立德，而后可也。道者，治国之本；德者，化民成俗。道立则国治，德化则民安。故曰"夫两不相伤，故德交归焉"。

求其镜鉴　　　　　化阴暗为光明

夫治大国者，犹烹小鲜也。此语道出治国之微妙，亦隐寓处世之精义。故当详读深思，以之为处世之借鉴。

夫烹小鲜者，须火候得宜、调料适量，方能成其鲜美。治国亦然，须法度严明、道德高尚，方能致其昌盛。而处世智慧，又何尝不然？人心微妙，世事纷纭，唯有以道为本、以和为贵，方能处世无虞。

"以道莅天下，其鬼不神。"此语非独指治国，亦可用于处世。鬼者，人心之阴暗也；神者，人之精神也。以道处世，则人心之阴暗无所遁形，精神之光明得以彰显。故人生在世，当以道为本、以和为贵，使人心之阴暗无所遁形，精神之光明得以长存。

"非其鬼不神，其神不伤人。"此言人心之阴暗虽存，然其精神之光明足以抵御之。人生在世，当明是非、知善恶，使精神之光明得以照耀人心之阴暗，使之无所遁形。则人心之阴暗自然消退，精神之光明得以长存。

"非其神不伤人，圣人亦不伤人。"此言精神之光明虽强，然非以伤人为能。圣人处世，以和为贵，以道为本，故能化人心之阴暗为光明，使天下之人皆归于道德之正。人生在世当效法圣人，以和为贵，以道为本，使人心之阴暗得以化解，精神之光明得以长存。

"夫两不相伤，故德交归焉。"此言人心之阴暗与精神之光明相和谐，道德之光辉得以彰显。人生在世当以此为鉴，以和为贵，以道为本，则处世智慧可得矣。

处世智慧，贵在明理知义、守道崇德。夫道者，天地之正理，人心之本源。明理知义者，能辨是非、知善恶；守道崇德者，能行善积德，化人心之阴暗为光明。故人生在世当以道为本、以和为贵，明理知义、守道崇德。

然则处世智慧，恒以聚之，久而积之。夫人心之微妙、世事之纷纭，非一朝一夕所能洞悉。故人生在世当虚心向学、勤于思考，以明理知义为本，以守道崇德为要，则处世智慧可得矣。

处世智慧又贵在宽容大度、以和为贵。夫世事纷纭、人心各异，难免有摩擦纷争。然则人生在世当以和为贵，以宽容大度为本，化解纷争，促进和谐。

第六十一章

> 经云：大邦者，下流也，天下之牝也。天下之交也，牝恒以静胜牡。为其静也，故宜为下也。故大邦以下小邦，则取小邦；小邦以下大邦，则取于大邦。故或下以取，或下而取。大邦不过欲兼畜人，小邦不过欲入事人。夫两者各得所欲，则大者宜为下。

读经浅悟　　大国小国之和合共生

夫大邦者，江海居大而处下，则百川流之。似天地之宽宏，含养万物，实乃天下之牝也。牝者，阴之属，柔而不屈，静而能胜。天下之交驰，犹如江河之奔涌，然牝恒能以静制动、以柔克刚，胜彼牡之躁进。为其静也，故宜处下，非为低微，实为谦和之至境。

是以大邦以下小邦，非为屈尊，实为包容。大邦之心，宽广如海，能纳百川，小邦得以依附，心悦诚服，自然归化。故大邦以下小邦，则取小邦之心，而非取其地。小邦以下大邦，亦非自贬，实为求进。小邦之心，向善慕强，得大邦之庇佑，得以安定发展，故小邦以下大邦，则取大邦之助。此所谓"或下以取，或下而取"，皆因大邦小邦各得其宜、各安其位。

大邦之欲，非在土地之扩张，而在兼蓄人心。兼蓄人心者，非强使之从，乃以德化之，使其心悦诚服。故大邦之行，宜以道德为本，仁义为心，则天下归心，万民景仰。小邦之欲，非在苟安一隅，而在入事大邦，求其教化，以期自强不息。故小邦之行，宜以自强为志，进取为心，则日渐壮大，可与大邦并肩。

夫两者各得其所欲，大者宜为下，此非强弱之分，实乃和合之道。大邦小邦，犹如阴阳之相济、刚柔之并济，方能共生共荣、天下太平。是以大邦宜为下，非为示弱，实为示强。盖强者非以力胜，而以德胜；非以势压，而以和服。故大邦之强，在于其德；小邦之强，在于其志。两者相得，天下大治。

经云："上善若水，水善利万物而不争。"大邦者，宜若水之下流，利养万物而不求其报。小邦者，宜如水之涓涓细流，自强不息，终成大河。两者交汇，则成江海，波涛汹涌，势不可当。此即大邦以下小邦、小邦以下大邦之意也。

吾观夫天下之势，强弱相倚，大小相存。大邦不强则小邦不安，小邦不壮则大邦不固。故大邦小邦，宜相辅相成，共谋发展。大邦宜为下者，非徒为势所迫，实乃理之当然。盖天地之间，万物并生，无有贵无有贱，唯以和为贵。是以大邦小邦，皆应以和为本、以合为道，方能长久。

夫天下之事，有难易乎？为之，则难者亦易矣；不为，则易者亦难矣。大邦小邦，皆当以此自勉。大邦宜为下者，宜深思熟虑，以道德为本，以仁义为心，则天下归心，万民景仰。小邦宜自强不息者，宜奋发有为，以自强为志，以进取为心，则日渐壮大，可与大邦并肩。两者各得其所，天下太平，此即本章之意也。

吾又思之，夫天下之势，犹如棋局，千变万化，难以预测。然无论其如何变化，大邦小邦，皆应守其道、行其德，方能立于不败之地。大邦以下小邦，非为示弱，实为固本；小邦以下大邦，非为求庇，实为自强。两者相得，则天下大治、百姓安乐。此即大道之行也，亦吾文之所寄也。

大邦者宜深思其下流之意，勿以势强而自骄；小邦者宜深思其自强之志，勿以势弱而自馁。两者相得，则天下太平、百姓安乐，此即吾文之所望也。愿天下之人深思之、共勉之，以成大道之行也。

循思渐得　　何谓大邦之道

夫大邦者，犹巨川之汇流，海纳百川，有容乃大。其势如江河之下流，非有恃强凌弱之态，而乃有润物无声之德。此大邦之气象，诚可谓天下之牝也。牝者，阴柔之性，虽无刚强之形，然则其静也深、其和也广，能胜牡之躁动。故天下之交也，牝恒以静胜牡，此非偶然，乃天地之大道也。

大邦之所以宜为下，非因其势弱，实因其德厚。大邦以下小邦，则取小邦之心，非取小邦之土。盖土虽有限，而心之归附乃无穷也。小邦以下大邦，则得大邦之庇，亦得大邦之教。是以小邦亦能自强不息，日渐壮大。故或下以取，或下而取，皆因大邦之谦下，而小邦之归心也。

夫大邦之欲，非在兼并，而在兼蓄人心。兼蓄人心者，非徒使其民安居乐业，亦在使其民心向善、道德日新。小邦之欲，亦非在苟安，而在入事人。入事人者，非徒求其庇护，亦在求其教化，以期日渐进步。夫两者各得其所欲，大邦之德愈显，小邦之志愈坚，此皆大邦宜为下之道也。

然则大邦之下，岂无难处？小邦之微，岂无苦衷？大邦之下，需有容人之量，需有教人之智。小邦之微，需有自强之志，需有进取之心。两者相辅相成，方能共赴大道。

大邦者，宜深思熟虑，不可恃强凌弱，当以德服人。小邦者，亦当自强不息，不可苟且偷安，当以志励身。夫天下之事，有如棋局，千变万化，难以预测。然大邦小邦，若能各安其位、各守其道，则天下太平、百姓安乐，此乃大道之行也。

观夫古今，皆有大邦小邦，交相辉映。有大邦以德化民，成其盛世；有小邦以志立身，立其基业。此皆因大邦之下，小邦之微，各得其所，共襄盛举。故知大邦宜为下，非但一时之权宜，实乃长久之大道也。

夫大道之行，虽隐而显，虽微而著。大邦小邦，若能体此大道、行此大道，则天下太平、百姓安乐可期矣。是以吾欲以斯文，为天下之大邦小邦树一典范、明一道理。愿天下之人共勉之、共行之，以成天下之大同，以享太平之盛世。

夫大邦者，其势如虹，其德如海。小邦者，其志如铁，其心如玉。两者相交，如琴瑟和鸣，如龙凤呈祥。是以知大邦宜为下，非徒为形势所迫，实乃大道所归。夫天下之事，固难以一言而蔽之，然吾以此文，略述其理，冀诸君共鉴之、共行之。愿天下之大邦小邦，皆能体此大道、行此大道，以成天下之大同，以享太平之盛世。此吾之愿也，亦吾之所望也。

司马迁《史记·货殖列传》云："天下熙熙，皆为利来；天下攘攘，皆为利往。"然吾以为，天下之大邦小邦，若能超越利欲，归于大道，则天下自然熙熙攘攘，皆为道行。

求其镜鉴　　　　　　　　　　和合共生，以柔克刚

夫大邦者，下流也，如江海之纳百川，有容乃大。其德如天下之牝，柔中带刚，静中藏动。牝者，阴之属也，然则常能以静制动、以柔克刚，胜彼牡之躁进。夫大邦宜下者，非弱也，乃道之所在，故能处下而取上，其理深矣。

观夫天下之交驰，犹如江河之奔涌，而大邦之牝，恒以静胜牡。静者，非无所为，乃深谋远虑、从容不迫也。大邦以下小邦，非轻之也，实乃以谦和之德化育万物。故大邦以下小邦，则取小邦之心，得其忠诚，而天下归附。

小邦以下大邦，亦非自卑也，乃求进之道。得其庇护，而日渐壮大。此所谓或下以取，或下而取，皆因各安其位、各守其道也。

大邦之欲，非在扩张疆土、穷兵黩武，而在兼蓄人心，顺应自然之道。兼蓄人心者，非强使之从，威逼利诱，乃以德化之，使其心悦诚服，此乃守柔不争、以德服人之策。故大邦之行，宜以道德为本，行无为而治，以仁义为心，行公正之道，则天下归心，万民景仰，此乃顺应天道、合乎人心之举。小邦之欲，非在苟安一隅，保守自闭，而在入事大邦，学习其道德教化，以求自强不息，此乃明智之举，合乎进取之道。大邦当以包容之心接纳小邦，共谋发展，同创和谐。小邦当以谦逊之态尊重大邦，学习其长，补益己短。

大邦小邦，犹如阴阳之相济、刚柔之并济，方能共生共荣、天下太平，此乃顺应自然之道、合乎天地之德。是以大邦宜为下，非为示弱，实为示强，盖强者非以力胜，而以德胜；非以势压，而以和服。此乃《道德经》之教义，明示世人以柔克刚、守中不争之道。

夫处世智慧，宜鉴大邦小邦相交之理。人亦分强弱，然强者不可恃强凌弱，弱者亦当自强不息。强者宜怀谦和之德，如大邦之下小邦，以德化人，则人心归附。弱者宜怀进取之志，如小邦入事大邦，自强不息，则日渐壮大。此即处世之借鉴也。

夫人生在世，犹如舟行江湖，风云变幻，莫测高深。当以大邦小邦之交为鉴，守道而行，方能乘风破浪，直达彼岸。强者宜怀谦和之心，不可恃强

而骄；弱者宜怀进取之志，不可因弱而馁。两者皆当守道而行、以和为贵，方能长久。

吾观夫天下之势，强弱相倚，大小相存。犹如江海之纳百川，无有贵无有贱，唯以和为贵。故处世智慧，宜以和为本、以合为道。人当怀包容之心，以德化人；当怀进取之志，自强不息。此乃处世之大道也。

夫大邦小邦之交，亦犹人际之交。人际之交，宜以诚为本、以信为基。诚者，心之真也；信者，行之实也。人当以诚待人、以信处世，则人心向善、天下太平。此即大邦小邦之交所寓之处世智慧也。

吾又思之，夫处世智慧贵在自知。人当知己之所长、知己之所短，方能扬长避短。强弱两者皆当有自知之明，守道而行，方能处世无忧。

故吾以此章为鉴，思及当今世界之势，深思大邦小邦相交之理，应以和为贵、以诚为本、以信为基。大邦宜怀谦和之心，小邦宜怀进取之志。两者皆当有自知之明，守道而行。

论及人生，与此同理，若处世智慧明矣，则人生之路坦矣。

第六十二章

> 经云：道者万物之奥。善人之宝，不善人之所保。美言可以市，尊行可以加人。人之不善，何弃之有？故立天子，置三公，虽有拱璧以先驷马，不如坐进此道。古之所以贵此道者何？不曰：求以得，有罪以免邪？故为天下贵。

读经浅悟　　道之微妙与修身治国

夫道，乃无形无象之理，而藏无尽之智，为万物所依。善人知其宝，不善人亦应保之。如夜中明灯，道可照人前行，不使人迷途。

美言可以市，尊行可以加人。人之不善，何弃之有？美言者，诚挚之词，非虚妄之谈。市者，可于市中易得人心。尊行者，高尚之行，非卑劣之态。加人者，超越之意，此言尊行有如阶梯，可使人超越凡俗。人之不善，乃人性之常，非罪恶之源。何弃之有？此言人之不善，不应轻弃，而应包容引导，使其向善。

天子立，三公置，虽有拱璧之贵、驷马之尊，然非如坐而进道之贵。古之所以贵此道者何？盖以此求福祉，免罪恶也。是以古人重道，以为生之引。道者，遂为古时之核心价值，引人向明。

故道为天下之贵，无论贵贱善恶，均应求之。道者，生之指南也，引人至福与成。唯循此道，方能在纷扰世中，寻得生之真义。

本章之意，在明道之重，引人求德之修，以期心灵之富。道者，万物之奥，善人之宝，不善人之所保。美言可以市，尊行可以加人。天子立，三公置，虽有拱璧之贵、驷马之尊，弗如坐进此道。古之所贵道者何？盖求此得福，有罪可免也。故道为天下所贵。愿世人皆识道之重、循德之则、行向道之光。

古之圣哲，为何尊道？盖道，天地之心，人心之基。得道者，身修家齐国治天下平；失道者，身败名裂，家国不宁。道之贵，非外物可及。道，无形态，无声音，无气味，然则其力无穷无尽。善人得之，可修身齐家治国平天下；不善之人，亦能改过自新、化恶为善。故道为天下所共珍视。

吾观夫历史，世之纷扰，人心之不古，皆因失道之所致。故吾欲以道为引，阐述其义，以期世人皆能悟道修身，致知在格物，物格而后知至。知至则心平气和，心平气和则家和万事兴。家和万事兴，则国家安宁、天下太平。此吾所以言贵道也。

道，至理也，非言辞所能详述，然吾欲以简约之言概述其旨。道者，混一也，无二者。混一者，乃万物之始、万物之母；无二者，无别无始、无终无尽。故道者，即是一而不二，无二而一者也。善人识此，则可以守一而元固、致虚而守静，从而与天地同寿、与万物共生。不善人识此，亦可以涤除垢污、明心见性，从而改过自新、重返正途。

道者，无为也，无欲也。无为者，非不为也，乃不妄为、不强为也。无欲者，非无求也，乃无私欲、无贪心也。故善人守道，则无为而无不为，无欲而无所不胜。不善人守道，亦可以摒弃私欲、归于正道，从而身心康泰、万事顺遂。

道者，微妙也，玄通也，深不可测。善人得之，可以通达人天之境，洞察万物之理；不善人得之，亦可以启发智慧，明了生死之道。故道之贵重，实乃天下所共仰也。

夫道者，至简至易，至深至奥。善人得之，则如获至宝；不善人得之，亦如拨云见日。故吾愿世人皆能悟道，以道为心，以道为行。如此则天下大同、万物并育，何愁家国不兴，何忧百姓不安哉？

至此，吾言已尽，然道之意蕴无穷无尽。

循思渐得　　　　　　　　　　　　　　　道与人生

夫道者，万物之奥，至深至玄，至精至微。善人视之为宝，珍之重之；不善人亦依之以为保。盖道之普适，无分贵贱贤愚也。

道之在物，譬如其奥，物皆有之，而人莫之见耳。夫唯贤者得而有之，故曰善人之宝。不善人虽不能有，然而非道则不能安也，故曰不善人之所保。

道，何以为道？道，乃天地之根本，万物之灵魂。道，无影无踪、无言无形，却无处不在、无时不在。道，贯穿宇宙始终，调控万物生长衰亡。道，默默无闻，却拥有无尽力量。

道，淋漓尽致体现于自然界中。山川河流，日月星辰，无非道之所在。道，使万物生长，使万物繁衍，使万物生生不息。

善人，善于领悟道，善于运用道，故道为善人之宝。不善人，虽不能领悟道，然而非道则不能安也，故道为不善人之所保。

美言可以市，言辞之美，犹如春风拂面，足以动人心弦。市者，交易之地也，而美言则是无形之货，可以换取人心之诚，使人信服。然则美言非虚言妄语，亦非谄媚阿谀之词，乃是发自肺腑之真言、出于善意之善言也。真言者，诚心诚意，发乎心，止乎礼，如明镜照物，无所隐匿；善言者，利他益人之言，闻之使人神智清明、心悦诚服，和人心而睦友情。譬如良医之言，虽苦口却利于病；良师之教，虽严厉却助于行。此乃真言善言之效也。

尊行可以加人，行止之尊，足以感化。行止者，行为举止也。尊行非傲慢之行，非虚伪之行，乃谦逊之行，以礼相待，不矜不伐；诚实之行，心行一致，不欺不诈。是以尊行可以加人，非加人势，非凌驾于人，乃加人德，以德服人；加人善，以善感人。

人之不善，何弃之有？此句尤为深刻。人之不善，非一成不变，非如磐石难移。不善之人，或有恶习，染于世俗，习非成是；或有偏见，蔽于一曲，不见全牛；或有愚昧，智未开蒙，不明事理。然而人之不善，非天命所归，非定数难逃，乃可改之过，可教之善也。故曰："人之不善，何弃之有？"言下之意，人虽有不善之行，然本性向善，非不可改变，非不可教化。吾人当以宽容之心，容人之过，待人之不善，以教化之，以德润身；以感化之，以情动人，使之改过自新，复归于善。

设天下之主，立天子以御宇内，置三公以辅政事，尊其位也，重其人焉，此所以为道也。物无有贵于此者，故虽有拱抱宝璧以先驷马而进之，不如坐而进此道也。

宝璧之珍，驷马之尊，虽世间之至宝，然不足以比此道之贵。拱璧虽美，驷马虽快，终有尽时，而道则无穷。人主之道，在乎明德，在乎敬贤，在乎爱民。天子三公，居高位而负重任，当以道为本、以德为基、以民为根。

故天子之道，非在乎宝璧，非在乎驷马，在乎修身齐家治国平天下。宝璧可失，驷马可弃，而道不可失、不可弃。人主若能行道，则宝璧不足贵、驷马不足尚。道在人心，人行道则天下归心。

古今世人之所以贵道若宝，盖因其能庇护众生、满足众望，纵为罪人，亦能获其宽恕。是以天下之人无不重道。

古之贵道者，贵在于行无言之教，顺应自然之理，何也？非徒求其外物之得也，实欲内观其心、修养德行，以至于无欲无求之境。乃欲有罪得以免邪？实乃欲以道为依归，清静无为，不言之教化于心，使罪无所生、祸无所至。

求其镜鉴　　　　　　　　　修身治国之智慧

夫道者，实乃万物之奥府，幽微莫测，乃宇宙之真理也。善人视之为宝，诚矣其守；不善人亦借之以为庇护，非其道之不足贵，乃人心之异也。美言可以市，尊行可以加人。盖美言者，人心之平，悦之则近，近之则和，和则百事可成，故能市也。尊行者，德行之崇，人皆仰望，慕而行之，行之则俗美，俗美则国风振，是以可以加人也。或有不善之人，亦应善导，何得轻弃之哉？故立天子以治天下，置三公以辅弼之，虽有拱璧之珍、驷马之贵，亦不如坐进此道，以化育群生也。

古之圣哲，何以贵此道哉？不曰求此则得，有罪可以免乎？盖道者，乃天地之心、人心之本，得之者，身修家齐国治天下平；失之者，则身败名裂、家国不宁。故道之为贵，非外物之可比也。夫道者，无形无象、无声无臭，然其功用，实乃无穷。善人得之，可以行道法自然之天地大道；不善人得之，亦可以改过迁善、化恶为善。故道之为物，实乃天下之所共贵也。

美言与尊行，相须而成，不可偏废。美言者，非徒饰辞藻以市贾之资，乃言辞之真诚与得体，犹明珠之照人心，使闻者悦而怀之，如春日之和风。老子以为，言辞非但为交流之具，亦为心灵之桥，能逾越隔阂，促进相知与和谐。故美言之美，不在于辞藻之华丽，而在于情感之真挚、道理之明彻，能发人深省、启人心智，犹商贾之立市以诚信，言辞亦宜以诚立身。

尊行者，非独指尊贵之举止，实含谦逊、仁爱、正直等多德之实践。老子云，人之尊贵，不在才之高下，而在德之优劣。能行尊贵之事者，必得人尊敬与爱戴，其德行自然光被四表、感召群伦。此正如水之善下，故能成百谷之王；人之善行，亦能聚人心，成其大业。

是以观之，美言可以市，尊行可以加人，非独为交际之术，亦为修身齐家治国平天下之大道。是故吾人在纷扰之世，宜持真诚之心，以美言温人心；同时以尊贵之行，于纷乱中显清明，以实现个人之价值与社会之和谐共生。

人之不善，何弃之有？

遇人不善，不善之人，亦有其可塑性，如璞玉之未琢，待人以耐心、以智慧，可使之焕发光彩。

处世之道，首在自省，其次在于包容，再者在于教化。人非圣贤，孰能无过？吾人当以自省之心观照自身，是否有不善之处，是否有过错之处。若能自省，则知错能改，善莫大焉。

世间万物，各有其性，人亦如此。不善之人，或有其苦衷，或有其难处。吾人当以包容之心，理解他人之难，不以一时之恶定他人之终身。

虽有拱璧以先驷马，不如坐进此道。言人之财富地位，虽为世人所追求，然而相较于修身养性，追求道德之境界，则显得微不足道。吾人处世，当以此为借鉴，注重内在修养，以达至超脱物质之境界。

坐进此道，以此为纲，修身齐家，追求道德之巅。人若得此道，可超脱物欲之羁绊，世事更迭，亦能心静如水，从容应对。

求而得之，罪可免乎？故为世人所重。人若向道而行，吾辈于繁杂之中，何以守道不渝？人曰：当以淡泊之心，视功名如浮云，重内修而轻外物，方有超脱之境。

第六十三章

> 经云：为无为，事无事，味无味。大小多少，报怨以德。图难于其易，为大于其细。天下难事，必作于易；天下大事，必作于细。是以圣人终不为大，故能成其大。夫轻诺必寡信，多易必多难。是以圣人犹难之，故终无难矣。

读经浅悟　无为无事与修身治国之道

夫无为之为，乃真为；无事之事，实为大事。味无味者，能得真味；大小多少，皆由一心。报怨以德，则怨自消；难易细大，皆在道焉。故曰："为无为，事无事，味无味。"此三者，皆道之精髓，亦人生之要义。

无为之为者，非不为也，乃顺其自然，不强行而为之。无为之为，则事无不治、功无不成。是以圣人无为而治，天下自化。夫事无事者，非无所事事也，乃心无挂碍、事无纷扰。心若无事，则事自清明、物自昭著。是以圣人事无事而成事，事无不成。

味无味者，非无味也，乃不贪味之浓淡，不逐味之甘苦。味无味者，则真味自出，清香四溢。是以圣人味无味而得其真，味无不尽。夫大小多少，皆存乎一心。心大则事大，心细则事细。心之广狭，决定事之成败。是以圣人观大小多少，皆以心量之，故能成其大而不遗其小。

报怨以德者，非以德易怨也，乃以德化怨、以善消恶。怨由心生，德由心成。心若有德，则怨自无生处。是以圣人报怨以德，怨自消解，和气生焉。夫难易细大，皆在道焉。道者，万物之始，万物之母。难易细大，皆由道生。

是以圣人明道而行，难易皆通，细大皆成。

图难于其易者，非避难而就易也，乃知难之始，易其终。故难事作于易，大事起于细。是以圣人图难于易、为大于细，故能无难事、无不成事。夫难易相成，细大相形。知易之难，则难事可成；知细之大，则大事可期。是以圣人知难易细大之理，故能成其大而不遗其细。

夫轻诺必寡信者，言易而行难也。轻诺之人，心不诚而信不固；寡信之人，行无果而名不立。是以圣人不轻诺而重行，故能信义昭著、名垂青史。多易必多难者，事易而心难也。多易之事，心不细而事易败；多难之事，心不坚而事难成。是以圣人不多易而重难，故能克服困难，终成大业。

是以圣人终不为大者，非不能为也，乃知大之始于小、成于细。故能守其小、成其大，守其细、成其功。夫大者，非外形之巨也，乃内心之广；细者，非事物之微也，乃心思之密。是以圣人能大其心、细其思，故能成其大业，立其不朽之功。

故知本章之意者，必能明无为之为、无事之事，味无味之真；必能知大小多少、难易细大之道；必能守德报怨，明图难于易、为大于细之理。则能成其大而不遗其小，克其易而不畏其难。

夫人生在世，若能悟本章之意，则能明理行道，无为而治；能知味得真，能守德报怨；能图难克易，能为大成细。则人生无难事，无不成事；天下无难事，无不成事。

循思渐得　　顺应自然，智慧生活

夫无为之为，乃真为也；无事之事，实乃大事。味无味者，方能知味之真醇；大小多少，皆存乎一心；报怨以德，此心之广也。图难于易，为大于细，此智也；难事作于易，大事起于细，此道也。是以圣人终不为大，而能成其大者，何哉？盖因心之细微、事之周详，方能达乎大道。

夫轻诺者，寡信之由；多易者，多难之始。是以圣人犹难之，故终无难矣。此非谓圣人无难，实乃圣人知难而进、临难不惧，是以终能克难制胜。夫难者，非外物之难，乃心之难也。心难克，则事无不难；心若易，则事无不易。故知难易之道，乃知成败之机。

- 311 -

经云："大道至简，大音希声。"此言何解？大道者，至简至易，然非浅尝辄止者所能悟；大音者，希声至微，然非耳目之聪所能闻。是以圣人求道，不贵其难，而贵其易；不贵其繁，而贵其简。易则能行，简则能明。行则能至，明则能通。故知难易繁简，乃知大道之行。

冀金雨叹曰：

"夫无为之为，非不为也，乃顺乎自然、因乎时势，不强行而为之。无为者，非无所作为，乃不为私欲所累，不为名利所牵。是以能成其大者，皆因无为而为，顺其自然，合乎大道。

"无事之事，乃真事也。无事者，非无所事，乃心无挂碍、事无纷扰。心若清静，则事自分明；心若纷乱，则事必淆杂。是以圣人处事，心如止水，事如明镜，故能洞察秋毫、明辨是非。

"味无味者，方知味之真醇。味无味者，非无味也，乃不贪味之浓淡，不恋味之甘苦。是以能品味之真醇者，皆因心无杂念、味无偏颇。

"心大则事大，志广则业广；心细则事细，察微则知著。大小多少，皆由心生，皆存乎一心之动静，皆系于道之微妙。明心见性，抱朴守道，则万事万物，无不得其宜矣。是以圣人观事，不以外物之大小为限，而以心之广狭为度。心广则事无不成，心细则事无不精。

"报怨以德，此心之广也。怨者，人之常情；德者，心之大道。以德报怨者，非以德易怨，乃以心化怨、以德消怨。是以心广者，能容天下难容之事；德厚者，能化天下不解之怨。

"图难于易，为大于细，此智也。难事者，非难图也，乃难于始；大事者，非大成也，乃大于微。是以智者图难，必从易始；为大，必自细起。易则能行，细则能成。故知难易细大，乃知智之所在。

"难事作于易，大事起于细，此道也。道者，万物之始，万物之母。难事作于易者，乃道之自然；大事起于细者，乃道之微妙。是以遵道而行者，必能难事化易、大事成细。此非人力之所能为，实乃道之所致也。

"是以圣人终不为大，故能成其大，不自以为高，故能至于高；而能成其大者，以其不自大也，故能谦下于人。何哉？盖因圣人守道而行也，知难易之道，明大小之理，顺乎自然，合乎大道。故能无为而为，无事而事，味无味而真醇，大小多少而心存广狭。是以心广则事大，德厚则怨消，智深则难易明，道行则大小成。此圣人之所以为圣也。

"夫轻诺必寡信，多易必多难。此言何解？轻诺者，心不诚也；寡信者，人不信也。心不诚则事难成，人不信则名难立。多易者，心不细也；多难者，事不顺也。心不细则事易败，事不顺则难重重。是以圣人知轻重难易，故不轻诺、不多易，而能终无难矣。"

明难易之道，知大小之理，守德报怨，顺乎自然。心若广则事无不成，德若厚则怨自消。是以智者能行难易之道，成大小之事；圣者能守德报怨，顺自然之道。

求其镜鉴　　　　无为而治，难事易解

为无为者，乃行事之根本；事无事者，诚处世之要略。味无味，即淡泊以明志，宁静以致远。观世间纷扰，皆因欲念太重，贪嗔痴慢，是以难得安宁。此文所论，实为处世之指引，可使人明心见性，求得内心安宁与社会和谐。

大小之事，多少之争，无非人心之不平。报怨以德，实乃化解纷争之高招。以德报怨，非懦弱也，而是以善胜恶、以柔克刚。图难于其易，为大于其细，此乃智者之举。天下难事，必作于易，积小胜为大胜，方能成就其业。天下大事，必作于细，一丝不苟，方能精益求精。

是以圣人行事，不张扬，而终能成其大。夫轻诺必寡信，诚哉斯言！信口开河，岂能取信于人？多易必多难，轻率从事，必将自食其果。是以圣人谨言慎行，三思而后行，故能无往而不胜。

世事如棋，乾坤莫测。唯有以无为为本，方能应对万变。无为非无所作为，乃顺应自然，不强行也。事无事，非无所事事，乃不惹是生非，清静为天下正。味无味，非寡淡无味，乃品味生活之真，领悟世间万物之本。

夫处世之道，在于以柔克刚、以静制动。静水流深，人贵有自知之明。知己知彼，百战不殆。不知己而知彼，一胜一负；不知己，不知彼，每战必殆。是以圣人知己知彼，故能百战百胜。

世间万物，皆有其道。顺其自然，方能得道多助。强求无益，反而自取其辱。是以圣人处世，不骄不躁，不卑不亢，以和为贵，以柔克刚。

再者，难与易相生相克，大与小相辅相成。天下难事，必作于易；天下

大事，必作于细。此乃不变之真理也。故欲成大事者必须从小事做起、从易事着手；欲解难题者必先易其难度、分其步骤。如此方能逐步攻克难关、实现目标。

且夫轻诺寡信之辈往往一事无成，而重诺守信之人则能赢得他人信任与尊重。多易多难之理亦然：轻视困难则必遇重重阻碍，正视挑战则能化险为夷、转危为安。

又言圣人之为大也，在于其不为大而为小也。夫唯不争，故天下莫能与之争。圣人终不为大，故能成其大。再观此文所论"报怨以德"之理，实为化解矛盾、促进和谐之良方也！夫以德报怨者非懦弱可欺之辈，实则智勇双全之士也！因其能忍辱负重、顾全大局，故能赢得他人尊重与信任，进而化解矛盾、促进和谐也！

本章之精髓在于教导人们如何以柔克刚、以静制动，如何以小胜大、以细成巨，如何以德报怨、化解矛盾，如何保持诚实守信、正视困难的品质和精神风貌云云。

世间万物皆有其道，顺其自然方能得道多助，强求无益反而自取其辱也！以柔克刚、以和为贵，唯有如此才能赢得他人尊重与信任。再者，夫圣人之所以为圣人者，在于其能洞察秋毫之末，而不见舆薪之理也！

第六十四章

经云：其安易持，其未兆易谋，其脆易泮，其微易散。为之于未有，治之于未乱。合抱之木，生于毫末；九层之台，起于累土；千里之行，始于足下。为者败之，执者失之，是以圣人无为故无败，无执故无失。民之从事，常于几成而败之。慎终如始，则无败事。是以圣人欲不欲，不贵难得之货；学不学，复众人之所过。以辅万物之自然而不敢为。

读经浅悟　　探索无为与治国之智慧

"其安易持，其未兆易谋"。此言治事之始，当于安稳之时易为持守，于未兆之际易为图谋。盖事物之初，尚未成形，易于把握；及其既成，则难以更易。故圣人治事，必先于微细之处着手，防微杜渐，以保其安。如婴儿之护养，必于初生之时小心谨慎，以防疾病之侵；国家之治理，亦必于太平之日修明政治，以防祸乱之起。此皆"安易持""未兆易谋"之理也。

"其脆易泮，其微易散"。此言事物之脆弱者易碎、微小者易散。故圣人处事，必知物之性，因势利导，不逆其情。如冰之脆，易于消融；烟之微，易于飘散。若以强力制之，则必受其害。故治国者，当知民之情，顺其性而治之，不可强为。如春之耕，必待地气之回；秋之收，必待果实之熟。此皆"脆易泮""微易散"之道也。

"为之于未有，治之于未乱。"此言圣人治事，必于未有之时预为之计，于未乱之际先为之治。盖事物之变，往往起于微细，若不及早预防，则必至于不可收拾。如病之初起，易于治疗；及其既深，则难以挽回。故圣人治国，必先知其乱之所由起,而预为之防。如堤防之筑,必于洪水未至之时;兵法之布,必于战阵未交之际。此皆"为之于未有,治之于未乱"之策也。

"合抱之木,生于毫末;九层之台,起于累土;千里之行,始于足下。"此言事物之成,皆由积小致大、积微致著。故圣人治事,必重视细微,不忽小善。如木之生,必自毫末始;台之筑,必自土基起;行之远,必自足下始。若忽细微而求速成,则必无所成。故治国者,当知民之小事亦为国家之大事。如民之衣食,虽为琐事,然亦为国家之根本。此皆"合抱之木,生于毫末"之理也。

"为者败之,执者失之,是以圣人无为故无败,无执故无失。"此言圣人治事不妄为、不固执。盖事物之变无穷无尽,若以有为应之,则必有所败;若以固执持之,则必有所失。故圣人治事,必因时制宜、随机应变,不执一端。如水之流,随地形而曲折;风之吹,随天气而强弱。此皆"无为故无败,无执故无失"之道也。

"民之从事,常于几成而败之。慎终如始,则无败事。"此言民之从事,往往于将成之时而败之。盖因事之将成,人心易懈,而祸患亦易生。故圣人治事,必始终如一、不懈不息。如初生之婴儿,必以全力护之;及至长成,亦不可稍有懈怠。此皆"慎终如始,则无败事"之教也。

"圣人欲不欲,不贵难得之货;学不学,复众人之所过。"此言圣人之志,不在于世俗之欲,不在于难得之货。盖世俗之欲易乱人心,难得之货易动人意。若以之为志,则必失其本心。故圣人治事,必以道为本,以无为为宗。如学道者,不在于博学多闻,而在于悟道之本;治国者,不在于法令之繁,而在于道德之化。此皆"欲不欲,不贵难得之货;学不学,复众人之所过"之道也。

"以辅万物之自然而不敢为。"此言圣人治事,必顺万物之自然,而不敢有所作为。盖万物之生,皆有其性;万物之变,皆有其理。若以人力强为之,则必失其本真。故圣人治事,必因物之性而导之,因事之理而治之。如农夫之耕田,必顺天时而播种;工匠之造物,必依物性而制作。此皆"以辅万物之自然而不敢为"之理也。

循思渐得　　　　　　　　　　体悟道妙,修德立身

夫道之安易持者,乃言人心之平和,其安则能持;事变之未兆易谋者,

乃言事机之未显，其未兆则易谋。是以君子修身治国，务在平心静气、洞察先机。然人心之脆易泮，事变之微易散，故当慎之又慎，以防患于未然。

"为之于未有，治之于未乱"，此乃防患于未然之道也。"合抱之木，生于毫末；九层之台，起于累土；千里之行，始于足下。"此三者，皆言事之成非一蹴而就，必积小成大、由近及远。是以君子务在积小善以成大德，积跬步以至千里。

"为者败之，执者失之"，此言过犹不及、强求必反。是以圣人无为故无败、无执故无失。盖无为非无所为，乃顺应自然，不强求也；无执非无所执，乃心无挂碍，不固执也。故圣人能无为而无不为、无执而无不执，此其所以无败无失也。

"民之从事，常于几成而败之。"此言人心之浮躁，不能持之以恒。故君子务在慎终如始，则无败事。盖事之成，必持之以恒。若心浮气躁，半途而废，则功败垂成矣。

民之行事，常于将成之际而败之，此乃人心之浮躁，缺乏持之以恒之精神也。故君子务在慎终如始，保持恒心，则无败事。夫事之成就，必依赖于持之以恒之力，非一蹴而就也。若心浮气躁，半途而废，则功败垂成，遗憾终身。

盖行百里者半九十，言事之艰难，愈接近成功愈需谨慎。若人心不能安定，急功近利，则难以圆满达成目标。故君子务在持之以恒，不忘初心，方得始终。行事如此，修身亦然。

"是以圣人欲不欲，不贵难得之货；学不学，复众人之所过。"此言圣人之心，超然物外，不为外物所动。故能欲不欲，不贵难得之货；学众人不学之道，避免世人常犯之过失。是以能辅万物之自然而不敢为。盖辅万物之自然者，顺应天地之道也；不敢为者，不逆天而行也。故圣人能与天地合其德，与日月合其明，与四时合其序，此其所以能辅万物之自然也。

吾思圣人之道，若空谷幽兰，虽无声而馨香远播。圣人之心，若澄澈湖水，虽微澜而不浊。彼等不求难得之货，非无欲也，乃在于节制。彼等学而不学，非不学也，乃不学道也。

世人汲汲营营追求名利，以图一时之荣华。然圣人之作为异于众人。圣人知欲而不为欲所困，不珍难得之货，故能保持心之纯净。学而不为学所累，超越众人之所过，因而达到高远之境界。

诗意函谷

圣人之智慧，在于洞察万物之本质，了解万物之自然规律。知内外空明，廓然无为，方能辅万物之自然，任其自成。此无为而治之哲学，非但为生活态度，更乃对天地之深刻理解。道之微妙，难以言尽，然其理已明。是以君子致力于修身治国、明理达道。

持心以平，洞察先机，积小善以成大德，顺应自然，不逆天而行，方能无为而无不为，无执而无不执。此所以君子能成大事也。

故曰：道之所在，微妙难言。然其理之所在已明矣。是以君子务在明理达道，以成其德。夫明理达道者，必积学累行，方能得之。故君子务在持之以恒，以求其道。

求其镜鉴　　　　　　　　　　　顺应自然，以静制动

"其安易持"，此言事物之安定易于把握也。人生于世，若能知安守位，不妄动，不妄求，则心有所定、行有所依。如舟行于水，风平浪静则易操舵，若波涛汹涌，则难以驾驭。故智者知安，守之以静，不躁不扰，方能持久。人生处世亦当如此，于安稳中求进，不可急功近利，以免招败。

"其未兆易谋"，此言事变之未显时易于图谋也。世事如棋，变化万千，若能于未兆之时预见其变，预为之谋，则事半功倍。人生亦然，于事前筹谋，预知难易，方能应对自如。若待事变已生再行图谋，则往往事倍功半，甚至难以挽回。故智者谋事于未兆，以防患于未然。

"其脆易泮，其微易散"，此言事物之脆弱易于消解、微小易于离散也。人生于世，亦当知此理。于脆弱之时，宜加意保护，以免其受损；于微小之处，宜细心观察，以免其散失。若忽视此理，则事物难以持久，人生亦难以顺遂。故智者知脆知微，以谨慎之心待之，方能保全其全。

"为之于未有，治之于未乱"，此言预防之道也。人生处世，若能于未有之时预为之备，于未乱之时预为之治，则无忧患之虞。如治病于初起，易为功；防火于未燃，易为力。若待病入膏肓、火势燎原，则难以救治。故智者预防于先，以保其安。

"合抱之木，生于毫末；九层之台，起于累土；千里之行，始于足下。"此言积小成大之道也。人生于世，若能积小善以成大德，累微功以成大业，

则无往而不胜。如积跬步以至千里，积小流以成江海。若忽视小善微功，而妄求大成大业，则无异于缘木求鱼。故智者知积小成大之理，以勤勉之心行之。

"为者败之，执者失之"，此言强求之害也。人生于世，若强求不可得之物，执迷不悟于不可成之事，则必败必失。如强求富贵而忘道德，执迷权势而忘仁义，则必遭天谴人怨。故智者知强求之害，以淡泊之心待之，方能保其全。

"是以圣人无为故无败，无执故无失。"此言圣人之道也。圣人于世，不妄为不妄执，故能保全其身名。如天地之运行、日月之升降，皆自然之理、无为之功。若强为强执，则必败必失。故圣人知无为无执之道，以自然之心行之。

"民之从事，常于几成而败之"，此言常人之弊也。人生于世，若于事业将成之时懈怠放松，则必败无疑。如筑室于道旁，将成而弃之，则前功尽弃。故智者知几成之难，以坚韧之心持之。

"慎终如始，则无败事"，此言始终如一之道也。人生于世，若能始终如一、不忘初心，则无往而不胜。如初学之时勤奋刻苦，至老不衰；如初仕之时清廉正直，至死不渝。若始勤终怠，始正终邪，则必败无疑。故智者知始终如一之理，以恒心行之。

"是以圣人欲不欲，不贵难得之货；学不学，复众人之所过。"此言圣人之德也。圣人于世，无欲无求，不贵难得之货以自累；学众人所不学之道，避免世人常犯之过失。如日月之照临万物，无偏无私；如天地之包容万物，无弃无执。故圣人能成其大德，以化万民。

"以辅万物之自然而不敢为"，此言圣人之道之终也。圣人于世，以辅助万物之自然为务，而不敢妄为。如农夫之耕田，顺天时以播种收获；如工匠之造物，依物性以制作器用。若妄为妄动，则必破坏自然之序，招致灾害。故圣人知自然之道，以敬畏之心行之。

综观本章文所言，余心有所悟。人生于世，若能知安守位、预为之谋、积小成大、无为无执、始终如一、无欲无求、辅助自然，则能成其大德大业。此乃《道德经》于人生处世之指导与借鉴也。

第六十五章

> 经云：古之为道者，非以明民，将以愚之。民之难治，以其智多。故以智治国，国之贼；不以智治国，国之福。知此两者亦稽式。常知稽式，是谓玄德，玄德深矣远矣，与物反矣，然后乃至大顺。

读经浅悟　　无为而治与玄德至深

　　古之善为道者，其于治民也，非以明智启之使其狡黠，乃以淳朴安之。何者？民之难治，实以其智多心机巧诈故也，智繁则心生狡黠、行迹偏僻，难以统一教化而治理。故圣人之治，非务于启民之智巧，乃在于安民以愚朴。此非愚民之术，实欲民心无杂虑、行无邪曲，复归于朴素自然之理。犹如婴儿未谙世事，心无挂碍，行无拘牵，乃得天真之道。

　　夫以智治国，乃国之贼也。何者？智者多谋，然谋多则心乱，如丝絮纷繁，难以理顺。心乱则决策不明、举措失当，致使民不安其位、国不宁其政。民不安则怨声载道，国不宁则祸乱频生。故智者之治，若过于倚重智谋而忽视道德之本，往往适得其反，非但不能治国，反而适以乱国。

　　不以智治国，则国之福也。何以言之？不以智治，则民无巧诈之心，淳朴自守，不为狡黠之行；行无偏僻之径，皆遵正道，不涉邪途。皆遵自然之道而行，随顺天理，不逆天命。如此则民心安定，各守其位，不妄动不妄求；国政亦安，秩序井然，无纷扰之乱象。福祚由此而绵长，国家昌盛，人民安乐，皆因循道而行之故也。

此两者，一智一愚，治乱之分也。知此两者，则治国有道矣。

"常知稽式，是谓玄德"。稽式者，治道之常法也，乃古圣先贤所遗之轨辙，以示后人治世之方。知稽式，则能循道而行，不悖于理，如舟行于水，有舵以导，不至迷航。玄德者，深邃微妙之德也，乃道德之至高境界，非世俗所能及。有玄德者，能体道而行，与天地合其德、日月合其明、四时合其序，俨然一宇宙之缩影。如此则能无为而治，行不言之教，化民成俗，使万民皆遵道而行，归于善治而不觉。

"玄德深矣远矣，与物反矣"。玄德之深，如深渊之不可测，乃其蕴藏无尽之妙理，非浅识所能窥也；玄德之远，如天际之无穷，乃其包罗万象之大道，非俗眼所能见也。与物反者，言其不与世俗同流合污，不随物欲而迁移，乃能保持其清静之本心，不为外物所动也。如镜之照物，物来则照，物去则空，不留痕迹，此乃玄德之真境，能映照万物而不留执着。能至此境者，则能超然物外，独立不倚，与道合一，达到无为而治、不言之教之化境，此乃《道德经》所倡之至高德行也。

"然后乃至大顺。"大顺者，顺应自然之道而行也。夫自然之道，无为无不为，行不言之教，化育万物。能顺自然之道而行者，则能无为而治，行不言之教而民自化。如此则天下大治、万物和谐，此大顺之境也。

今观此章，余心有所悟。夫治民之道，不在于启其智巧而使其纷扰，而在于守其淳朴以安之；不在于多谋以乱之，而在于循理以治之。智者多智巧而或乱国，淳朴者守本真而能安民。故圣人之治，乃以导民归朴为本，循天理为道。如此，则百姓各安其位，国家自安其政，福祚自然绵长。此治民之要义也。

又观玄德之深远与物反之道，余心更有所感。夫玄德者，非世俗之德可比也。世俗之德多流于表面之仁义礼智信诸规范约束；而玄德则深邃微妙与天地同流。能体玄德者，则能超然物外、独立不倚、与道合一。

再观大顺之境余心又有所悟。夫大顺者，非强制之顺，乃自然之顺也。如春风之拂面，夏日之清凉，秋日之丰收，冬日之温暖，皆自然之顺也。治民之道亦当如此。不强民之所难，不夺民之所好，使民各安其位、各遵其道，则天下自然大治、万物自然和谐。

循思渐得　　　　　　　　　　　玄德至道，天地大顺

古之为道者，其于治民也，非以明智启之，乃以素朴安之。此言初看似悖常理，实则蕴含深意。盖因民之难治，多源于智巧过多。智巧多则心生狡诈，行为偏离正道，难以统一治理。故圣人之治，不在于增益民智，而在于引导其回归朴素。此非使民愚昧，乃使其心无杂念、行无邪径，归于朴素自然之道。如婴儿之未识世事、心无挂碍、行无羁绊，此乃真愚之境也。夫婴儿之心，纯净无瑕，未染尘埃，故能顺应自然、与道合一。治民之道亦当如此，使民心归于朴，则治道自明。

以智治国，乃国之贼也。何者？智者多谋，谋多则乱。乱则民不安、国不宁。故智者之治，往往适以乱国。此言智者之治，非谓智者本身为乱国之源，乃言智者若过于倚重智谋，而忽视道德之本，则易生乱。盖智者之智，多在于计谋权术，若用之不当，则易伤民害国。故圣人之治，不在于智谋之多少，而在于道德之高低。道德高者，能以身作则，化民成俗，使万民皆遵道而行，则国家自然安宁。

不以智治国，则国之福也。何以言之？不以智治，则民无巧诈之心，行无偏僻之径，皆遵自然之道而行。如此则民安其位、国安其政、福祚绵长。此言非智不可用于治国，乃言治国之道，当以道德为本、智谋为辅。道德为本者，能化民成俗，使民心向善；智谋为辅者，能应变制宜，使国事顺畅。故治国之道，当道德与智谋并重，不可偏废。

"知此两者亦稽式。"稽式者，治道之常法也。知稽式，则能循道而行，不悖于理。此言知治国之道者，必能循道而行，不违背自然之理。盖道者，天地之根，万物之本。循道而行者，能顺应自然，与天地同流，故能治国安民。悖道而行者，逆天而动，与万物为敌，故必乱国伤民。故治国之道，当以循道为本。

"常知稽式，是谓玄德"。玄德者，深邃微妙之德也。有玄德者，能体道而行，与天地合其德，与日月合其明，与四时合其序。此言常能循道而行者，

必具玄德。玄德者，非世俗之德可比。世俗之德，多在于仁义礼智信诸规范约束；而玄德则深邃微妙，与天地同流，与道合一。能体玄德者，则能超然物外，独立不倚，与道同行。如此则能无为而治，行不言之教，化民成俗。

"玄德深矣远矣，与物反矣"。玄德之深，如深渊之不可测；玄德之远，如天际之不可穷。与物反者，言其不与世俗同流合污，不随物欲而迁移。如镜之照物，物来则照，物去则空，不留痕迹。此乃玄德之真境也。能至此境者，则能超然物外，独立不倚，与道合一。夫玄德之境，乃人生之至境也。能至此境者，必能洞察天地之道、明了人生之理。如此则能顺应自然、无为而治，达到治国安民之化境。

然则如何方能达至玄德之境？夫达至玄德之境者，必先知晓道之本原。道者，无形无象，无声无臭，乃天地之根、万物之本。知晓道之本原者，则能明理达道，与天地同流。又必修身养性，以静制动。夫修身者，修其身心也；养性者，养其本性也；以静制动者，言其能于纷扰中取其静，于动荡中取其定。如此则能保持清净之心，不为外物所动。再者必无为而治、行不言之教。无为而治者，言其能顺应自然之道而行也；行不言之教者，言其能以身作则、化民成俗也。如此则能达至治国安民之化境。

求其镜鉴　　深悟玄德，以求和谐共荣

古之为道者，非以明智启民，乃以愚昧安之。此言初看似悖常理，实则蕴含至深之哲理。盖人生于世，智多则心生诈伪、行多偏僻，难以一统而和谐。故圣人之治，不在于启民之智，而在于安之以愚。此非真愚之也，乃使其心无杂念、行无邪径，归于朴素自然之道。如婴儿之未识世事，心无挂碍，行无羁绊，此乃真愚之境也。夫婴儿之心，纯净无瑕，未染尘埃，故能顺应自然、与道合一。人生处世，亦当如此，使心归于朴，则人生之道自明。

民之难治，以其智多故也。智多则心生狡诈、行多诡谲，难以诚信相待。故人生处世，不宜过于倚重智谋，而当以道德为本。道德高者，能以身作则，化人成俗，使众人皆遵道而行，则社会和谐有望。若皆以智谋相争，则世事纷扰，难以安宁。

以智治国，国之贼也；不以智治国，国之福也。此言治国之道，亦适用于人生处世。人生于世，若过于倚重智谋，而忽视道德之本，则易生祸乱。盖智者多谋，谋多则乱。乱则心不安、行不稳，人生之路亦难行。故人生处世，当以道德为本、智谋为辅。道德为本者，能明理达道，与人和谐共处；智谋为辅者，能应变制宜，使人生之路顺畅。

"知此两者亦稽式。"稽式者，治道之常法，亦人生处世之准则也。知稽式者，能循道而行，不悖于理。循道而行者，能顺应自然，与天地同流，故能和谐处世、成就人生。悖道而行者，逆天而动，与万物为敌，故必乱心伤身，难以成就。

"常知稽式，是谓玄德。"玄德深妙，乃道德之至境。具玄德者，能悟道之本，顺道而行，其德与天地同广，其明与日月齐光，其序与四时相应。人生处世，若能体玄德，则能超然物外，独立不倚，与道同行。如此则能无为而治，行不言之教，化人成俗。夫玄德之境，乃人生之至境也。能至此境者，必能洞察天地之道、明了人生之理。

玄德深邃悠远，与凡物相悖矣。其深也，若深渊之莫测其底；其远也，犹苍穹之无尽无边。与物反者，谓其不沦世俗、不染尘垢，不随物欲而迁改。如明镜照物，物至则映，物去则清，了无挂碍，无迹可寻。

"然后乃至大顺。"大顺者，天地之道也。人生处世，若能顺应天地之道，则能和谐共生，成就人生之伟业。盖天地之道，乃自然之理。顺应自然者，能与天地同流，与万物和谐共处。逆天而动者，必受天地之罚，难以成就人生。

余读此章，深悟其理。人生于世，智多非福，道德方基。过于倚重智谋者，易生祸乱；以道德为本者，方能和谐处世。故人生处世之道，当以道德为本、智谋为辅。又当循道而行，不悖于理。循道者能和谐处世，悖道者必乱心伤身。再当体玄德之境，超然物外。体玄德者能顺应自然，为物所累者难以成就。最后当顺应天地之道，以求大顺。顺应天地者能与万物和谐共生，逆天而动者必受罚难成。

夫人生处世之道，实难尽述。余观世间，或有人追求名利权势，而忽视道德之本。夫名利权势者，虽能暂时满足人之欲望，然若无道德之支撑，则易生祸乱。故人生处世之道，当以道德为本、名利权势为辅。道德高者能和谐处世，名利权势自然随之而来；道德低者虽得名利权势，亦难以长久。

第六十六章

经云： 江海所以能为百谷王者，以其善下之，故能为百谷王。是以欲上民，必以言下之；欲先民，必以身后之。是以圣人处上而民不重，处前而民不害。是以天下乐推而不厌。以其不争，故天下莫能与之争。

读经浅悟　　　　　　　　　　　善下与不争之道

夫江海之所以能为百谷王者，以其善下之也。善下者，能纳百川，能容万物，故能成其大。是以江海之深广，皆因善下之功也。圣人亦如是，欲上民者，必以言下之；欲先民者，必以身后之。言下者，能得民心；身后者，能成民望。是以圣人处上而民不重，处前而民不害。此皆因圣人善下之道，得民之所向也。

然则善下之道，非徒在言行之下，更在于心之谦卑。心若谦卑，则能纳百川之智，容万物之善，故能成其大道。圣人之所以为圣，皆因其心之谦卑，能虚怀若谷，故能得天地之道，成其圣业。是以善下之道，实为行道法自然之天地人道之本也。

且夫江海之所以能成其大，亦在于其不争之德。不争者，非无所求，乃知天命之不可违，人事之难强求也。故江海虽广，却不与百谷争高；圣人虽明，却不与俗世争利。是以江海能成其大，圣人能成其道。此皆因不争之德，得天地之和也。

然则不争之德，非徒在外表之不争，更在于内心之和。心若平和，则能化干戈为玉帛，化戾气为祥和。圣人之所以为圣，皆因其心之和，能化矛盾为和谐，故能得天地之和，成其圣业。是以不争之德，实为行道法自然之天地大道也。

夫善下之道与不争之德，实乃大道之两端，相辅相成，缺一不可。善下者能成其大，不争者能得其和。大道之行也，皆因善下与不争之功。是以圣人行大道，皆以善下与不争为本，故能成其圣业、垂范后世。

今人处世，亦当以善下与不争为鉴。善下者，能得人之心；不争者，能得人之和。而可处世泰然，心无挂碍，应变自如，不惑于物。宠辱不惊，无论顺逆之境，吉凶祸福，皆能从容以对，不失其常，守道而行。是以善下与不争之道，实为人生处世之良策也。

盖善下者，谦冲自牧，虚怀若谷，故能广纳众议，汇聚群智，从而达成共识，共谋福祉。而不争者，淡泊名利，宽容大度，故能化解纷争、缓和矛盾，使人群和睦、社会和谐。

善下与不争，乃处世之道，亦为人生之艺术。善下者，能屈能伸，能柔能刚，顺应时势，灵活应变。不争者，能静能动，能退能进，保持内心之平和，处变不惊。是以无论顺境逆境，皆能从容以对，稳如泰山，安如磐石。

人皆有好胜之心，然好胜者往往易败。善下者，能屈能伸，能忍能让，故能避其锋芒，后发制人。不争者，能和能谐，能容能忍，故能化干戈为玉帛，转危为安。

是以君子处世，当效法善下与不争之道。善下者，能得人之心；不争者，能得人之和。得人心者，人亦与之同心；得人和者，人亦与之共和。如此，处世之道无他，唯善下与不争而已。君子处世，当以此为准则，方能泰然自若，应变无穷，无论顺逆之境，皆能从容以对。故善下与不争之道，实为人生处世之良策，君子应当遵循。

心若善下，则能纳百川之智；心若不争，则能得天地之和。

循思渐得　谦卑与治国之江海之道

夫江海之所以能为百谷王者，以其善下之也。观夫江海之深沉广大，纳百川而不溢，容万壑而不拒，皆因其善下。是以其能聚百谷之水，而成王者之气象。此乃自然之道，亦人生处世之鉴也。

圣人之所以欲上民，必以言下之。非以虚言媚世，乃实心体民也。言下之，则能倾听民声、了解民意，得民心之所向。是以圣人处上而民不重，因其言下，故民亲之如父母、信之如神明。此乃圣人治世之智慧，亦处世之良策也。

圣人之所以欲先民，必以身后之。非以权位自居，乃以民为本也。身后之，则能先为民虑、后为己谋。是以圣人之处前，而民不以为害，因其身后，故民感其恩德，戴其仁政。此乃圣人领民之大道，亦人生行事之准则也。

天下之所以乐推圣人而不厌，以其不争也。夫争者，乱之源也；不争者，和之本也。圣人处世，淡然无争，故能得人心之和，天下之乐推。是以天下莫能与之争，非其力之胜也，乃其德之至也。此乃圣人得民心之秘，亦人生修德之要也。

夫江海之善下，圣人之言下身后，皆体现"下"字之深意。下者，非低贱之谓，乃谦卑之德也。谦卑者，能纳百川，流之不息，以其广也；能容万物，生之不穷，以其大也；故能成其大，德之不彰，以其无为而治也。人生处世，宜怀谦卑之心，方能得人心之和、世事之顺。

且夫圣人之处上先民，非以高位自居，乃以大道为任。处上者，宜为民谋福，不宜为民添忧；先民者，宜为民开路，不宜为民设障。是以圣人之处上先民，皆以民为本、以道为心，方能得民心之所向、天下之所归。

天下之所以乐推圣人而不厌，实乃圣人之道合于天地之心，顺于民心之欲。圣人之道，非高不可攀，乃人人可学也。学其言下，则能得民心之和；学其身后，则能成民之所望。是以人人皆可为圣，处处皆可成道。此乃人生之大道，亦世事之至理也。

善下者，能容人之过，能纳人之善，故能得人心之和；言下者，能听人之言，能知人之意，故能得人心之信；身后者，能先人之忧，能解人之难，故能得人心之敬。

以其不争，故天下莫能与之争。夫争，乃世间万物之常态，然有不争者，乃大智慧也。不争者，非谓无所作为，亦非无力争斗，而是不争一时之长短，不求一己之私利。不争者，心胸宽广，视野长远，能容人之短，能忍一时之辱。不争者，以道义为本，以和谐为贵，以共赢为目标。不争者，天下莫能与之争，因其心已定，其志已坚，其道已明。

下篇 德经

求其镜鉴

善下不争，心怀天下

夫江海所以能为百谷王者，以其善下之，故能纳百川而成其大。是以圣人观江海之行，悟处世智慧，欲上民者，必以言下之；欲先民者，必以身后之。此皆善下之道，处世之鉴也。夫善下者，非徒在言行之恭顺，实乃德行之本，更在于心之谦卑是也。心若谦卑，自能纳百川之智以自广，犹川泽之纳细流；容万物之善以自厚，犹山岳之藏珍宝；故能成其大道，而无所不通矣，终至无为而无不为。是以圣人处上而民不重，以其心之谦卑，能得民之所向；处前而民不害，以其身之后之，能获民之敬仰。则能处高位而不骄，居前列而不傲，实为处世之良策。

然处世智慧，贵在修身。修身者，必先去其私欲、涤其心智。心无杂念，则能清明如镜，洞察世事。是以圣人修身养性，以求心之善下。心善下者，则能纳言听谏，从善如流，故能得人心之和，天下之乐推。

且夫善下之道，非徒在于个人之修身，更在于社会之和谐。夫社会之和谐者，皆因人人能善下也。人人善下，则能互相尊重、互相理解，减少纷争、增进团结。则能社会安宁、人民幸福，共创美好之世界。

是以处世智慧，当以善下为本。善下者，能得人之心，能成其大道。天下之人当以此为鉴，修身养性，以求心之善下。心若善下，则能处世泰然、应变自如，无论顺逆之境，皆能从容以对。

然善下之道，亦须配以不争之德。夫不争者，非无所求，乃知天命之不可违、人事之难强求也。是以江海虽广，却不与百谷争高；圣人虽明，却不与俗世争利。故能成其大，垂范后世。天下之人处世，亦当以不争为德。不争名利，则能心无挂碍、自在逍遥；不争是非，则能化干戈为玉帛、化戾气为祥和。则能处世和顺，人心向善，共创和谐之社会。

然处世智慧，非徒在于个人之修行与不争，更在于集体之力量与智慧。夫集体者，众人之所聚也。众人齐心，则能移山填海，创造奇迹。是以天下之人当团结一心，共同致力于社会之进步与发展。善用集体之力量与智慧，则能克服一切困难，实现共同之理想。

处世智慧，亦在于与时俱进。时代变迁，世事纷繁，天下之人当随时代之进步而进步，随世事之变迁而变迁。不断学习新知识，掌握新技能，以适应时代之需求，方能与时俱进，不被时代所淘汰。

一言以蔽之，处世智慧，贵在善下与不争。善下者能得人之心，不争者能得人之和。天下之人当以此为鉴，修身养性，团结一心，与时俱进，方能处世泰然，应变自如，无论顺逆之境，皆能从容以对。

然则处世智慧亦在于心怀天下、志存高远。夫心怀天下者，必能洞察世事，关心百姓，以天下为己任。是以圣人能处上位而不骄，居前列而不傲，以其心之广大，能容天下之事。天下之人当以此为鉴，方能立志高远，不断追求进步与发展。

人生在世，在于行胜于言。言虽美，不如实干为要。是以圣人行胜于言，以其行实，能得人心之信。天下之人当以此为鉴，少说空话，多做实事。以实际行动来证明自己之能力与价值，方能赢得他人之尊重与信任。

亦在于知足常乐。夫知足者，能知止足之乐，不贪得无厌。是以圣人知足不辱、知止不殆，可以长久。天下之人当以此为鉴，知足常乐，不贪得无厌，方能心境平和、生活幸福，避免陷入欲望与纷争之中。

第六十七章

> 经云：天下皆谓我大，大而不肖。夫唯不肖，故能大。若肖，久矣其细也夫。我恒有三宝，持而宝之：一曰慈，二曰俭，三曰不敢为天下先。夫慈，故能勇；俭，故能广；不敢为天下先，故能为成器长。今舍其慈且勇，舍其俭且广，舍其后且先，则死矣。夫慈，以战则胜，以守则固。天将建之，如以慈垣之。

读经浅悟　　三宝与大道之实践

行之高远，包容万物，无所不在；不肖者，乃言其不似世俗之常态，不囿于常规，不媚于流俗。老子以此自况，意在表明其超凡脱俗、不拘一格。若拘于世俗之见，囿于常规之行，则难以超脱，久矣其细也。

继而老子言其有三宝，持而宝之：一曰慈，二曰俭，三曰不敢为天下先。此三宝，乃老子哲学思想之精髓。

夫慈者，仁爱之心也。老子以慈为宝，意在强调仁爱之重要性。仁者爱人，爱则能勇。夫慈，乃勇气之源泉，以慈为本，方能生出勇气，面对世间之种种挑战与困难，无所畏惧。故老子言"夫慈，故能勇"，非虚言也。

俭者，节约之道，持家治国之良策。老子以俭为宝，意在告诫世人应珍惜资源，不奢不靡，方能家给人足、国富民强。俭则能广，广者，博大也。以俭修身，包容万物；以俭治国，国富民强。故老子言"俭，故能广"。老子以此为宝，持守慈心，意在表明其不争不抢、谦逊低调之态度，乃顺应自然之大道。天下之物，无论大小微著，皆有其所以然之道理，皆循自然而生灭。不敢为天下先，非怯懦也，实则不敢违背自然之理，不敢逆乱社会之道，以求和谐共生、长治久安。是以圣人行事，必以谦卑为本，以慈为用，不妄动，不妄取，唯循理而行，方能成其大德、化育万物。此乃顺应天时地利人和之智也。以此修身，方能心静如水，泰然处之；以此治国，方能遵循历史规律、社会法则，使国家安定昌盛。不敢为天下先，故能为成器长。此乃谦逊之智慧，非愚钝懦弱也。

然世人往往舍其慈而求勇，舍其俭而求广，舍其后而求先，此乃背道而驰、自取其辱也。舍慈求勇，则勇而无仁，终成暴虐之徒；舍俭求广，则广而无度，终成奢靡之风；舍后求先，则先而无道，终成狂妄之辈。故老子又言："今舍其慈且勇，舍其俭且广，舍其后且先，则死矣。"此乃警示世人勿悖道而行，以免招致灾祸也。

夫慈者，战则胜，以柔克刚也；守则固，以静制动也。以慈为本，方能战无不胜、守无不固，此天道也。盖因慈者心怀仁爱，行无伤人之举，能得人心，故众志成城；而人心者，胜败之关键也，得之者胜。故以慈战，无不克矣；以慈守，则民心安定、众志成城，外敌无机可乘。此乃慈之威力，兵多将广所不及也。

天将建之，如以慈垣之。此言天道之运行亦以慈为本。天道者，自然之理也。自然之理以慈为本，则万物得以生长繁衍，生生不息；社会之道以慈为本，则人心得以安定、和谐，秩序井然。

循思渐得　　慈俭与治国之大道之行

此章之中，老子自言其大而不肖，此语初读似为自谦之词，实则蕴含至深之哲理。盖大者，非指形体之巨，乃道行之高远，心胸之广阔，包容万物，无所不在，无所不包；此不肖，非谓其不才，实指其行止独异于流俗，不陷于尘世之网罗，不附和于流俗之偏见。老子自拟斯类，意欲显其超脱尘嚣，彰显其不泥于古法、不拘于俗见。此乃老子之超然物外也。

继而老子提出其有三宝，持而宝之，珍视如命：一曰慈。慈者，心怀仁爱，善待万物，以善化恶，乃人际和谐之基石也。二曰俭。俭者，节制欲望，勤俭持家，珍惜资源，不贪不奢，为修身齐家治国平天下之重要法则也。

三曰不敢为天下先。不敢为天下先者，谦逊谨慎，不争名利，顺应自然，避祸趋吉，乃处世之智慧也。

夫慈者，乃上德之体现，仁爱之心也，为善之端矣。老子以慈为宝，贵其柔和不争，意在强调仁爱之重要性，乃修身齐家之基。仁者爱人，如母护子，爱则能生勇，无畏艰难险阻。以慈为本，方能生出无穷之勇气，面对世间之种种挑战与困难，皆能以慈心化之，以仁爱待人接物，则人生之路愈行愈宽。夫慈故能勇，此乃慈之深意也。

俭者，节约之道也。老子以俭为宝，意在告诫世人应珍惜资源，不奢不靡，以俭修身治国。俭则能广，广者，博大也。以俭修身，方能积累广博之知，培养深厚之修养，包容万物；以俭治国，方能国富民强、长治久安。俭故能广，此乃俭之深意也。

不敢为天下先者，谦逊之德也。老子以此为宝，意在表明其不争不抢、谦逊低调之态度。天下之物，皆有其所以然之道理。不敢为天下先，实则是不敢违背自然之理、社会之道，顺应天道人道之运行。故老子言："不敢为天下先，故能为成器长。"此乃谦逊之智慧也。

世之常人，多舍慈爱而逐勇猛之志，弃节俭之道而求广大之欲，逆顺理而行以求争先之机。此乃悖逆正道之行，背德而动，终将陷入败亡之途。弃慈爱以求勇猛，勇者失仁，将成暴虐之辈；舍节俭以求广大，广大无度，将堕奢靡之渊；违顺理以求争先，争先无道，将成狂傲之徒。故本章言：若舍慈而求勇，弃俭而求广，违顺而求先，是谓自取灭亡。此言警世，诫人勿悖道而行，宜以慈爱为根本，以节俭为准则，以谦逊为德行。

由此观之，慈爱、节俭、谦逊，实为人生之三宝，不可或缺。慈爱者，心之温润也，能育养万物而不争；节俭者，用之有节也，能保家国而不竭其资源；谦逊者，德之根本也，能处众而不骄。三者相辅相成，共同构筑人生之坚固基石。

三者俱备，方能行于正道，立于不败之地，免于自取灭亡之祸。是以君子修身，当以此为要务，治国亦以此为策，以求天人合一之至高境界。修身以慈爱、节俭、谦逊为本，治国亦以此为道，方能安邦定国，使民安居乐业，共享太平之福。

夫慈者，战则胜，守则固。以慈为本，方能战无不胜、守无不固。何以言之？盖因慈者心怀仁爱，能得人心；而人心者，胜败之关键也。故以慈战则士气高昂，同仇敌忾，共赴国难；以慈守则民心安定，众志成城，固若金汤。此乃慈之威力也。

天将建之，如以慈垣之。此言天道之运行亦以慈为本。天道者，自然之理也。自然之理以慈为本，则万物得以生长繁衍；社会之道以慈为本，则人心得以安定和谐。故老子强调慈之重要性，实则在阐述天道人道共通之理也。

求其镜鉴　　　　　　　　　　　　　　　持三宝，行大道

"天下皆谓我大，大而不肖。"此言非虚夸之词，乃自谦之语。天下之人皆称我为大，然我实则不肖，不肖于世俗之规范，不肖于常人之所为。夫唯不肖，方能超越世俗之束缚，方能成就真正之大。若肖于世俗，则必受制于世俗之眼光，久而久之，其细也夫。故知大者不拘小节，不肖方能成大。

"我恒有三宝，持而宝之：一曰慈，二曰俭，三曰不敢为天下先。"此三宝者，乃人生处世之基石也。慈者，人心之平；俭者，持家之要；不敢为天下先者，谦逊之德。夫慈故能勇，以慈为本，则勇而无畏；俭故能广，以俭为基，则广而可久；不敢为天下先，故能为成器长，谦逊自守，方能有所成就。

慈者，人心之平。夫人心有慈，则能平等待人，无分贵贱亲疏。以慈待人，则人皆以慈应之；以慈处事，则事皆以顺成之。故知，慈者无敌于天下。以战则胜，以守则固，皆因慈之德也。

慈者，人心之平。夫人心有慈，则能平等待人，无分贵贱亲疏。此乃慈之本质，使人超越世俗之见，视众生皆平等。以慈待人，则人皆以慈应之；以诚心换诚心，人际自然和谐共生。以慈处事，则事皆以顺成之。慈能化解冲突，使事态趋于平稳，故能顺利成事。故知，慈者无敌于天下。慈者心怀广阔，不树敌于世间，故能安然处之。以战则胜，以守则固，皆因慈之德也。战时有慈，则能得人心，共御外敌；守时有慈，则能安内政，固若金汤。

俭者，持家之要。夫人知俭，则能节用裕民，不奢不侈。以俭持家，则家道昌盛；以俭治国，则国富民强。故知俭者广其业也。俭非吝啬，乃节制

之德。广非奢靡，乃宽裕之道。以俭广其业，则业可久矣。

不敢为天下先者，谦逊之德。夫人谦逊，则能虚心纳谏，不骄不躁。不敢为天下先，非退缩不前，乃知进退之节。谦逊自守，则能避祸就福；谦逊待人，则能得人之心。今人舍其慈且勇，则勇而无德，近于暴矣；舍其俭且广，则广而无基，近于奢矣；舍其后且先，则先而无守，近于躁矣。三者皆舍，则死之道也。故知，人生处世，当以三宝为鉴，持而宝之，不可须臾离也。

夫人生之途，多歧路也。或追求权势名利，或沉溺声色犬马，或执着一己之私。然而此皆非人生之正道。权势名利，易得易失；声色犬马，易溺易迷；一己之私，易狭易隘。故知人生当以三宝为鉴。

吾人处世，当以慈为本。待人接物，皆以慈心相向，则人心皆平，纷争自息。无论身处何种境遇，皆能以慈心待人，则能化干戈为玉帛，转祸为福。故知慈者无敌，以慈待人，则人生无碍。

又当以俭为基。无论家业大小，皆当以俭持之。不奢不侈，节用裕民，则家道昌盛，事业有成。故知俭者广其业，以俭持家治国，则人生无忧。

更当以谦逊为德。不敢为天下先，非退缩不前，乃知进退之节。谦逊自守，则能得人之心；谦逊待人，则能避祸就福。故知谦逊者能成大事，以谦逊处世，则人生无败。

本章经文，蕴含人生处世之大道。吾人当细心领悟，《道德经》之教诲，非止言人生处世之道，亦通于天地自然之理。天地自然，以慈为本，故能生育万物；以俭为基，故能长养万物；以谦逊为德，故能成就万物。

第六十八章

> 经云：善为士者不武，善战者不怒，善胜敌者弗与，善用人者为之下。是谓不争之德，是谓用人，是谓配天，古之极也。

读经浅悟

至善与大道之实践

夫善为士者，非以武勇为能，乃以德行立基。是以其行，不武而威，不战而屈人之兵。盖士之善者，内修其德，外化其行，故能使人信服，而无须动武也。善战者，非以怒气为本，乃以智慧为源。是以其战，不怒而胜，不暴而制敌。盖战之善者，深谋远虑，随机应变，故能制敌于无形而不必怒也。

善胜敌者，不争一时之勇，非以与其争为能，而示之以弱，诱敌深入，乃以智谋取胜为务，运筹帷幄之中。是以其胜，不争而胜，不兴师动众而战，以静制动，待时而发，不劳而克敌，以逸待劳也。盖胜敌之善者，必先察敌之情，知彼知己，洞悉敌我之虚实，而后能百战不殆，立于不败之地。故能常胜而不衰，《孙子兵法》云："知己知彼，百战不殆；不知彼而知己，一胜一负，不知彼，不知己，每战必殆。"是以善胜者，不必兴兵也，但运用智谋，以无形之兵胜有形之敌。此乃道德之经，兵法之妙，不争而胜，不战而屈人之兵，善之善者也。故曰："上兵伐谋，其次伐交，其次伐兵，其下攻城，攻城之法为不得已。"善胜敌者，务在智谋，而非徒以兵力争胜也。

善用人者，不唯以权位之尊驭人，非以高高在上为尊，而实以谦卑之心待人，乃以谦卑为怀，虚怀若谷以纳谏。是以其用，常处人之所恶，而为之下，谦下以得人，故人皆尽其才、各展所长。盖用人之善者，必先自知而后知人，知人善任，明辨才德以委重任，使众人各得其所，安居乐业而无怨怼。垂拱而治，不必自矜其能，亦不彰其功。是以圣人无为而治，不言之教，化民成俗，皆因其善用人也。彼善用人者，犹水之善下，水善利万物而不争，处众人之所恶，故几于道。是以用人之道，亦须如水之柔和，顺应自然，不违人心，方能人尽其才，此乃用人之妙也。

此四者，皆大道之行，皆至善之德。夫善为士、善战、善胜敌、善用人者，皆能体此大道、行此至善。是以其行，皆能合于天地之道，合于古今之理。夫天地之道，微妙玄通，深不可测。然其至理，皆在于不争，皆在于用人。是以善为士、善战、善胜敌、善用人者，皆能行此至理，皆能合于大道。

不争之德，乃老子哲学之核心。夫争者，人心之动，世事之乱源也。世人皆争名逐利，于是纷扰日起，不得安宁。而老子独倡"不争"，非谓无所作为，乃以无为而有为，以不争而胜争。盖天地之道，本于自然，顺之则昌，逆之则亡。人若能效法天地，行无为之事，守不言之教，则能致虚守静、与道合一。

是谓用人，此言用人之道，亦须顺应自然。夫人才者，国家之根本，事业之基石。然用人之道，不在强制，而在顺应。人各有志，才各有异，若能因材施教、量才录用，则人人皆能尽其才，事事皆可尽其功。老子此言，实乃告诫世人，用人者当以无为之心，行有为之事，不强制于人，而人自乐于为用。此乃用人之真谛，亦乃治国之良策。

是谓配天，此言人之道应与天道相合。夫天道者，自然之理，无为而治，行不言之教。人若能效法天道，行无为之事，守不言之教，则能与天合一，成其大道。老子此言，实乃揭示人与天地万物之关系，人当以谦卑之心、顺应天地之道，方能成就其德，配天之极。

夫古之极也，言道乃古人所追求之极致。古人者，智慧之先驱，道德之典范。彼等深知天地之道，顺应自然，无为而治，故能成就其德，配天之极。

循思渐得　　不争与治国，至善之道

夫善为士者，不恃武力以凌人，而以智慧制敌。盖士之善，非在于勇武，而在于德行之修。是以善为士者，不武也。彼之行事，宛若春风化雨，润物

无声，使人归心，此其所以为士之善也。

善战者，不以愤怒而决胜负，不以情绪而乱阵脚。盖战之善，非在于愤怒，而在于谋略之深。是以善战者，不怒也。彼之临敌，如同静水深流，深沉莫测，使敌难测其虚实，此其所以为战之善也。

善胜敌者，不兴兵戈以求胜，而以智慧定胜。盖胜之善，非在于一时之勇，而在于长久之计。是以善胜敌者，不兴也。彼之制敌，犹如秋风扫落叶，自然而然，使敌无所遁形，此其所以为胜敌之善也。

善用人者，能屈身以待人，能降心以从善。盖用人之善，非在于权势之压，而在于谦卑之德。是以善用人者，为之下也。彼之待人，如春阳之照万物，无所不施，使人尽其才，此其所以为用人之善也。

是故，善为士、善战、善胜敌、善用人者，皆以不争为德，以柔克刚，以静制动。彼之行事，皆顺天应人，合乎大道。夫大道之行，微妙玄通，深不可测。彼之所作所为，皆合于大道，此其所以为至善也。

是谓不争之德，实乃谦下之要，乃道家之精髓，贵柔和而贱刚强，以柔克刚，不争而胜，无为而治，行不言之教，故能胜人而不伤，保全自身。是谓用人，非恃强力以制之，乃以德化之，以德感人，使人心悦诚服，如归家之温馨，归心如流，汇聚成海。是谓配天，与天合其道德，行止自然，动静合道，不违天时，不逆天命，故能长久，与天地同寿。古之极也，此境界乃道家所求，非世俗之功名所能及，非权势之富贵所能比，乃精神之超脱也。不争之德，为道家修身之本，以静制动，以柔克刚，故能保身全生。用人之道，需明察秋毫，知人善任，以德服人，方能人尽其才，共谋大业。配天之极，需顺应自然，无为而为，与天地同呼吸、共命运，方能成就非凡。此乃道家之思想，古之极境，当悉心体悟，以臻至道。

再以反论言"善用人者为之下"，则为不善用人者，处尊位而不知任人之能。彼等无和光同尘之德，竞功争能而不善用。犹宝库之未启，财富而不能发；犹巨木之未伐，良材而不能用；犹金山之未采，黄金而不能炼。不善用人者，处尊位而不知任人之能，何以发挥其用？何以成其事？何以获其成功？

善为士者，不争而胜，以静制动，此为上策。善战者，不怒而威，以智取胜，非以力斗。善胜敌者，胜于无形，不战而屈人之兵，此乃兵法之上乘。善用人者，知人善任，以德服人，使人尽其才，此乃用人之道。皆能合于大道，顺应自然，无为而治，故能行于天下，无所阻碍。彼之行事，皆以道德为本，不违天时，不逆天命，故可为天下之人之楷模。其行之正，其言之信，皆可为天下人之师表，引领风气，教化万民。故善为士、善战、善胜、善用人者，皆因其心合于道、行合于德。此乃道德之经、兵法之妙，当深悟其理而笃行之。

求其镜鉴　　　　　　　　　　　至善之行之处世智慧

夫善为士者不武，以文德服人，此乃上士之风。善战者不怒，以智谋取胜，非以力斗为能。善胜敌者弗与，不争而胜，以无形之兵屈人之兵。善用人者为之下，谦卑待人，知人善任，使人各尽其才。此四者，皆大道之行，顺应自然，无为而治，乃道德之经、兵法之妙。

天下之人当以此为借鉴，观其行为，悟其道理，以此为指引，修身齐家，处世治国。当学其不争之德，以柔克刚，当学其用人之道，知人善任。当学其顺应自然、无为而治之心境，以达于至善之境。故善为士、善战、善胜、善用人者，皆因其心合于道、行合于德，方能流芳百世，为天下之人所敬仰。当以此为镜鉴，勤勉修身，以道德为本，以智慧为用。

善为士者不武，非以武力为荣，乃以德行立世。士之善者，内修其德，外化其行，使人信服，而无须动武。天下之人处世，亦当以德行为本、以和为贵。夫和者，人心之所向，天下之所安。天下之人当以和为心、以和为行，不以力服人，而以德感人。

善战者不怒，非以怒气为战，乃以智慧决胜。战之善者，深谋远虑，随机应变，制敌于无形，而不必怒。天下之人处世，亦当以智慧为基、以理智为导。夫智者，明辨是非，知人善任，能于纷扰之中见出真理，于混乱之际寻出出路。天下之人当以智处世、以理服人，不以怒制人，而以理导人。则世事清明，人心向善，天下之人之处世，亦可谓善矣。

善胜敌者弗与，非以兴起战事为能，乃以智谋取胜为务。胜敌之善者，知彼知己，百战不殆，常胜而不衰，而不必兴兵。天下之人处世，亦当以和为胜、以和为荣。夫和者，胜之本，和则人心所向，胜则万事亨通。天下之人当以和为胜、以和为荣，不以斗争为能，而以和谐为美。则世事和谐、人心向善，天下之人之处世，亦可谓善矣。

善用人者为之下，非恃高位以凌人，非以高高在上为尊，乃以谦卑之心待人，以和为贵。用人之善者，必明察秋毫、知人善任，使众人如鱼得水，各得其所，各展其才。人亦当以谦卑为本，不自视甚高，以尊重他人为道，方能和谐共处、同舟共济。

夫谦者，乃德行之基石，卑则人皆近之，如沐春风；尊则人皆敬之，如仰高山。故谦卑非弱，乃大智若愚、大勇若怯。人当以谦卑处世，不矜不伐，以尊重待人，如待贵宾。不以自我为中心，不妄自尊大，而以他人为念，体恤他人之心。

如此则能得人心、聚人气、成大事。谦卑之人，必能赢得他人之尊重与信任，行事则无往不胜。故善用人者，必先自谦卑始，而后能知人善任，用人不疑。此乃《道德经》之教义，亦为人处世之智慧。

修身者，修己之德行也。天下之人当以善为士者为榜样，内修其德，外化其行，使己之行合乎大道、合乎至善。齐家者，齐己之家也。天下之人当以善用人者为榜样，知人善任，使家人各得其所、和睦相处，共享天伦之乐。治国者，治己之国也。天下之人当以善战者为榜样，深谋远虑，随机应变，使国家安定繁荣、人民安居乐业。平天下者，平己之天下也。天下之人当以善胜敌者为榜样，知彼知己，百战不殆，使天下皆归于和平，人类共享繁荣之福。

夫大道之行，须长久之修。天下之人当以善为士、善战、善胜敌、善用人者为榜样，以之为镜，反观自身，行道法自然之天地大道。夫修身者，修己之德行也；齐家者，齐己之家也；治国者，治己之国也；平天下者，平己之天下也。

第六十九章

> 经云：用兵有言："吾不敢为主而为客，不敢进寸而退尺。"是谓行无行，攘无臂，执无兵，乃无敌矣。祸莫大于轻敌，轻敌几丧吾宝。故抗兵相若，哀者胜矣。

读经浅悟

兵法与大道

夫用兵者，国之大事，存亡之道，不可不察也。尝闻古人有言："吾不敢为主而为客，不敢进寸而退尺。"此语甚妙，深含兵法之精髓。

夫兵者，凶器也；战者，危事也。吾不敢为主而为客者，何也？盖主动者易露破绽，为敌所乘；而客者则能因敌之动而动，因敌之形而形，随机应变，不为主动所累。故善用兵者，常以客心处之，避实击虚，因敌制胜。此乃兵法之第一义也。

又云不敢进寸而退尺者，何哉？盖进易退难，贪功冒进者，往往失策。而退者，非怯懦也，实乃明哲保身，以退为进之策。故善用兵者，知进退之机，能进能退，不为一时之得失所动。此乃兵法之第二义也。

至于行无行，攘无臂，执无兵，乃无敌者，实乃用兵之妙境。行无行者，非无行也，乃兵行无常，使敌莫测；攘无臂者，非无臂也，乃兵动无形，使敌莫知；执无兵者，非无兵也，乃兵用无常，使敌莫测其变。故善用兵者，能行无行、攘无臂、执无兵，使敌莫测其意、莫测其动、莫测其用，乃能无敌于天下。此乃兵法之第三义也。

"祸莫大于轻敌，轻敌几丧吾宝。"此言诚矣。夫兵者，国之大事，死生之地，存亡之道，岂可轻之？轻敌者，往往为敌所乘，丧师辱国，悔之何及？故善用兵者，必知己知彼，不轻敌，不骄兵，谨慎从事，以保吾之宝。此乃兵法之第四义也。

至于抗兵相若，哀者胜矣者，则言兵家胜负之道，不在兵力之强弱，而在士气之盛衰。抗兵相若者，两军相持也；哀者，非指悲戚，乃指士卒之心志也。心志哀者，能忍辱负重，同仇敌忾，故能胜。故善用兵者，必知人心向背，能激士卒之志，使之心志哀，则战必胜矣。此乃兵法之第五义也。

综上五义，乃兵法之精髓，用兵者不可不知。夫兵法者，诡道也，故能而示之不能，用而示之不用，近而示之远，远而示之近。利而诱之，乱而取之，实而备之，强而避之，怒而挠之，卑而骄之，逸而劳之，亲而离之。攻其无备，出其不意。此兵法之变也。然万变不离其宗，其宗者，即前述之五义矣。

夫兵法之用，非仅在战场也，凡处事待人，皆可用之。故天下之人当以此为鉴，明其意，通其变，以应世事。当知进退之机，明祸福之倚，察人心之向背，以定国策；如处世者，当知轻重之辨，明利害之权，因时制宜，以应事变。则兵法之用，可谓大矣哉！

夫兵法者，虽为凶事，然其中所蕴之智慧，实可用于世间万事。则为人处世，亦可谓善用兵法矣。

循思渐得　　用兵与治国之智慧

夫用兵之道，深奥莫测，然有言云："吾不敢为主而为客，不敢进寸而退尺。"此语道出兵法之精髓。

言吾不敢为主而为客者，何也？盖兵者，凶器也；战者，危事也。主者，主动也，动则易露破绽，为敌所乘。客者，应机而动，随机应变，因敌而变，不为主动之累。故善用兵者，常以客心处之，不为主动所困，因敌制胜，此其一也。

又言不敢进寸而退尺者，何也？兵事无常，进易退难。进者，贪功也，贪功则易失策，易入敌之彀中。退者，明哲保身也，退则能保全身家性命，以待再战。故善用兵者，常知进退之道，不以进为荣，不以退为耻，能进能退，乃为上策，此其二也。

言是谓行无行、攘无臂、执无兵、乃无敌矣，何也？行无行者，兵行无形，使敌莫测其意；攘无臂者，兵动无迹，使敌莫测其动；执无兵者，兵无常态，使敌莫测其用。兵无常势，水无常形，能因敌变化而取胜者，谓之神。故善用兵者，深谙无形之道，能行无行，隐其形迹，使敌难觅；攘无臂，不露锋芒，藏其力而待发；执无兵，以智取胜，不依赖于兵刃之利。如此则能使敌莫测其意，不知其真实意图；莫测其动，难以预料其行动方向；莫测其用，不明其战术策略，此其三也。

言祸莫大于轻敌，轻敌几丧吾宝者，何也？兵者，国之大事，死生之地，存亡之道，不可不察也。轻敌者，易为敌所乘，丧吾之利，失吾之宝。故善用兵者，必知敌我之势，不轻敌，不骄兵，以谨慎之心，待敌之隙，乘敌之虚，此其四也。

言故抗兵相若，哀者胜矣者，何也？抗兵相若者，两军相持也，胜负在于一心。哀者，非指悲戚之情，乃言士卒之心志坚韧不拔也。心志哀者，能忍辱负重，不畏艰难险阻；能同仇敌忾，齐心协力以抗敌。故能胜敌于战场之上。善用兵者，必深知人心向背之道，能洞察士卒之心志，激其昂扬斗志，使之心志如铁、哀而不屈。如此则士卒奋勇向前，无往不胜。此乃兵法之要义，亦合《道德经》教义，知人者智，自知者明，胜人者有力，自胜者强。

夫用兵之法，诡道也，故善战者能而示之不能，以谦卑藏锋，掩其实力。用而示之不用，以静制动，惑敌之心。近而示之远，远而示之近，虚实相间，使敌莫测。

利而诱之，以利益为饵，动敌之贪；乱而取之，乘敌之乱，取其要害。实而备之，敌强我实，则加强防备，以逸待劳。强而避之，避其锋芒，不与之正面冲突。怒而挠之，扰其心智，乱其阵脚。卑而骄之，示敌以弱，骄其志气，而后可图。逸而劳之，使敌疲惫，我则养精蓄锐。亲而离之，间其内部，使其自相矛盾。

攻其无备，击其不意，此乃兵法之变，出奇制胜之道。然万变不离其宗，其宗者，即前述之诡道、示形、诱敌、乘乱、虚实等五者矣。此五者，乃兵法之精髓，用兵之要诀。

故善用兵者，必知兵法之精髓，必明其深层内涵。能进退自如，能保全身家，能无敌于天下，能保吾之宝，能得士卒之心，则战必胜矣。然则兵法之用，不仅限于战场之上，其深邃之处，在于其原则亦可运用于处事待人之际，偶或可资借鉴以应万变。善用兵者，能行无形之事，隐而不露其形迹，使敌难以捉摸；能攘无臂之力，蓄势待发，待时而动；能执无兵之智，以策略取胜，不依赖于兵刃之利。如此则能使敌莫测其意，不知其真实意图何在；莫测其动，无从预判其行动方向；莫测其用，不明其战术策略之妙。

求其镜鉴　　以兵法之理指引处世

夫处世智慧，贵在谦和。经云："吾不敢为主而为客"。此非言兵法之权谋，乃言处世之智慧。主者，高傲自大也；客者，谦恭有礼也。天下之人处世，当以客心自处，不以己为主，不以人为宾。谦恭待人，则人亦谦恭待己；高傲自满，则人亦远之。故谦和处世，乃为人之本。此非言兵法之权谋诡计，乃阐述处世之智慧与道德之真谛。主者，往往高傲自大，凌人之上；客者，则谦恭有礼，处下不争。人当效法客者之心，以谦恭自处，不以己为主宰，不视人为宾客。谦恭待人者，人亦以谦恭待之，彼此尊重，相敬如宾；高傲自满者，人必远之，孤立无援，终无所成。故谦和处世，乃为人之本，亦合《道德经》之教义。经云："江海所以能为百谷王者，以其善下之，故能为百谷王。"

又云："不敢进寸而退尺。"此言深揭世事之无常，示人进易而退实难。进者，往往为贪图名利所驱，心驰神往；退者，则明哲保身，知止不殆。处世之间，名利之诱惑如磁石吸铁，常令人迷失正道，忘却初衷，沉沦不拔。

故天下之人，当知足知止，当深谙进退之机，不以进为荣耀，不以退为耻辱。能进则进，当仁不让；需退则退，明哲保身。能进能退，方为处世之上策，既能保全身家性命，又能不失本心之志。正如《道德经》所言："知足不辱，知止不殆，可以长久。"

是以处世之道，在于明辨进退，不为一时之名利所惑，坚守本心，方能长久安泰。

经又云："是谓行无行，攘无臂，执无兵，乃无敌矣。"此言处世之隐晦，行无行则人莫测其意，攘无臂则人莫测其动，执无兵则人莫测其用。处世之中，人心难测，世事难料。天下之人当以隐晦之心待人接物，不轻易表露心意，不轻易显露行动，不轻易显露手段。则能保持神秘感，使人莫测其深浅，从而保护自身之安全。

又言："祸莫大于轻敌，轻敌几丧吾宝。"此语警示天下之人，处世之中，切莫轻视他人。人各有其长、各有其短，轻视他人则易遭其反击。故天下之人当以平等之心待人，不因其弱小而轻视之，不因其强大而畏惧之。则能避免无谓之祸患，保全自身之利益。

本章终云："故抗兵相若，哀者胜矣。"此言处世之争斗，不在力之强弱，而在心之哀怨。哀者，非指悲戚，乃指心志之坚定也。处世之中，争斗难免，然争斗之胜负，非仅在于力量之大小，更在于心志之坚定与否。心志坚定者，能忍辱负重，能坚持到底；心志不坚者，则易为外物所动，半途而废。故天下之人当以坚定之心志处世，不因挫折而气馁，不因困难而退缩。

一言以蔽之，兵法之言虽为战场所用，然其理亦可用于处世智慧。天下之人当以谦和之心待人，知进退之机，持隐晦之心，不轻视他人，以坚定之心志处世。

夫处世智慧，博大精深，能得其意、明其理、通其变，以应用于处世之中。则天下人之处世，亦可谓善用兵法矣。

第七十章

> 经云：吾言甚易知，甚易行；天下莫能知，莫能行。言有宗，事有君。夫唯无知，是以不我知。知我者希，则我贵矣。是以圣人被褐而怀玉。

读经浅悟　道家治国智慧之明道与实践

"吾言甚易知，甚易行；天下莫能知，莫能行。"何哉？盖人心之蔽障，智慧之未开，是以不能识吾言之真义也。夫言者，心之声也；行者，身之动也。吾言之所以易知易行，乃因其合乎大道、顺应自然。然大道至简，至易至行，而能明德者鲜矣。

"言有宗，事有君。"宗者，道之本源也；君者，事之主宰也。吾言之所以有宗，乃因其源于大道，合乎至理；吾事之所以有君，乃因其顺应自然，主宰万物。"夫唯无知，是以不我知。"非吾言之不足，非吾事之不伟，实乃人心之蔽障，智慧之未开。是以天下之人，虽闻吾言，而不能明德解意；虽见吾事，而不能识其真。

"知我者希，则我贵矣。"夫知者，非徒闻吾言而明德解意也，必能行吾事而证其理。是以知我者，非泛泛之辈，乃能明德识理、行真守实之君子也。则者，效法也，则我者，非徒赞吾言而称其事也，必能体吾心而悟吾道。是以则我者，非寻常之人，乃能同心同德、共行大道之贤士也。

"是以圣人被褐而怀玉。"褐者，粗布之衣，象征朴素无华；玉者，珍宝之物，象征内在之美。圣人虽外表朴拙，如披褐衣，然其内心怀藏珍宝，即大道至理、真知灼见。圣人不以貌取人，不以物欲所动，故能洞察世事、明辨是非。其言行举止，皆合乎大道、顺应自然。是以天下之人，虽不能尽识圣人之心，然其言行所及之处，皆能感受其内在之美，悟其大道之真。

吾言之所以甚易知甚易行，而天下莫能知莫能行，实乃人心之蔽障，智慧之未开。犹明镜之蒙尘，虽照物而不能见其真；智慧之未开者，犹暗室之未烛，虽处其中而不能辨其明。是以天下之人当去蔽障而开智慧，以明心见性、识真知理。

夫明心见性者，非徒去外物之蔽障也，必能去内心之杂念。心无杂念，则能专一于道，致知在格物。是以天下之人当修心养性，以去杂念而存真知。真知者，非徒闻吾言而明德解意也，必能身体力行，以证其理。则经言之深层内涵可得，人生之高远目标可至。

夫识真知理者，非徒行吾事而得其果也，必能悟其内在之道。道者，天地万物之根本也，人心行为之主宰也。悟道者，能明事物之始终，知行为之得失。是以天下之人当深思吾言之内涵，以悟大道之真义。

夫大道至简至易，然能明德者鲜矣。天下之人当以谦卑之心求大道之真，以笃实之行证大道之实。则能得大道之精髓，行大道之真奥。吾言之所以甚易知甚易行，实乃大道之至简至易也。

夫事者，理之著也；行者，道之行也。吾事之所以有君，乃因其合乎至理，有主宰之道。天下之人当以明察之目识事之君，以笃实之行行道之真。则能明事之理、行事之道、成就事功。

循思渐得　　言与行之智慧

"吾言甚易知，甚易行。"夫言者，心之声也；行者，身之动也。然天下之人，或能闻吾言，而不能读经浅悟；或能读经浅悟，而不能行其事。何哉？盖人心之复杂、世事之多变使之然也。

"言有宗，事有君。"宗者，根本也；君者，主宰也。吾言之所以易知易行，盖因其有宗有君，非泛泛之谈也。夫能明吾言之宗，则知吾言之根本；能识吾事之君，则明吾事之主宰。则吾言可行，吾事可成矣。

然天下之人，往往以吾言为浅近，以吾事为微末，莫能知，莫能行。夫唯无知，是以不我知。知我者希，则我贵矣。吾言之所以被轻视，吾事之所以被忽视，非吾言之不足，非吾事之不伟，实乃人心之盲昧，不能识真知也。

经云："是以圣人被褐而怀玉。"此言非虚，圣人外表虽朴拙如披褐衣，然其内心怀藏珍宝，即深邃之思想与高妙之智慧。或有人常以貌取人，以表象定事物，殊不知圣人内心之珍宝。圣人自知其怀玉，不为外物所动，不为人言所摇，默默行其道、守其真，以待知音之至。

吾言甚易知，如日中天，光照万物；甚易行，犹行坦途，无碍无阻。然而天下之人，莫能深知其意，犹盲者观日，只见光而不见其形，莫能行之；如跛者行路，步履维艰。

此何故也？盖因人心浮躁，难以沉静；欲望纷扰，难以自拔。故虽易知易行之言，亦难以入人心，难以见诸行动。《道德经》云："上士闻道，仅能行之；中士闻道，若存若亡；下士闻道，大笑之——不笑不足以为道。"此言道之难易，不在于道本身，而在于人心之异同。

是以吾言虽易，然需心静气和，方能领悟其真谛；虽易行，然需矢志不渝，方能践履其实。天下之人，当静心聆听、虚心受教，方能知易行之妙，得道德之益。

天下莫能知大道之微妙，犹暗室无光，难以明察；莫能行大道之简易，如重负在身，步履艰难。言有宗，犹树有根，根深则叶茂，言宗明则理透；事有君，如国有主，主明则臣服，事君正则行端。

大道至简，然人心复杂，故难以领悟其真谛；大道至易，然世俗纷扰，故难以践履其实。是以知者稀少，行者更难。然若心怀敬畏、虚心求教，则大道可期、德行可修。

"知人者智，自知者明；胜人者有力，自胜者强。"人当自知自明、自胜自强，方能领悟大道之微妙，践履大道之简易。故言有宗者，必明大道之源；事有君者，必正行为之本。

夫唯无知，心如蒙尘之镜，难以照见真理，是以惑于外物，逐末而忘本；是以不我知，犹盲者不识日色；故难解吾言深意，如聋者不闻天籁。

《道德经》有云："知不知，尚矣；不知知，病也。"此言知之难易，实系于心之清明与否。心若清明，则无知亦能变为有知；心若蒙尘，则有知亦变为无知。

夫大道至简，然人心复杂，故难以一蹴而就。然若持之以恒、虚心向学，则无知可变为有知，惑可变为悟。

知我者希，犹凤毛麟角，不世而出；则我者贵矣，如稀世之珍，价值连城。是以圣人被褐而怀玉，外朴内华，不显其耀。

夫大道深奥，非寻常人所能领悟。故知我者少，而我所珍视者更少。然若有能知我、则我之人，必为世间之英才，当以贵宾之礼待之。圣人之所以为圣人，非因其外在之显赫，而因其内在之德行。彼虽披褐衣，如常人无异，然其胸中怀玉，道德高深，非世俗所能窥见。

是以人当修内在之德行，勿为外在之虚名所惑。若能如此，则虽披褐衣，亦能怀玉于心，与圣人同德。此乃《道德经》所倡之道，人当勉力行之，以期成就无上德行。

求其镜鉴　　　　　　　　　　开启洞察世事之心智

吾言甚易知，如明灯照途，无所不烛；甚易行，犹坦道行车，无所阻碍。然天下之人，心如蒙蔽，眼若盲瞽，莫能知吾言之微妙，莫能行吾道之简易。何哉？盖人心之蔽障，如尘掩明镜，不得照见真理；智慧之未开，犹芽未破土，不能茁壮成长。是以不能识吾言之真义也，如聋者听琴，不知其音。"为学日益，为道日损。"人心之蔽障，皆因私欲所累，若能损之又损，以至于无为，则心可清明，智可开启。故当修心养性，去除杂念，以复其初，方能识道之真义，行道之简易。如此则天下之人皆可明道而行，同归于善矣。故曰：吾言之所以甚易知甚易行，乃因其合乎大道、顺应自然。

"言有宗，事有君。"言者，人心之所发；事者，行为之所施。言必有宗，犹水必有源；事必有君，犹国必有君。天下之人处世，必当谨言慎行，以合乎大道、顺应自然。所言所行，皆当有所依据，非徒凭己意而为之。则能言行一致，心行相符，得其所安。

"夫唯无知，是以不我知。"无知者，非徒知识之不足，亦指心智之未开。人之所以不能识吾言之真义，实乃心智之蔽障，未能开悟。是以天下之人当修心养性，以去蔽障而开智慧。心无蔽障，则能明理识真；智慧已开，则能知言达行。识吾言之真义，行吾事之大道，得其所安。

"知我者希，则我贵矣。"知我者，非徒闻吾言而读经浅悟也，必能行吾事而证其理。是以知我者希，非吾言之不足，实乃人心之蔽障，智慧之未开。则我者，必为知心之士，非徒赞吾言而称其事也，必能深入吾心，领悟大道之精妙，与吾同心同德。是以则我贵矣，非吾事之伟大，实乃人心之向往，智慧之开启。天下之人当以此为鉴，明辨是非，识人知事，以得其所安。

是以圣人被褐而怀玉，不显其耀，以合于道。褐者，粗布之衣，质朴无华，象征圣人之外在谦逊朴素，不慕虚荣；玉者，珍宝之物，温润内敛，象征圣人之内在德行高尚，大道深藏。圣人虽外表朴拙，如披褐衣，不惹尘埃，然其内心却怀藏珍宝，即大道至理，光辉内敛，不为人知。此乃圣人之所以为圣人，以其能守道而行、内外兼修，故能成就无上德行。是以圣人能洞察世事、明辨是非，不为外物所动，不为名利所诱。天下之人当以圣人为鉴，去浮华而求质朴，去虚伪而求真实，以得其所安。

夫处世智慧，贵在知人知己。知人者智，知己者明。智者能识人之长短，明者能知己之优劣。是以天下之人当虚心向学，以识人之长短；当自省自问，以知己之优劣。则能避人之短，扬人之长；修己之劣，显己之优。得其所安，何乐而不为？

亦在于言行一致。言而无信，行而无果，非君子之所为也。是以天下之人当言必信、行必果，以树立己之信誉。信誉者，人之所重也。有信誉者，人皆信之；无信誉者，人皆疑之。是以天下之人当以信誉为重，以得人所信，得其所安。

第七十一章

> 经云：知不知，尚矣；不知知，病也。是以圣人之不病也，以其病病也，是以不病。

读经浅悟　　　　　　　　　知与不知之微妙

夫病者，病态，毛病也！夫知者，明智之士也，察于万物之理，通于天地之道。然知有深浅，识有高低，故曰：知不知，尚矣。此言智者自知其无知之处，乃为真知，为至高之境。盖因宇宙浩瀚，知识无穷，人非圣贤，孰能尽知？故智者常怀谦逊之心，以不知为耻，而勤于求知，此诚为明智之举。反之，不知知，病也。妄矣！此言愚者自以为知，实则无知，乃为病态，毛病也！彼等妄自尊大、闭目塞听、不思进取，终至谬误百出、贻笑大方。故曰，不知而自以为知，此乃大病也，不可不察。

是以圣人之所以不病者，非以其无所不知，而以其能病其病也。是以圣人非以其博古通今、无所不晓，实乃以其能自省其病、察其无知也。圣人深知学问之道，浩如烟海，无有涯际，故常怀谦卑敬畏之心，于未知之事，必详加考究，未尝稍涉怠惰。其所以不病，非以其智无遗漏，乃以其能直面己之不足，勇于求索，是以能避谬误之阱，而保其心智之清明也。

夫圣人者，非生而知之者，非止于一书一理，而须遍览群书，广采博引。遇有疑难，必虚心请教，不耻下问，以期解惑释疑。是以圣人之学日益精进，而无有止境。其所以不病，正以其勤学不辍，日新其德，故能免于谬误之病，而成就其圣人之名也。

夫此篇之言，意在告诫世人当有自知之明，不妄自尊大，亦不自暴自弃。当知自身之不足，虚心向学，以求进步；当知自身之过错，勇于改过，以臻完善。则能远离病患，近道而行，成为尚智之人。

且夫知与不知之间，实乃相对而言。知者或有未知之境，不知者或有独到之见。故知与不知，非绝对之分，乃相对之别。天下之人当以开放之心，纳百川之智，以求真知。

又夫知与不知之间，亦存微妙之变。知者今日知，明日或有所不知；不知者今日不知，明日或有所知。此即知识之无穷、学问之无尽也。天下之人当以敬畏之心对待知识学问，时刻保持谦虚好学之态。勿以知之而自满，勿以不知而自弃，方能不断进步、日臻完善。

且夫此篇之言，亦含行道法自然之天地之道。知不知者，尚智也，能修身以齐家；不知知者，病也，必致家道不兴。圣人病病，故能齐家治国平天下。是以知此篇之言者，当为行道法自然之天地大道之准则，时刻自省自勉。是以君子自省，日慎一微，月积岁累，乃成道德之高标。小人不知自省，日纵一欲，月养一弊，终至身败名裂。故知此篇之言，乃修身齐家治国平天下之关键。君子行此道，自然和谐，家国安宁；小人违此道，自然乖戾，家国纷乱。

此章之论，辞简意深，奥义远播。其旨在于警世，使人有知己之明，勿狂妄自大，亦勿自弃；使人知己之不足，而勤于学业，知错能改；使人以虚怀若谷之心纳智者百川之言，以敬畏知识之心敬重学问；使人以践行道法自然之天地至理，为己之重任。

循思渐得　　知与不知之智慧

"知不知，尚矣"，此言揭示认知之谦逊与自知之明也。于《道德经》之哲学体系中，真智不在于无所不知，而在于识己之无知。此对无知之认知，乃高尚之品德，要求人于求知之过程中，持谦逊敬畏之态度，不断反思己之认知边界，不轻易断言，不妄自尊大。"知不知，尚矣"，此乃明智之态。知自身之不知，是为可贵。世之万物浩渺无穷，知识之海广袤无边。人所能知者，不过沧海一粟。能明了自身之无知，方有进取之心、求学之志。若以所知为足，夜郎自大，闭目塞听，则学问难进，智慧难长。故知不知者，能虚怀若谷，接纳新识，不断探索，以求真理。

"不知知，病也"，此言则批判自以为是、无知却自以为知之病态认知。于《道德经》观之，此病态认知乃阻碍人获真知之障碍。其使人沉溺于主观臆断之中，无法见事物之真实面貌，无法接纳新知与观点，从而导致认知之固化与偏狭。不知知，病也，此乃愚妄之行。不知而自以为知，实乃弊病。此类人常凭臆断行事，不究其实，不察其理，妄自尊大，刚愎自用。以有限之见度无限之事，以偏狭之思断全局之理，其误甚矣。如此者，非但不能增其智，反而蔽其心、阻其行，终致迷途深陷，不能自拔。

"是以圣人之不病也，以其病病也，是以不病"，此言揭示圣人之所以能达智慧之高度，乃因其具有对病态认知之自觉与反思。彼知己之认知可能存在偏差与错误，故时刻保持警惕与自省之态度，不断审视与修正己之认知。此对病态认知之自觉与反思，使彼能避免陷入认知之误区，从而保持清明与智慧之认知状态。圣人之所以不病，在于其能病病。圣人有自知之明，深知不知知之害，故而常自省自察，警惕自身之谬误。其以谦卑之态对待知识，以敬畏之心面对世界。能正视己之不足，反思己之过错，不断修正己之行，完善己之德。正因如此，圣人能避免陷入不知知之陷阱，保持清醒之头脑，洞察事物之本质。

此中蕴含之哲学思想，深邃而悠远，可析为三端。

其一，强调认知之相对性也。夫人之所知，相对于宇宙之无穷奥秘，实乃微不足道。所谓知，往往仅局限于特定之时空、特定之条件，为有限之认知。故当时刻保持对未知之敬畏，方能不断拓展认知之边界，以求真知。

其二，体现反思与自我批评之重要性。圣人之所以为圣，非因其无所不知，而在于能不断反思己之不知，勇于承认己之过错。此自我批判之精神，实为个人成长与进步之关键。人非圣贤，孰能无过？过而能改，善莫大焉。

其三，揭示谦逊之价值。知不知者谦逊，不知知者骄傲。骄者自满，必滞其志；谦者自省，方能致远。唯谦逊者，方能接纳他人之见，汲取百家之长，以丰富自身之智慧。故有曰："满招损，谦受益"。

然则大千世界，有人不知而视作已知，自视过高，妄自尊大，如井底之蛙，仅见一方天地，不知天外有天；又有人明知而故作不知，巧藏其拙，如雾中看花，虽见其形而不知其真。此二者，皆非正道，皆因心中迷雾，未能明心见性，故而迷失方向。知之为知之，不知为不知，此乃智慧之始，亦谦逊之基也。自知不足，方能虚心接纳各方意见，如海纳百川，有容乃大；自知有过，则应及时改正，以求进步，如春日之苗，需时时修剪。皆因人生漫漫，其修远矣，须秉持诚实、谦逊、自省、改正之心，方能砥砺前行也。

综本章而言，学无止境，知与不知，乃人生常态也。于求知之道，宜持清醒头脑，不为表象所惑，不为虚荣所蔽，坚守真我。宜以知不知之谦态，求索无尽智慧与知识；又当怀病病之心，时时警己之无知与不足，以免陷无知之病境。明辨是非，洞察真伪，于求知之道愈行愈远，实现自我超越。

求其镜鉴　　明理达道之自知之明

"知不知，尚矣；不知知，病也。"明己之无知，乃求知之始，固为可贵；而不知己之无知，则蔽于愚妄，此病之所由生也。

知不知，尚矣，言能知晓自身之不知，实乃高尚之品质。人生于世，所历有限，所知有涯，宇宙广袤，事理无穷。若能明悟己之不知，非为耻，反为智也。知此，则心向学、怀谦逊、求诸贤、索于书，以广见闻、增才智。如此方能不断拓展认知边界，臻于更高之境。譬如登山，知己未至巅峰，方有攀缘之勇；若误以半山为顶，必止步不前。夫知者，明理达道，虚怀若谷，故能居高而不骄，处下而不卑。若夫不知而自以为知，则是病矣。病在于心而形于外，故言行举止皆失其宜。知之为知之，是以圣人不病也。以其病病也，是以不病。圣人自知其知，故无妄行之失，此乃其所以不病之由也。

"不知知，病也"，此乃警世之语。人若不知己之不知，而妄自尊大、自以为是，则必陷入困境。此病乃心性之病，人生之大忌也，故圣人避之。不知而自以为知，犹如盲人妄言色、聋者乱评音，其害甚矣。此类人常闭目塞听、刚愎自用，以偏狭之见度万物，以浅薄之识论古今，终致误己误人。若医家不知病而妄治，工匠不知艺而妄为，其祸岂不大哉？故不知而强以为知，乃心之弊病，必当除之。

"是以圣人之不病也，以其病病也，是以不病。"圣人之所以无疾，非以其无所不知，实乃因其自知无知之域广矣。故常怀忧惧之心，恐病于己之不知。是以圣人病病，非病于身之疾痛，乃病于心之未明、知之未至。圣人以此自警，日进不息，求知若渴，谦逊若谷。圣人之所以无此弊病，正因能以不知知为病，常自省察，以防陷入此阱。圣人怀虚谷之心，明自身之短，见他人之长，故能不断进益，臻于至善。如流水之不腐，户枢之不蠹，圣人常新，因其能自新也。此乃圣人之道也。

　　人以本章为鉴，当常怀谦卑之心，常自省以求善境。于学，莫以点滴之知而自满，当知学如逆水行舟，不进则退。遇未知之事，不耻下问，博采众长，方能博学广才。于业，勿恃己能而轻忽，须知天外有天、人外有人。每行一事，当谨慎审思，恐有不知之误。于人际，勿以己之见强加之于人，或不知而妄评，当尊重差异、理解包容。

　　世间繁华纷扰，诱惑众多。有人稍有小成，便觉天下皆知能，目中无人，此乃不知知之病也。其或因一时之幸，获些许名利，然终难持久，因其根基虚浮，德不配位。而智者则能常思己之不足，不断砥砺，积跬步以至千里，汇小流而成江海。

　　于职场，若能知不知，则能虚心求教，提升技能。于家庭，夫妻相处，若能知不知，相互学习，尊重对方之所长，家庭必和睦美满。交友之际，以知不知之态，能广纳诤友，闻过则喜，友谊自能深厚长久。

下篇 德经

第七十二章

> 经云：民不畏威，则大威至。无狎其所居，无厌其所生。夫唯不厌，是以不厌。是以圣人自知不自见，自爱不自贵。故去彼取此。

读经浅悟　　治道得失之知与行

"民不畏威，则大威至。"此句非泛论民性之刚柔，实乃探微治道之得失。吾观历史，历代世之治者，常以威猛为能，然则不知威猛非长久之计，而宽猛相济，方为上策。盖民不畏威者，非不畏刑罚之严，实畏政令之失也。故为政者当深究此理，以明原意之所在。

"无狎其所居，无厌其所生。"此言治者当敬民如命，不可轻慢其居，不可厌弃其生。盖民为邦本，本固邦宁。若轻慢其居，则民无所安；若厌弃其生，则民无所乐。民不安不乐，则何能畏威而服？故为政者当以民为本，敬民如命，方能得民心，而治道可成。

"夫唯不厌，是以不厌。"此言治者不厌其民，则民亦不厌其治。盖治者不厌其民者，能体恤民情，深知民苦，故能施政得宜，使民安居乐业；而民不厌其治者，则因政令公平，法度严明，故能心悦诚服，遵从法令。此二不厌，实为治道之要，为政者当深味之。

"是以圣人自知不自见，自爱不自贵。"此言圣人之所以为圣，在于自知之明、自爱之深，而非自见自贵之虚荣。盖自知者，能明己之长短、知己之得失，故能不断修正，以求进益；自爱者，能珍重己身、爱惜己力，故能自强不息，以成大业。而自见自贵者，不过虚有其表，内无实德，终难成

- 355 -

大事。故为政者，当以圣人为榜样，自知自爱，而非自见自贵。

"故去彼取此。"此言为政者当去其虚饰浮华，取其实质本真。盖虚饰浮华者，虽能一时惑人耳目，然终非长久之计；而实质本真者，虽朴实无华，然能深入人心，长久不衰。故为政者，当以实质为本，以本真为要，方能得民心而成大业。

一言以蔽之，本章之原意在于探讨治道之得失，强调以民为本、实质为本的治国理念。历朝政者当深究此理，以明原意之所在，方能得民心，而成大业。

夫治道者，须持之以恒。然持之以恒者，非徒守旧不变，实乃与时俱进，因时而变。盖世事纷纭、变化无常，若守旧不变，则必为时势所弃；唯与时俱进、因时而变，方能立足于不败之地。

且夫治道者，非独为政者所宜知，亦为民者所当悟。盖民为国之本、家之基，民之悟道则家齐国治，民之迷途则家乱国危。故民当自知其性、自明其理，以行道法自然之天地大道为己任。则国家昌盛，人民安乐，大道之行，天下为公矣。

夫大道之行，在乎人心之向背。人心向道，则大道易行；人心背道，则大道难通。故为政者当以民心为鉴，察民心之所欲，顺民意之所向，使政令合于民心，法令顺于民意。则政通人和、百业俱兴，大道之行如顺水推舟矣。

夫治国之道，本乎人才之盛衰。人才，国之大本，事业之栋梁。得人才者，得天下之半；失人才者，失天下之半。是以古之明主，莫不广开招贤之途，不拘一格以任贤才而尽其能。

循思渐得　　道之兴衰与人心之向背

夫文之所言，"民不畏威，则大威至"，此非简言民之畏与不畏，实乃论世事之兴衰、国家之治乱也。天下之人当深思其深层内涵，以明道理，以悟人生。

夫民者，众之基也。畏威者，畏其法也；不畏威者，何也？盖因法之过严，威之过酷，使民不聊生，何能畏之？是以大威将至，非天之降罚，乃人之自招也。故为政者，当知民之所畏，非威之本身，乃威之所用也。威之以法，非以刑人，乃以安民。

是以无狎其所居，无厌其所生，使民得以安居乐业，方能畏威而服。居者，人之所安也；生者，人之所养也。无狎无厌，即无侵扰无败坏。民之安居乐业、国家之安宁、社会之和谐，皆源于此。

无狎其所居，即要保障居住安全，防止外敌侵扰，以及自然灾害之破坏。无厌其所生，即要保障安全，无苛捐杂税压迫，无贪官污吏盘剥。

若欲民安居乐业，必先令其畏威而服。畏威，非单畏其势，实畏其背后之正义与秩序也。民所以畏威，乃知威严中含有公义与公平。唯当民感公正公平，方能甘心遵守法度，维护秩序。

故治国之道，在乎安民之心、养民之生。安民之心，使民有所依、有所归，心满意足而不生异志。养民之生，使民得以丰衣足食，安居乐业而不忧饥寒。此乃治国之基、治国之要也。

"夫唯不厌，是以不厌。"此言何解？盖谓民不厌政，政亦不厌民。民不厌政者，政得其心也；政不厌民者，民为其本也。故为政者，当知民为本、政为末。末附于本方能长久。

夫民者，国家之根本也。政者，国家之末节也。本固而末随，本摇而末危。是以圣人之治必先安民，而后治政。安民之道，在乎养民之生、遂民之欲、修民之身、齐民之心。养民之生，使丰衣足食；遂民之欲，使称心如意；修民之身，使道德兼备；齐民之心，使和睦相处。

政之所行，必本于民。民之所欲，政必从之。民之所需，政必供之。民之所恶，政必远之。是以政者，当顺民心、从民意，为民兴利除弊，治国安邦。政之所得，皆民之力也；政之所在，皆民之心也。政之兴衰，关乎民心向背。民心向背，关乎国家存亡。

故治国之道，在乎民为根木、政为末节。政之末节，当附于民之本，方能长久。末附于本，则政民相得、上下同心、国家昌盛、民生安乐。是以圣人之治，必以民为本、政为末。

"是以圣人自知不自见，自爱不自贵。"自知者明，自见者蔽；自爱者仁，自贵者骄。是以圣人去彼取此，取其所当取，舍其所当舍，此之谓大道也。

夫圣人之所以为圣，非以其神异也，非以其富强也，非以其长寿也。圣人之圣，在于自知，在于自爱。自知者，明乎内外之分，知其所不足，进德修业，不懈于心。自爱者，仁乎天地之间，爱民如子，爱国如家，施政以德，布道以义。

自见者，只见其外不见其内，只见其形不见其神。故自见者蔽，不知己之短，不知人之长，不能取人之长补己之短。自贵者，自以为贵，骄傲自大，不能虚心接受他人之言，不能谦逊学习他人之长。

圣人去彼取此，去自见之蔽，取自知之明；去自贵之骄，取自爱之仁。圣人舍其所当舍，如舍己之短取人之长，舍己之私取人之公。圣人取其所当取，如取民之所需，施政之所急。

求其镜鉴　　自知、自爱与处世智慧

夫民者，邦之本，社稷之基也。故观民之畏威与否，可知大威之将至。经有言："民不畏威，则大威至。"此诚为处世之要言、治国之大道也。是以君子当以此为鉴，修身处世，以保家国安宁。

夫民之所以畏威者，盖因威之过于严酷，使之难以承受。然则威之过严，则怨声盈路，反生祸乱。故为政者，当以宽猛相济、恩威并施。无狎其所居，无厌其所生。狎厌则民不聊生。夫唯不厌，是以不厌。此诚为处世之良策、治国之善道也。

夫圣人者，明理达道，识微知著。自知不自见，自爱不自贵。彼知自身之不足，故能谦虚好学；知自身之有限，故能敬畏天地。是以圣人能去彼取此、舍短取长，终成大道。

人生在世，贵在自知。人贵有自知之明，而后能知人善任。不自见者，方能见人之长；不自贵者，方能贵人之德。是以君子当自知而不自满，自爱而不自骄，方能与人和谐相处，共谋发展。

亦在自爱。自爱者，方能爱人；自尊者，方能尊人。不自爱者，何能爱人？不自尊者，何能尊人？是以君子当自爱自重，而后能爱人尊人。

更在于取舍。取舍之间，彰显智慧。去彼取此者，明辨是非，知所轻重。彼取短舍长者，终致失败；此取长舍短者，方能成功。是以君子当明辨是非、知所取舍，则能在纷繁复杂之世保持清醒头脑，坚定前行步伐。

夫大千世界，万物芸芸，变化无穷。都市之繁华，乡村之宁静，高山流水之壮丽，人际关系之复杂，共同绘就世界绚烂多姿画卷。日月星辰，轮流更替，花开花落，皆于瞬息万变中演绎世间百态。然其根本在于修心养性。心正则行正，性正则品端。是以君子当修心养性，以诚待人，以信立世，方能赢得他人尊重与信任。

且夫人生在世，亦在于顺应时势。时势者，天下之大势也。顺应时势者，方能乘风破浪，直达彼岸；悖逆时势者，终将被时代所淘汰。是以君子当审时度势、因势利导，则能在激烈竞争中立于不败之地。行道法自然之天地大道，以敬畏之心对待天地万物。时刻自省自勉，不断进德修业。在家庭中，孝顺父母，关爱兄弟姐妹；在社会中，诚实守信，乐于助人；在国家中，忠诚于国，奉献于民。

综之，处世智慧博大精深，修身处世以保家国安宁。当自知不自见、自爱不自贵；当明辨是非，知所取舍；当修心养性，顺应时势；当坚定信念，时刻省察己身，勉力向善且持之以恒，方能于纷繁复杂之世成为楷模。

第七十三章

> 经云：勇于敢者则杀，勇于不敢者则活。此两者，或利或害。天之所恶，孰知其故？天之道，不争而善胜，不言而善应，不召而自来，坦然而善谋。天网恢恢，疏而不失。

读经浅悟　　　　　　　　　　　　天道与人生之勇敢与不敢

"勇于敢者则杀，勇于不敢者则活。"此语道尽天地之间生死祸福之奥秘。或勇而敢为，奋身一搏，然则其后果，或致身死；或勇而不敢，审时度势，明哲保身，终得存活。此两者，或利或害，皆在于一念之间，而天之所恶，孰能明其故哉？

天之道，奥妙无穷，超乎人力所能揣度。不显锋芒而成就卓越，此乃无为中至高境界。顺势而为，利益自然汇聚，因而超越他人而不自觉其力。此等境界，非人力强为所能及，实为天道之自然展现。天道不语，却处处响应，恰似春日细雨，悄然滋养万物，无迹可寻，万物皆受其益而不觉其来。此乃天道之玄妙所在，言语难以尽述其万一。

不召而自来，此乃天道之自然规律，万物生长皆循此道。日月之行，四时之变，皆不召而自来，自然而然。此等玄妙，实乃天地之大德，非人力所能及。坦然而善谋，似水流之不息、云之卷舒，从容不迫，而能运筹帷幄之中，决胜千里之外。此等智慧，实乃天道之精髓，非浅学所能领悟。

"天网恢恢，疏而不失"，喻天道之浩瀚，无所遗漏；犹若苍穹织就之巨网，虽间隙可见，却紧系万物之序，不失其庄严法度；恰似日月交替之光辉，公正无私隐现其间。此等天地间的至理玄机，实为大道之行，非人力所能窥其全貌，只能敬畏而仰止。天网之下，万物归宗，疏密有致。

然则本章之原意何在？盖在揭示天地之道，以警世人。勇于敢与不敢之间，实乃人心之抉择。勇于敢者，或为名利所诱，或为私欲所驱，故敢冒天下之大不韪，行危险侥幸之事。然此等行径，虽或有一时之得，终必招致身败名裂之祸。勇于不敢者，则为道义所束，为良知所制，故能审时度势、明辨是非、行稳致远。此等人物，虽或暂时屈居人下，然其品德高尚，终必为世人所敬仰。

夫勇者，非谓一味退缩不前，实乃明理审势、知进知退。进则顺天应人，退则保身全名。人若能明此理，行此大道，则立身处世，无往不胜。故善处世者，当效法自然、顺应天道，以无为之心行有为之事，方能事半功倍、功成名就。

观乎天道之玄妙，其无为而治、顺其自然，故能制胜；不言而教、以身作则，是以应物；不召自来，循自然之规律，是以事成；坦然而善谋，从容不迫，是以善胜。此皆天地之道，示人以处世之大道、人生之智慧也。

然则天道虽玄妙，却非人力所能及。人处世间，当以敬畏之心对待天道，顺应自然规律，行善积德，以合天道，则能得天之庇佑福报。

至于天网恢恢，疏而不失。常人望天，多凭视听，仅见片段，未见全貌。有时善行反招祸端，恶行却获福佑，无人不怀疑天道不公，认为其失之疏漏。唯有洞察事物之始与终，透彻其间变迁与转化，方能明白天道其实广大无边，即使看似疏漏，实则无不周全。

循思渐得 　　　　　　　　　　　勇于敢与不敢

"勇于敢则杀，勇于不敢则活。"此语道尽处世之精义，亦揭示天道之深邃。勇者，人之本性，敢与不敢，皆在于一念之间。然则一念之差，或致身死，或得身存，其利害相权，实乃天所恶，孰能明其故哉？盖深察此理，知其不易也。

天之道，玄之又玄，难以言状。其不争而善胜，实乃无为而治，因势利导，故能胜人而不自知。不言而善应，无为而治，犹如春风化雨，润物无声，行不言之教，故能应物而不露痕迹，成其私也。其不召而自来，如日月之行，四时之变，自然而然，无须外力驱使，此乃道之常也。其坦然而善谋，似水流之不息，柔弱胜刚强。从容不迫而能运筹帷幄之中，决胜千里之外。此皆天道之微妙，非人力所能及也，故曰为道日损，损之又损，以至于无为。

天网恢恢，疏而不失，广大无边，此言天道之广大，无所不包，囊括四海；天道之精细，无所不察，察见渊鱼。天网恢恢，似天地之网罗，虽疏而不失其纲纪，以虚无为本，因循为用；天道昭昭，如日月之光辉，虽隐而不失其公正，天道无亲，常与善人。是以人处世间，当敬畏天道、顺应自然，不可悖逆其理，逆之者亡，顺之者昌。悖逆天道者，虽暂得志，终必遭天谴，天网恢恢，疏而不漏；顺应天道者，虽暂困厄，终必获天佑，天道无亲，常与善人，善人之宝也。

夫勇于敢与不敢之间，择善而从之，实乃人心之抉择，明道若昧也。勇于敢者，往往逞一时之勇，或为名利所诱，贪嗔痴慢疑；或为私欲所驱，逐境而生心。彼等之徒，心为物役，故敢冒天下之大不韪，肆意妄行，罔顾道义，行险以侥幸。殊不知，天道忌盈，满招损，谦受益，盈则必亏。勇于不敢者，非怯懦也，乃深知天道之微妙，畏天命，守柔不争，知止不殆，是以不敢为天下先，不敢以私欲害天理。此等人也，心存敬畏，行止有度，故能长保其身，全其真。是以圣人云："勇于敢则杀，勇于不敢则活。"

再观天道之玄妙，不争而善胜，实乃无为之为。无为者，非无所作为，实乃顺应自然、因势利导。故能无为而无不为，无治而无不治。此等境界，非人力所能及，然则人可效法之。人若能以天道为鉴，以无为之心行有为之事，则能事半功倍、功成名就。

不言而善应者，乃是以行为教、以身作则。言教虽易，身教为难。人若能以身作则，行善积德，则能感化人心、移风易俗。此等功德，非言语所能及，实乃人心之所向。

不召而自来者，乃是诚信之至，处下积而成渊也。人若诚信待人，则能得人之信；人若诚信于事，则能得事之成。诚信者，天下之结也。故诚信之人，虽不召而人自来，不求而人自应。

坦然而善谋者，乃从容不迫之智。人处世间，当从容应对，不可慌乱失措。从容者，能审时度势、明辨是非；从容者，能运筹帷幄、决胜千里。此等智慧，实乃长期修炼之所得。

至于天网恢恢，疏而不失。苏辙曰："世以耳目观天，见其一曲而不睹其大全。有以善而得祸，恶而得福者，未有不疑天网之疏而多失也。惟能要其终始，而尽其变化，然后知其恢恢广大，虽疏而不失也。"

求其镜鉴　　勇而不敢、敬畏天道与效法自然

"勇于敢则杀，勇于不敢则活。"此言人生处世智慧，有勇而敢者，或陷危亡；有勇而不敢者，则得保全。盖勇而敢者，常因轻举妄动，冒进而失足；勇而不敢者，则能审时度势，慎行而全身。此两者，或利或害，实乃处世之要也。

"天之所恶，孰知其故？"此言天道之莫测，人事之难料。天之所恶，非人力所能窥测；人事之变幻，亦非凡俗所能预知。故人生在世，当敬畏天道，顺应自然，以避祸趋福。

"天之道，不争而善胜，不言而善应，不召而自来，坦然而善谋。"此言天道之玄妙，无为而治，却能得胜；无言而教，却能应物；无求而得，却能自来；从容不迫，却能善谋。故人生在世，当效法天道，以无为之心行有为之事，以不言之教化育万物，以不求之得成其大业，以从容之态应万变之世。

观天网恢恢、疏而不失之意，可悟道之深邃也。天道广矣，覆万物而不遗；精矣，察秋毫而不谬。虽无形而纲纪昭然，虽幽隐而公正自在。人行于世间，当以此为镜鉴，敬畏天道，恪守纲纪，修身立德，以臻至善。吾辈处世，当循道而行，不违天理，不悖人心。于细微处见精神，于平凡中显功夫。持守中道，不偏不倚，方能立身处世，安然无恙。又当以道为鉴，自省其身，去私欲，存诚信，行善积德，以成高德。故人生在世，当敬畏天道，遵循纲纪，以正己身，以修己德。天道无亲，常与善人。行善积德，夫人生之意义，岂不在此乎？当以道为本、以德为基，清心寡欲、守柔不争。如此则能应物而不迷、处变而不惊矣。

夫勇而不敢者，非畏缩不前，实乃明理审势、知进知退。故人生在世，当明辨是非、审时度势，以勇而不敢之心行于世间。遇强敌而不惧，逢险境而不慌，此乃真勇而不敢也。

敬畏天道者，必遵循自然之法、顺应天地之序。天道无私，常佑善人；人

道有情，宜行善事。故人生在世，当心存敬畏、行善积德，以合天道、以求福祉。

　　效法天道者，当无为而治、不言而教。言者，非缄默不语，实乃以行为教、以身作则，行不言之教也。故人生在世，当以天道为鉴，观其自然之运行，悟其无为而无不为之妙，以无为之心守柔不争，顺应自然，因应时势，动合天心；以不言之教化育万物，春风化雨，润物无声，使百姓皆归于自然之道，以成其功，功成而弗居也。

　　本章旨在告诫世人，当以勇而不敢为基、敬畏天道为本、效法天道为行，行道法自然之天地大道。唯其如此，方能立身处世，无往不胜。则大道之行，虽远必至；人生之路，虽艰必通。

第七十四章

> 经云：若民恒且不畏死，奈何以杀惧之也？若民恒且畏死，则为奇者，吾将得而杀之，夫孰敢矣？若民恒且必畏死，则恒有司杀者。夫代司杀者杀，是代大匠斫也。夫代大匠斫者，希不伤其手矣。

读经浅悟　　　民不畏死

"若民恒且不畏死"，此言民众之常态，意谓若众人皆无惧死之心，则何以刑罚之威加之其身？盖因死生亦大矣，为人生之终极，而民不畏之，则刑罚之威犹如风过耳旁，何以动其心意？此乃道家顺应自然、无为而治思想之深刻体现。道家认为，万物生于自然、长于自然、归于自然，死生亦自然之理也，非人力所能左右。故民不畏死，乃顺应自然之道，非刑罚之严酷所能改也。是以刑罚虽有其威，然终非长治久安之策。

"奈何以杀惧之也？"此言刑罚之无效，深值吾人细思。若民皆不畏死，则刑罚之威何以惧之？刑罚之本，原在于以杀止杀、以威止威，俾奸邪之徒因惧而敛迹。然则若民无惧死之心，则刑罚之威亦将无有回应，其效何在？此乃道家所以反对强权、主张无为而治之又一明证也。盖道家以为，刑罚之设，虽有其可行之道，然终非长治久安之策。民不畏死，何惧刑罚？故知刑罚之威非本于杀，而本于民之自化。

"若民恒且畏死，则为奇者，吾将得而杀之，夫孰敢矣？"此言刑罚之设，固有其可行之道也。盖因民皆畏死，故刑罚之威严得以施展，奸邪之徒因而敛迹。然则此畏死之心，实乃天赋之性，非刑罚之所能生也；乃自然之理，人心之本源矣。是以道家主张顺应自然、无为而治，使民自化、自正、自富、自朴，而刑罚自无所用之矣。夫无为而治，非弃民于不顾，乃因民之性，导之以理，使之自化于善，此乃上策也。故刑罚之设，虽有其可行，然终非长治久安之道。盖因刑罚乃治标之策，非治本之图。

"若民恒且必畏死，则恒有司杀者。"此言深蕴自然之理，非虚妄之谈。试想，若民众皆怀畏死之心，则世间必存司杀之者，以维生死之平衡，此乃天地自然之道，非人力所能干预，亦非智巧所能改变。司杀者，非他也，天也，自然也。其行其权，皆顺应自然之理，无有偏颇。故道家主张顺应自然、不违天道，使民之生死皆归于自然，则民自安、自治、自乐而无有忧惧。盖因自然之道，乃生生不息之源，顺应之则吉，悖逆之则凶。是以道家倡无为而治，使民之生死皆顺应自然，而非以刑罚威之，使民畏死而求生。如此，则民之生活皆归于自然，无有忧惧，无有强权，民自化、自正、自富、自朴，而社会得以安宁，国家得以长治久安。此乃顺应自然之道也。故曰：顺应自然则民安，悖逆自然则民危。

"夫代司杀者杀，是代大匠斫也。"若人代天司杀，妄行非道，则犹如凡夫俗子欲代大匠伐木，其结果必然是力不从心，甚至伤及自身。盖因天之道，自然无为，如行云流水，任运而行，无有滞碍。而人之道，有为有欲，难免偏颇。故代天司杀，必违天道而自取其咎。

"夫代大匠斫者，希有不伤其手矣。"此言代之必伤。人若代天司杀，必如代大匠斫木，伤手无疑。盖因天道自然，无为无欲，而人道有为有欲。故代天行事，必违天道而自食其果。夫代司杀者，岂止伤其手乎？实则伤其道、悖其德、逆其理，而自取灭亡之道也。

循思渐得　　　　　　　　　　世道人心与法治

此段经文，初读之下，似在谈论治国之道，言及民众对于生死之态度与古之为政者之应对。然细思之，其背后所蕴含的哲理，实则深远矣。盖因生死乃人生之大事，对于生死之态度，即对于生命之价值观也。而古之为政者之应对，则体现其治国理念与执政风格。

若民恒且不畏死，乃言民众之于死亡，非以英勇无畏而然，实因生计艰难，困苦备至，生之乐趣已尽，死之哀痛无存，故于死亡无所眷恋，此乃实情也。当此之时，古之为政者当何以应对之？若徒以杀戮为威吓之手段，岂非如抱薪救火，薪不尽，火不灭，反增民众之苦痛乎？故曰："奈何以杀惧之也？"此言道出了杀戮之不可为，亦揭示了古之为政者应以仁爱之心治国之理。其当以民为本，爱民如子，体恤民情，使民众安居乐业、生死有依，则自然畏死而乐生，国家得以安宁矣。此乃古之为政者之智慧，亦历史之鉴戒也。

若民恒且畏死，乃民众皆珍惜生命，视死如不归之路，充满恐惧，此乃人之常情，亦为社会之常态。然于此常态之下，竟有人敢于为非作歹，肆意挑战法纪之威严，实乃世之奇者也。对于此等为奇者，古之为政者当何以应对之？曰："吾将得而杀之，夫孰敢矣？"此言虽似严酷，然则深含法纪之威严与公正之意。盖因法纪乃社会秩序之要义，亦乃民众安宁之保障。对于挑战法纪者，必严惩不贷，以儆效尤，维护社会稳定与公正。故为政者，当以法纪为纲、以公正为本，而社会得以安宁、民众得以安居也。此乃古之为政者之智慧，亦后世之鉴戒矣。

若民恒且必畏死，乃民众之常态也。生者皆欲求存，畏死乃人性之常情。故民众于生死之际，无不怀恐惧之心，此乃天理之自然也。老子此言，盖欲明民众之本性，以示治者当顺其性而治之。则恒有司杀者，此治者之责任也。夫民众既畏死，则必有悖乱之徒，不畏法度，欲以暴力犯众。若无司杀者以正其罪，则社会秩序将荡然无存。故当设官立法，以司刑杀，维护社会安定。此乃治者之职责，亦治者之道德要求也。

古之为政者，执行法纪之际，必顺天道之自然，不可妄自菲薄，亦不可肆意妄行，须战战兢兢，如临深渊，如履薄冰，唯恐有违天道之旨。盖天道玄远，非人力所能测度；法纪严明，岂容私意干扰？若妄自代天行道，悖逆天意，必如庸手代大匠执斧，非但功不成，反必伤及自身，贻笑于后世。故为政者，当以天道为纲，以法纪为目，纲举目张，而治道得以备矣。此乃古之为政者之金科玉律，亦后世之龟鉴也。否则，必将如代大匠斫一般伤及自身。

"夫代司杀者杀，是代大匠斫也。"此言洞悉古之为政者执行法纪之微妙原则与不可逾越之底线。古之为政者，虽握有生杀予夺之大权，然亦须顺应天道之自然法则，不可肆意妄为，代天行杀戮之酷烈。盖天道玄远，非人力所能轻易测度；杀戮之事，尤须慎重。若妄自代天行道，必如庸手代大匠执斧，技艺未精，而欲行砍伐之事，非但功不成，反必伤及自身。此言既为古之为政者之深切警示，亦彰显对天道之无上敬畏也。

求其镜鉴　　处世与治国之智慧

"若民恒且不畏死，奈何以杀惧之也？"此言至理，深为世鉴。民者，国之根本，死生之际，其志必坚。若以死惧之，非但不能得民之心，反而激其反抗之志。当深思此理，勿以暴力威吓，宜以仁德化民。

若民恒且畏死，则常以道义束其身，凡为奇巧奸诈者，吾将循道而行，得而教化之，非妄加杀戮也。此言虽峻厉，然其意不在滥杀无辜，实乃秉持道德之经，警戒人勿蹈非法之途。夫道者，生生不息，以德化民，不尚刑杀。故当倡道德之教，使民心向善，自然无为而治。如此则民皆遵道而行，不敢稍有逾越，社会和谐有望，国家长治久安可期。是谓以道德经纬天下，而民无不服也。

若有为奇诡不正之事者，自当依据法理严加惩处，以昭彰正义、警诫后来。然行罚之时，亦当秉持公正，明辨是非曲直，勿使清白无辜之人横遭杀戮之祸。盖道德之经，贵在慈俭谦让，不尚苛暴。故当以道德为纲、法治为辅，二者并行不悖，方能令社会有序、民心安定。

"夫孰敢矣？"此言警示之意甚明。若以法治民，公正无私，则民自畏法，孰敢为非？然若自身不正，何以服众？故为政者当以身作则，守法奉公，方能使民信服。

若民恒且必畏死，求生畏死乃本能之反应，亦显生命之珍贵。民众畏死，故能自珍自重，远离祸患。知生之可贵，方能勇于担当，接受生活之种种挑战。则恒有司杀者，此言治者之重任。民众畏死，然世间仍有不法，欲以暴力破坏秩序。此时，若无司杀者以正法纪，社会必将混乱。故治者当立法设官，以惩悖乱，司杀者亦需秉持公正，不可滥用刑罚。

由是观之，若民恒且必畏死，则恒有司杀者，实为人生处世与社会治理之双重指南。于人生而言，当珍视生命，勇于担当，以面对生活之挑战；于社会而言，当明辨是非，支持正义，协助维护秩序。

"夫代司杀者杀，是代大匠斫也。"此言不可越俎代庖、干预司法。大匠者，乃精通技艺之人。司法之事，自有专业之司杀者负责。若代之行事，犹如代大匠斫木，必不能得其精要，反易出错。

"代大匠斫者，希不伤其手矣。"此言为干预司法之弊。若强行干预司法，不仅易出错，且易遭人非议。犹如代大匠斫木者，往往因技艺不精而伤手。故当明辨是非、尊重专业，勿使自身陷入困境。

综观此段文字，其意在告诫当以仁德化民，依法治国，尊重专业，不干预司法。此亦处世之借鉴指引，可供人深思。

夫处世之智慧，贵在明理。明理者，方能知是非、辨善恶。若明此理，则能治国安民，使天下太平。人若明此理，则能修身齐家、处世无虞。

仁德者，处世之根本。当以仁德化民，使民心向善。民若向善，则国家自然昌盛。人当以仁德为本，待人以诚，处世以和，方能赢得他人尊重与信任。

法治者，处世之保障。天下之事，非有法治不能定。当设立明法，维护社会秩序。人亦当守法奉公，尊重法律权威，使社会和谐稳定。

尊重专业者，处世之智慧也。术业有专攻，人皆有所长。当尊重专业，不干预他人职责范围。亦当尊重他人专长，虚心求教，共同进步。

综之，处世之智慧在于明理、仁德、法治与尊重专业。人皆遵循此道，则天下太平、人间美好。明理者，能知国家之兴衰；仁德者，能得民心之所向；法治者，能定国家之秩序；尊重专业者，能使国家之事业兴旺发达。

第七十五章

> 经云：民之饥，以其上食税之多，是以饥；民之难治，以其上之有为，是以难治；民之轻死，以其求生之厚，是以轻死。夫唯无以生为者，是贤于贵生。

读经浅悟　　治国智慧

"民之饥，以其上食税之多，是以饥"，此言何也？盖言民之生活，仰赖上者之政。上者取税以充国用，固其宜也。然若食税之多，使民无余粮以自养，则饥馑之患生焉。故上者之政，宜在薄税敛，使民得以自足，而后可安民之心、定国之本。

"民之难治，以其上之有为，是以难治"，此言何也？盖言上者之治，宜顺民情，而非强使之从。上者若过于有为，恣意干涉，使民不得自由，则怨声盈路，难治之患生焉。故上者之治，必先察民情，使民得以自治，而后可致民之和、成国之治。

"民之轻死，以其求生之厚，是以轻死"，此言何也？世之众人，轻忽生死，何以故？盖因其过度追求生之优厚也。求生之心切，欲望炽盛，贪念横生，为名利所驱，为富贵所惑。然则所求愈多，愈失其本真，心为物役，身被欲累。

"夫唯无以生为者，是贤于贵生。"此言何也？盖言上者若能忘其生，不以自身之生死为念，唯以民命为重，则可谓之贤矣。贵生者，多私念，易为私欲所动，而忘民之生死。唯无以生为者，方能真心为民，民得以安。

然本文之原意，实乃揭示上者之政与民之生计、生死之关系。上者之政若善，则民得以自养，生活安定；上者之治若明，则民得以自治，社会和谐；上者之政若淡泊，则民得以重命，生死有序。故上者宜深思之，以民为本，而后可致国之治、民之安。

夫民者，国之本也。民之生计，国之根本。上者取税以充国用，固其宜也。然税之多少，宜以民之负担为限，不可过度剥削。若税重如山，使民无余粮以自养，则民不聊生，国亦难安。故上者宜深思熟虑，制定合理税制，以保障民之生计，维护国之稳定。

且民之自治，亦为国之大事。上者之治，宜在引导而非干涉。故上者宜无为而治，尊重民之自治权，使民得以自由发展，而后可致社会和谐、国家安宁。

上者，古之为政者也。上者求生之厚，奢华无度，贪图富贵，而昧于义理，置民生于不顾，失其仁心，则民之生死观念淡漠，不畏死而乐祸生，轻死之患生焉。故上者宜淡泊名利，守道而行，以民命为重，恤其疾苦，教化民众珍视生命，明辨生死，尊重天道。夫唯无以生为者，是谓能舍己身，方能真心为民，行无为之治。上者若能忘其生，超脱物欲，不以自身之生死为念，唯念民众之安危，唯以民命为重，则可谓之贤矣，得民心而天下安。贵生者多私念，常为私欲所动，而忘民之生死，失其大德。

一言以蔽之，本文之原意在于揭示上者之政与民之生计、生死之密切关系，并强调上者应以民为本，制定合理税制，顺应民众意愿，使民得其所。民之淡泊名利，非上者强制，而是上者以身作则、示民以道，使民自悟其理、自修其心。于是民之行为皆合乎道义，国家之治理亦无须严刑峻法。民安其居，国和其政。

民为国之本，政为民之基。是以君子之治，务在养民之性，使其心静如水，不慕虚华。宜在导民以简朴，使民自足于道，而非追求世俗之名利。当以道德教化，使民知止足、明本分。于是民德归厚、风俗淳朴，国家自然昌盛，民众安居乐业。此乃治国之大道，自古及今，此情未尝易也。

循思渐得　　以民为本之治国之道

夫民之饥，以其上食税之多，是以饥。此言非止表面之现象，乃深涵社会之根本。夫税者，乃国家之财，为民所供，以供上者之用。然上者食税之多，非为民之福祉，乃为一己之私欲。民则因税重而饥，此非天之不佑，实乃政之失也。

观历朝历代，或有税重如山，剥削民脂，致使百姓饥寒交迫、生计维艰。当政者须知，税非剥削之器，乃国家之财，为民所供。税之轻重，当以民为本，使民得以自足，而后可安国定邦。若税重如山，则民不聊生，国家难安。

"民之难治，以其上之有为，是以难治"，此言深涵为政者之弊。夫为政者，当以法治为本，引导民众。上者若过于干涉民事，则民难以自治，是以难治。故当知民有自治之力，当以法治为本引导民众，而非强行干涉。

故宜深思之，当以法治为本，尊重民意，让民众自治，方可治民如水，使社会和谐安宁。夫法治者，乃定国之本、保民之权。

民之轻死，言民众轻视生死之事，不畏死亡。何以然？以其求生之厚，盖因其过度追求生之丰厚、奢靡，欲望无穷，贪得无厌。为满足过度之求，不择手段，铤而走险，乃至忘却生死之畏。此乃人性之弱点，亦为世态之常情。

世人当深知欲望之害，不可盲目沉沦。应以平和之心，持适度之欲，方能妥善处理世间之事。所谓知足不辱、知止不殆，意指能知足者心无贪念，自不会受辱于外界；能知止者行事有度，自然不会陷入内心之危殆。故可言：能知止者，不危殆于内。

夫唯无以生为者，是贤于贵生。此言非止表面之赞誉，乃深涵当以民为本，不以自身之生死为念，方为贤明。若过于贵生，则必致民不聊生。故当以民为本，心系民众，不以自身之生死为念，而后可称之为贤明。

夫贤明者，非只才能出众，更在于心系民众、以民为本。当深思之，当以民为本、心系民众，使民众得以安居乐业，可称之为贤明之政。

一言以蔽之，本章之深层内涵，实乃为政者之要，当以民为本，轻徭薄赋，尊重民意，关爱民众，使民众得以安居乐业。唯此方可安民心、稳社会，使国家长治久安。

然本章之内涵非止于此。夫为政者，当明辨是非、知所进退。当以法治为本，引导民众，而非强行干涉。

且夫民为邦本，本固邦宁。为政者若能深得民心，则国家自然安宁。故当以民心为鉴、以民意为镜，而后可施其政。若为政者悖逆民心，滥施刑杀，则民虽畏死，而心不服也。心不服，则法治难行、世道难安。

此外，亦当注重教化。教化者，乃引导民众向善之道。当设明法，使民知所避就，而后以教化辅之，使民知善恶之分、礼义之节。则民众自然向善，社会自然和谐。

故宜深思之，当以法治为本，以教化为魂，使民众得以安居乐业。唯有如此，方可称之为贤明之政，方可致国家长治久安。

求其镜鉴　　顺民心、尊重生命与坚守道义

夫民之饥，以其上食税之多，是以饥。观此，知民之生计，系于上之政策也。上之政策，宜以民为本，减税轻赋，使民得以安居乐业，方为上策。是以天下之人处世，当以民为本，体恤民情，以公平之心行公正之事，此乃处世之借鉴一也。

"民之难治，以其上之有为，是以难治"，此言上之有为，非为民所愿，乃自为也。上之有为，若悖于民意，则民难从之，故难治。是以天下之人处世，当顺应时势、合于人心，不为一己之私而违众人之愿。行事当以公心为先，以民意为准，此乃处世之借鉴二也。

"民之轻死，以其求生之厚，是以轻死"，乃言世人皆求生，然求生之念过厚，则易陷溺于物欲之中，心为形役，神为物累。于是，当死生之际，轻弃生命不能自拔，岂不悲哉！老子此言，告知吾人处世，当以道为本，当知生之可贵，亦当知死之可畏。是以不妄求生，不轻言死，守道而行，自然无惧。此乃处世之借鉴三也。

不贵生者，方能真贤。盖因贵生者，必为求生而失道，失道则不贤。唯无以生为者，方能坚守道义，不为求生而失节，此真贤也。是以天下之人处世，当以道义为先，不为求生而失节，坚守本心，此乃处世之借鉴四也。

且夫唯无以生为者，是贤于贵生。此语寓意深远，言人之道德修养，源于内心之道，唯无以生为者，方能得之。

夫道，无为之本，万物之宗。无以生为，即不求生生之厚，不以生为务，而以道德为本。人若以无为之心对待生活，便能超脱物质之束缚，达到道德之境界。然世事纷扰，人心浮躁。吾人应以淡泊之心对待功名利禄，注重内

心修养。无以生为，即不为生所累，不为名利所困。洞察事物之本，不被表象所迷惑。

大千世界，诱惑繁多，若缺乏自律，极易追求物质享受而忽视内心修养。故而应具备淡泊之心，对待财富与地位，注重内在之修养，追求道德之境界。

齐家者，宜和睦也。家和万事兴，此乃古训。天下之人当以和为贵、以亲为重，和睦相处，方能家道昌盛。家庭之中，宜互敬互爱、互谅互让，共同营造和谐温馨之氛围。

治国者，宜为民也。国以民为本，民以食为天。治国者当以民之生计为念，减税轻赋，兴利除弊，使民得以安居乐业。同时，宜重视教育，培养人才，为国家之长远发展奠定基础。

平天下者，宜行道也。天下太平，乃人类之共同愿望。平天下者，当以道义为先，秉持公正之心，行正义之事。

一言以蔽之，处世智慧，博大精深。体恤民情、顺应时势、尊重生命、坚守道义应为大道。同时，宜保持变通之心，诚信为本、谦虚为态，不断追求更高之境界。

第七十六章

> 经云：人之生也柔弱，其死也坚强；草木之生也柔脆，其死也枯槁。故坚强者死之徒，柔弱者生之徒。是以兵强则灭，木强则折。强大处下，柔弱处上。

读经浅悟　　　　　　　　　　　柔弱胜刚强之哲学

"人之生也柔弱，其死也坚强"，此言人之初生，肢体柔弱，气息微细，而及其死也，则肢体僵硬，气息断绝。盖柔弱者，生命之象征；坚强者，死亡之标志。又云："草木之生也柔脆，其死也枯槁。"草木之初生，枝叶柔脆，色泽鲜润，及其死也，则枝叶干枯、色泽尽失。此亦以草木之生死喻柔弱与坚强之异。

夫柔弱者，谦卑自持，顺应自然，随遇而安，无执无着，心无挂碍，故能生生不息，绵延万世而不绝。坚强者，则刚愎自用，违背自然，强行妄为，有所执持，难以变通，故终将消亡，或难逃败亡之厄运也。

是以后文曰："故坚强者死之徒，柔弱者生之徒。"此言坚强与柔弱虽表象相对，实则为生死之两途，一者向死，一者向生，当深究其理，不可不察也。

故知柔弱为道之本，坚强为道之末。守柔弱者昌，恃坚强者亡。此乃天地之常道、道德之要义。当以柔弱为心顺应自然，则能长生久视、与道同光。是以智者察同异、别是非、明生死，而能得道之真谛，行于世间而无碍。

"是以兵强则灭，木强则折。"此言兵之强者，虽一时之盛，然终必败亡；木之强者，虽一时之挺，然终必折断。盖兵强则骄，骄则轻敌，轻敌则败；木强则脆，脆则易折，折则无用。故兵之强者，非真强也；木之强者，非真坚也。真强真坚者，乃在于柔弱之中，含藏生机，顺应自然，无为而治。

夫兵之强弱，非在于兵力之多寡，而在于用兵之道。用兵之道，贵在柔弱，柔弱则能屈能伸、能攻能守，因敌而变，无所不胜。故经曰："天下莫柔弱于水，而攻坚强者莫之能胜，以其无以易之。"水虽柔弱，然能穿石破岩、淹没田舍，其力之大，莫之能御。是以兵之强者，当学水之柔弱，以柔弱胜刚强，方能常胜不败。

"强大处下，柔弱处上。"此言强大者虽一时之尊，盛气凌人，威震四方，然则终必衰落，物壮则老，是谓不道。弱者道之用，柔弱者虽一时之卑，隐忍蓄力，静待时机，然则终必兴起，以柔克刚。

盖强大者易生骄横之心，自视甚高，蔑视万物，骄横则失道，背离自然。柔弱者易生谦卑之心，自知不足，虚怀若谷，谦卑则得道，顺应天理，必蒙天佑。

得道者昌，行无为之治、不言之教，故能长治久安、国泰民安。失道者亡，逆天而行，自取其咎，终至败亡，无可挽回。此天地之常道也，道法自然，无为而治，故能生生不息、绵延不绝。

夫强大与柔弱，非但兵木之喻，亦可用于人事之中。人之强者，若恃强凌弱，傲慢无礼，终必招祸；人之弱者，往往谦恭有礼，忍辱负重，终必得福。"江海所以能为百谷王者，以其善下之，故能为百谷王。"江海之所以能成为百川之归，以其处于下流，故能容纳百川。是以人之强者，当学江海之柔弱，以柔弱处上，方能长久不衰。

柔弱者，无执无着，顺应自然，无为而治。此柔弱非力之不足，乃心之平和，不欲以力胜人，而愿以德化人。夫柔弱胜刚强者，非以力胜，而以德胜。德者，人心之平；力者，人心之动。人心之平则和，和则生生不息；人心之动则乱，乱则纷争不息。

柔弱者，非无力也，乃不愿以力伤人，而愿以德感人。刚强之人，自恃其力，不知柔弱之道。然力有限，德无穷，以有限之力，胜无穷之德，岂非妄想？故老子倡柔弱之道，以德化人，使人心向善而和谐。此柔弱胜刚强之理也。

循思渐得 柔弱与坚强

夫人生之始，柔弱而温润，如春之芽，似晨之露，生机勃勃，充满希望。然则其终焉，坚强而硬直，如秋之叶，似冬之冰，凋零枯萎，归于虚无。观草木之生长，亦复如是，柔脆而青翠，至死则枯槁而凋零。此乃天地之道，亦人生之哲理也。

故知柔弱者，生之徒也；坚强者，死之徒也。何以言之？柔弱者，顺应自然，与世无争，故能长久；坚强者，逆天而行，与世相抗，故易摧折。是以兵强则易灭，木强则易折。盖因强者之强，非真强也，乃外强中干，虚有其表；弱者之弱，非真弱也，乃内蕴生机，含蓄待发。是以强大者恒处下，柔弱者反处上。此乃天地之至理，亦人生之大道也。

夫柔弱者，心如水也，平静而深沉；意如风也，柔和而高远。故能洞察世情，明辨是非，不为物累，不为情牵。其行也，从容不迫，优游自如；其言也，温文尔雅，谦恭有礼。是以人皆亲之、敬之，乐与之为伍。故柔弱者，虽处低位而能得人心，虽无权势而能成大事。

反观坚强者，心如铁也，冷硬而无情；意如石也，顽固而不开。故易为物累，易为情牵，其行也，急躁冒进，不顾后果；其言也，刚愎自用，不听人言。是以人皆避之、远之，惧与之为伍。故坚强者虽处高位而失人心，虽有权势而难成大事。

是以知柔弱者，胜坚强者远矣。柔弱者，以柔克刚，以弱胜强，此乃天地之道，亦人生之智也。夫人生在世，不可恃强凌弱，不可逞勇斗狠。当以柔弱之心包容万物，以柔弱之意顺应自然，则能立足于不败之地也。

且夫柔弱者，非徒无争也，亦能化干戈为玉帛，化戾气为祥和。盖因柔弱者能忍人之所不能忍，能容人之所不能容。故能化敌为友、化仇为亲。是以柔弱者，虽处乱世而能保身家性命，虽遇困境而能化险为夷。此皆柔弱者之所能，而坚强者之所不能也。

夫人生在世，当以柔弱为本，以坚强为末。柔弱者，内蕴生机，含蓄待发；坚强者，外强中干，虚有其表。故当以柔弱之心应对世事，以坚强之志坚守原则。

然柔弱之道，非易行也。必须修身养性，积学储才，方能得之。修身者，

下篇 德经

贵在淡泊名利，清净自守；养性者，贵在平和心态，宁静致远。积学者，当博学多才，广纳百川；储才者，当厚积薄发，以待时机。

夫柔弱之道，亦非独行也。必须与人共处，相互扶持，方能行远。故当以和为贵、以诚为本。与人相处，当以和为先、以诚为要。

是以知柔弱之道，乃人生之大道也。当以柔弱之心应对世事，以柔弱之意顺应自然，勉力行之，则人生之道可得矣。

夫人生在世，不过百年。百年之间，或荣或辱，或成或败，皆系于人生之道也。故应以柔弱之道为人生之鉴，修身养性，积学储才，与人共处，相互扶持。

求其镜鉴　　柔弱守中，进退有度

夫人生之初，柔弱也；其终焉，坚强乎？观草木之生，柔脆焉；其死也，枯槁乎？是以知柔弱者，生之徒也；坚强者，死之徒也。兵强则易灭，木强则易折。强大者，恒处下；柔弱者，反处上。此乃天地之道，亦人世之鉴也。

夫处世智慧，贵在柔弱。柔弱者，能屈能伸，能进能退，不为物累，不为情牵。故能与时偕行，应物无滞。夫强者，虽一时显赫，然必有穷途末路之时。其势愈强，其败愈速，此乃自然之理也。是以智者不务强而务柔，不务刚而务弱。

柔弱者，心无挂碍，意无滞碍。心如虚空，包容万物；意如流水，随物赋形。故能洞察世情、明辨是非。不强求于人，不妄求于物。顺天应人，随遇而安。此柔弱者之所以能处上也。

强大者，心有所系，意有所执。执于一己之私，系于一己之利。故易为物累，易为情牵。其势虽强，然必有破绽之处。一旦遭逢变故，必致倾覆之祸。此强大者之所以恒处下也。

夫处世智慧，又贵在守中。中者，不偏不倚，不激不随。守中者，能持正不阿，能应变不穷。夫偏强者必有所失，偏弱者必有所得。然得失之间，祸福相倚。强者未必终强，弱者未必终弱。是以守中者，能洞察此理，不为得失所动。

守中者，心如止水，意如古井。不为外物所扰，不为内情所困。故能冷静处事，理智待人。不强求成功，不惧怕失败。顺其自然，随遇而安。此守中者之所以能立于不败之地也。

夫处世智慧，亦贵在知进退。进者，乘势而上，顺时而动；退者，审时度势，避害趋利。知进退者，能审时度势，因势利导。故能趋吉避凶，保全身家性命。夫不知进退者，必遭祸患。或进之过急，以致失足；或退之过缓，以致受困。此皆不知进退之害也。

知进退者，心如明镜，意如游丝。能洞察世情之变化，明辨时势之利害。故能进退自如，得心应手。

人生在世，柔弱、守中、知进退，三者缺一不可。柔弱者能屈能伸，守中者持正不阿，知进退者审时度势。故能立于不败之地，保全身家性命。然此三者非唾手可得也，必须修身养性、积学储才，方能得之。

夫修身养性者，贵在淡泊名利、清净自守。不为物欲所累，不为情欲所牵。心无挂碍，意无滞碍。故能洞察世情之真伪，明辨是非之曲直。积学储才者，贵在勤学好问，博采众长。不满足于一己之见，不固执于一己之私。故能人情练达，明辨古今之变。

为人处世，当知守下、不争之理，遇争执，宜自省："忍一时风平浪静，退一步海阔天空。"争强斗胜，非但耗时耗力，且乱心性、损形象，非君子之美德也。不可逞强凌弱，不可暴政虐民。唯甘居下流，方能纳百川，方能成天下之谷。

虽世间千变万化，然则其要不过乎柔弱、守中、知进退三者而已。能得此三者，则处世无难矣。故愿天下人以柔弱、守中、知进退为鉴，勉力行之。

第七十七章

> 经云：天之道，其犹张弓与？高者抑之，下者举之；有余者损之，不足者补之。天之道，损有余而补不足；人之道则不然，损不足以奉有余。孰能有余以奉天下？唯有道者。是以圣人为而不恃，功成而不处，其不欲见贤邪？

读经浅悟　　　　　　　　　　　　道家天道思想

夫天道之至理，犹张弓之法则。"高者抑之，下者举之；有余者损之，不足者补之。"此乃天道之常然，亦宇宙之大道。盖天地之间，万物生长皆循此道，以求和谐平衡。

天道之行，损有余而补不足，此乃自然之法则，亦天地之公道。夫有余者，非恒盈而不亏；不足者，非恒亏而不盈。天道使之平衡，故万物得以生长，生生不息。此乃天道之仁慈，亦天地之大德。

观人之道，与天道相异。人之处世，多损不足以奉有余，此乃人心之私欲使然。或有人贪得无厌，追逐名利，以损人利己为能事。于是富者愈富，贫者愈贫，社会之不公由此而生。此乃人道之弊，亦人心之病也。

夫人心之私欲，犹如毒草，蔓延于心田，使人迷失本性，追求物质享受，忽视精神修养。人为了满足私欲不择手段，甚至损害他人利益。于是，人与人之关系变得冷漠无情。

贪欲之人，心中无公，唯有私欲。其追求个人利益，忽视他人需求。于是社会不公现象日益严重，贫富差距不断扩大。社会之不平等使其心理失衡，矛盾冲突不断。

此等人道之弊，皆因人心之病也。吾人应当反思，回归本心，培养公心，以公平正直之心待人接物。孰能有余以奉天下？唯有道者能之。道者，明理达道之人也。彼洞察天地之奥秘，领悟人生之真奥，故能行有余以奉天下之道。彼不贪不私，以天下为己任，行善利人而不求回报。此乃道者之高风亮节，亦人道之楷模。

是以圣人为而不恃，功成而不处。圣人之心，清虚淡泊，不慕荣利，不矜己能。彼以天下为己任，行善利人而不求回报，功成身退而不居功自傲。此乃圣人之智慧，亦人道之极致。

天道之行，损有余而补不足，此乃天理也。夫为人者，当去私欲存公心，法天地之公道，以有余奉天下，以公平正直之心待人接物。盖公心者，无私之谓也，无私则无畏，无畏则能容，能容则和谐生。人皆存公心，则社会和谐，人心向善，天下自然太平。然私欲难去，人皆难免。故修养心性，克己奉公，乃是人所以为人之重要课题。唯有去私存公，方能致社会之和谐，促天下之太平。

吾观历史，富者愈富，贫者愈贫，社会不公之象屡见不鲜。此乃人道之弊所致也。天下之人当以天道为鉴，去私欲存公心，行有余以奉天下之道。天下之人当以圣人为榜样，修心养性，为而不恃，功成而不处。

且夫，天道之行虽抑高举下、损余补缺，然则未尝偏私。天地无私故能长养万物；人心无私故能行善积德。天下之人当以此为鉴，去私欲存公心以达无私之境。无私者方能成其私也。彼以天下为己任者，虽不求回报，然其善行必将得到天地之眷顾，他人之敬仰，此乃无私报也。

循思渐得　　　　　　　　　　　　　　大道与人道

夫天道者，自然之理也。天地之间，万物生长，皆顺应自然，无有强求。如张弓之喻，弓弦之张，必以适中为度。过高则弦断，过低则矢不达。故天道之运行，必以平衡为要，高者抑之，下者举之，有余者损之，不足者补之。此乃天地之常道、自然之法则，非人力所能为也。

人道则不然。或有人贪得无厌，争强好胜，损不足以奉有余。富者愈富，贫者愈贫，强者愈强，弱者愈弱。此乃人道之弊，与天道相悖。夫何为天道？即公平、公正、无私、无我之道也。天道之下，万物平等，无有贵贱之分，无有亲疏之别。故能损有余以补不足，使万物皆得其宜。

然则，人道何以至此？盖因人心之私，欲望之无穷也。或有人欲富贵，欲尊荣，欲安逸。于是争名夺利，尔虞我诈，无所不用其极。殊不知，此乃背道而驰，与天道相违。夫天道无私，故能长久；人道有私，故易衰败。

圣人之为，乃以有余奉天下也。夫有余者，非独财物之谓也，才智、能力、德行皆可称之。圣人以己之有余，奉献于天下，使万民皆得其益。如日月之照临，如雨露之滋润，无私无我，功成而不居。此乃圣人之德，与天道相合。

夫圣人之治，非以强力为之也，乃以道德感化之。圣人深知人心之善恶，故能以道德引导之，使万民皆向善。如春风之化雨，如秋霜之杀草，自然而然，无为而治。是以圣人之处世，不恃其力，不炫其智，功成而不处，其不欲见贤邪？此乃圣人之谦卑，与天道之谦下相应。

天道之运行，无声无臭，无形无象。然其作用于万物，则无所不在，无所不能。如日月之升降，如四季之更迭，皆天道之运行也。圣人之道亦如是。圣人无为而治、行不言之教，然其影响于万民，深远而广大。如春风之吹拂，如秋水之润泽，皆圣人之道也。

夫天道与人道，虽异而实同。天道之运行，乃自然之理；人道之行为，亦应顺应自然。然则人道何以不能如天道之完美？盖因人心之杂，欲望之多也。故圣人之道，乃以道德化人心，以无为治天下。使万民皆能顺应自然，无为而治，则人道亦可如天道之完美。

今人读《道德经》，往往只知其一，不知其二。以为道家之道乃消极避世、无所作为之道。殊不知，道家之道乃积极入世、无为而治之道也。夫无为者，非不为也，乃顺应自然而为也。如农夫之耕田，商贾之贸易，皆无为而为也。故道家之道非消极之道也。

且夫《道德经》之义理，皆寓深意于浅近之中。如本章，虽以张弓为喻，然其意实指天道之平衡、公平、无私也。当深究其意，勿以浅尝为足。又如"圣人为而不恃，功成而不处"一言，虽以圣人为例，然其意实指人人皆应如此也。

夫道之深奥，犹龙潜深渊，非一言可尽其妙，亦非浅识能窥其涯。然余读此章，如沐春风，涤荡心扉，深感其理之精妙，犹丝竹之音，悠扬入耳。

道之深邃，似苍穹无际，引人遐思。故欲抒己见，犹涓涓细流，汇入江海，以明此章之深意，亦冀望同道者共赏。盖道之所在，无处不在，虚心体认，方得其真。

求其镜鉴 以天道指引处世智慧

夫天道之行，犹如张弓，高者抑之，下者举之；有余者损之，不足者补之。此乃天地自然之道，万物生长之法则。然人之道，往往与之相悖，损不足以奉有余，此实人世之弊也。是以吾欲借天道之行，为处世之借鉴。

夫天道之行，抑高举下，损余补缺，此非偏私也，乃平衡万物之需要。天地之间，万物生长，皆有其时，有其序。高者不可常高，下者不可常下，有余者不可常盈，不足者不可常亏。此乃天地之公道，亦人生之借鉴。

天地之间，四时更替，万物生长，皆有其序。天下之人处世，亦当有所作为，以合于天道。然天下之人所作所为，当以利民为本，以和谐为要。不可为一己之私而损人利己，亦不可为炫耀之名而行不义之事。

人之道则不然，往往以私欲为先，损不足以奉有余。富者愈富，贫者愈贫，强者愈强，弱者愈弱。此乃人世之弊，亦天下之人所当戒。夫有余者，若能以其余奉天下，此真乃有道者也。是以圣人为而不恃，功成而不处，不欲见贤，此乃圣人之境界，亦天下之人当效法者也。

故人生在世，当以天道为鉴。抑高举下，不骄不躁，此为处世之第一要义。有余者，当以其余惠人，不足者，当自强不息。则能平衡万物，和谐共处。

且夫人之道虽与天道相悖，然亦有其可取之处。人之所以能主宰万物，非因其力大无穷，而因其有智有德。是以天下之人当修智修德，以合于天道。智则能明辨是非，德则能约束私欲。则能行人之道，而不悖于天道。

夫圣人之所以为而不恃，盖因其行事不以己为出发点，乃顺应自然、遵循道义。故圣人行事，不以私欲为念，而以天下为己任，致力于造福百姓。圣人之所以不恃，乃因其明白，一切功名利禄皆为过眼云烟。

圣人之功成而不处，意为虽成就非凡，却仍保持谦逊，不居功自傲。盖圣人深知，功成名就不过人生之一阶段，而非终点。故圣人始终坚守道义，追求更高境界。

其不欲见贤邪,乃指圣人谦逊低调,不炫耀自己的才华。圣人深知,才华出众并非人生之最大价值,而要致力于践行道德,利益天下。故圣人隐匿才华,低调处世,以德服人,而非以才傲物。

首先,天下人宜以圣人为法,行事不以私欲为先,而顺自然、行道义。其次,当知功名利禄皆泡影也,唯道德修养方能传之千古。最后,虽有非凡之成就,仍需谦冲,不自尊自大。终宜低调,不以才华凌人,而以德服众。

学者,宜深研圣人之智,悟《道德经》之旨。唯有此,方能顺自然、行道义,至心灵富足之境。吾等更应时时刻刻,以防私欲之侵,失道德之导。

第七十八章

> 经云：天下莫柔弱于水，而攻坚强者莫之能胜，以其无以易之。弱之胜强，柔之胜刚，天下莫不知，莫能行。是以圣人云："受国之垢，是谓社稷主；受国不祥，是谓天下王。"正言若反。

读经浅悟 道家水德思想

"天下莫柔弱于水，而攻坚强者莫之能胜"，此语出自古人之口，乃道出天地之间至柔至刚之真奥。水者，柔弱无骨，却能穿石破岩、无坚不摧，此非水之本力，实乃柔能克刚、弱能胜强之大道也。

夫水之行，无形无状，随方就圆，遇阻则绕，遇低则积，其变化无穷，不可捉摸。然其内蕴之力，却能以柔克刚、以弱胜强。观夫滴水穿石，乃持之以恒，不懈其力，终至石穿。此非水之本力，实乃水之恒心、水滴之毅力也。

是以知柔弱者，非真弱也，乃能屈能伸、能退能进，此其所以胜刚也。弱之胜强，非偶然也，乃天地之道、阴阳之理。夫天地之间，阴阳相济，刚柔并存，刚则易折，柔则长存。是以圣人知此理，故能处柔弱而胜刚强。

夫圣人者，洞察天地之道，明辨阴阳之理，故能处柔弱而胜刚强。其所谓"受国之垢，是谓社稷主；受国不祥，是谓天下王"，非徒言也，实乃道出为君为臣之大道。受国之垢，承担全国之祸难也。夫社稷主者，非以力胜人，而以德服人；非以势压人，而以理服人。其所以能承担国家之重，非其力大也，乃其心广、其志坚、其德厚也。

受国不祥者，非真不祥也，乃国家之危难之际，须有人挺身而出，力挽狂澜。此等人物，虽身处逆境，然其精神之伟大，足以成为天下之王。夫天下之王，非以位尊，而以德高；非以势大，而以望重。其所以能统御万民，非其力也，乃其德也。

是以知，圣人之所以为圣，非其力大，非其位尊，乃其能处柔弱而胜刚强，能承担国家之重，能统御万民之心。此其所以为圣也。

夫正言若反者，非真反也，乃言外之意、弦外之音。人当善于体悟此理，方能洞察世事、明辨是非。夫正言者，直道而行，无所偏私；若反者，非真反其道而行也，乃行其道于曲折之中，以求达其目的。此所以为正言若反也。

夫处世智慧，贵在变通。如水之柔，能克刚强；如水之智，能化险阻。人当效法水之行，随遇而安，灵活变通。遇强则柔，遇刚则弱，此乃处世之秘诀也。然变通非易事，须有深厚之内涵与高远之志向。是以人当修身养性、积学储才，以备不时之需。

夫天下之事纷纷扰扰、变幻莫测，唯有洞察世事，明了柔弱胜刚强之理者，方能立足于不败之地。是以人当以此为鉴，体察水之行，悟处世智慧，则能于纷扰之世中，保持清明之心，行稳致远。

夫水之行也，无坚不摧，而能成其大。遇石则穿，逢山则绕，其志在江海，非溪涧所能限。水之所以能攻坚强者，以其柔也。人当效法水之行，无论身处何地，皆能保持本性，不为外物所移。此乃处世之最高境界也。

"天下莫柔弱于水，而攻坚强者莫之能胜。"此非徒言水也，实乃言人之处世智慧。人当如水之行，柔中有刚，弱中有强，于平凡中见伟大，于细微处见精神。

是以知本章之原意，非徒言水也，实乃言人之处世智慧，道出弱能胜强之大道。人当以此为鉴，修身养性，悟处世智慧，方能于纷扰之世中，保持清明之心，行稳致远。夫天下之事变幻莫测，唯有明理之人，方能洞察其机、把握其要。

循思渐得　　　　　　水之道与处世智慧

"天下莫柔弱于水，而攻坚强者莫之能胜。"此非徒言水也，盖言处世之深义。水虽柔弱，然能克刚，此乃天地之间至柔至刚之道也。是以观水之行，可悟处世之智。

天下之物，有刚有柔，有强有弱，然则刚强未必能胜，柔弱未必不克。此乃大道之常理，亦天地之自然。观夫水也，柔弱之至，无形无象，随方就圆，无所不至。然其攻坚克强，莫之能胜，何也？以其无以易之也。水之行，柔弱而胜刚强，非以力争，乃以道胜。道者，自然之理也，无为而治，不言之教。故水之行顺应自然，无所勉强，而能胜刚强。

夫柔弱胜刚强，此乃天地自然之理，非唯水然也，实乃万物之共性，人事亦需顺应此道。世间之人品类繁多，有刚强之士，傲岸不羁，亦有柔弱之徒，谦逊温和。然则刚强之士，若恃强凌弱，以力服人，不知柔弱之道，悖逆自然，或可终至败亡，此乃刚强之弊也。

柔弱之徒，则知柔弱之用，深谙大道之理。彼以柔克刚、以弱胜强，不战而屈人之兵，善之善者也。故能保其身、全其德，逍遥于世，无咎无誉。此乃柔弱之益，亦生存之道也。刚强者，若其不知柔弱之用，逆天而行，或为灭亡之由，故难逃败亡之厄。

是以圣人云："柔弱胜刚强。"此言非虚，实乃天地自然之道。学者当深悟此理，以柔弱为用，顺应自然，则能修身齐家治国平天下，而无所不至。

故知柔弱者，生存之道也；刚强者，或可为灭亡之由也。

圣人云："受国之垢，是谓社稷主；受国不祥，是谓天下王。"此言圣人以柔弱为用而能胜刚强，以不争为德而能成其大。

夫圣人之道，微妙玄通，深邃奥秘，非浅识所能窥探。其精义所在，以柔弱为用，此非唯人事之常理，亦天地自然之大道。观天地之间，万物生长皆顺应自然之法则，柔弱者往往能胜刚强，此天地之常道也。

圣人洞悉此理，故法天则地，以柔弱为用。彼不恃强凌弱，不以力胜人，而能以柔和之德感化万物，使天下归心。是以圣人能长久保持其道德之高尚，而无衰败之忧。

夫柔弱者，非无力也，乃顺应自然，不争而胜。圣人以柔弱为用，非唯能胜人，亦能自胜。彼知柔弱之用，故能守柔不争，而天下莫能与之争。是以圣人之道，微妙玄通，深不可识，然其以柔弱为用，则能明大道之理而无所不通。

此乃圣人之道，微妙玄通，深不可识，然其以柔弱为用，则能长久保持其道德之高尚，而无衰败之忧也。然则柔弱之道非易行也，世间之人或有恃强凌弱、以力服人，不知柔弱之用者也。

受国之垢，担天下之辱，不以为耻，是谓社稷之主能承其重也；受国不祥，担天下之难，不以为祸，是为天下之王能安其位也。受国之垢，担其屈辱，不以为辱，是谓社稷主能忍辱负重也；受国不祥，承其灾祸，不以为灾，是为天下王能临危不惧也。此言君主当以天下为己任，不避屈辱，不畏灾祸，方能保其社稷、安其天下。此言圣人以天下为己任，不避艰险，不辞劳苦，故能成其大。

正言若反者，乃圣人之道也。彼以柔弱为用，不争而胜，不言而教，故正言若反，而实则是也。深悟此理，宠辱不惊，受难不屈，以柔弱为用，不争而胜，而无所不至。此乃圣人之道，其以柔弱为用，正言若反，实则是也。

求其镜鉴　　像水以柔克刚，灵活变通

"天下莫柔弱于水，而攻坚强者莫之能胜，以其无以易之。"水虽柔弱，无筋骨之刚，然其柔中有刚、刚中有柔，故能穿石破山、无坚不摧。是以知柔弱者未必真弱，强者未必真刚。柔之胜刚，弱之胜强，天下莫不知，而莫能行，盖因人心多执于刚强，而鲜能体察柔弱之道也。

夫水之行，无固定之形，随方就圆，遇高则下，逢低则流。此乃水之智慧，亦处世之要义。人当如水，随遇而安，不执一端，不囿一隅。世事纷纭，变化无常，唯有灵活变通方能立于不败之地。

是以圣人云："受国之垢，是谓社稷主；受国不祥，是谓天下王。"此言何解？盖圣人知柔弱胜刚强之理，故能忍辱负重，承担国家之重任。受国之垢，非真垢也，乃国家之艰难困苦须有人承担。受国之不祥，非真不祥也，乃国家危难之际须有人挺身而出。此等人物，虽身处逆境，然其精神之伟大，足以成为社稷之主、天下之王。

夫正言若反，此亦处世之智。世人往往以直为直、以曲为曲，殊不知直中有曲、曲中有直。正言若反，非真反也，乃言外之意、弦外之音。人当善

于体悟此理，方能洞察世事、明辨是非。

夫处世智慧，贵在变通。如水之柔，能克刚强；如水之智，能化险阻。人当效法水之行，随遇而安，灵活变通。遇强则柔，遇刚则弱，此乃处世之秘诀也。

然则何以行此道？吾以为有三要焉：一曰心静如水，不随物转；二曰行若流水，不拘一格；三曰志在深海，不恋浅滩。心静如水者，能洞察世事，不为外物所扰；行若流水者，能随遇而安，不囿于成规；志在深海者，能胸怀大志，不满足于小成。此三者，乃处世之要义也。

夫处世智慧，须日积月累，潜心体悟，犹星辰于夜穹，闪烁其光。每一历，每一悟，皆若星辰之辉，照耀前行之路。遇强则示弱，遇刚则示柔，此非怯懦，实乃智慧。世人皆以强为美、以刚为贵，殊不知强中有弱、刚中有柔。是以人当以柔克刚、以弱胜强，此乃处世之道也。

夫水之行，有时在渊，有时在山，有时在溪，有时在海。其行虽异，然其性不变。人当效法水之行，无论身处何地，皆能保持本性，不为外物所移。此乃处世之最高境界也。

且夫水虽柔弱，然能载舟覆舟。人当以此为鉴，知柔弱者亦有大力，不可轻视。故处世之时，当以柔克刚、以弱胜强，此乃长久之计也。

夫天下之事纷纷扰扰、变幻莫测，唯有洞察世事，明了柔弱胜刚强之理者，方能立足于不败之地。是以人当以此为鉴，体察水之行，悟处世智慧，则能于纷扰之世中，保持清明之心，行稳致远。

夫处世之智，重在于通与慧。人宜若水，随器而安，灵活变通。遇强则避，遇刚则和，此乃处世之妙诀也。然通变非易，须内涵之深厚与志向之高远。是以人宜修身养性、积学储才，以应不时之需。

夫水之行也，滥觞于渺渺之源，绵延至浩渺之涯，生生不息，其势不可当，其志不可摧。人应深悟水流之道，立志于鸿鹄之志，持之以恒，犹如滴水穿石，虽细微却蕴含无穷之力。于世态炎凉、困境重重之中，犹能秉持坚定之信念，勇往直前，无惧风雨之洗礼，无畏霜雪之侵凌。此乃超凡入圣之处世哲学，亦为个人心性修养与智慧沉淀之极致彰显，映照生命不屈不挠、勇往直前。

第七十九章

> 经云：和大怨，必有余怨，安可以为善？是以圣人执左契，而不以责于人。故有德司契，无德司彻。夫天道无亲，常与善人。

读经浅悟　　　　　　　　　　　　　　修心化德

　　怨深似海，难以填平；圣人之为，别有妙法。和大怨者，必遗余怨之痕，安能期其尽善尽美乎？是以明哲之士，不汲汲于和解旧怨，而致力于防微杜渐，以免新怨之生。圣人者，执左契以记过往，然不责于人也。彼深知怨恨之无益，故淡然处之，不以为意。

　　观乎世间百态，有德之士，司契以记情；无德之人，则司彻以算账。何也？盖有德者，心存宽厚，不念旧恶，但记人情之厚薄，以为来日相处之鉴。而无德者，睚眦必报，锱铢必较，虽微末之怨，亦必求其平衡。此两者之异也。

　　天道者，无亲无疏，唯善是与。彼不以人之善恶为意，然则常佑善人。何也？盖善人之心合于天道，其行亦顺乎自然。是以天道佑之，非偶然也。而圣人之道，亦以此为鉴。彼不责于人，非畏其怨也，实欲人之自新。是以执左契而不求其报，此圣人之用心也。

　　夫怨恨之生也，解之难矣！圣人知其然也，故不汲汲于和大怨，而致力于防微杜渐，以免新生之怨矣。此其智也。且夫天道无亲，而常与善人者，何也？岂不以善人之行合乎天道，故常佑之乎？是以圣人之道，亦是以善为行，以合天道也。

　　世之纷扰，多起于怨。怨之深者，难以消解。然圣人处之泰然，不以为意，何也？岂不知怨恨之无益，而淡然处之乎？彼执左契，以记过往，然不责于人，其宽厚之心可见矣。有德之士，循道而行，司契以记情，行不言之教；无德之人，背道而驰，则司彻以算账，斤斤计较。此其异也。然天道无亲，常与善人者，非偶然也。善人之心，合于天道，其行也顺乎自然，是以天道佑之。

圣人之道，在于宽厚，不责于人，执左契以记情，而不求报。此其用心也。夫怨恨之生，解之难矣！圣人防微杜渐，以免新生怨恨。此其智也。且天道无亲，常与善人者，岂不以善人之行合乎天道，故佑之乎？是以圣人之道，亦是以善为行，以期合乎天道也。

世间恩怨纠葛，纷繁复杂，然则大怨之后，必有余怨，难以消解。是以圣人淡然处之，不汲汲于和解旧怨，而致力于防患未然之道也。此其高明之处也，亦吾辈所当效法者也。夫怨恨之无益于身心也，明矣。圣人知其然也，故不为所动，而致力于宽厚之道，以消解世间之纷争也。此其伟大之处，亦吾辈所当敬仰者也！

是以吾辈当以善为本，以合天道也。夫怨恨之生，解之难矣！然圣人之道，在于宽厚与防微杜渐也。此其高明之处，亦吾辈所当效法者也！

世间恩怨难以尽述，然则大怨之后必有余怨。圣人淡然处之，不以为意，而致力于宽厚与防微杜渐之道也。此其伟大之处，亦吾辈所当敬仰与学习者也！天道无亲，而常与善人者，善人之行合乎天道也。吾辈当以此为鉴，以善为本，以合天道也！

循思渐得　　　　　　　　　　　　　宽恕与善行

和大怨者，积恨难消，必有余怨潜藏，岂能轻言此为善举？是以圣人明理，手持左契，心存宽厚，不向人求全责备。彼深知，怨恨之深，如狂风巨浪，难以平息，故不责于人，此圣人之智也。有德司契，铭记恩情，心存感激；无德司彻，锱铢必较，心无宽容。天道至公，不分亲疏，却常佑善人，此理甚明。

世间纷扰，恩怨纠葛，怨深似海，难以消解。纵有和解之举，亦必留有余怨，此又安能称之为善行乎？是以圣人深谙此理，不图表面和解，唯求内心安宁与社会和谐。彼手执左契，心存善念，宽厚待人，不轻易责备他人，此其所以为圣人也。圣人之道，在于探求恩怨之本质，明了怨恨之无益，故淡然处之，不汲汲于和大怨，而致力于防微杜渐，免生新怨。此圣人之智，亦吾辈所当效法者也。

观乎世间百态，纷繁复杂。有德之士，如司契之吏，心存感恩，铭记他人之恩惠，时时图报；而无德之人，则如司彻之吏，睚眦必报，锱铢必较，心无半点宽厚之意。善与恶，怨与德，皆人心之所向，亦社会之镜像。是以探求德行之道，实乃解怨之根本。修心养性，培养德行，方能化解恩怨，求得内心安宁与社会和谐。

天道至公，无亲无疏，然常佑善人。善人者，心存善念，行善积德，顺应天道，故得天道之佑。而圣人之道，亦是以善为本，修心养性，探求德行之道，以期合于天道。是以圣人执左契而不轻易责备他人之过失，实欲人之自新；有德司契而无德司彻之理，亦以此为鉴也。探求天道之真谛，在于明理行道，而非空谈理论；化解恩怨之关键，在于培养德行，而非单纯依赖和解之举。

夫怨恨之生也易，解之难！是以圣人防微杜渐，修身养性，以免新生怨恨。彼知怨恨之无益于身心也明矣！故淡然处之，不以为意。且夫天道无亲，而常与善人者，何也？岂不知善人之行合乎天道，其言顺乎自然，其举应乎人心乎？是以天道佑之也！探求善人之行，天道之佑，亦在于此也。善人顺应天道，行善积德，则得福报；若心存恶念，行为不端，则必遭天谴！此理甚明，无须多言。

世间恩怨何时了？执契不责人者，乃圣人胸怀与气度之体现也。怨恨自随风飘去者，乃圣人智慧与境界之彰显也。善人合道得天佑者，乃善行之报应也。探求善行合道之真，亦在于此也。

夫圣人之道，高深莫测，难以言诠；然其要旨，在于探求德行之道，以合于天道也。世间恩怨纠葛纷繁复杂，然大怨之后必有余怨，难以消解。是以圣人淡然处之，超然物外，不汲汲于和解旧怨，而行不言之教，致力于防患未然之道也，无为而治。此其高明之处，亦吾辈所当探求者也。夫怨恨之无益于身心也明矣！圣人知其然也，故不为所动，而致力于探求宽厚之道，以德报怨，以消解世间之纷争也。此其伟大之处，道法自然，亦吾辈所当敬仰者也，尊道贵德。探求圣人之道，亦在于此也。

天道至公而无私，常佑善人，非偶然也。盖因善人之行顺乎自然、合乎天道，是以得天道之佑。吾辈当以此为鉴，探求德行之道。世间恩怨多因人心之狭隘而起，然则怨恨无益于身心明矣。何不放下积怨，以善良宽容面对世间万物，此吾辈所当探求之真道也。

世间多恩怨纠葛，难以消解。然则圣人之道，在于探求德行以化解之，而非单纯依赖和解之举。执左契意在修身养性、培养德行，而非责备他人之过失。天道无亲常佑善人者，乃善行之报应也。怨恨无益反伤身者，明矣！

吾辈岂能沉溺于心中之怨，而不得以善容忍之心对待世间诸般事乎？

求其镜鉴　　修德以处世，行善以立世

和大怨者，积恨重重，余怨难消，安能为善？圣人明此，故执左契，心存宽厚，不轻易责备于人。盖因怨恨之根深植于心，难以拔除。是以圣人示人以德、导人以善，使人心生敬畏、自感惭愧，从而化解大怨，此圣人之智也。

世间恩怨难以尽述，怨深似海难以消解。然则圣人之道，在于修心养性、探求德行，以之为生活指南，求得内心安宁与社会和谐。是以圣人执左契而不责于人，意在修身养性、培养德行、厚德载物，而非责备他人之过失，以明哲保身。有德之士若谷虚怀，如司契之吏，握道而行，心存感恩，知恩图报，铭记他人之恩惠，常怀感激；无德之人，则如司彻之吏，锱铢必较，心无宽容。是以人生之路，当以有德为先，修身养性，化解恩怨。

天道至公，无亲无疏，却常佑善人。善人者，心存善念，行善积德，顺应天道，其言行皆顺应自然之理，合乎道德之法则，故得天道之佑，福泽深远，绵延不绝。是以探求德行之道，实乃人生之重要课题。修心养性，行善积德，方能真正化解恩怨纠葛，求得内心安宁与社会和谐。

恩怨纠葛，难以消解。然则圣人之道，在于以德行为先、化解恩怨为后；执左契意在修身养性，而非责备他人之过失也！有德司契、无德司彻之理，亦是以此为鉴也！怨恨无益反伤身，何不放下积怨与仇恨，以善良宽容面对世间万物乎？此乃圣人所指引之人生道路也！

有德司契，无德司彻。有德之人，如执契约，行事有信，言出必行，人皆敬之；故处世当以德为先，修身立德，方能赢得他人之敬重，此为立身之本，

须臾不可离也。无德之人，则如司彻之吏，苛求于人，无信无义，人皆避之；是以人处世，应以此为戒，切勿失德，以免遭人唾弃，德行之失如树之失根，难以立足矣；当以德行为先，修身立德，以信义为本，方能赢得他人之尊重与信任。修身立德，应铭于心、践于行。

夫天道无亲，常与善人，此言道出天道之公正与善行之回报。天道无私，不偏不倚，唯善是亲；天道如镜，映照人心。行善之人，心安理得，无所畏惧。行善之人，虽不求回报，然天道向善，善行终有善报；故行善乃顺应天道之举，终将收获人生之福祉。此乃天道之常，人行善事，必得其益。是以人处世，当怀善念、行善事，不计得失，此为顺应天道。心怀善念，行善积德，更是自我修行之道，值得终身践行。人行善事，则天道之报当有其时。

德行之于世，犹水之载舟覆舟，为人之所依赖也。故君子致力于德，以期与天地合德，达成天人合一之境界。然德行非独修身，亦须与人共进。人我相济，互助互勉，斯和谐社会可成。

世态炎凉，人间万象，非德不足以服人，非德不足以化物。唯有以德服人，方能人心归附、天下太平。故君子之行，不独修身，亦在齐家治国平天下。由个人至于国家，由家庭至于世界，以德行为纽带，相连相依。

第八十章

> 经云：小国寡民。使有什伯人之器而不用；使民重死而不远徙；虽有舟舆，无所乘之；虽有甲兵，无所陈之；使民复结绳而用之。甘其食，美其服，安其居，乐其俗。邻国相望，鸡犬之声相闻，民至老死，不相往来。

读经浅悟　治国理念与民生向往

"小国寡民"，此言何意？盖谓国家之小、人民之寡，而治道之易行也。夫国家之大、人民之众，则治道难行。此乃《道德经》之微言，亦治国之常理。故曰"小国寡民"，乃治道之易行也。

"使有什伯人之器而不用"，此言何意？盖谓虽有众多之器而不轻用也。夫器者，用之则利，不用则钝。若轻用其器，则民必劳苦、国必衰败。故圣人治世，必重其器而不轻用，使民得以安息、国得以富强。此乃《道德经》之深意，亦治国之要道。故曰"使有什伯人之器而不用"，乃治世之要道也。

"使民重死而不远徙"，此言何意？盖谓使民珍视生命，不轻易迁徙也。夫民者，国之本也。若民轻易迁徙，则国必动荡，治道难行。故圣人治世，必使民珍视生命，不轻易迁徙，以安其位，而定其志。

虽有舟舆，非道不乘，无所乘之，亦不妄动；虽有甲兵，非义不陈，无所陈之，亦不轻举。此言何意？盖谓虽有舟舆甲兵之利，当以道德为本，不轻用之以示武也。夫舟舆甲兵者，皆世俗之战具也，非道德之所用。若轻用之以示武，则是悖道而行，民必惊恐，国必危亡。故圣人治世，必以道德为重，不轻言战，重其和而不轻战，使民得以安居、国得以安宁。

使民复结绳而用之，此言何意？盖谓使民返璞归真，复用古朴之具也。夫结绳者，古朴之具也。若民复用古朴之具，则心必淳朴、行必正直。故圣人治世，必导民以古朴，使民心得以淳厚、行得以正直。

甘其食，食之以时；美其服，服之以宜；安其居，居之以静；乐其俗，俗之以朴。此言何意？盖谓使民生活安乐、风俗淳厚也。夫食甘服美、居安俗乐者，乃民生日用之常，亦民心所向之愿。若民所求皆得满足，则心无挂碍，自然安定；行无乖戾，自然和顺。

故圣人治世，必以民为本，使民生活安乐、风俗淳厚。食之以时，则民无饥馑之忧；服之以宜，则民无寒暑之苦；居之以静，则民无喧嚣之扰；俗之以朴，则民无奢靡之风。如此则民心安定、行止和顺，国家自然昌盛。

是以圣人无为而治、行不言之教，使民各安其位、乐其风俗。不贵难得之货，使民不为盗；不见可欲，使民心不乱。是以圣人之治，虚其心，实其腹，弱其志，强其骨。常使民无知无欲，使夫智者不敢为也。为无为，则无不治。故圣人治世，必以道德为先，使民生活安乐、风俗淳厚，以安其心、和其行，而国家长治久安矣。

"邻国相望，鸡犬之声相闻，民至老死，不相往来。"此言何意？盖谓邻国之间应当守望相助、和平共处，使民无纷争之扰，共享安宁之乐也。夫邻国之间，若相争不息、刀兵相见，则民必疲惫于战乱，国必衰弱于内耗。战乱频仍，民不聊生，此乃治国之大忌，亦违道之根本。

故圣人治世，必以和平为贵，使邻国之间和睦相处，民无纷争，共享太平。圣人深知，国与国之间和则两利、斗则俱伤。故倡导和谐之道，以化干戈为玉帛，使万民皆遵，而天下自安。

循思渐得　　　　　　　　　　简朴与治国

"小国寡民"，简朴之词，此四字初看似为描述一种简约宁静之社会景象，实则蕴含深远之哲学思想，非浅尝辄止者所能领悟。盖言国小则政务简明、易于治理；民寡则人情淳朴、易于安乐。此乃治理国家之基本大道。

然则此章之深意，非仅仅停留于对简约社会状态之描述，更在于借此理想化社会模型，深刻揭示出道之本质。道者，无形无象而无所不在，其于社会之中，即体现为和谐、自然与无为。小国寡民之境，正是道之精神在社会层面之具体展现。

圣人观此，悟出修身治国之道，在于顺应自然、行不言之教，使民自化。夫国小民寡，则易于实现政令畅通、民风和睦，此乃道之所在。故治国者当以道德为本，无为而治，不妄为，不强求，使民各安其位、共谋和谐。

是以此章虽简，然其意深远，看似论国之大小、民之多少，实则借以明道，示人以修身治国之方。

"使有什伯人之器而不用"，此言器具虽多，却不轻易使用。夫器具者，人之所造，以辅生活。然则若过度依赖器具，则人心易为物所役而失其本真。故圣人倡导节俭之道，使民知物之可贵在于其用，而非其多。此即知足常乐之哲理，亦无为而治之体现。"使民重死而不远徙"，此言民之珍视生命，不轻离故土。生命有限而宝贵，故当珍惜。且故土乃人之根本、魂之所系，若轻易离弃，则心无所依，而道亦难寻。圣人教民以安土重迁之道，使知生命之可贵、故土之难离。在现代社会，人们往往因追求物质利益而背井离乡，若能领悟此道，则能珍视生命与故土，而道得以存于心。

"虽有舟舆，无所乘之；虽有甲兵，无所陈之"。此言虽有交通工具与武器，却不轻易使用。舟舆甲兵者，皆为世俗之战具，非道德之所用。若轻易使用，则伤生害命，而道亦隐没。圣人倡导和平之道，使民知舟舆甲兵之利，当以道德为本，而不妄用。在现代社会，战争与冲突频繁发生，若能领悟此道，则能以和平为贵，化解矛盾，增进友谊。

"使民复结绳而用之"，此言使民回归古朴之生活，而忘机巧之心。结绳记事者，古之质朴之法也。若民皆能如此，则心无杂念而道自显。圣人倡导简朴之道，使民知机巧之害，而道得以存于日常。现代社会科技发达，人们往往追求机巧与便利，若能领悟此道，则能珍视简朴与自然，而道得以行于天下。

"甘其食，美其服，安其居，乐其俗"，此言民之生活安乐、风俗淳厚。食甘服美、居安俗乐者，乃民之基本所求。若此皆得满足，则民心安定，而道亦得以彰显。圣人治世之道在于以民为本，使民生活安乐、风俗淳厚。

邻国相望，界畔清晰；鸡犬之声相闻，和乐融融；民至老死，岁月静好；不相往来，无争无扰。此言国与国之间，各守其位，相安无事；民与民之间，和谐共处，互不干犯。此乃和而不同之哲理体现，尊重差异，共谋和平；亦无为而治之极致表现，不妄作为，自然和谐。

圣人倡导和谐之道，教民以礼让为先，使知相邻之谊重如山，和平共处乃长治久安之本。夫和谐者，天地之正道，人心之所向。圣人以无为治之，不言之教，化民成俗，使万民皆遵和谐之道而天下自安。

求其镜鉴　　小国寡民之治与处世智慧

夫小国寡民者，何以为治？使有什伯人之器而不用，非无器也，乃无心于器也。使民重死而不远徙，非畏死也，乃安于生也。虽有舟舆，无所乘之；虽有甲兵，无所陈之。此皆治国之至理、处世之大道也。

夫治国者，不在其器之多少，而在其民之安否。使民复结绳而用之，非复古也，乃求简也。简则易行，易行则民安。故治国者，宜以求简为本，以安民为务。则国家虽小而民自安，人民虽寡而国自强。

"甘其食，美其服，安其居，乐其俗。"此四者，乃民之所欲也。治国者若能顺民之欲，则民自乐；民自乐，则国家安。故治国者，宜以民为本、以乐为纲，则民自得其乐、国自得其安。

"邻国相望，鸡犬之声相闻，民至老死，不相往来。"此言何解？盖邻国之间，若能相安无事，则民无战争之患；民无战争之患，则能安享其生。此治国者所宜取法也。故治国者，宜以和平为贵、以安宁为宝，则国家和平、人民安宁。

处世智慧，亦在于此。夫人生在世，贵在知足。知足者，虽无什伯之器，亦能自得其乐；不知足者，虽有天下之富，亦难满足其心。故人生在世，宜以知足为乐、以简单为美，则心境自然宁静、生活自然安逸。

人生在世，贵在平和。平和者，能与人和谐相处，不轻易起冲突；不平和者，常与人争斗，难得安宁。故人生在世，宜以和为贵、以让为德，则人际关系和谐，生活自然顺畅。

再者，人生在世宜重情义。情义者，乃人与人之相互关爱、相互扶持之情。重情义者，能得人之助，亦能助人之难；不重情义者，虽富甲一方，亦难得人心。故人生在世，宜以情义为重、以真诚为本。

夫处世智慧，千变万化，然其根本不过在于知足、平和与情义三者。若能得此三者，则处世无难矣。故愿天下之人深读此文，体会其中之深意，以之为处世之借鉴指引，则人生之路自然坦荡无阻矣。

吾观夫小国寡民之治，深感其治国之至理、处世之大道。故欲以此文为借鉴，指引诸君处世智慧。夫治国者，宜以求简为本、以安民为务；人生在世，宜以知足为乐、以平和为贵、以情义为重。此皆吾所体会之深意也。

然则吾知，人生之路漫漫，处世智慧须聚沙成塔，方得始终。故愿天下之人能持之以恒、不断体悟。于日常之中时时反省己身，以求进步；于人际交往中处处体现情义，以结善缘。

人生千变，然则其根本不过在于修心养性。心正则行端，性善则人亲。人应注重内心之修养，以善心待人，以诚心处事。则无论身处何地、遭遇何事，皆能从容应对、泰然自若矣。

第八十一章

经云：信言不美，美言不信。善者不辩，辩者不善。知者不博，博者不知。圣人不积：既以为人，己愈有；既以与人，己愈多。故天之道，利而不害。人之道，为而弗争。

读经浅悟

言、行、知、圣人、天道

夫言者，心之声也。"信言不美，美言不信。"盖言真者质朴无华，饰者虽丽而失真。"善者不辩，辩者不善。"盖善者行胜于言，辩者虽能言而少实。"知者不博，博者不知。"盖智者深入其理，不求广博，博者涉猎虽广，难明其真。此乃本章之原意，以言明心、以心求道也。

"圣人不积：既以为人，己愈有；既以与人，己愈多。"此道也，非物之积聚，乃心之富足。圣人无私，故能成其私；无我，故能显其大。是以施者愈施、得者愈得，此天道之循环、人心之感应也。

"天之道，利而不害。人之道，为而弗争。"夫天者，覆载万物、生养群生，利而不害，此其常也。夫人者，法天而行，以无为为有为，以不争为争，故能成其大业、立其不朽。此非强也，乃顺天之道、合人之理也。

故本章之原意，在于明道立德。道者，天地之根，人心之本。信言、善行、真知，皆道之体现也。圣人之所以为圣，在于其明道而行，无私无我，利人利己，皆不离此道。

夫信者，心之诚也。言而无信，何以为人？故信者，人之本也。言信则行必果，行果则人必信。此信之本义乃在于立人之本、固人之基。

善者，心之仁也。行善则积德，积德则福至。善者不辩，非不能辩，乃不愿以辩伤人也。辩者虽能言，未必能行善。此善之本义乃在于导人向善、化人为仁。

智者，心之明也。智者不博，非不求博，乃知博非智也。博者涉猎虽广，未必能明其理。智者深入其理，不求广博而求其真。此智之本义乃在于启人心智、明人道理。

圣人者，心之至也。圣人不积，非不能积，乃知积非道也。既以为人己愈有，既以与人己愈多，此乃圣人之大道，以无私成其私，以无我得其大。此圣人之本义，乃在于示人以道、导人以德。

天道者，自然之法则也。利而不害，乃天之常道，亦人之所应法。人之道，为而弗争，此乃效法天道，行其所当行，止其所当止。此天道、人道之本义，皆在于教人顺应自然、和谐共处。

一言以蔽之，本章之原意，在于明道立德、立人、导善、启知、示圣、法天。此六者，皆为人之根本、道之体现。天下之人当以此为鉴，修身养性，以求合于大道、成其为人。

夫道者，玄之又玄，众妙之门。信言、善行、真知、圣德、天道，皆道之所寓。天下之人若能悟此本义，明此大道，则能立身于世、无愧于心。是以当以信为本、善为行、知为导、圣为鉴、天为法，则能合于大道、成其为人。

且夫人生在世不过百年，若不能明道立德，何异于草木一秋？故当以此为警、以此为鉴，朝夕修身、不懈求道。

愿天下之人同修此道、共证此理，则天下太平、人心向善，大道之行也，天下为公。

言至此，本章之意已尽。然道之无穷、理之无尽，天下之人当持续求索，以明此道，以证此理。则能不负此生、不辱此道，亦不负《道德经》之意矣。

循思渐得　　信、善、知、圣之道

"信言不美，美言不信。善者不辩，辩者不善。知者不博，博者不知。"此三者，皆为世之常理、人心之至道。天下之人当深究其义，以明其理，悟得道意。

夫信者，诚也，真也。信言不美，盖因真言质朴，无华丽之词，无浮夸之语。美言不信，盖因华而不实，虽悦耳动听，却难掩其虚。故信者，不求人知而人自知，不求人信而人自信。此信之深层内涵也。

善者，仁也，德也。善者不辩，非不能辩，乃不欲辩也。盖因善者心怀慈悲，言行一致，无须多言，自有其德。辩者不善，盖因言辞犀利，虽能辩倒他人，却难掩其恶。故善者以行践言、以德化人，不善者以言伤人、以行败德。此善之深层内涵也。

智者，明也，达也。智者不博，非不能博，乃不求博也。盖因智者深知大道至简，无须博学多识，只需明理达道。博者不智，盖因涉猎广泛，虽知多识广，却难悟得道意。故智者以简驭繁、以明照暗，不智者以繁为简、以暗蔽明。此知之深层内涵也。

圣人不积，非不能积，乃不欲积也。盖因圣人深知财富名利皆为身外之物，唯有道德仁义方为内心之真。既以为人己愈有，则人亦为之；既以与人己愈多，则人亦与之。此乃圣人之大道，以无为之心，行无言之教，行有为之事，而功成弗居，故能成其大，而天下莫能与之争，此圣人之道也。

天之道，利而不害。此乃自然之法则、万物之规律。人之道，为而弗争，此乃人类之智慧、社会之和谐。天下之人当顺应天道，效法圣人，以利己利人为己任，以和谐共处为目标，则天下太平、人心向善、社会和谐、万物共生。

夫信、善、知、圣，皆为人生之大道，天下之人当深悟其义、明其理、行其道。以信为本，以善为行，以知为导，以圣为鉴，则人生无憾、世界无争、大道至简，真理至明。

再观天地之间，万物生长皆有其道。天之道，利而不害，如日月之行、四时之变，皆循其序，无有害物。人之道，为而弗争，如水流之不息、春风之润物，皆为而无言，无争于物。天下之人当法此天地之道，圣人之心以和合为贵、以不争为高。

夫和合者，和谐共处，和而不同也。天地万物，各有其性，各有其形，然皆能和谐共处，此乃天地之大和。人类亦然，虽各有思想、各有信仰，然则皆应和而不同，相互尊重，相互理解，此乃人类之大和。故天下之人当以和合为心、以和谐为行，使人心相向、世界相亲。

夫不争者，非无所求，乃求而不执也。或有人往往为名利所困、为权势所迷，争名夺利，欲罢不能。然人之道，为而不争，知止而后能定，定而后能静，静而后能安，安而后能虑，虑而后能得。故天下之人当以不争为心、以知止为行，使内心宁静、行为从容。

一言以蔽之，信、善、知、圣之深层内涵，皆在于修心养性、明理行道，则人生无憾、世界无争、大道至简、真理至明。

求其镜鉴　　　　　　　　　　信善知圣之处世智慧

夫信言不美，忠言逆耳；美言不信，或巧言令色也。善者不辩，大辩若讷；辩者不善，或利口覆邦也。知者不博，大道至简；博者不知，多闻数穷。此三者，皆处世之要言、修身之至理，为道之精髓。

夫信者，诚也。诚信为本，言行一致，此乃立身处世之基。信言不美，然其真也；美言不信，徒有其表。是以人当以信为本，不务虚华，不饰伪饰。言必行，行必果，方为信士。诚信之人，人皆信之；虚伪之徒，人皆远之。故信者，处世之要也。

善者，德也。心存善良，行止端正，此乃为人处世之德。善者不辩，其行自明；辩者不善，巧言令色。是以人当以善为本，不务争锋，不尚辩驳。心存善念，行善积德，方为善人。善良之行，人皆敬之；狡诈之举，人皆恶之。故善者，处世之德也。

知者，智也。博学多才，明理达道，此乃求知处世之智。知者不博，其识精深；博者不知，涉猎泛泛。是以人当以知为本，不务广博，不贵浮名。明理达道，识见高远，方为智者。智者之言，人皆听之；愚者之语，人皆笑之。故智者，处世之智也。

圣人者，至人也。不积财货，不务虚名，此乃圣人处世智慧。既以为人己愈有，其无私也；既以与人己愈多，其慷慨也。是以人当以圣人为鉴，不务积财，不贵虚名。为人着想，助人为乐，方为圣人。圣人之行，人皆仰之；凡夫之为，人皆鄙之。故圣人者，处世之鉴也。

天之道，利而不害。宇宙万物皆遵此道。天地日月，草木虫鱼，无不符合此道。是以吾辈行事，当以利而不害为原则，顺应自然，利益万物。

利而不害之道，要求人应尊重自然、顺应自然。自然之道，无为而治，万物自然生长，无须人为干预。人当明白，自然之利方能长久，不可为一己之私破坏自然、损害万物。只有尊重自然、顺应自然，方能得到自然的庇佑，达到和谐共生之境。

其次，亦要求人应利益他人、造福社会。人与人之间利益共享、相互支持，方能和谐共处。人当利益他人，关心社会，关爱他人，珍惜生命，关爱万物。

夫人之道，为而弗争。为者，行事也；弗争者，不争名利也。行事而不争，则心无挂碍、行无阻滞，自然从容中道矣。此乃为而弗争也。人生于世，当先明其理，而后行其事，皆应秉持为而弗争之心态。以诚信为本，以实力为基，不争一时之长短，而求长远之发展。和为贵，理为先，不争一时之胜负。争斗只会带来痛苦和伤害，而非解决问题。

天地无私，利养万物；圣人无我，是以人当以圣人为师。顺应自然，和谐共处，方合天之道；助人为乐，不争名利，方得圣人之真。天之道广，利人利己；圣人之道深，为善不倦。人生在世，当以之为鉴，当以之为导。

跋

余冀金雨，不揣固陋，爰著《诗意函谷》一书，沿循"德为魂，道为骨，诗意为血，文辞为肉"之旨，期以道德之光照彻人心，以诗意之流润泽红尘。今书成，爰述是跋，以志始末，并抒所见。

是书之成，自乙未年岁首肇始，光阴荏苒，历十载春秋。研思虽偶有间歇，然无论寒暑，未曾稍懈。每有心得，即援笔记录，日积月累，遂成篇章。其中艰辛，难以言表。然吾心之所系，唯此书能臻道德、诗意与文辞三者之化，诚哉斯愿也！

夫函谷者，道家圣地也，老子骑牛过此，留下五千言《道德经》，垂教后世。余以虔诚之心，细研其义，感悟颇深，遂欲以诗意之笔演绎其道，使道德之光与诗意相融。

是书也，凡八十一章，每章皆循《道德经》之旨，而加以诗意之润色、文辞之修饰。初章开《道德经》之玄妙之门，渐思则明宇宙与人生之妙，道德之真奥与应用，尽显于镜鉴之下。继而论无为哲学，求其镜鉴，无为而治之启示。至于无为而治之智，循其思，悟万物相生相成之理，人生哲学、至仁之道、谷神与玄牝之门，皆以诗意阐发，力现千年义理，又求文学之风采。

余著此书，非徒以文辞为美，实欲以道德为骨魂，贯穿始终。道德者，人心之平；诗意者，人心之动。以诗意为血，则人心动而万念生。文辞之肉，乃道德、诗意之载体，无文辞则道德、诗意无以表现。故余于文辞，亦力求精练，使道德、诗意与文辞相融，浑然一体。

夫道德者，人心之本；诗意者，人心之华。道德无诗意，则失之枯燥；诗意无道德，则失之浮夸。故余著此书，力求道德与诗意并重，使人心之本与华相得益彰。读是书者，若能于道德中见诗意、于诗意中见道德，则余心慰矣。

是书之成，亦得力于诸多师友之帮助。余游函谷时，幸遇诸多同道中人，共同研讨道德、诗意与人生之道。彼等或赠书以助余学，或指点迷津以启余思。余心感激，难以言表。愿借此跋，向彼等表示衷心之感谢。

余在此，特谢著名诗人沈阳为本书作序。其序，拨云见日，见解独到，使本书增色不少；亦谢书法家刘真先生为本书题写书名，其布局精妙、笔力遒劲、气韵流畅。

《诗意函谷》之经文，初参中华书局二〇〇六年版《老子》（饶尚宽译注），复参中华书局二〇一四年版《老子》（汤漳平、王朝华译注）。终校时，乃以中华书局二〇二四年版《帛书老子》（张松辉译注）为范。至于"浅悟""循思""镜鉴"之篇，亦顺依《帛书老子》（张松辉）版。兼又广搜博采"老子道德经"及"5000言"之诸网站、网络平台资源，撷取苏辙《老子解》与王弼《道德经注》之精论。悉心体悟，沉潜反复，个别争议处，亦有参校他本而酌改。意探《老子》之玄妙，欲承先贤之精髓，融新知之精华，期能融会贯通，以窥"道""德"之至境也。

然《诗意函谷》所述，皆为著者浅见，恐难免贻笑大方。余愿蒙教，将虚心以听、谦冲而受，以求有所进益。

（甲辰年壬申月癸酉日，冀金雨于燕山之侧金雨庐）